边疆民族地区城镇化的理论与路径
——边疆民族地区城镇化论坛论集

安学斌 主编

中国社会科学出版社

图书在版编目（CIP）数据

边疆民族地区城镇化的理论与路径：边疆民族地区城镇化论坛论集／安学斌主编．—北京：中国社会科学出版社，2015.6
ISBN 978 – 7 – 5161 – 6214 – 9

Ⅰ．边… Ⅱ.①安… Ⅲ.①边疆地区—民族地区—城市化—中国—文集 Ⅳ.①F299.27 – 53

中国版本图书馆 CIP 数据核字（2015）第 118207 号

出 版 人	赵剑英
责任编辑	王　琪
责任校对	王桂芳
责任印制	王　超

出　　版	中国社会科学出版社
社　　址	北京鼓楼西大街甲 158 号
邮　　编	100720
网　　址	http://www.csspw.cn
发 行 部	010 – 84083685
门 市 部	010 – 84029450
经　　销	新华书店及其他书店
印　　刷	北京君升印刷有限公司
装　　订	廊坊市广阳区广增装订厂
版　　次	2015 年 6 月第 1 版
印　　次	2015 年 6 月第 1 次印刷
开　　本	710×1000　1/16
印　　张	21.5
插　　页	2
字　　数	364 千字
定　　价	78.00 元

凡购买中国社会科学出版社图书，如有质量问题请与本社联系调换
电话：010 – 84083683
版权所有　侵权必究

《边疆民族地区城镇化的理论与路径》编辑委员会

顾　　问：陈永明　甘雪春　何耀华
主　　编：安学斌
副 主 编：张灿邦　李金发
编　　委：杨六金　黄绍文　高　文
　　　　　贺良林　卢　鹏　王红晓
　　　　　丁雪梅

目 录

城镇化理论、实践、经验

武陵山民族地区新型城镇化建设的对策与建议 …………… 黄忠彩(3)
论边疆民族地区新型城镇化发展的路径 ………………… 何耀华(15)
打造文化特色城镇 建设民族文化强省
　——云南省文化特色城镇建设思考 …………………… 杨正权(19)
中国西北陆疆民族地区城乡发展一体化的思路和
　途径探讨 …………………………………………………… 徐黎丽(28)
西藏城镇化与"三农"问题研究:缘起、
　现状和对策 ………………… 郎维伟　蔡伟民　康　杰(45)
西北民族地区城镇化进程中的社会稳定性研究 ………… 冯雪红(50)
武陵民族地区城镇化类型及未来发展的路径选择 ……… 黄柏权(60)
贵州毕节市的城镇化问题研究 …………………………… 李平凡(74)
城镇化·鄂伦春族·文化生存 ……………………………… 白　兰(88)
民族地区新型城镇化之初识 ……………………………… 陈国安(94)
移民定居与社区发展
　——对河西走廊少数民族两种类型定居点的调查 ……… 王海飞(99)
浅议红河地区美丽家园行动计划与村落文化保护 ……… 段家宏(111)
红河哈尼族彝族自治州"美丽家园"建设调研报告 ……… 杨六金等(123)
从"物的城镇化"到"文化城镇化"
　——以滇中富良棚乡城镇化发展的两个阶段为例 ……… 李金发(136)

城镇化与生态文明建设

生态还原与少数民族城镇化建设中传统文化的保护 ……… 何圣伦（153）
西南边疆民族地区城镇化与生态文明建设研究
　　——以广西壮族自治区为例 ………………… 廖建夏（165）
民族植物学在城镇化建设中的应用
　　——以彝族植物文化为例 …………………… 刘荣昆（179）
对城镇化进程中生态文化旅游的探讨
　　——以云南泸西城子古村为例 ……………… 平　慧（186）

城镇化与文化多样性保护

藏彝走廊人口较少民族的文化保护
　　——以泸沽湖摩梭人母系文化为例 ……… 李　锦　耿　静（197）
城镇化进程中的鄂温克族社会文化变迁 ………………… 涂建军（212）
城镇化进程中黔东南民族村寨建设应注意的问题 ………… 傅安辉（228）
边境民族地区新型城镇化建设中传统文化重构
　　——以云南金平县为例 ……………………… 郎启训（240）
城镇化进程中少数民族非物质文化遗产教育传承的
　　价值意义说 ………………… 普丽春　赵伦娜　董　雅（247）
边疆民族地区新型城镇化进程中社会治理体系构建思考
　　——以云南红河州民族乡为例 ………… 龙庆华　刘洁婷（258）
城镇化背景下云南德宏州傣汉双语教育发展
　　研究 …………………………………… 吴明露　董　艳（266）
边境贸易与边疆民族地区城镇化建设协同机制研究
　　——以内蒙古自治区为例 ……………… 李天华　黄　晴（285）
边疆民族地区农业现代化与新型城镇化协调发展研究
　　——基于数据包络分析（DEA） ……… 梁世夫　张勇民　郭超然（296）
西南边疆少数民族新农村建设需求现状研究
　　——以滇南哈尼族聚居地区为例 ……… 曹贵雄　安学斌（311）

空间转移与文化再造:美丽家园建设实现路径的

  经济学思考 ………………………………………… 高　文(322)

边疆民族地区城镇化论坛综述 ……………… 安学斌　李金发(329)

后记 ………………………………………………………………(333)

城镇化理论、实践、经验

武陵山民族地区新型城镇化建设的对策与建议

黄忠彩[①]

党的十八大以后，中央领导同志明确指出城镇化是我国发展的一个大战略，城镇化是我国经济增长的巨大引擎，未来几十年最大的发展潜力在城镇化。民族地区如何贯彻党的十八大精神，强化新型城镇化引领，实施推进新型城镇化战略，抓住推进新型城镇化面临的历史机遇，积极探索一条符合民族地区实际的新型城镇化道路，努力与全国同步建成小康社会，成为当前民族工作中亟须研究的重大课题。为此，我与中南民族大学方清云副教授、研究室田长栋同志，近日赴湖南省靖州、芷江、新晃三个民族自治县和湘西自治州的凤凰、花垣、龙山县，对武陵山区民族地区新型城镇化问题进行了为期10天的实地调查研究，形成本文。

一　武陵山民族地区城镇化的现状及特点

武陵山片区是国家确定的新一轮扶贫攻坚的11个连片特困地区之一，也是我委牵头联系的重点民族贫困地区。此次调研选取的六个民族自治地方县，产业特色鲜明，如靖州以生态农业发展为主导，花垣是有名的工业县，凤凰的旅游业发展迅速。文化元素丰富，有苗族、侗族、土家族等民族特色文化，还有和平文化、飞山文化、夜郎文化等多种文化元素。区域位置特别，六个县都处于两省（市）交界区，其中花垣县地处湖南、贵

---

① 作者简介：黄忠彩，侗族，国家民族事务委员会研究室副主任，政策法规司巡视员。

州、重庆三省（市）交界处，由于所处区域位置特殊，各县对于不同地区的发展情况、政策比较有着较深刻的理解。总的来说，本次调查的六个县在经济、文化、区位等方面都很典型，具有一定代表性，能够在一定程度上反映出湖南省武陵山民族地区城镇化建设的整体状况。

近年来，随着交通条件的逐步改善，湖南省武陵山民族地区各县抓住机遇，提高认识，精心部署，积极推进城镇化建设，在城镇规划编制、城镇体系建设、特色产业发展、基础设施完善以及城镇管理等方面均取得了明显的成效，平均城镇化水平从2005年年底的22.5%提高到2012年年底的36.4%，展现了良好的发展势头。

一是城镇规划水平逐步提升。各地增强规划意识，逐步提升规划水平，在城镇化建设过程中坚持规划先行，强调城镇规划的引领作用，加大规划的执行力度，不断推动城镇化建设科学有序进行。新晃县基于"边陲重镇、舞水风光、民族特色、夜郎文化"的总体定位，将城镇规划与土地利用、产业发展、新农村建设、旅游开发等专项规划对接，构建了布局合理、科学有序、特色鲜明的城乡发展格局。

二是城镇体系初步建立。各地逐步确定了以中心县城带动周边乡镇，辐射中心村寨的县、乡、村三级城镇体系，在此基础上结合城镇建设的实际情况，构建了各具特色的城镇网络体系。比如花垣县建立了以县城为中心有北、中、南三条主线的城镇网络体系，形成以高速公路所经乡镇为主体，国道所经乡镇为骨干，省道为重点，带动县乡道所连接的其他所有乡镇的城镇化区域体系。

三是产业发展不断壮大。各县根据自身特点，立足资源优势，做足生态农业文章、主打文化旅游牌，积极扶持重点产业发展，坚持以产业发展为基础推进城镇化建设。靖州县根据本地农业特色、区域特点，积极建设中药材、优质水果等优势产业基地，引导和扶持茯苓专业协会、杨梅专业协会等组织，推动生态农业发展，同时认真做好城镇商贸物流业发展规划，加大相关基础设施的资金投入，培育了一批优势企业，将县城打造成湘、黔、桂三省（区）接边区域现代商贸物流中心。

四是基础设施不断完善。各县均注重城镇承载能力的提升，把基础设施建设作为推进城镇化建设的主战场。近年来，凤凰县先后进行了县人民医院搬迁、县中医院扩建，完成了凤凰广场、小憩公园、城北大道、体育场馆等项目建设，实施了污水收集管网、垃圾中转站、城区电网改造建设，推动红旗新区路网等道路改造以及古城街道整治维修，县城基础设施不断完善。

五是城镇管理水平不断提高。各县积极推行城市精细化管理，在城镇化建设过程中，坚持既要速度、又重质量、更要品位的发展思路。芷江县按照"两级政府、三级管理、四级网络"的模式，确定了县、乡镇、居委会三级管理的职责与职权，从市容市貌、环境卫生、基础设施等多方面量化城市管理标准，加强市政基础设施管理，推进社会网格化管理水平，完善社会监督网络机制，在城镇管理方面取得了不错的成绩。

二 武陵山民族地区城镇化存在的问题

总体来看，近年来六个自治县在推进新型城镇化进程中都取得了长足进步，但是与全国、湖南省平均水平相比还有很大的差距。2012 年，湖南武陵山民族地区城镇化率平均水平低于全国水平 15 个百分点，低于湖南全省平均水平 10 个百分点（详见图 1）。在推进新型城镇化的进程中还面临着规划滞后、产业不强、资金缺乏等方面问题，亟须引起足够的重视。

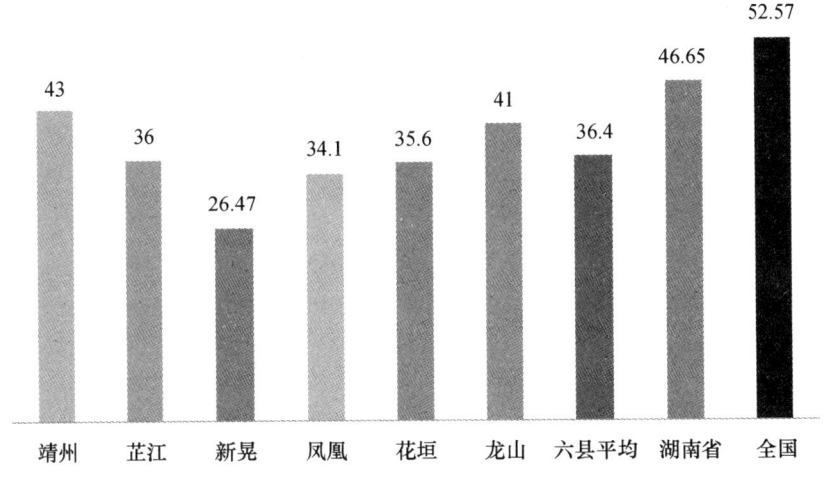

图 1　2012 年年底六县与全国、湖南省城镇化率比较

第一，城镇规划无序、滞后。科学合理的发展规划是推动城镇化快速、良性发展的基础。目前武陵山民族地区在城镇规划方面虽然做了大量工作，但是规划意识不强、层次不高、人才不多的问题比较突出。

一是规划思路不清。在城镇化建设过程中没有清晰的主线，规划的意识不强，对规划的意义、作用、关系认识不到位，有的县虽然也在做"三规合一"的尝试，但是执行不到位，还普遍存在与实际建设情况脱节的现象。比如湘西州的花垣县拥有得天独厚的矿产资源，目前有年产2万吨无汞碱性二氧化锰和年产5000吨高纯度石英砂的两条生产线，但由于没有系统的发展思路，缺乏城镇建设、产业发展的系统规划，城乡资源配置不合理，造成产业发展结构失衡，严重制约了城镇的转型发展。

二是规划起步晚。由于规划起步晚，规划层次偏低，功能重叠，所以新老城区规划布局不合理的现象仍然存在，尤其是具有民族特色、地域文化特色的古镇保护与开发没有得到及时、足够的重视。新晃县直到2010年才开始城镇化规划，导致该县拥有的一条历史悠久、特色鲜明的商业古镇遭到了很大破坏，具有传统特色的吊脚楼大多被现代建筑取代，恢复重建的工作难度相当大。

三是规划能力差。各地缺乏城市规划专业人才。一方面地方财政紧张，规划局工作人员待遇低，对外招考无人应聘；另一方面，与高校委托、定向培养周期长、效果有限，解决不了燃眉之急。比如龙山县规划局只有一名专业规划人员，在制订城镇规划过程中力不从心，无法保证城镇规划的质量和效果。

第二，产业发展先天不足。产业化是推进城镇化建设的基本动力和加速器，只有加快产业发展、优化产业布局，才能为城镇化提供源源不断的动力，实现城镇化的良性发展。当前，武陵山民族地区基础相同、资源相似、产业趋同，缺乏错位发展的理念，难以形成比较优势，存在产业结构不合理、总体产值低等问题（见图2）。以新晃县和凤凰县为例，新晃县2012年年底的产业结构比例为31.1∶26.4∶42.5，地区生产总值不到38亿元。凤凰县2012年年底的产业结构比例为17∶16∶67，地区生产总值仅为46.9亿元。它们的主要问题是：农业产业效益低，受地理条件的制约，农业的现代化、规模化、集约化水平低，虽然近年来基地规模在逐年增加，但是农民的自组织能力不强，缺乏有实力的龙头企业带动，农产品品牌效应不强，产业整体效益不高；工业主导能力弱，后劲明显不足，各地工业多以不可再生资源为基础，缺乏持续发展的动力，且受国际价格影响大，产业发展不稳定，没有找到替代矿产的新型产业，经济发展缺乏后劲。此外，根据国家主体功能区规划，武陵山区绝大部分地区属于限制开发区，工业经济发展的空间有限；旅游业层次不高，大多以观光旅游、门票经济为主，基础设施相对落后，可进入性不强，精品景区整合不够，"吃、住、行、游、购、娱"要素建设不够，缺乏龙头支柱企业，多以酒吧、特产店等散户为主，旅游产业层次整体偏低。

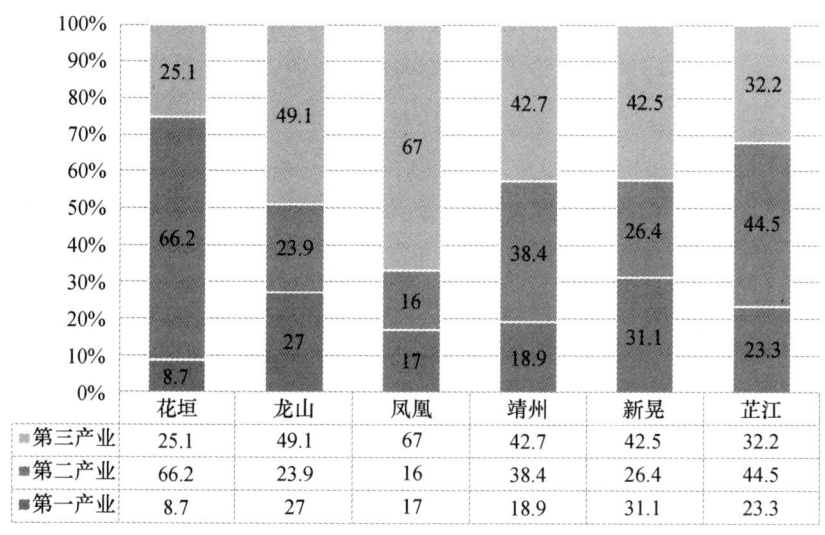

图2 2012年六县三大产业结构布局情况

第三，民族文化传承任重道远。民族文化的传承和发展有利于增强民族的自尊心、自信心和自豪感。当前在武陵山民族地区城镇化建设过程中，民族文化的传承和保护存在着诸多问题。首先是民族文化发展主题不鲜明。芷江侗族自治县有历史闻名的"抗日战争胜利受降旧址"和"飞虎队纪念馆"，而同时又有着浓郁的侗族文化，如何整合利用好文化资源，打造鲜明的文化品牌，需要更加深入地探索。其次是民族文化发展缺乏正确引导。凤凰县原本是一个以苗族文化为主要特色的文化县市，以临江的地域文化吸引着国内外的众多游客。但是近年来未能准确定位凤凰苗族的特色，民族旅游的纪念品毫无特色，未形成配套的特色旅游产品。由于缺乏正确的引导，腐朽没落的生活方式沉渣泛起，比如凤凰民间流行"寻找一夜情"文化，这一庸俗化倾向应该引起关注和重视。再次，优秀文化没有得到有效开发利用。部分地方专注于地方经济的发展，对民族文化的意义认识不到位、思考不深入，普遍存在"一手硬一手软"的情况。以湘西花垣茶峒的"边城文化"为例，"边城文化"因著名文学家沈从文的小说《边城》而享誉国内外。但是近年花垣县专注于矿业的发展，对"边城文化"的打造没有给予足够的重视，"边城文化"的开发明显滞后，没有发挥出应有的效益。从统计数据来看，2012 年，花垣接待游客 106 万人次，旅游总收入仅为 2.9 亿元，而同期凤凰县接待游客 609.49 万人次，实现旅游总收入 53.01 亿元，花垣县旅游人均消费不到凤凰县的三分之一。如何把文化资源转化成旅游资源，把旅游资源转化成经济效益，为民族地区城镇化提供产业支撑，这是真正应该面对的问题。

第四，建设资金欲求无门。长期以来由于受到交通瓶颈制约，武陵山民族地区发展明显滞后，在经济建设、社会事业发展方面历史欠账较多，在推进城镇化的进程中投入不足的问题比较突出。主要表现在：（1）城镇化建设资金缺口很大。各地在财力有限的情况下，也逐步加大了城镇建设的投入，但是县级财政困难、融资办法不多，资金短缺的问题突出。调研组进行了初步测算，六个自治县的城镇化率要达到当前全国城镇化建设的平均水平，各县的资金需求在 30 亿—100 亿之间（见表 1），相对于地方政府的财政收入来说，还存在较大缺口。（2）城镇化建设资金来源不足。地方政府用于城镇化建设的资金主要来自地方财政收入、银行贷款以及社会融资，目前各地城镇化建设普遍存在财政投入不够、融资能力不足的问题。一方面是财政投入不够。由于地方产业不发达，税收收入少，如图 3 所示，这六个县的财政收支缺口大，政府负债相对较高，财政正常运转大量依靠中央财政转移支付，但是转移支付中专项转移支付所占比例较大，用于城镇化建设的配套项目往往较少。另一方面是融资能力不足。各地土地利用市场化程度也在不断提高，但是落后山区土地资源相对稀缺，依靠土地生财的能力有限，加上土地审批程序繁杂、配额有限，有些地方征地拆迁积累的矛盾也不少，地方政府以地生财的收入很少。各地在推进城镇化的过程中，也在不断盘活国有资产，但国有资产抵押评估往往较低，政府贷款困难。武陵山区属于典型的欠发达地区，市场经济体系未能系统植入，经济发展的活力不足，民间资本总量有限，社会融资能力相对较弱，难以满足新型城镇化建设资金需求。由于市场导向，资本流向遵循利益优先原则，如图 4 所示，2012 年年末六县金融机构各项存款余额远远高于金融机构各项贷款余额,大部分县贷款余额不足存款余额的一半,龙山和靖州甚至不足三分之一,说明武陵山区不但从银行贷款能力有限,而且连本地资金也流向了发达地区,不能用于地方经济建设。

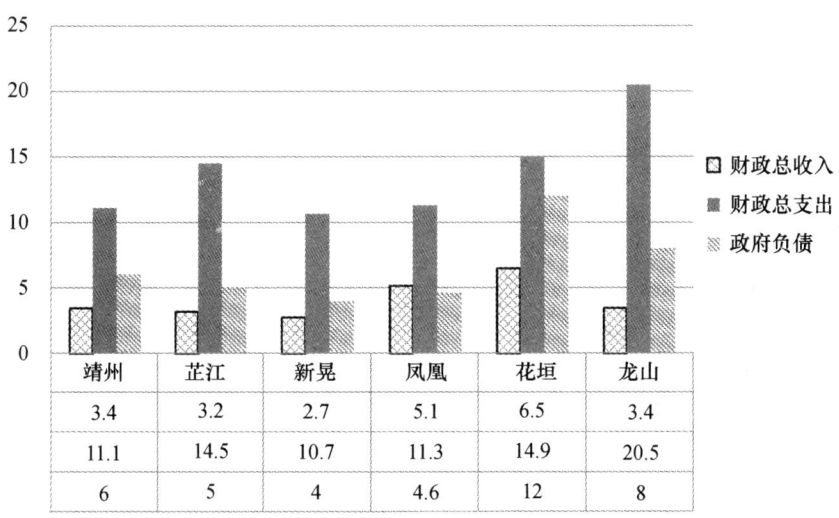

图3 2012年年底六县财政状况（单位：亿元）

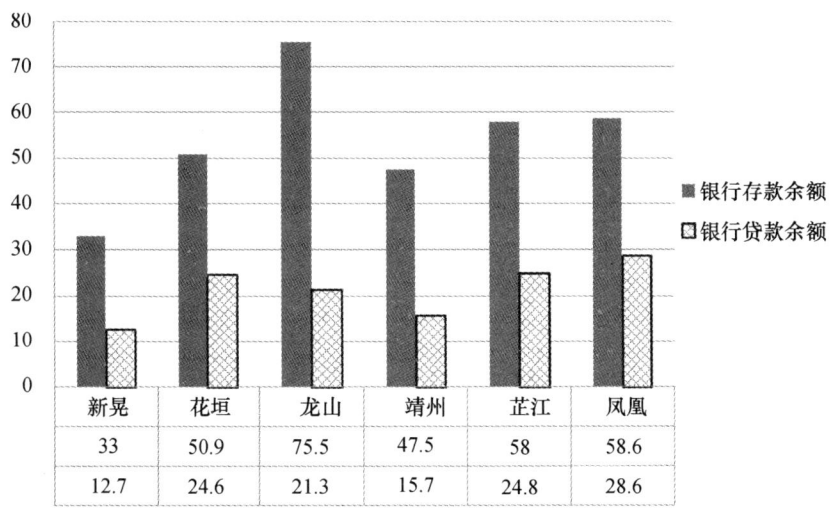

图4 2012年年底六县金融机构存贷差（单位：亿元）

表1　　　　　　　2012年年底六县城镇化建设资金缺口

	总人口（万人）	城镇化率（%）	城镇化资金缺口（亿元）（达到52.57%城镇化率）
靖州	27	43	31
芷江	39	36	77
新晃	27.1	26.5	84
凤凰	42	34.1	93
花垣	30	35.6	61
龙山	58.6	41	81

第五，政策"洼地"严重失衡。湖南武陵山民族地区交通闭塞、产业落后、资金匮乏，造血功能不足，自我发展能力差，国家和省级的政策帮扶、项目支持对于该地区加快经济社会发展非常重要。然而，调研的六个县普遍反映存在政策扶持力度不够、落实不到位等问题。反映最强烈的是两个问题：

一是政策扶持不均衡，存在"政策洼地"。武陵山民族地区大多位于西部大开发战略和中部崛起战略的边界区，很多地方处于优惠政策"两不沾"地带。有的县虽然也享受"比照西部大开发政策"，但与周边的贵州省和重庆市的相关县市相比，在政策扶持力度上还有很大差距。湖南、湖北、贵州、重庆等省（直辖市）根据国家扶贫开发战略规划，结合自身实际情况，针对武陵山民族地区分别出台了优惠政策，由于各地战略重心不同，政策帮扶重点不一样，优惠程度也有较大差异。武陵山民族地区很多县面临着"政策洼地"困境。如图5所示，新晃县2011年仅全社会固定资产投资一项，与周边地区相差最高达近9.3倍，相差绝对值超过100亿元，考虑到在金融、土地、转移支付、项目倾斜等政策方面存在的差距，新晃近年来面临着严重的人才、资金流失问题，发展速度与周边地区相比明显滞后。

二是落实不到位，政策"惠而不实"。虽然近年来通过民委的努力推动，党中央、国务院采取了一系列规划和措施，加快了武陵山民族地区的发展，但是很多政策在推进落实的过程中与武陵山民族地区贫困落后的现状、与当地群众尽快脱贫致富的愿望还有一定差距。有些政策缺乏针对性、实效性，执行过程中灵活性不足，存在"一刀切"的现象，比如很多项目要求地方配套资金比重过大，进一步加剧了各县财力紧张局势，减缓了项目的实施进度，影响了帮扶政策的落实。

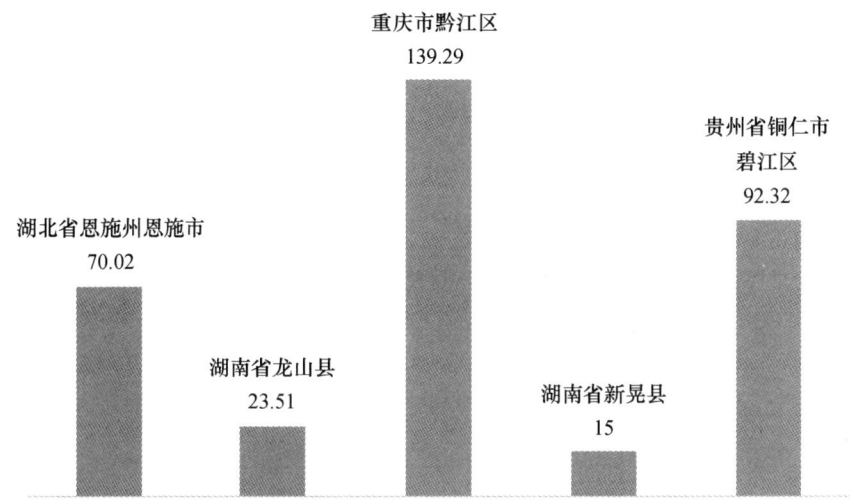

图5 2011年年底龙山、新晃固定资产投资与周边地区比较情况（单位：亿元）

三 武陵山民族地区城镇化建设的对策与建议

武陵山片区作为集中连片特困地区，推进新型城镇化进程，既是扶贫攻坚工作的必然要求，也是加快民族地区脱贫致富的现实需要。为此，我们建议如下：

1. 充分发挥政策优势，尽快消除"政策洼地"。针对地方政府反映较多的关于武陵片区扶贫政策落实不到位、片区内各地方政策不平衡等问题，应组织对武陵山民族地区帮扶政策进行专项研究。

第一，要切实提高政策扶持力度。可借鉴西部大开发的部分政策，比如推行对口扶持政策，既可以是政府之间的一对一援助，也可以出台措施，鼓励社会组织或者企业与片区政府签订扶持协议，实现社会组织、企业与片区发展的双赢。

第二，要推动片区扶持政策在地方的落实。要深入基层，收集地方政府的建议和意见，调查研究武陵山民族地区扶持政策的落实情况，及时发现、分析并解决问题，进一步完善现有扶持政策，帮助地方政府将"普通话讲成地方话"。

第三，要提高片区扶持政策的平衡性、协同性。要加强对各项民族优惠政策进行全面梳理，以供片区各地政府相互借鉴，减少片区内政策不平衡性，尽快消除片区内"政策洼地"，提高区域间政策的协同性。

2. 大兴产业，优化结构，避免演出"空城计"。产业发展是城镇化建设的"发动机"。城镇化建设必须与产业发展同步，要想吸引农村人口向城市转移，必须有相应的配套产业，以确保农村人口进来之后留得住、过得好。否则，一味追求速度，单纯依靠房地产等产业单兵突进，新城可能变成"空城"、"鬼城"，城镇化建设最终唱成"空城计"。为解决武陵山民族地区产业发展的结构失衡、资金短缺等问题，提高地区财政收入，实现地方城镇化建设良性循环，建议引导地方政府从以下三个方面着手：第一，出台政策，引入成熟产业。对于产业发展较慢地区，可以通过适当减免税收、建设配套设施等措施，吸引发展成熟、具有市场竞争力的企业落户地方，解决当地就业问题，提高地方政府财政收入。第二，加大科技投入，优化产业结构。一方面将产业发展重心调整到第二、第三产业上来，着力增加服务业比重。一方面要通过引进技术，调整各产业内部结构，加工业要从初级加工向高精深加工转变，提高产品附加值；旅游业要从观光式旅游向休闲式旅游转变，进一步拉动旅游消费。第三，加强合作，走区域间协同发展之路。各地区之间的经济发展要从自身资源条件、区域特点、产业状况出发，各有侧重、优势互补，做大做强各自特色优势产业，以形成产业链、打造商业圈为目标，避免陷入恶性竞争。例如怀化市的鹤城区、芷江县、中方区构建"一体两翼"，鹤城区以商贸物流为主，中方区重点发展工业，而芷江县则以休闲旅游为中心，三地相互协作，相互配合，形成城市发展的良性互补圈。

3. 拓展地方筹资渠道，千方百计"筑巢引凤"。加快武陵山民族地区城镇化建设，资金是关键。为解决地方政府在城镇化建设中资金缺口大和筹资渠道少的矛盾，应该从土地审批、银行贷款等方面给予政策支持，着力帮助地方政府拓展融资渠道，搭建融资平台，改善招商引资环境，筑金巢、引良凤，助力城镇化建设加速发展。为此，可以考虑：在土地审批上给武陵山地区政策倾斜。要出台武陵山片区专项土地规划，在严格控制基本农田用地，保证粮食问题的基础上，放宽非基本农田用地、山地用地的审批。进一步减少或免除基础设施、公益建筑的土地审批费用，降低地方政府财政负担，要尽量简化土地审批程序，缩短土地审批周期；引导银行提高武陵山地区政府贷款比例，既要积极对地方政府债务风险做科学系统的评估，确保地方政府财政良性运营，又要提高国有资产抵押贷款额度，引导银行增加对地方政府贷款，确保地方存款用于本地区建设的比例；加大武陵山地区转移支付力度，协调建立武陵山片区发展的专项资金，在确定转移支付比例时将武陵山片区列为一个重要因素，进一步加大融资方面的支持力度。

4. 突出民族特色，坚持文化立城。民族文化承载着各民族的优秀精神，凝聚着各民族的历史精华，是城镇化发展的灵魂，也是民族地区加快发展的精神动力，城市的发展需要文化的支持，尤其需要特色文化资源的支持。加强民族文化的保护与开发，既是推动城镇化建设持续健康发展的现实需要，也是弘扬民族精神、凝聚民族灵魂的必然要求。这里最重要的是两个问题：

一是加强民族文化保护与开发的人才培养。民族文化人才对于民族文化的保护和开发有着十分重要的作用，主要表现在对民族文化的宣传倡导和规划开发上，例如靖州县地笋苗寨的建设，既有当地村民的积极宣传倡议，也有专业人员的规划设计。要设立专门项目，重点培养熟悉本民族文化的专业人才，以推动对民族文化的保护与开发。

二是加大民族文化保护与开发的资金投入。增设专项资金用于武陵山地区民族文化保护与开发，设立课题研究武陵山地区民族文化以及对民族文化的保护与开发；培养民族文化保护与开发人才；建设特色村寨、民族标志性建筑，以及恢复重建受到破坏的民族文化建筑，实现民族文化资源的发展和提升与城市化的建设同步发展，彰显民族地区城镇发展的文化内涵和精神价值。

5. 民族地区新型城镇化建设步骤和建设模式必须因地制宜。城镇化建设的目的是推动农业人口向城镇迁移，在社会保障、生活方式等方面实现由"乡"到"城"的转变，最终实现"人的无差别发展"。城镇化建设应坚持以人为本，注重质量，讲求实效，避免贪大求快、模式化造城运动。武陵山民族地区要根据各自地理条件、经济基础等实际情况，遵循客观规律，在城镇体系建设和产业发展等方面，因势利导、因地制宜，积极探索出适合自身发展的城镇化建设道路。为此，要坚持以下几点：

第一，城镇体系建设要因地制宜。武陵山民族地区各县地广人稀，不适合建立县、乡、村多层次城镇网络，应该集中人力、物力、财力做大县城，完善城市功能，加强基础设施及各项公共事业等配套设施建设，走县城发展辐射带动重点乡镇的城镇体系建设之路。

第二，各项事业发展要量体裁衣。武陵山民族地区资源禀赋差异明显、产业发展参差不齐、民族文化丰富多彩，各地在推动产业发展、传承民族文化过程中要量体裁衣，结合自身资源条件，立足产业发展状况，提出科学合理的发展思路。

第三，城镇化指标要入乡随俗。对于武陵山民族地区城镇化建设的评价，应该根据当地实际情况，不能生搬硬套，不搞"一刀切"，以"提高当地居民生活水平，保护弘扬民族文化"为核心，研究并构建差别化评价体系，从城镇化水平、经济发展状况、宜居程度、社会保障以及民族文化保护等方面，提出符合民族地区实际情况的评价指标。

论边疆民族地区新型城镇化发展的路径

何耀华[①]

为筹备中国西南民族研究学会、红河学院、云南省民族研究所联合召开的"边疆民族地区城镇化论坛",在红河学院安学斌副校长的帮助和杨六金教授等的协助下,笔者最近对红河南岸的红河县迤萨镇和甲寅、宝华等乡进行了考察。边考察边联系边疆实际,对党的十八届三中全会提出的要"推进以人为核心的城镇化,推动大中小城市和小城镇协调发展,产业和城镇融合发展,促进城镇化和新农村建设协调推进。优化城市空间结构和管理格局,增强城市综合承载能力"的决定进行思考,并学习李克强总理《谈新型城镇化思路:核心是人的城镇化》(《人民日报》2012年2月4日)的文章,形成了一些对边疆民族地区怎样实现城镇化的认识,现发表出来供研究和决策者参考:

第一,县城是边疆民族地区城镇化的中心和枢纽,在存在城乡二元结构的历史条件下,劳动者在城镇就业的工资比在乡村的劳动收入高,这决定了农村人口必然会向城镇流动。大中城市就业竞争激烈,录用的文化和技能要求高,生活成本也高,除少数技能高的可流入大中城市外,绝大多数农村剩余劳动者把县城作为就业流向的主要选择,因此,在边疆民族地区推进城镇化,应把县城作为重点,优先发展县级城市的第二、第三产业,不断增加就业岗位,同时加强县城的基础设施建设,包括交通、通讯、道路、环境、医疗、教育、住房、水、电、气等,这不仅是吸纳农村人口,也是提升县城居民和乡村流入人口生活条件的需

---

① 作者简介:何耀华,中国西南民族研究学会会长,云南省社会科学院原院长,研究员。

要。20世纪的美国，以建立城市工业园区作为发展城市、城镇现代工业和第三产业的模式，这种模式传入我国后，国家制定了各种发展工业园区的优惠政策，许多工业园区已成为现代工业发展的示范区，招商引资、科学技术创新的集聚区。边疆民族地区的县级城镇，要成为城镇化的持续带动点和载体，发展工业园区经济是实现产业与城市融合发展的重要选择。沿边民族地区大多与邻国接壤，具有发展外向型经济的优越条件，建立边境自由贸易区、保税区、出口加工区也是可供发展县城经济的重要选项。

第二，以建立农村经济合作组织，作为推动边疆城乡一体化的战略。建立农村经济合作组织（即新农村合作经营组织）是一个全球化的经济现象，是构建集约化、专业化、组织化、社会化相结合的新型农业经营体系的必由之路，是实现农村人口"农转非"、村庄实现"村转城"的战略性选择。1923年，列宁在《论合作制》一文中说："通过合作制，把农民组织起来，可以实现农民的私人利益与国家利益的结合。"当前，我国农村存在着集体经济、个体经济、私营经济等多种所有制经济，集体经济占据主导地位，集体经济资本包括土地与企业两大部分，皆为村民共同所有，其增值效益为村民共享，村庄集体所有制经济，实质上是合作经营经济，合作经营是集体经济的实现形式。合作经营组织具有可使农民的私人利益扩大化而且持续的功能，使农业由小生产变为规模化、专业化、社会化的大生产。当农民的经济收入增加到与城市劳动者的收入零差距时，"农转非"、"村转城"就会水到渠成。当前我国沿海发达地区农村集体经济实行社区股份合作制，村民既是社员又是股东，既是劳动者又是有产者，既有工资收入又有财产性收入。这种做法值得边疆民族地区构建合作经营组织借鉴。这次在红河县的考察中，有的村干部和村民告诉我：村里的青壮年人去省城、州城和外省打工的很多，村里老龄化、空心化的情况相当突出，梯田虽成了世界文化遗产，但没有青壮年，怎样去保护它是个问题。我告诉他们，组建新型农业合作经营组织，用农户合作经营组织去经营梯田，这个问题就可以解决。这样既可使梯田的传统耕作和遗产的保护得以持续，又可发展观光农业产业、休闲农业产业、科普农业产业，使梯田生产的效益实现最大化，生产要素的集聚与发挥实现最大化。建立企业化农场、兼业化企业等，也可用构建乡村合作经营组织来实现。

第三，以发展文化产业作为边疆民族地区城乡一体化的重要经济增长源。边疆民族地区自然资源、民族文化资源、历史文化资源、生态文化资源等十分丰富。20世纪60年代，我在红河县调查，发现红河县有三宝：一是有融合哈尼族、彝族、傣族和汉族经济的商城、侨城迤萨、迤萨风格独特的中西合璧式民居建筑及汉式六角亭建筑；二是有明代洪武年间设置的思陀甸、落恐甸、左能甸、瓦渣甸、溪处甸五个长官司和亏容甸傣族长官司的历史沉淀文化；三是有"层层相间，远望如画"的千年梯田生态遗产。迤萨镇不是从天而降，也不是单一民族独创的产物，而是汉族、哈尼族、彝族、傣族等民族团结，经济相依共存、共生共荣的历史沉淀物，中西合璧式的建筑也不是从天而降的，而是云南近代历史上对外贸易的产物，该镇侨居邻国的各民族华侨约有一千人，是研究中国少数民族华侨历史的南部重镇，可望国家将它定为中国南部沿边历史文化名镇。六个长官司的设立，是宋元以来和泥思陀部、落恐部、溪处部、瓦渣部、左能部、亏容部等哈尼、彝、傣各族人民对中国中央多民族统一国家认同和对汉文化先进性认同的产物，其守卫边疆、扶蛮安边、维护国家统一和民族团结的土司文化是应该继承的，作为发展民族文化产业，我认为可以重建思陀土司司署，以其作为展示哈尼族文化的载体。元阳哈尼梯田是我国被列入世界文化遗产名录的生态文化遗产，是中华民族"天人合一"文化的瑰宝，它充分体现了人与自然和谐的规律。在联合国粮农组织（FAO）设置的世界农业文化遗产十九个保护项目中，中国有六个，稻田养鱼名列首位，是一个代表。上述类似的遗产在边疆民族地区是不多见的，边疆民族地区应因地制宜，发展有特色的地方历史文化和民族文化产业。

第四，国家对边疆民族地区的扶持，是实现边疆民族地区城乡一体化的重要条件。党的十八大报告提出"到2020年，我国将实现全面建成小康社会的宏伟目标"，所谓"全面"，就是要在全国各民族地区、内地和边疆民族地区实现全覆盖的小康社会，为此，党和国家提出要加大革命老区、民族地区、边疆地区、贫困地区的扶持力度。边疆民族地区的城乡一体化，面临许多有利的发展机遇。但制约因素也很多，以红河南部地区的情况来说，这个地区农业人口占百分之九十以上，城镇化率仅约百分之十一；交通基础设施差，除二级公路外无高速公路，二级公路等级低，路窄弯急，晴通雨阻；农村集镇化程度低，村落布点分散，环境修复的任务艰巨。诸如此类的制约因素，光靠自身的力量是无法解决的，需要国家加大扶持力度，也需要内地发达地区进行帮助。

打造文化特色城镇　建设民族文化强省
——云南省文化特色城镇建设思考

杨正权[①]

文化特色城镇是城镇化的重要软实力和凝聚力，云南省在城镇化进程中应当加强城镇文化特色的发掘与建设，充分展现各个城镇的自身形象与实力，从而推动云南省的民族文化强省建设目标，也为云南城镇化的道路提供新的路径。特色是城镇的魅力，文化特色使城镇散发出吸引力。吸引力强不强，就看城镇的文化积累是否足够多以及对城镇文化的展示是否足够重视。充分发挥城镇的文化吸引力，展示城镇的魅力，与云南省的民族文化强省战略具有同样的内容，文化特色城镇是民族文化强省的表征，民族文化强省是云南文化特色城镇的重要目标之一。打造文化特色城镇，是云南建设民族文化强省的内容与方式之一。

一　云南建设文化特色城镇的重要意义

1. 有利于落实中央城镇化会议和云南省城镇化工作会议精神。建设文化特色城镇，有利于贯彻党的十八大和中央城镇化工作会议精神；因地制宜，云南省在党的十八大报告和中央城镇工作会议精神的指导下，出台了《云南省新型城镇化规划（2014—2020年）》和《中共云南省委云南省人民政府关于推进云南特色新型城镇化发展的意见》，绘就了打造特色

[①] 作者简介：杨正权（1967—　），彝族，云南武定人，博士，教授，云南省社会科学院副院长。

城镇化建设的蓝图,明确提出"打造城水相依、城乡相偎、人与自然相融合的山水田园城镇村落"的特色城镇化道路,特色城镇化是云南城镇建设中的重要支撑内容。

2. 有利于推进民族文化强省建设。云南省原省委书记秦光荣在《推动云南民族文化强省建设再上新台阶》中指出:"云南要在新一轮文化建设大潮中不落伍、不掉队……抢抓机遇,乘势而上,推动民族文化强省建设不断取得新的突破。"[①] 云南省委、省政府很早就提出要加快民族文化大省建设,近年又提出加快云南民族文化强省建设的目标。抢抓机遇,乘势而上,推动民族文化强省建设不断取得新的突破就是要抓住当前云南省城镇化的机遇,在特色城镇建设中处处体现城镇特色文化,通过城镇建筑、街区、园林等物质形态及城市精神、习俗、艺术、歌舞、音乐、生活方式等非物质形态来体现特色城镇化,进而推动云南民族文化强省的建设。

3. 有利于推进旅游强省建设。以特色城镇为旅游资源,开发特色城镇的旅游产业,创建更多的特色文化旅游城市、乡村,特别是开发利用好云南的历史文化名城、名镇、名村等资源,创新旅游线路,提升旅客的感受度,增加人文知识,丰富和增加云南省旅游的内容,促进我省旅游产业的升级换代,提升云南旅游的品质,更好地推进云南省旅游强省建设。

4. 有利于推进生态文明建设。云南特色城镇化不仅以"四化同步"为指引方向,而且特别注重生态环境保护,在"城镇上山"的过程中制订了严格的生态环境保护制度和措施,也强化监督。做到"城在山中,人在画中,山水田园一幅画,城镇村落一体化",突出自然与人文相结合,生态环境保护与文化特色城镇化相结合;依托云南山水脉络的独特风光,让城市融入大自然,让居民望得见山、看得见水、记得住乡愁;保护和弘扬传统优秀文化,延续城市历史文脉;秉持让群众生活更舒适的理念,突出中国传统城镇发展中的人与自然相互尊重、相互促进、和谐优美的思想。这也是生态文明建设的主要理念。

5. 有利于提升云南知名度和影响力。一个地域或地区的知名度和影响力,既在于有形的表现,也在于无形的知识文化的表现。能做到二者相

---

① 秦光荣:《推动云南民族文化强省建设再上新台阶》,《党建》2012年第2期。

结合，其知名度就会更加高，流传更加持久。云南文化特色城镇的建设，既表达了传统与现代的元素，还表达了地域、历史、思想、文化等无形的元素，加上云南独特的气候、地理、物产、民族、歌舞、艺术、资源等，结合成为文化城镇表达的综合方式，使云南的特色一望便知、一知便终生难忘，在全球化和网络普及的前提下，云南的知名度和影响力将会以文化特色城镇的方式传播开来，影响到世界的每一个角落，打动人们的心灵。

二 云南建设文化特色城镇的主要成效

1. 城镇文化遗产保护不断加强。云南省委、省政府非常注重保护城镇文化遗产，现有200余项城镇文化遗产列入联合国或国家遗产保护名录。城镇文化遗产保护工作不仅起步早，还在全国名列前茅，昆明、大理、丽江等历史文化名城世界著名，所申请的世界自然遗产和非物质文化遗产在考评中都获得优良评价。此外，云南省还发掘各地的民间艺人，给予他们各种条件传承其所掌握的技艺，在生活上给予他们补助，提供机会让他们参加各种展演，有效地解决了民族民间艺人发展的困难。在"城镇上山"的城镇化进程中，还专门就各地老城的保护进行专门的研究，制订了专门的保护条例，做到了保护、开发、增值的效果。在保护中开发，在开发中使文化遗产获得新生。

2. 历史文化名城、名镇、名村保护成效显著。云南的历史文化名城、名镇、名村数量众多，而且这些名城、名镇、名村仍然保持着古老的风貌，延续着历史文脉。但增加了文物保护的各项措施，防火、防震、修补及标识文物级别等工作受到国家文物保护部门的嘉奖，省外及国外的专家学者、相关部门都到云南来学习借鉴，交流经验，召开国际或国内专题的保护研讨会，有的还通过了文物保护的《城市宣言》，成为全球及全国历史文物保护的典范和规则。丽江、大理、昆明在历史文化名城的基础上，还获得了更多的荣誉称号，这些都是云南历史文化名城、名镇、名村保护工作成效显著的表现。

3. 城镇文化产业蓬勃发展。美丽乡村建设与加快产业转型升级、促进农民增收、传承优秀文化紧密结合起来，巧借山水、盘活资源、经营村庄、繁荣文化，潜在的自然资源、经济资源、文化资源转化成了促进农民增收的资产、资本。注重配套发展高原特色农业、生物制药、休闲旅游等产业和壮大村级集体经济，涌现了一大批的农家乐特色村和手工艺品加工的经济专业村，初步形成了环境优化与经济发展良性互动的局面。把建设农村文化礼堂、图书室作为打造农民精神家园的重要平台。各地将充分利用农村自然资源，挖掘和传承农村优秀传统文化资源，注重传统民俗文化与现代文明的融合创新，推动农村文化建设从设施建设向内容提升，从资源分割向资源整合提升，建设好农民的精神家园。

4. 美丽乡村建设。美丽中国有三个方面的内容，即自然美、城镇美、乡村美，住房城乡建设系统承担了城镇美、乡村美两个美丽的责任。因此，要加大城市基础设施建设力度，加强中心镇建设和村庄环境综合整治，全面改善城乡人居环境和城市形象。

三 云南建设文化特色城镇的主要问题

1. 文化特色城镇建设意识亟须提高。当前，云南的文化特色城镇建设还存在着建设意识不强的问题，主要与当地人对文化特色城镇的价值认识不清、建设成本相对较高、文化特色城镇功能定位不准有关。不注重发掘本地城镇的特色，往往以为只有外来文化才是特色，没有结合本地城镇的历史、气候、民族、建筑、山川、河流、物产、资源、人口等进行综合表达，或者所建设的城镇没有突出特色，缺少本地气息，或者是把外来文化与本地特色生硬结合，或者克隆国外著名城镇的某些元素或整体元素，无法体现出本地文化与特色。

2. 城镇文化遗产保护亟须加强。尽管云南城镇文化遗产保护工作已经非常出色，云南集热带、亚热带、温带、寒带为一体，"一山分四季，十里不同天"，各地的物产和人们的生产生活方式都有显著区别；各民族间交流非常频繁，各民族的语言、文字、习俗、音乐、舞蹈、文化等都在城市、乡镇、村落中留下烙印。可以这样认为，云南的每个村、镇、城都是需要保护的文化遗产，而这上千个村落，目前不仅没有得到全部保护，而且随着城镇化的进一步推进，村落中的中年和青年人口进城务工，很多人就地城镇化而没有返回，这使城镇文化遗产面临无人保护的困难，特别是空心村的出现，使乡村文化遗产面临消失或已经消失殆尽，还使中小城镇缺少人才和资金来保护城镇文化。要以《云南省历史文化名城名镇名村名街保护体系规划》为指导，对云南省的 77 个国家历史文化名城、名镇、名村、名街进行保护。

3. 城镇历史文脉亟须延续。一个城镇的历史文脉不仅凝聚在城镇建筑形态上，也汇聚在人们的日常生产生活方式中。对于古老的建筑，可以花较高的金钱去维护、修复，以达到保存物质遗产的目标；但人口数量的流失，特别是那些从中小城镇、乡村走出的人才纷纷在异地安居生产生活，离开了他们成长的土地，城镇的历史文脉就会发生断裂，难于延续。特别是空心村的出现，使大量的城镇在衰落和消失，城镇的历史文脉不断变弱甚至消失不见。

4. 文化特色城镇规划亟须加强。云南的特色城镇大多是经历过几千年历史的积淀才形成的，但中国的城镇化速度非常快，从改革开放以来，我们用三十余年的时间走完西方国家花三四百年时间才完成的同等城镇化，这的确是一项伟大的成就，但不可否认的是，快速的城镇化，很多特色城镇消失，人口的快速集中，产业的聚集，使工业化和现代化吞噬了云南的文化特色城镇。这就需要各级政府从宏观制订规划，特别要突出城镇规划中的人文艺术特点，尽量做到"不拆房，不填塘，不砍树，留故乡"的规划理念，对于重点保护的城镇文物，要制订专门的文物保护规划，方便群众监督，真正把文化特色城镇规划落到实处。

5. 城镇民族文化特色亟须加强。在云南城镇化的快速发展过程中，部分城镇急于赶超，主要在于抓项目和基础设施建设，在建设过程中大拆大建，盲目跟风，贪大图洋，在思想认识和行动方面都没有扎根于多元的文化特点，把本地民族文化融入城镇建设当中来，特别是没有以城镇作为展示本地民族文化和中华文化的基础。应当在规划中充分体现民族文化，特别是要探索不同区域的民族文化特色，按区域展示各个区域的主体民族文化。

6. 城镇原生态文化节建设亟须加强。原生态文化就是在自然发展过程中形成的区域特色、民族特色、地方特色文化的统一体。要加强对原生态文化保护的意识，特别是在少数民族地区，对体育场馆、居民楼、广告牌、公交车站、农村民居等各类建筑，采用花窗、挑檐山墙、青瓦白墙等进行改造，给这些建筑"穿"上含有鼓楼、花桥、吊脚楼等建筑装饰及少数民族服饰图案元素的民族"外衣"。充分利用优美的自然环境、丰富的少数民族文化，发挥有山有水的优势，铺开一张融民族特色、山水、田园、乡村、都市为一体的城镇建设蓝图，再来打造原生态的文化城镇。

7. 历史文化名城、名镇、名村、名街保护亟须加强。云南目前共有历史文化名城、名镇、名村、名街77个，这77个中，除了地处少数民族地区的几个外，大多数在城镇化和社会发展进程中被破坏掉了，甚至有些地方还专门建设假文物。在社会发展和城镇化进程中要处理好"传承"与"弘扬"、"拆旧"与"建新"的关系。要改变只重外形不重内涵、只重新建不重保护的弊病，要走出"高楼、大厦、宽马路就是城镇化"的误区，要花大力气去保护我们的民族文化遗产。特别是对具有特殊文化价值的历史文化名城、名镇、名村、名街要进行保护，能恢复的尽量恢复，能保护的要加快立法宣传，树立起保护意识，政府部门要给予专项资金，加以保护。

8. 城镇旅游亟须彰显文化特色。要以目前云南省60个旅游小镇为基础，加大各个旅游小镇的文化彰显工作，充分展示云南的民族文化、矿业文化、马帮文化、移民文化、屯垦文化、戍边文化以及各地手工艺制作、加工，把旅游与各个城镇的非物质文化传承人、民间艺人、民间音乐家的活动结合起来，在展示表态的城镇文化的基础上，增加动态的活文化，使旅游小镇的地方人文与建筑艺术相结合，更加充分地展示城镇的文化特色。

四　云南建设文化特色城镇的主要对策

要做好云南文化特色城镇的发展，应当努力推进以下几个方面的工程项目建设：

1. 文化特色城镇研究工程。文化特色城镇研究工作远落后于城镇文物保护工作，而作为不可再现的资源，一些文化特色城镇一旦消失就无法再次形成，宁可缓慢发展一步，也要保护文化不丢失。要调动各级政府的积极性，加强本辖区的文化特色城镇研究工作，加强本区域的城镇历史、文化、民族、自然、人文、科学、艺术等方面的研究工作，把各地的文化特色城镇发展规律和特点研究清楚，然后展开保护与开发工作，减少开发中的失误，做到多留遗产，少留遗憾。

2. 城镇文化建设保护工程。文化与旅游有着天然内在的联系，国际国内几乎所有的文化小镇都是旅游小镇。要充分整理、深入挖掘云南省各地丰富的乡村文化资源，在全省打造一批特色突出的文化旅游小镇，转方式调结构、夯实文化强省建设基础，要正确处理小城镇建设与文化保护传承的关系。

3. 文化旅游集镇建设工程。文化旅游集镇建设工程要把云南的历史遗产、自然风貌、文化内涵、文化旅游发展与旅游集镇建设紧密结合，以旅游集镇来延续云南历史文化、繁荣民族文化、发展多样性文化、保护好文化，使旅游集镇各具特色，充分展示云南的多样性特色文化，使云南的文化旅游既有历史传统的特点，体现地域的不同，又继承历史传统和独特的人文气息。必须牢固树立开发建设与保护传承并重的理念，格外注重延续历史文脉、保护生态环境、彰显地域特色、弘扬民族文化，不搞涂脂抹粉，不能大拆大建。要以省级重点建设村为抓手，大力实施"八大工程"，聚力建设美丽乡村，致力造福农民群众，着力打造"升级版"新农村，把美丽乡村建设成为民心工程、民生工程、德政工程。

4. 文化特色城镇规划工程。当前中国城镇化进程中，由于没有做好文化特色规划，出现了千城一面、千镇一面的景象，或者是崇洋歪风处处吹，多个城市一哄而起，大肆建造模仿西方风情景区，照搬希腊罗马雕塑，或者欧美风情，规划设计者的这种"新、奇、特"特色，脱离中国国情，既不实用，也不美观，建造和运行费用过高，甚至还存在技术风险，给我国的城市建设和经济社会发展甚至国家形象等都带来一些负面影响。要学习借鉴中国传统建筑和城市的优秀规划思想，做好本地文化特色城镇的规划工作，比如丽江、大理古城就是传统文化特色保留和规划得较好的例子。

5. 文化特色城镇人才培养工程。要做好文化特色城镇人才的培养工作，推动云南民族文化大发展大繁荣，要深入实施人才强省战略，牢固树立人才是第一资源的思想，加快培养造就德才兼备、锐意创新、结构合理、规模宏大的文化人才队伍。首先要建立文化特色城镇人才人力资源开发机制与体制，进一步建立和完善文化特色城镇人才开发战略体系。重点扶持文化特色城镇人才人力资源的开发和文化企业家的培养。只有在体制机制、政策和工作制度上全方位为人才特别是民营企业的人才创造良好的条件和环境，才能使全社会的创造力得到充分发挥。分类建立文化特色城镇人才素质模型，准确定位、打造文化特色城镇人才核心竞争力。要针对文化特色城镇人才的不同特点和成长规律，分类指导，用事业造就人才、用环境凝聚人才、用机制激励人才、用荣誉褒奖人才、用学习提升人才、用法制保障人才。要坚持多管齐下、多元发展。要坚持兼容并蓄，对起到领军作用的骨干人才进行超常规和跨越式的培养，使其对国际前沿动态，以及国内目前的文化事业和文化产业前沿了如指掌。随着城镇化进程的加快，也会对特色城镇人才提出了新的问题。这就需要我们培养出复合全面型的人才，以适应形势变化的要求。

6. 文化特色乡村建设工程。要以《关于推进美丽乡村建设的若干意见》为指导，建设好云南的美丽乡村，突出培育特色文化村，弘扬农村生态文化。因地制宜发展特色产业，持久改变农村经济面貌；要加大投入，加强对古村落、古民居、古建筑、古树的保护；把历史文化底蕴深厚的传统村落培育成传统文明和现代文明有机结合的特色文化村，把传统村落打造成为弘扬具有云南特色"传承历史、延续文脉、特色鲜明"的民俗文化重要载体。

7. 生态文化特色城镇建设工程。国家新型城镇化战略中要实现四化同步来推进城镇化，云南在四化的基础增加了生态环境保护的内容，这是符合云南省省情的战略。各地在城镇化过程中，把建设生态园林城市、花园城市作为城镇化发展的目标，[①]并且云南由于城镇化起步迟，生态破坏少，在保护的基础上更容易为生态文化特色城镇提供基础，也为生态文化城镇发展提供强有力的后发优势。

8. 民族文化、历史文化特色建设工程。民族文化、历史文化是一个城镇发展的灵魂和精髓。要明确定位城镇的文化形象基调，把城镇建设与经济发展、产业生产、社会活动与休闲、文化、非遗传承、自然环境保护融为一体。要正确处理城镇历史文化保护与当地居民居住环境改善的关系。对古老的历史街区，除了外观的修缮之外，还要以此为契机改善居民的生活环境条件。要正确处理城镇文化保护传承与创新发展的关系。深入挖掘历史文化遗产资源，认真梳理文化变迁脉络，不断推陈出新，扬弃得当，建设具有鲜明地域特色的文化形象符号。要正确处理城镇建设中科学规划与文化定位的关系。要正确处理城镇基础设施与公共文化设施建设的关系。必须要把公共文化设施纳入重要建设布局，切实做到公共文化设施与其他基础设施建筑的配套协调统一。

---

① 程勤：《云南城市化进程中的生态环境建设》，《云南环境科学》2001 年第 1 期。

9. 特色城镇建设工程。一是要做好规划，提高水平。针对历史文化街区、传统院落、历史建筑和传统文化艺术、民风民俗保护的实际需要，依据国家和省相关法规，进一步完善省内历史文化名镇、名村保护的法规，为历史文化遗产保护工作提供法律依据。二是精心策划，精细施工。树立精品意识，打造精品工程，做到保护、恢复、新建三措并举。防止贪大求洋，防止粗制滥造，努力打造百年工程，确保经得起历史检验。三是打造载体，完善设施。加大小城镇文化馆、图书室、体育活动中心等文化设施建设的投入力度，兴建一批标志性的公益性文化设施和文化旅游设施，不断满足人民群众的基本文化需求。四是部门合作，形成合力。

10. 云南历史文化名城、名镇、名村、名街建设工程。在城镇建设中注重文化传承保护和文化建设工作，要放眼长远，坚持规划先行；为历史文化名城、名镇、名村、名街保护工作建章立制，使之有章可循；强化措施，进行抢救性保护，以防割断城镇文化历史文脉；要加强宣传推介，全力打造"中国历史文化名城、名镇、名村、名街"品牌，走独具云南特色的历史文化名城、名镇、名村、名街发展之路。

中国西北陆疆民族地区城乡发展一体化的思路和途径探讨

徐黎丽[①]

人类社会依次走过了城乡依存的时代（农业社会）、城市统治乡村的时代（工业社会）、城乡融合的时代（后工业社会）。但在大多数发达国家中，由于过度城市化给人类生存和发展带来的灾难性后果，因此学界提出了许多不同的解决模式或理论，正如逆城市化理论的代表人物之一刘易斯·芒福德所说："城与乡，不能截然分开；城与乡，同等重要；城与乡，应当有机结合在一起。"[②] 因为"城市和乡村各有其优点和相应的缺点，而'城市—乡村'则避免了二者的缺点……城市和乡村必须成婚，这种愉快的结合将迸发出新的希望、新的生活、新的文明"[③]，即城乡一体化是对城市越来越大、乡村越来越空的现实反思。对于发展中国家来说，为了避免发达国家过度城市化后的"城乡一体化"模式，必须未雨绸缪，在过度城市化到来之前就走"城乡发展一体化"道路。中国也不例外。中共十八大报告提出了加快城乡发展一体化的规划，这不仅是对中国沿海和东部发达地区过度城市化的反思，也对没有过度城市化的中国西北陆疆民族地区城乡发展一体化具有更加重要的意义。这些重要意义具体表现在：有助于建立中国西北陆疆各族人民团结平等的民族关系；有助于

[①] 作者简介：徐黎丽，女，兰州大学西北少数民族研究中心副主任，兰州大学民族学研究所所长，教授、博士生导师。

[②] 转引自薛晴、霍有光《城乡一体化的理论渊源及其嬗变轨迹考察》，《经济地理》2010年第11期。

[③] 杨玲：《国内外城乡一体化理论探讨与思考》，《生产力研究》2005年第9期；转引自李丹《城乡一体化理论回顾与分析》，《理论探讨》2008年第11期。

促进西北陆疆传统安全与非传统安全;有助于缩小西北陆疆民族地区与内地社会发展距离;有助于传承和发展西北陆疆民族地区的多元文化。但有关西北边疆民族地区城乡发展一体化的研究成果主要局限于城市化方面,因此本文从西北城乡发展轨迹和现实城乡发展问题出发,探讨西北边疆民族地区城乡发展一体化的思路和途径。

一 西北城乡发展一体化的历史借鉴

从大量的汉文史籍来看,作为中华民族起源地的西北东部,是中国最早的城乡混合聚落区域。聚落的规模则有明确的记载:"方六里命之曰暴,五暴命之曰部,五部命之曰聚。聚者有市,无市则民乏。五聚命之曰乡,四乡命之曰方,官制也;官成而立邑。"① "邑为民所居,民居有多少,故邑有大小。故其大而言之,则为王都之邑;其极小而言之,则有十室之邑。"② 也有人认为都与邑有区别:"凡邑有宗庙先君之主曰都,无曰邑。"③ 随着人口不断繁衍,邑的数量不断增加,比较大的城市出现。如"上地方八十里,万室之国一,千室之都四(大约上等土地八十里可以维持一座万户人口的城市、四个千户的邑镇)"④。在此基础上"凡立国都,非于大山之下,必于广川之上。高毋近旱水用足,下毋近水而沟防省。因于材,就地利,故城郭不必就中规矩,道路路不必中准绳"⑤。都城中不同职业则居住在不同区域,"凡仕者近宫,不仕与耕者近门,工贾近市"⑥。市则有朝市与夕市之分,"朝市,朝时而市,商贾为主;夕市,夕时而市,贩夫贩妇为主"。汉代郑玄注:"商贾家于市城,贩夫贩妇朝资夕卖。因其便而分为三时之市。"⑦ 由此可见西北东部虽然遵循中国城市起源的相似因素,如"聚落中心功能逐渐增强","城与郭相连、城与市

---

① 《管子·乘马》。
② 金鹗:《求古邑之说·邑考》,转引于云翰《邑、国与中国城市的起源》,《昌潍师专学报》1999 年第 3 期。
③ 《左传》庄公十八年上。
④ 《管子·乘马》。
⑤ 同上。
⑥ 《管子·大匡》。
⑦ 《周礼·地官·司市》。

聚合、城与乡分野"①。正如学者所说:"'古有万国'其实是指由'平时民耕于野,战时民保于城'的都邑和周围的鄙组成的小国。国进一步发展就可能由一个都鄙群构成的国向多个都鄙群构成的更大的国发展。"②因此城乡一体化是中国人早期的居住形式。

然而中国西北西部的陆疆民族地区城乡一体化途径自古以来因自然与文化特征不同而显示出不同的特点:

第一,中国西北陆疆民族地区以宜于人类生存的绿洲为基础,日益形成分工协作、互相补充的城乡一体聚落。聚落的大小取决于绿洲大小,绿洲规模则完全依靠可以使用的河流或湖泊的水流量。这方面最典型的案例就是塔里木盆地边缘城乡一体的绿洲聚落。塔里木盆地"西起喀什东至罗布泊,长约1300千米,南北最宽处相距520千米。地势自西南向北、东缓斜,昆仑山北麓海拔1400—1500米,天山南麓海拔1000米,东部罗布泊洼地780米,盆地面积约56万平方千米。这个盆地的中央是中国最大的沙漠——塔克拉玛干大沙漠。沙漠的面积有32万平方千米。塔里木盆地的水系,皆源于四周山地,流出山地的大小河流共94条,年径流量368立方米,其补给都是来自山区降水。平原降水少不能形成地表径流,只有少数较大的河流如和田河、叶尔羌河、孔雀河等汇成被称为'无缰之马'的塔里木河。在这些河水的滋润下,沿盆地边缘形成了数百块绿洲,成为盆地内人类活动的主要场所和生态环境的重要组成部分"③。这些绿洲,就成为不同族群各自独立的生产生活单位,古代中文文献中记载的"西域三十六国"就是指它们。这些城乡一体的绿洲聚落,至今仍存在并成为今天新疆南疆重要城镇的有喀什、库车、鄯善(楼兰)、吐鲁番等。其中喀什在《汉书·西域传》、《后汉书·西域传》中是这样被记载的:"今属喀什噶尔地区的城邦、行国亦仅有疏勒、莎车、蒲犁、依耐、休循、捐毒、子合、尉头等七个国名。"其中休循、捐毒属于高鼻深目多须的欧罗巴人种的塞人行国,莎车则是过定居生活的塞人所建城邦的代表。如有汉文史料记载:"王治莎车城,去长安九千九百五十里,户二千

---

① 武廷海:《从聚落形式的演进看中国城市的起源》,建筑史论文集(第14辑),2001年4月1日。
② 于云瀚:《邑、国与中国城市的起源》,《昌潍师专学报》1999年第3期。
③ 李晓英、许丽:《楼兰城的兴衰与塔里木盆地环境演变之间的关系》,《干旱区资源与环境》2008年第8期。

三百三十九，口万六千三百七十三，胜兵三千四十九人，有铁山、出青玉。"蒲犁、依耐、子合、西夜、德若则属于"与胡异，其种类羌氐"的蒙古（黄色）人种的羌人城邦或行国。① 库车古名为龟兹，是比莎车更大的绿洲城乡一体聚落，在古籍中被称为国，"龟兹国，王治延城"。"龟兹国……户六千九百七十，口八万一千三百一十七，胜兵二万一千七十六人。"② "延城在白山南一百七十里。"③ "所居城方五六里。"④ 唐时"城周十七八里"⑤。"自汉历经魏晋南北朝至唐近千年时间，龟兹势力实际统治着塔里木盆地北道诸国，即从今日阿克苏、乌什、温宿、阿瓦提、巴楚、柯坪、阿合奇、拜城、沙雅、新和、轮台、库尔勒地区，在西域历史上的影响至为深远。"⑥ 楼兰（今鄯善）则是深入塔里木河下游的最大城邦。"从敦煌之西的玉门关或阳关，越三陇沙，过阿奇克谷地或白龙堆，经土垠或楼兰古城，沿孔雀河岸西域腹地。"⑦ 从地理位置上来说，它是连接河西走廊与塔里木盆地的枢纽绿洲。"汉昭帝元凤四年（公元前77年）遣平乐监傅介子刺杀楼兰王，更名其国为鄯善。"⑧ 以上绿洲城邦均是靠四周山脉水系维系的沙漠绿洲。河流一旦断流或改道，绿洲便不存在。楼兰就是如此。因楼兰"处于塔里木河最下游，是塔里木河、孔雀河水量减少最先受到影响的地方。所以，孔雀河改道、塔里木河断流，其下游的楼兰地区水源枯竭"⑨。楼兰这个绿洲聚落便消失了。两汉时西域都护府的治所从乌垒迁到龟兹，也是因为水源不足以支撑更多的人口在乌垒生存。"乌垒城所利用的策达雅河水流量不过0.28亿立方米，限制了它的绿洲面积。所以乌垒城周围的绿洲面积太小，难于承受西域都护府这样一个重要的机构。而古代龟兹绿洲由于有渭干河和库车河水的灌溉，它的

---

① 薛宗正：《从疏勒到伽师祇离》，《新疆社会科学》2005年第2期。
② 《汉书·西域传》。
③ 《魏书·西域传》。
④ 《北史西域传》。
⑤ 《大唐西域记》卷1《屈支国》。
⑥ 江戍疆、李秀梅：《龟兹王都及汉唐都护府在龟兹考》，《喀什师范学院学报》1988年第5期。
⑦ 孟凡人：《楼兰新史》，光明日报出版社1990年版，第46页。
⑧ 肖小勇：《楼兰鄯善与周邻民族关系史述论》，《新疆社会科学》2008年第4期。
⑨ 李晓英、许丽：《楼兰城的兴衰与塔里木盆地环境演变之间的关系》，《干旱区资源与环境》2008年第8期。

绿洲面积较轮台县至少大五倍以上。"①因此班超击败匈奴后,将西域都护府治所从乌垒迁至龟兹它干城,此城"位于龟兹王城东40里左右的塔汗其,今属库车县牙哈乡,那里有一城堡遗址,现在只剩下面还有一个仓库遗址,圆形,小窑,直径一公尺左右,其余窑已淹没不见,看来,古时驻军曾在这里囤过粮。塔汗其一名如根据现代维吾尔语解释为'织口袋的人',可是询问周围人民并无织口袋的人,可见这是相沿下来的地名,而'塔汗其'与班超所成它干城音很近似,可能塔汗其是由它干城的音变而得"②。此城遗址之所以能够保存到现在,主要原因就是这里仍然是库车绿洲的组成部分。可以说,如果塔里木盆地周边山脉保留充足的水源,塔里木盆地边缘的绿洲即使在蒸发量远远高于降雨量的情况下,也仍然能够生存下来。吐鲁番就是这样的绿洲聚落。如"吐鲁番地区特殊的环境,形成了水资源的独特条件。盆地内部及南部库鲁克塔格降水十分稀少(仅仅十几毫米),但北部西部和天山山系的博格达山和喀拉乌成山年降水量却在100—600毫米,博格达山峰区3500米左右年降水量达800—900毫米,山区具有良好的径流条件;海拔4000米以上都有终年融化不尽的积雪带,这两座山合计有总面积139.95平方公里的245条现代冰川。这些山区的降水和冰雪融水是吐鲁番盆地河流径流的主要来源,也是盆地内部地下水的来源"③。因此由丰富的水源发展起来的绿洲农业生态系统的良性循环是吐鲁番地区人口承载容量系统存在并发展的前提和基础。科学研究表明,"极端干旱的吐鲁番地区人口承载容量系统必须保证约占地表水资源量20%的生态用水,重点建设防护林体系,提高农田林网化,使绿洲农田林带覆盖率提高到20%以上,采取积极措施把天然草场采食率控制在65%以下,并且合理开发利用自然资源,充分发挥地区的独特农业自然资源优势,以水利建设为中心发展生态农业和集约化农业。只有这样,吐鲁番地区人口容量系统才能够在将来高质量地承载90万—110

---

① 江戍疆、李秀梅:《龟兹王都及汉唐都护府在龟兹考》,《喀什师范学院学报》1988年第5期。
② 同上。
③ 艾尼瓦尔·聂吉木:《干旱地区农业自然资源人口承载容量系统动力学研究——以新疆吐鲁番地区为例》,《干旱地区农业研究》2007年第3期。

万人的最大人口规模"①。因此丰富的水源造就的绿洲农业是吐鲁番自古至今存在于塔里木盆地东缘的根本原因。这也是整个塔里木盆地所有绿洲城乡聚落生存的基础。尽管随着塔里木盆地及其周边生态环境逐渐恶化，绿洲聚落的数量不断减少，但乡养育城、城存于乡的绿洲聚落则是西北古代城乡发展的特点。

第二，城乡一体的绿洲聚落发挥着作为连接各个绿洲的驿站和组成国家基层行政管辖单位的功能。西北边疆的绿洲在古代陆上丝绸之路兴盛的若干王朝统治时期，从长安到罗马形成的30里一驿站的定制不仅保障了古代东西文明的畅通，更为中国西北边疆绿洲城乡一体格局奠定了基础。这些驿站，或在原有的绿洲聚落里设立，或依人马体力极限最近的绿洲而定，从而使绿洲之间靠驿站连接起来，最终则为这些绿洲纳入国家基层行政管理单位奠定了基础。如元狩二年（公元前121年），匈奴退出了河西，西汉在河西地区设置了武威、酒泉二郡。②到了元鼎六年（公元前111年），"乃分武威、酒泉地，置张掖、敦煌郡，徙民以实之"③。《汉书·地理志》记载，河西四郡的户口数如下④：

表1　　　　　《汉书·地理志》记载的河西四郡户口数

郡名	户数	人口数	辖县数
敦煌	11200	38335	6
酒泉	18137	76726	9
武威	17581	76419	10
张掖	24352	88731	10
总计	71270	280211	35

这些郡治地点之所以选择在这些地方，都与这些地方以前就是水源充沛、物产丰富、人口较多、地理位置重要的绿洲并有系统的驿站体系密切相关。河西四郡设立后更加强了城乡之间的联系。如"河西四郡（武威、

---

① 艾尼瓦尔·聂吉木：《干旱地区农业自然资源人口承载容量系统动力学研究——以新疆吐鲁番地区为例》，《干旱地区农业研究》2007年第3期。
② 《汉书》，卷55，《霍去病传》。
③ 《汉书》，卷6，《武帝纪》。
④ 谷苞：《论西汉政府设置河西四郡的历史意义》，《新疆社会科学》1984年第4期。

张掖、酒泉、敦煌)自汉武帝派驻了大量屯戍军队后,由于军队吏卒在衣食住行等方面都离不开市场商品交换,遂使得这一地区的市场发展起来。这里的市场除像内地一样设置于郡县治所及地方一些乡里外,在某些屯戍吏卒聚居的大坞壁及一些交通要道上的邮驿亦设有市。屯戍吏卒大量参与市场的买卖活动,使得该地区市场上的商品琳琅满目,商品交易比较繁荣"[1]。在河西四郡的西部,则是著名的玉门关和阳关。它们是名副其实的关隘和驿站。如"玉门故关,在县西北一百一十七里,谓之北道,西趋车师前庭及疏勒,此西域之门户也"[2]。但由于水源不断减少,绿洲面积随之不断缩小,"自东汉永平十七年(公元74年)玉门关东移今安西县(瓜州县——引者注)双塔堡、五代宋初该关进一步东移今嘉峪关市关石峡",当然"敦煌西北原有的旧玉门关并未随之废弃,仍在丝路交通中发挥着不易替代的重要作用。考其未废的原因,即在于敦煌一地作为西域门户和丝路交通枢纽的地位自汉至宋未有改变或明显改变,因而作为由敦煌前往西域的必经要口——旧玉门关自然不会罢废弃置"[3]。现在的玉门关和阳关已经变成沙丘,尽管因旅游业的兴起而恢复和重建了汉唐关隘,但工作人员只白天在两关工作,晚上则回敦煌居住。[4] 因此水源和绿洲是驿站和关隘是否能够存在的关键因素。新疆的一些城镇也是如此。如疏勒被称为汉城,它是班超率领汉军驻扎的主要基地。后来班超移至龟兹它干城,但其副手徐干仍驻守疏勒。在汉军的影响下,疏勒的经济文化有了飞跃性的发展,"疏勒国增户加丁,已拥众2100户,胜兵3000余人"[5]。唐朝时期,随着"侯君集平高昌国,于西州置安西都护府,治交河城"[6]。直接管辖西、伊、庭及稍后的焉耆地区。而交河作为高昌国的首府,早已是城与乡融合一体的绿洲聚落,也是东西使节和商旅补给、休息的驿站。关于此点,我们可以从今天交河故城遗址中有关外交部门及其

---

[1] 高维刚:《从汉简管窥河西西郡市场》,《四川大学学报》1994年第2期。
[2] 《元和郡县图志》卷40。
[3] 李并成:《东汉中期至宋朝初新旧玉门关并用考》,《西北师范大学学报》2003年第4期。
[4] 2013年4月13—14日笔者在玉门关、阳关考察所得资料。
[5] 薛宗正:《从疏勒到伽师祇离》,《新疆社会科学》2005年第2期。
[6] 《唐会要》,卷37,转引自柳洪亮《安西都护府治西州境内时期的都护及年代考》,《新疆社会科学》1986年第2期。

驿站居所的遗址中看出。显庆二年（公元 657 年）唐朝平定阿史那贺鲁叛乱后，"析其地置蒙池、昆陵二都护府，分种落列置县，西尽波斯国，皆属安西"。"三年（公元 658 年）五月，移安西府于龟兹国。"① 而龟兹作为丝绸之路北道最重要的绿洲聚落和驿站，最终成为中原王朝在塔里木盆地最重要的基层行政管理单位和城市。在丝绸之路南道最重要的绿洲为于阗，唐朝则设置于阗毗沙都督府，属下十个州，"其中六城、西河州、东河州、河中州等四个州的地望和辖区可以考定。六城由 Cira（质逻；Tib. Jila）、Birgamdara（拔伽；Tib. Bergadra）、Pa、skūra（Tib. Osku）、Phama（潘野；Tib. Phanya）和 Gaysāta（杰谢）组成。分布在达玛沟（Domokoriver）沿岸南北走向的狭长灌溉区中，地域与今和田地区策勒（Cira）县辖境大致相同。西河州（Tib. Shel chab gongma）位于喀拉喀什河（Kara kash）以西，辖区大致在今和田地区墨玉（Kara kash）县一带。东河州（Shel chab'og ma）位于玉龙喀什河（Yurung kash）以东，辖区大致在今洛浦（Lop）县一带。河中州（Tib. She lchab dbus）位于喀拉喀什河和玉龙喀什河的中间地带，即今和田县辖区。另有猪拔州见于新出土和田汉文文书，但地望尚不得而知。其余五个州，一个州在东部夏纳（Kh. Kamdva；Tib. Kham sheng）和蔺城（Kh. Nīa）地区，今克里雅河（Keriya）至民丰一带；西部吉良镇（Tib. Gyil yang；今克里阳/Kilian）和固城（Kh. Gūma；Tib. Kosheng）镇所在的地区有一个州；西南以皮山城/镇为中心有一个州；北部以神山（Kh. Gara；Tib. Shing shan，今麻扎塔格/Mazar Tagh）为中心有一个州；另外一个州在南部或东南部"②。由此可见，在于阗（今和田）境内，星罗棋布地点缀着大小不一的绿洲，其治所一般有城和市，与以绿洲农业为基础的乡村互通有无，构成自成一体的国家基层单位，对外则发挥连接中亚和南亚国家的驿站功能。

从中国西北边疆城乡历史发展特点可以看出，中国西北陆疆各族人民自古以来在遵循自然规律的前提下，以水源和绿洲为基础，形成了城乡一体的绿洲聚落，对内构成生产、生活自足的社会体系，对外发挥驿站和国家基层行政单位的功能。这种顺应自然、因地制宜的城乡发展一体的绿洲

---

① 《旧唐书·地理志》，转引自柳洪亮《安西都护府治西州境内时期的都护及年代考》，《新疆社会科学》1986 年第 2 期。

② 朱丽双：《唐代于阗的羁縻州与地理区划研究》，《中国史研究》2012 年第 2 期。

聚落，不仅是西北边疆自古以来城乡建设的特色，更为我们今天城乡发展一体化的发展提供了历史的借鉴。

二 当前中国西北陆疆民族地区城乡发展一体化中的问题

为了摸清中国西北边疆城乡一体化中存在的问题，我们选择了以下三个调查区域。之所以称为调查区域，主要是因为进行边疆民族地区城乡发展一体化研究必须在城乡都有的一个特定区域内做调查。第一个调查区域是一市三县，即喀什市与周边的疏附、疏勒、伽师三县；第二个调查区域是边境县塔什库尔干县城及其所辖口岸乡镇的调查；第三个调查区域是曾为陕甘宁边区的甘肃省合水县县城及其所辖固城和段家集两个乡镇。其中第一个调查区域是中心调查区域。喀什市作为中国中亚经济圈的核心地带，在城市建设中已经将疏附、疏勒纳入其城市建设范围内，伽师县是距喀什市最近的外围县，可以在研究中进行内部城乡发展一体化的比较研究。第二个调查区域则是包含一个一级公路口岸和两个二级公路口岸的塔吉克族自治县县城。作为一个与三个国家相邻（巴基斯坦、阿富汗、塔吉克斯坦）、边境线长达888.8公里的边境县，塔什库尔干的城乡发展一体化进程关系到国家西北陆疆的安全与稳定，自然具有不可替代的典型性。虽然我们的研究重点在西北陆疆，但作为西北组成部分的东部地区不仅是华夏文明的起源地，也是中国城乡发展最早的地区，把西北东部与西部陆疆民族地区的城乡进行比较研究，可以进一步认识到西北边疆城乡发展一体化的特点，并根据特点设计适合西北边疆的城乡发展一体化道路。当然，国内外不同地区的城乡发展一体化的典型区域也是为我们的比较对象。

根据三个调查区域的数据，本文认为中国西北陆疆城乡发展一体化中出现的问题如下：

第一，没有深入考虑西北脆弱的生态环境对城乡发展一体化的长远深刻影响。本文第一部分已经总结了历史上西北边疆地区城乡发展特点。这些特点是西北各族民众在长期与缺水的自然环境相适应的过程中总结出来的宝贵经验，值得我们在规划或实施城乡发展一体化过程中充分吸收。既然水资源的多少决定了绿洲或草场的大小，而以绿洲或草场为基础、以四通八达的交通要道为基础构成的市的城镇的规模就必须考虑水的因素,史籍中记载的三十六国中的许多早已不见的绿洲城邦的命运早已为我们敲响了警钟;自古至今一直存在的绿洲如喀什、和田、莎车、库车、吐鲁番、若羌、且末等也因水资源减少而面临绿洲面积缩小的严酷现实。因此生态环境和资源是制约西北陆疆民族地区城乡一体化建设的首要因素。根据我们的实地调查,在第一个调查区域的三个绿洲县城打井的深度越来越深,十年前这里的水井普遍在50米及以下,但现在有一半井的深度达100米左右,所有河流不仅水流量减少,而且还存在不同程度的污染。[1] 在塔什库尔干,这里目前暂时不缺水,还是为数不多的几个纯净水公司零成本的水资源来源地,[2] 但不断上升的雪线和不断减少的河流则是县城不断扩大规模或其他乡镇发展的客观制约因素之一。相比而言,居于西北最东部、黄土高原南部破碎的沟源交错的合水县城及其两个乡镇虽也属于老区,但因水源相对丰富、降水相对多而使这里的城与乡人口密度大、乡镇的规模比喀什地区的乡镇规模大,[3] 因此以水为中心的生态环境是制约西北陆疆地区城镇发展的基础性因素,分散在绿洲上的以水多少决定的乡镇一体的聚落应该是符合西北陆疆实际情况的选择。正如环境学者所说:"城乡一体化应是这样的一种境界:城市没有制度上的堡垒,乡村没有政策上的栅栏,城乡一体化是'一种区域生态经济良性平衡系统的高境界。'"[4] 可以说,城与乡是我们人类对大自然提供给我们宜于生存的生态资源环境的加工与分类,但我们不能舍本逐末,忘记城乡能够建立和发展的生态资源环境。它才是我们城乡能够立足的基础。

第二,没有充分考虑城乡资源的互补性,并根据互补性的资源建立城乡互补性的产业,加快城乡融合的步伐。古代的西北是以农业和牧业为主导产业的地区。其中以农业为生的地区,"耕种农业使人类控制了自己的食物供给,增加了人类食物供应总量,使人类能够为自己提供更多的剩余粮食。而更多的剩余粮食刺激了分工的发展,又使更多的人能够脱离粮食生产,从事其他工作。而城市正是那些因从事农业生产已非必要而改干别

---

[1] 2013年11月28—30日笔者在疏勒、疏附和伽师三县调查所得数据。
[2] 2012年10月20日笔者在塔什库尔干调查所得资料。
[3] 2013年7月21—25日笔者在甘肃省合水县县城及固城乡镇、段家集乡镇调查所得资料。
[4] 李丹:《城乡一体化理论回顾与分析》,《理论探讨》2008年第11期。

的工作的社会成员的集中所在地"①。所以,耕种农业是农业地区城市诞生的经济基础。在以牧业为基础的地区,牧业发展带来的剩余牧产品自然也是城市兴起的基础,如新疆北疆的伊宁等。但不管是以农业还是以牧业为基础的城市,均是同一产业发展和不同产业相互交流的结果。这从成都的兴起中可以看出。"考古发掘中,不论是三星堆遗址还是成都诸遗址群,都出土了不少农业生产工具,表明城市地域内有相当一部分属于农田,城市人口中有相当一部分属于农民。这些农田和农民,是在城市聚合和扩大过程中被组织在城市地域之内的,也反映了城市功能体系与结构的一个方面。"与"首先是作为区域的政治军事中心而出现的,经济增长、城市起源即以此为基本条件而并建立在此基础之上"的中原城市相比,"东周时代蜀地的若干新兴城市,其起源主要同成都平原农业经济、城市手工业经济与盆周山区畜牧业或半农半牧业经济的交流有关,或与南丝路国际贸易有关"②。因此城镇的发展是在农业发展基础上多种产业支撑和多种因素联动的结果,如有学者通过对中国黄河中下游地区的平粮台、王城岗、城子崖、后岗四个古城遗址,西亚的苏美尔早期城市欧贝德遗址,欧洲克里特文明中的克诺索斯、费斯托斯、马利亚、迈锡尼遗址等为例,认为:耕种农业是城市诞生的经济基础;便利的交通位置是城市初现的地理选择;政治需要是城市自重的直接动力。③ 在拉丁美洲,古代城市发展的支柱产业也是农牧业。如玛雅文明在公元前后出现了城市,在公元后的8个世纪中,玛雅人共建立了100多个城镇。印加人在15世纪创建了一个长约3000公里、宽约300公里、拥有1000万人口的大帝国,其首都库斯科在西班牙人征服时约有5万人口。这些城市的兴起与有广大的乡村和牧场支撑密切相关。但从哥伦布发现新大陆到16世纪中叶,拉美出现了一系列殖民城镇,其支柱产业逐渐发生了变化,如哈瓦那、卡塔赫纳、利马、布宜诺斯艾利斯等兴起的原因不仅与少数殖民统治者集中定居形成城镇有关;也与西、葡殖民当局为了在行政上对拉美殖民地实行高度集中控制、16世纪欧洲实行重商主义、港口的地位十分突出并逐渐发展成为城市有关;更与拉美黄金和白银等贵重金属开采地区被殖民者建立为城镇有

---

① 张南、周义保:《中西古代城市起源比较研究》,《江汉论坛》1991年第12期。
② 段渝:《巴蜀古代城市的起源、结构和网络体系》,《历史研究》1993年第1期。
③ 张南、周义保:《中西古代城市起源比较研究》,《江汉论坛》1991年第12期。

关。第二次世界大战后是拉美城市化加速发展时期。1910—1960年，拉美人口增长了1.8倍，而50个最大城市的人口增长了5.6倍。20世纪60年代以来，在墨西哥、巴西、阿根廷、委内瑞拉、哥伦比亚、秘鲁和智利，中等城市也有了高速发展，这与拉美工业化、国民经济一代化及农村贫困化有关。① 因此我们从不同人类的城市发展过程中均看到农业、商业和工业在不同时代成为城市兴起的支柱产业。中国西北陆疆也不例外。根据我们在陆疆两个调查区域的调查及与西北最东部城乡一体化的产业进行对比发现，虽然疏附县城打造物流中心、疏勒县城建立百万吨钢厂、伽师县城上马十万吨铜加工厂、长庆油田也将输油管道埋进了固城乡镇管理的各个村庄里，② 但传统农业与牧业及其现代化仍然是陆疆广大乡村和牧场的支柱产业。因此在西北陆疆城乡一体化的过程中，在乡村和牧场，仍以农业和牧业为主导产业；在城市，依次兴起的商业、工业和文化产业为主导产业。在城乡产业互补的过程中，实现城乡发展一体化。

第三，没有充分考虑到当前西北陆疆民族地区城乡发展一体化不是以城市为中心，也不是以乡村和牧场为中心，而是城乡并重。尽管内地或发达国家的城乡发展一体化是以城市为中心，古代西北城市兴起时是以乡村和牧场为中心。但中国西北从古至今走过了从乡到城的历史，目前已经形成城乡普及陆疆的事实，因此我们当下的城乡一体化就必须因地制宜，城乡并重，充分发挥城乡不同功能，在功能互补中实现城乡发展一体化。在乡村方面，"有选择地截断区际资源流动，削弱极化效应对外围乡村地区的不利影响，同时赋予乡村地区更高程度的自主权，增强扩散效应对双方的有利影响，形成自主的、具有自成长能力的、以乡村为中心的区域单位，有效缩小城乡差距，实现城乡公平发展"③。在城市方面尤其要吸取伯克的印度尼西亚的个案教训。如"当时的印度尼西亚——原荷兰政府的殖民属地实际上存在着两种完全不同的经济活动，一种是殖民主义输入的以发展现代工业为主的非农业活动，主要集中在城市；另一种是印度尼西亚社会本土的传统农业活动，一般集中于乡村，两者在经济制度和社会

---

① 周厚勋：《拉美城市化的发展与演变》，《拉丁美洲研究》1991年第3期。
② 笔者于2013年7月、12月在疏勒、疏附、伽师、合水四县实地调查和走访所得资料。
③ Stohr, Walter B, Taylor, D. R. Fraser: Development from above or below? The dialectics of regional planning in developing countries [M], Chichester Wiley, 1981: 9 – 26.

文化方面存在着巨大的差别。这些差别直接或间接导致了工业与农业、城市与乡村的迥然相异，反映在经济与社会发展过程中，即表现为工业的现代性和农业的传统性、城市的先进性和乡村的落后性的矛盾与冲突"[①]。这样的教训不仅仅在印度尼西亚，在世界各地也普遍存在。因此城市方面必须看到以农牧业为基础的乡村牧场对商业、工业的支撑。正如农村偏向的非均衡发展理论的代表乔根森所说："第一，一国经济由现代工业部门和传统农业部门构成，但是农业部门的发展是工业及至整个国民经济的基础。第二，农业剩余是工业部门产生、增长的前提条件和规模限度，没有农业剩余存在时，就没有劳动力的剩余转移；劳动剩余一旦出现就促使农业劳动力向工业部门转移，工业部门就开始增长；农业剩余越大，农业劳动力向工业部门的转移的规模越大；伴随着工业资本的积累，工业增长也就越快。第三，农业剩余出现之前，劳动力都从事农业生产，此时任何从农业中出去的劳动力都具有正的边际产出，在转移过程中，农业部门总产出会受到影响，工业发展会以牺牲农业产出为代价。"[②] 因此"统一布局城乡经济，加强城乡之间的经济交流与协作，使城乡生产力优化分工，合理布局，协调发展，以取得最佳的经济效益"[③]。但在我们选择的三个调查区域中，传统的农牧业虽然仍是适应生态环境的支柱产业，但工业化的导向使得这三个区域的支柱产业正在转型过程当中，如塔什库尔干县的铁矿业、伽师县的铜矿加工业、疏附县的物流业、合水县的石油产业等。如果传统农牧业产业不能受到应有的重视，那么，不但以工业为基础的城镇生活资源会受到影响，而且会使建基在传统农牧业上的传统文化及其未来能够支撑边疆发展的文化产业失去基础，更重要的是为以后的过度城镇化埋下了种子。因此对于西北边疆民族地区来说，必须以城乡不同产业并重为基础，促进城乡并重，最终才能实现城乡发展一体化。

第四，没有吸取国内外过度城市化的教训。国外发达国家已经存在的过度城市化问题很多，如城市空气污染，为此一些学者提出了一些解决方案，如小城镇方案，这一方案的主旨是："信息化使大城市外围的小城镇

[①] 薛晴、霍有光：《城乡一体化的理论渊源及其嬗变轨迹考察》，《经济地理》2010年第11期。
[②] 张培刚：《发展经济学》，经济科学出版社2001年版，第633页；转引自郭宁、吴振磊《非均衡发展——均衡发展——城乡一体化——西方经济学城乡关系理论评述》，《生产力研究》2012年第10期。
[③] 李丹：《城乡一体化理论回顾与分析》，《理论探讨》2008年第11期。

由于受中心城市信息传播的影响而加速发展。各小城镇依托信息与地缘优势，逐渐形成了一定功能特色和发展优势，社会经济综合势力较一般地区的小城镇有较大的提高。"① 又如郊区方案。"由于信息通讯技术的发展和网络化的兴起，使一部城市人口或主动或被动的从城市中心区迁往城市的近郊地区，甚至在少数特大城市，已经进入了城市郊区化阶段。"② 对于中国西北陆疆民族地区的城镇来说，均存在县城中的老城不断扩建、县城旁边的新城拔地而起的情况。③ 虽然老城扩建和新城涌现是人口不断增多的结果，但确实也存在新城较空、资源浪费的情况。因此我们认为，虽然西北边疆民族地区的城乡发展一体化处于开始阶段，还没有发展到城大城满、村大村空的程度，那么我们就应该珍惜现在人与自然、人与人相对和谐的城乡和谐局面，在城乡发展一体化的开始阶段就强调走小城镇大乡村的道路，那么西北陆疆将成为宜于人居的地方，戍边不仅是光荣之事，也成为幸福之事。

三 西北陆疆民族地区城乡发展一体化的思路与途径探索

根据西北古代边疆城乡发展特点和当前城乡发展一体化面临的问题，本文提出以下城乡一体化思路和途径。

1. 思路

以保障国家陆疆安全为前提，乡村牧场以农业、牧业为主导产业，城市以商业、工业和文化产业为主导产业，城乡并重，最终实现族群和谐、城乡互补、边疆安全的"众多小城镇点缀边疆大乡村"的城乡发展一体化目标。

作为国家实体边疆的有力组成部分，西北陆疆的城乡发展一体化的首要目的就是通过城乡发展一体化达到西北陆疆长治久安。是否能达到这一目的，关键在于如何尽快减小西北陆疆城乡不同族群、不同职业群体的生

---

① 许大明、修春亮、王新越：《信息化对城乡一体化进程的影响及对策》，《经济地理》2004年第2期。

② 周一星：《北京的交警化及其引发的思考》，《地理科学》1996年第3期。

③ 在笔者调查的疏附县城、疏勒县城、伽师县城、塔什库尔干县城、合水县城均有老城扩建、新城较空的情况。

活水平差距。而生活水平差距的减小，主要由城乡不同产业互补决定。城乡产业互补带来的直接后果则是城离不开乡、乡离不开城，最终就能形成城乡并重的格局。具体来说，乡村以牧场农业和牧业为主导产业，并加快农牧业现代化步伐。这样城市中从事工业的不同族群和职业者即可以获得必不可少的粮食、蔬菜、肉、蛋、奶等食品，棉、麻、皮等制衣原料，甚至工业原料；在城市中则以商业、工业和文化产业为主导产业，从事商业、工业和文化产业的不同群体则为自己也为乡村和牧场的族群和职业者提供生产工具及各类物质或精神消费产品，从而使城乡不同族群和职业的边疆人形成谁也离不开谁的城乡一体化的生产生活格局。因此自然就形成城乡并重、城乡互补的城乡一体化格局。正如美国地理学家詹姆斯所说："不能绝对地将人类的活动空间人为地割裂为城市与乡村，而应该作为一个以多样性为基础的关系统一体。"① 在这个城乡并重的关系统一体中，不同民族、职业、界别的人因为生产生活互相需要而结成团结和谐的关系，西北陆疆自然就形成安全发展的良性循环模式。

2. 途径

建议城乡一体化的具体途径是：公路、铁路口岸所在乡镇与乡村牧场一体化发展与戍边相协调；所有边境县辖区乡镇与乡村牧场互补发展；避免县城、地州、省区城市过度城市化，走小城与大村并重的发展之路。下面具体论证。

西北陆疆的边界地带聚集着大小不一的公路口岸和铁路口岸。从内蒙古西部的阿拉善盟到新疆与西藏的交界一共有 13 个陆路口岸，它们分别是：内蒙古策克公路口岸、甘肃马鬃山口岸、新疆塔克什肯口岸和老爷庙口岸（与蒙古国对接）；新疆都拉塔口岸、霍尔果斯口岸、阿拉山口口岸、巴克图口岸、吉木乃口岸（与哈萨克斯坦对接），伊尔克什坦口岸、吐尔尕特口岸（与吉尔吉斯斯坦对接），卡拉苏—阔勒买口岸（与塔吉克斯坦对接），红其拉甫口岸（与巴基斯坦对接）。这些口岸历史上都是地理位置相对重要而货物贸易和人员交流方便之地。有些口岸的前身就是集市或小镇。它的基础仍然是广大边境地区的村庄或不同季节的牧场。从陆疆安全的角度来说，如果仅仅依靠口岸的应急力量去戍

---

① 郑慧子：《区域共同体：人与自然和谐的科学图景》，《自然辩证法研究》1999 年第 7 期。

边，肯定无法全面固边。因为口岸作为边疆要地固然需重点防守，但口岸与口岸之间的广大乡村和牧场不仅是各族人民的家园，也是国家领土的组成部分，这些疆土必须依靠居住在这里的各族民众守卫。他们为生存发展农业和牧业，同时供给口岸上的各类职业群体基本生活必需品，口岸作为集市和乡镇则为乡村和牧场的居民交换自己所需的物资或产品提供了方便。因此各类公路与铁路口岸和边境乡村牧场互相协调，可形成戍边与发展相适应的城乡一体格局。

西北陆疆所有边境县所属乡镇与乡村、牧场之间形成互通有无、公平发展的城乡一体化格局。西北陆疆涉及的边境县（包括自治县、市、旗）共有36个（从内蒙古阿拉善盟经甘肃到新疆与西藏交界处），下辖边境乡镇共314个（含17个民族乡），还有11个苏木、18个街道办事处和14个农牧场。西北陆疆所有边境县所属乡镇的规模取决于县城、乡镇所在的乡村和牧场的生态环境、产业、人口承载率及能够向乡镇输送的农牧产品的最大值。因此边境县的所有乡镇建设的重点不在规模和面积，而在于乡镇各类族群和职业群体的生活水平的总体提高和镇与乡村牧场生活水平差别的不断缩小。只有镇与乡之间的生活水平差别不大的时候，边境县各族各界各职业群体才能够安居边境，担负起保家卫国的重任。

对于西北陆疆县城、地州城市、省区城市来说，目前普遍存在的情况是县城扩建或在老县城附近修建新城、地州城市和省区城市持续扩建。这一方面源于城市人口的不断增加和产业发展能够支撑城市的扩建，但也离不开国家对边疆地区的大力支援。但对于生态环境脆弱的西北陆疆城市来说，一方面城市人口承载率受水资源、沙漠气候等多方自然因素的影响不可能无限制地扩大；另一方面，当人口规模和产业能力不能支撑过大城市建设时，即使依靠外力强行建设，也会出现新城即空城的现象。这种现象不仅在西北边境地区普遍存在，而且在西北东部地区大量存在，这说明西北的城市建设没有考虑到西北的特殊情况，更没有吸取东部及沿海城市因过度城市化带来的霾天气、水污染、病流行的教训。为了防止西北边疆过度城市化带来的城市问题威胁边疆安全和稳定，我们必须把边疆县城以上的城乡一体化工作转移到提高城市质量方面。众所周知，城市的基本特征是：第一，人口密集，官、士、农、工、商，各种社会成分被社会的有机性联结在一起；第二，构成了政治、经济、文化、娱乐、宗教、礼仪与军事的中心；第三，坚城、深池、设施、建筑、作坊、街道、墓地、供水与排水系统，构成了城市有形的硬件；第四，城市是人类进入文明阶段的产物，它也是各个时代文明荟萃的地方。① 现在西北县城以上的城市虽然规模已经具备，但以上的功能及其联动功能并没有发挥好；城市与广大乡、镇之间的生活水平差别仍然很大；城市内部的产业构成与生态环境的矛盾不断加剧；城市与乡村之间的联系越来越疏远；等等。对于这些问题，国外一些城乡一体化理论为我们提供了一些启示，如沙里宁的有机疏散理论认为"将原来密集的城区分成一个一个的集镇，集镇之间用保护性的绿化地带联系起来，并使各个城镇之间既有联系又有所隔离，但从区域角度来看，则是一个城乡差距较小的城乡区域均质体"②。岸根卓郎的"城乡融合设计"理论则认为：通过超越城市、农村界限的"人类经营空间"的建立，产生一个"与自然交融的社会"，即"城乡融合的社会"。他强调，不能用城市"入侵"农村，按现有城市的建设来建设农村，改造农村的思路去实现城乡融合，他呼吁人们重新重视长期被忽视的农村的作用，指出"农村最主要的作用就是保全生态系统"，还有许多衍生的作用，如国土资源的持续利用，国土保全，水资源涵养以及人们所熟知的经济功能等。③ 因此我们可以根据西北特殊的生态地理条件，在避免过度城市化的同时，提高西北边疆城市质量建设。

城乡发展一体化是人类发展到现阶段的必然产物。它最终是为了全人类的发展。中国作为多民族发展中大国，城乡发展一体化正在进行过程中，不仅需要吸取发达国家城乡发展的好想法、好做法，也要根据国内不同区域的特殊情况走殊途同归的道路，最终实现全国城乡发展一体化的目标。对于西北陆疆民族地区来说，小城大村，即众多小城镇点缀边疆大乡村，也许是集发展与戍边于一体的良性模式。

---

① 杨年：《中国城市的起源与城市的基本特征》，《齐鲁学刊》1994年第3期。
② 李泉：《中外城乡关系问题研究综述》，《甘肃社会科学》2005年第4期；转引自郭宁、吴振磊《非均衡发展—均衡发展—城乡一体化》，《生产力研究》2012年第10期。
③ 张伟：《试论城乡协调发展及其规划》，《城市规划》2005年第1期；转引自郭宁、吴振磊《非均衡发展—均衡发展—城乡一体化》，《生产力研究》2012年第10期。

西藏城镇化与"三农"问题研究：
缘起、现状和对策

郎维伟　蔡伟民　康　杰[①]

一　缘起

城镇化是实现"三农"现代化和全面建设小康社会的必然路径，我国城镇化发展正进入关键阶段。地处西南边陲的西藏自治区同样迎来了城镇化的重大发展机遇期，但是与全国比差距仍然较大，2011年全国城镇化率达到51.27%，全国城镇人口首次超过农村人口，同年西藏城镇化率仅为26%，农村人口仍居高位。然而，值得注意的是近十余年来全国援藏的外部输入方式使西藏经济要素聚集，加之区内资源开发，产业结构和行政区划调整使西藏城镇数量增多、规模扩大，为吸纳农村剩余劳动力向城镇第二、第三产业转移提供了就业和生活的空间。但是由于受西藏的自然环境、民族宗教、社会发育和经济发展滞后等因素的影响，西藏城镇化进程仍然面临许多新情况、新问题。有些问题看似一个区域的局部问题，但它却关系到能否摆脱长期困扰西藏发展滞后的城乡差距所导致的区域性贫困问题，应该说放在全国的大棋盘上这样的西藏问题有深刻的政治含量。

推进西藏"三农"现代化应选择新型城镇化的路径。城镇化是一个事关长远的大战略，应置于全国或区域现代化发展的大趋势中来思考。近十余年来全国城镇化增速加快，西藏也不例外。但是，如果说内地的城镇

[①] 作者简介：郎维伟，西南民族大学教授，博士生导师。蔡伟民，西南民族大学教授，科技处处长。康杰，西南民族大学副教授。

化在新的时期正在由蔓延型向紧凑型的空间转变,那么西藏的城镇化尚未迈入这个转型期。而且置身于全国新一轮城镇化发展的背景下,西藏地区的城镇化更有其特殊性和政治文化意义。西藏自治区面积广袤,海拔4000米的区域占辖区面积的85.1%,人口密度每平方公里0.4人,无论是从人类生存环境、自然生态保护,还是从资源的有效利用以及劳动力和人才的规模集聚,以及交通能源社会建设等考察,城镇化能使西藏的诸多发展问题得到解决,其中尤其是"三农"现代化需要城镇化统筹推进。按照西藏自治区的十二五发展规划,到2015年,城镇化率将达到30%,预计到2020年城镇化水平将达到40%,尽管这个目标仍低于2011年的全国平均水平,似乎比较保守,但到2020年仍有近20%的增量空间,显然占人口比例最多的农牧民人群是向城镇转移的主要来源。所以西藏城镇化建设仍然需要以增量改革为主,但这个增量不是单纯的城镇数量增加,而是农牧民人口如何向城镇转移实现非农就业,如何走符合西藏特点的城乡一体化的特色产业之路,如何将社会保障、医疗、教育、户籍等公共政策覆盖到流入城镇的"新市民",这些都是西藏城镇化正在或将要面临的新情况、新问题。

城镇化是西藏全面建成小康社会的重要保障。2012年党的十八大确定到2020年全面建成小康社会,此前中央第五次西藏工作座谈会也曾指出到2020年要确保西藏实现全面建设小康社会的奋斗目标。然而,实现这个目标的最大重点和难点是占西藏自治区总人口77.3%的农牧民(第六次全国人口普查数据)如何实现小康的问题,如果仅仅依靠传统的农牧产业,可以肯定实现不了这个目标。事实上,改革开放以来西藏农牧区超稳定的农村经济结构开始解体,新的生产关系使农牧民劳动力自由了,农村剩余劳动力明显增多,除了城镇化,没有一个行业可以消化农村过剩的劳动力。改革开放使农牧民人口向城镇流动被激活,他们获得的非农收入不仅促进了农村商品经济的发展,也为农牧民消费结构的改变创造了基本的条件,以上因素在市场经济的环境下为农牧民劳动力提供了向非农产业转移的内生动力。与此同时,中央西藏工作座谈会对西藏的战略定位表明了西藏作为局部与国家之间的关系,而这些战略定位不仅限于西藏,又超出了西藏自治区自身的承接能力,所以中央对西藏采取了特殊的政策和制度供给,中央和各省的大力支持,以投资拉动为机制,城镇的兴起和扩展,工业、企业的发展促使农村劳动力向城镇流动,成为农牧民向非农产业转移的外生动力。但是，为了确保农牧民向非农产业转移的有序和健康发展，使他们在摆脱城乡二元结构后，不致陷入城镇中的"二元结构"，即人虽进城，但生产生活方式依然乡村化现象。因此开展针对农牧民向非农产业转移的就业政策及其支持体系的研究，实现提前规划、主动引导、积极接纳，变"无序"进城为有序就业和居住，逐步实现进城农牧民在生产生活方式上向城镇居民转变。

二 现状

从西藏城乡关系的基本格局看，农牧民向非农产业转移是缩小城乡收入差距仍处高位的有效路径，也是西藏完成新型城镇化的重要劳动力来源，当然也能奠定社会稳定的坚实基础，有利于增强多民族国家的整合力。自2002年以来西藏城乡收入差距总体呈下降趋势，但西藏城乡货币收入差距一直是全国最高。而解决这一问题的出路除了继续加强特色农牧业发展促进农牧民增收外，伴随着西藏城镇化步伐的加快，农牧区劳动力向城镇非农产业转移将是西藏整体迈入现代化的根本出路。而且，西藏已经全部普及义务教育，未来农村人口中的新生代人群基本接受过现代教育，他们作为农牧民在阶层之间的流动中将是进入城镇的主要人群，及早关注他们的非农就业和创业问题，对西藏未来的发展和稳定都至关重要。因此，城镇化过程中与之相配套的农牧民就业政策或法规应尽快跟进。据悉西藏自治区农牧部门也曾实施过"农牧区劳动力转移行动计划（2002年）"，但仅限于农牧厅来发动，势单力薄，效果可想而知。另西藏自治区人大发布的地方性法规在2009年出台过西藏自治区实施《中华人民共和国就业促进法》办法，2010年出台过《西藏自治区流动人口服务管理条例》，基本上不属于农牧民向城镇非农产业就业的专门法规，而自治区政府涉及农牧民向城镇非农产业转移的规章基本阙如。然而，西藏的跨越式发展，以及城镇化发展和全面小康的目标都使农牧民剩余劳动力向非农产业转移来化解"三农"问题提上了无法回避的日程，因此农牧民向城镇非农产业转移的政策和支持体系建设具有现实性和迫切性。

同时，农牧民向城镇非农产业转移就业，必然带来自身职业技能、价值观念、居住地点、生活方式的改变，必将进一步改变西藏地区的各民族居住格局、地方文化生态，这种改变会促进农牧民对现代城市生活文化的接受吸纳，会促进民族间交往的丰富发展，有利于地区和谐和民族和谐。

三 对策

中央第五次西藏工作座谈会从西藏资源条件、产业基础和国家战略需要出发，提出稳步提升农牧业发展水平，做大、做强、做精特色旅游产业，支持发展民族手工业，加强基础设施建设和能源资源开发的发展方针，改变第一产业畸重、第二产业畸轻、第三产业不发达的现状。西藏的第二、第三产业近20年来经历了快速的发展过程，无论是绝对数量还是增长速度都已经远远超过了第一产业，全区第一、第二、第三产业增加值在GDP中所占的比重，已从2006年的17.6、27.6、54.8优化为2011年的12.3、34.6、53.1。但西藏人口的产业布局却是第一产业占绝对多数，从业人员多集中在农牧产业，以2011年为例，第一产业从业人员与第二、第三产业的比重为51∶12∶37，人口的产业结构与职业结构的倒挂，一方面制约着农牧民本身的增收，另一方面也制约着产业发展的人力资源供给，不利于产业结构调整和发展。根据未来的发展方向，西藏自治区应加大农牧民的技能培养，特别是旅游、手工业和工民建等职业技能的培养，提升农牧民素质，提高就业技能，从而为产业结构调整和城镇化提供充足的人力资源支持。

城镇化与县域经济发展关系密切，其实西藏县域经济不发达的症结之一是城乡差距大，农村被自然经济广泛覆盖，城镇和乡村的二元经济结构十分突出。西藏独特的自然地理条件无论是从人的生存环境、生态保护，还是从资源的有效利用以及劳动力和人才的规模集聚，以及交通能源社会建设等考察，城镇化能使西藏的诸多发展问题得到解决，其中尤其是"三农"现代化需要城镇化统筹推进。如今西藏的城镇化是城镇和乡村都实现跨越式发展的新型城镇化，尽管欠发达地区城乡统筹的难度很大，但如何实现以工补农、以城带乡，城乡统筹是一个值得研究的现实问题。按照西藏自治区的"十二五"发展规划，城镇化的增量空间较大，显然占人口比例最多的农牧民人群是向城镇转移的主要来源。所以西藏城镇化建设仍然需要以增量改革为主。

如何实现城镇化率的增量空间？如何使农牧民向城镇聚集？第一是规划，西藏的城镇化应按照主体功能区规划来布局，形成"一个中心、两个沿线、一个流域"的城镇建设布局。所谓"一个中心"是指"藏中南地区"以拉萨为中心,辐射周边,形成城乡一体;所谓"两个沿线"是指青藏铁路和即将建成的拉(萨)日(喀则)铁路沿线,青藏公路和川藏公路沿线,形成沿线城镇链,带动周围农村,两个沿线的城镇可以从西安—兰州—西宁和重庆—成都—昆明的两个经济圈分别获得辐射和带动功能的收益;所谓"一个流域"确切指"一江三河"即雅鲁藏布江中游、拉萨河中下游、年楚河流域和尼洋河中下游等地区,形成沿流域建设城镇的布局。从西藏各方面的条件考察,适宜于发展中心城镇经济,以此形成生产要素的聚集和扩散效应,成为沟通城乡的重要纽带。第二是创新,要探索西藏城镇化的规律,不能照抄内地的模式,以西藏的情形来看,以拉萨为中心的城市功能需要不断完善和扩容,建成旅游、文化基地和区域性交通、航空、物流枢纽,以拉萨国家级开发区为支点,形成有高原特色的产业集群。完善日喀则、泽当、八一、那曲等城镇功能,发展区域性的农林畜产品加工、旅游、藏药、民族工艺等产业,形成这些产品的贸易集散地。有序开发利用矿产资源,在相近城市逐步实现由初级产品向深加工转变,延伸产业链和附加值。只有依靠产业的发展和支撑,才能保证西藏的城镇化不至沦为空城,也才能真正实现城乡二元结构的消解。第三是控制风险,任何地方的城镇化都要防止盲目过激的行为,因此要建立有针对性的风险控制的制度和机制。第四是公共服务均等化,确保城镇化质量,务求社会保障体系的完善即建立公共服务均等化,涵盖教育、医疗、养老、居住等城镇人居的必须环节。

西北民族地区城镇化进程中的社会稳定性研究

冯雪红[1]

城镇化又叫城市化、都市化，是农村人口转变为城镇人口，农村地域转变为城镇地域，农村劳动力由第一产业向第二、第三产业转移的一个历史过程。欧美国家的城镇化进程起步较早，以致现在少数经济高度发达、城市化趋于饱和的国家已经出现了"逆城市化"现象，人口以及投资逐步向郊区和农村流动。美国著名的经济学家、诺贝尔奖获得者克里斯曾说过："21世纪将有两件大事，美国的高科技和中国的城镇化。"当前，中国的城镇化进程正处于上升阶段，而且在今后几十年，城镇化仍是缩小城乡差距、促进经济发展的巨大动力。《中国新型城市化报告（2012）》指出：中国城镇化率已突破50%，城乡结构发生了历史性的变化，但分地区看，城镇化也表现出较大的区域差异，中、西部地区城镇人口比重为47.0%和43.0%，相比东部地区的61.0%仍有一定差距。[2]"中国已进入中等收入国家行列，但发展还很不平衡，尤其是城乡差距量大面广，差距就是潜力，未来几十年最大的发展潜力在城镇化。"城镇化是加快中西部地区经济社会发展的重要途径，但在这一历史过程背后仍潜藏着诸多的矛盾，各种社会问题也日益突出。城镇化不仅是农村变城市、农民变市民的简单演变，其中还涉及旧村拆迁、土地征收、人口流动、户籍改革、社会保障、民族宗教等一系列问题。政府作为城镇化政策的制定者和城镇化进程的引导者，工作中的任何纰漏都有可能引发城镇化对象的不满情绪和过

---

[1] 作者简介：冯雪红，女，北方民族大学教授，博士，主要从事民族社会学研究。
[2] 李克强：《未来几十年最大发展潜力在城镇化》，《上海证券报》2012年11月30日。

激行为,从而导致不同程度的社会失范,甚至社会冲突的爆发。因此,保证城镇化进程的顺利实施,首先要构建一个和谐稳定的社会环境。

一 城镇化进程中影响社会稳定的突出问题

(一) 强制下的"自由",利益失衡引发的官民矛盾

西北民族地区的城镇化多以现有城镇为中心,逐步向四周农村辐射。城镇化虽是政府主导实施的行为,但是否要参与这一进程,仍要考虑农民的真实意愿。但事实往往是,政府以指导名义,不顾农民意愿强制实行房屋拆迁和土地征用。针对城镇化进程中的房屋拆迁和土地征用问题,各省市都根据当地实际情况制订了相应的补偿标准。如《银川市征收集体土地及房屋拆迁安置补偿办法》所列《征地区片综合地价汇总表》中规定,农村实际征地区片价为1.7—6.3万元/亩,而《房屋补偿标准》中最高一级价格为500元/平方米,最低一级价格仅为80元/平方米。银川市周边郊区家庭土地占有量较少,如按5亩计算,可获赔补偿款最多31.5万元,最少8.5万元。2012年银川市城镇居民人均消费性支出为16399元,[①] 以四口之家计算,这些土地补偿款最多能够维持一个家庭使用4.8年,最少仅为1.3年。土地是农民生存和发展的资本,在就业及社会保障等制度尚不健全的前提下,偏低的土地征收补偿标准大大降低了农民的生活水平。目前,银川市中心位置在售房屋价格约为6000元/平方米以上,偏远地区也在2000—3000元/平方米。以房屋最高补偿标准计算,即使在偏远地区购买房屋,所获补偿款最多能购买原居住面积六分之一的房屋,这无疑增加了农民的生活成本,挤压了他们在其他方面的生活支出。政府给予的补偿远远不能满足直接参与分配的大多数人的预期获得,这种落差极易造成人们的被剥夺感和不公平感,还会产生以社会侵犯为特征的社会互动模式和不良整合。[②] 土地、房屋补偿价格偏低与市场价格偏高的矛盾给城镇化造成了巨大困难,一方面政府等受益群体在利益的驱动下,利用公共权力强制利益受损方服从安排;另一方面,利益受损

[①] 银川市统计局:《银川市2012年国民经济和社会发展统计公报》。
[②] 李培林、陈光金、张翼、李炜:《中国社会稳定报告》,社会科学文献出版社2008年版,第4—13页。

方因不满情绪以激烈的表达方式抗拒城镇化进程。利益受损方迅速转变成为社会的不稳定因素,甚至直接导致暴力抗拆、冲击政府等社会失范或社会冲突行为的发生,极大地影响了原本稳定的社会秩序。所以,城镇化应该是政府引导下农民自由选择的结果,农民是选择离开,而不应是被迫离开。

(二) 由农民到市民,"户籍隔离"带来的尴尬

过去的城镇化更多的是"土地的城镇化",而不是"人的城镇化"。旧的城镇化模式多是通过损害农民的利益来维护城市居民的利益,在利益再分配过程中,城市居民获得了利益的最大化。这种模式往往导致既得利益者的利益被固化,而中低收入的农民工或失地农民想要转变成市民来分享城市公共服务就变得尤为困难。在城镇化进程中,由于受户籍政策的限制,多数农民工或失地农民仍处于"半市民化"状态。他们可能在城镇居住,有着稳定的工作,也逐渐适应城市的生活方式,但农业户籍使其享受不到城市的教育、医疗、社保、住房等福利保障,许多农民是"进了城、上了楼、愁白头"。由于地方政府缺乏为农民工提供公共服务的相应财力,中央财政缺乏相应的支持激励政策,截至 2012 年,农民工参加城镇职工养老、工伤、医疗、失业和生育五项基本社会保险的比例仅为 14.3%、24.0%、16.9%、8.4% 和 6.1%,参保率仍较低,[①] 西北各省各行业农民工参保率也多不及两成。就业困难、城市配套公共服务严重不足、贫民窟涌现等一系列严重的城市问题,促使部分失地农民或进城务工农民铤而走险,成为危害社会稳定事件的始作俑者。近年来,尽管西北各省都制订了户籍制度改革方案,但仍存在一些问题。第一,农民转市民门槛高。多数省份将"有合法固定住所、稳定的职业和收入"作为城镇落户条件,但就农民而言,文化程度和劳动技能的普遍低下使其多从事零工、散工,收入也不稳定,还有的省份将土地与户籍挂钩,要求农民必须放弃农村的宅基地和土地,这在很大程度上就限制了农民进城落户,打击了他们的积极性。第二,户籍改革换汤不换药。进城落户的条件放宽,农民变成了城市居民,但却没有配套政策上的跟进,在社保、就业、住房等方面与原城市居民还是有所区别。可见,现有户籍政策已成为城镇化进程

---

① 《5 大顽疾困扰中国城镇化脚步》,《新京报》2013 年 6 月 27 日。

中影响社会稳定的重要制度性根源。

(三) 从农村到城市，民族宗教问题逐渐凸显

西北地区是我国重要的少数民族聚居区，而且多数民族都具有各自的宗教信仰。因此，在西北地区的城镇化进程中，民族宗教问题不容忽视。对有宗教信仰的民族而言，宗教活动场所是其日常生活中最重要的场所之一，但在拆迁或农民进城的过程中，由于对宗教场所的保护和设置不够，难以满足信教群众正常宗教生活的需求，因而引发一些问题。以回族群众为例，他们是一个全民信仰伊斯兰教的民族，这种宗教信仰是与生俱来的，也是他们日常生活中不可或缺的精神支柱；自古以来，回族就有"围寺而居"的生活习惯，清真寺作为回族举行宗教活动的场所，不仅处于他们生活家园的核心位置，更是他们精神家园的重要象征。[①] 地方政府在城镇规划中对宗教活动场所的设置有一定限制，一般按人口多少或地域面积设置清真寺个数，但这往往不是建立在完全调查的基础上，因而不能满足回族群众对清真寺的真实需求，影响到他们上寺等日常宗教活动的进行，进而引起回族群众对地方政府的不满。另一方面，回族信教群众内部还分为大小40多个教派门宦，由于历史和宗教上的原因，教派门宦间的日常交往虽无障碍，但关系不很亲密。一般而言，各教派门宦都有专属的清真寺，信教群众只能到各自的清真寺进行宗教活动。在某些地区因城镇规划的需要只有较大的教派门宦才能设置清真寺，这就剥夺了其他信教群众上寺的权利。此外，随着少数民族人口的流动，原有的宗教内部格局被打破，不同教派门宦为维护自身利益向其他信教群众传教，极易引起教派门宦间的冲突。相对宗教问题，民族问题更加复杂，凡是涉及民族的文化、经济、政治等问题，如果处理不当或不及时，就极有可能转化为民族问题。随着城镇化进程的发展，来自各地的少数民族流动人员进城经商、务工日益增多，其中有些人是无证营业，有些流动商贩还在商业中心区集中沿街摆摊，强买强卖，违章经营，有的还以民族风俗习惯为由携带管制刀具，制造事端。由此引发的群体性事件，其源头和性质往往都是经济、民事纠纷，不能认为是民族矛盾，但若处理不及时或方法不恰当，有可能

---

① 冯雪红、聂君：《宁夏回族生态移民迁移意愿与迁移行为调查分析》，《兰州大学学报》2013年第6期。

使矛盾激化。还有一些因触犯少数民族感情引发的群体性事件，主要表现为城市管理者及原城市居民对少数民族风俗习惯及民族宗教政策不了解，造成了一些伤害少数民族感情的事件，引发少数民族群众的强烈不满和抗议。此类事件极易在较短时间内扩散，导致事态扩大和升级，由不同民族个体间矛盾升级为两个民族间的矛盾，就会影响民族团结和社会稳定。

二　城镇化过程中社会矛盾演化的成因及过程分析

城镇化是经济发展的推手，而地方政府为了维持地方经济社会发展，变相地牺牲农村及农民的利益，走上了一条偏离城镇化本源的道路。在旧的城镇化进程中，其核心是通过运营土地促进地方经济社会的快速发展。地方政府先以公权力和专政机关力量强行征地拆迁，从农民手中低价购入土地，再以土地和税收补贴等方式作为招商引资的丰厚条件，来达到做大经济总量的目的，之后通过拉高地价、推高房价进而获得更多的土地收益和房地产税收，这些土地收益用来支撑地方政府的财政支出，但户籍制度造成的隔离使政府不用担心农民向城市转移所带来的公共服务支出的增加。在这样一个过程中，可以明显地划分出两个群体：受益群体和受损群体。受益群体首先是地方政府，尤其是省级以下地方政府。它们从总体上规划着土地的运营，操作着整个城镇化的进程。在人口急剧增长的今天，土地作为稀缺资源存在巨大的升值空间。政府以低价一次性买断农民的土地，再以几倍甚至几十倍的价格挂牌出售给房地产开发商。2013年，XX市土地征用补偿价格为4万元/亩，但经挂牌出让后最高达到900多万元/亩，前后增值约225倍。"有关资料显示，土地用途转变增值的土地收益分配中，政府大约获得60%—70%，村集体获得25%—30%，农民只能得到5%—10%。"[1] 显然，土地增值收益分配很不公平，地方政府剥夺了农民土地的大部分增值收益，而且增值收益的绝大部分也没有用在失地农民身上。同时，一些腐败官员故意压低土地补偿价格的不当行为更容易引起失地农民的不满情绪和过激行为。此外，收益群体还包括房地产开发商、较早拥有城市身份的普通民众、拥有多套住房的普通民众和投机者以

---

[1] 丁旭光：《透析城市发展中失地农民权益受损原因及保障措施》，《特区经济》2006年第5期。

及强势、受到高额补偿的拆迁户等。虽然这部分人是城镇化的受益者,但他们与失地农民没有直接接触,不易爆发两者之间的冲突。受损群体首当其冲的是弱势拆迁户和土地被低价征收者,他们为城镇化廉价贡献了土地资源,但可能要承受高房价、无工作、低保障等负担。另外,还有较晚进城或等待进城的人群以及中低收入者,他们是房价泡沫引起代际不公以及高房价引起的高消费物价的直接受害者。资源稀缺的现实无法改变,效率得以优先,而公平却没有兼顾,资源继续向强势群体的方向转移以致利益格局失衡,这自然使得人民内部矛盾愈演愈烈,利益格局转变的急速性更导致各方利益冲突的增加,影响社会稳定事件的发生在所难免。

从以上分析可见,在城镇化过程中,地方政府与弱势拆迁户和土地被低价征收者之间的矛盾是导致社会不稳定的主要因素。此外,地方政府廉价剥夺了弱势农民的房屋及土地,却没有提供良好的就业岗位、社会保障以及民族宗教等服务设施作为相应的补偿,利益受损群体会以静坐、游行等方式表达自己的利益诉求,但当其利益未被满足时,他们与政府之间的矛盾极有可能被激化,从而采取更为激烈的表达方式再次表达诉求,导致突发性、群体性事件的爆发,给地方社会稳定造成严重影响。

城镇化过程中社会矛盾演化的成因及过程分析如图1所示,城镇化进程中拆迁与征地中的利益争夺、户籍隔离导致的就业和社保问题以及民族宗教问题是导致社会不稳定的主因,而在受损群体利益诉求过程中,他们的法律意识淡薄以及维权意识"超前",还有基层组织社会控制弱化也是导致影响社会稳定事件发生的重要原因。首先,基层组织社会控制力弱化导致社会关系紧张。改革开放以来,村民自治得以全面推行,地方政府正在有序退出社会管理领域。在政府的指导和监督下,农村逐步实现了自我管理。但农村基层普遍自治水平较低、自治意识薄弱,在失去政府管理后,新的基层社会管理秩序和规范尚未建立健全,社会管理诸多领域出现越位、错位、失位等新情况、新问题。基层干部执政能力差、缺乏诚信等问题凸显了基层组织社会控制的弱化,这是推动利益受损群体寻求体制外途径和手段向地方政府表达诉求的重要原因。他们期望通过扩大影响给上级部门、政府施加压力使问题得以解决。一旦他们的利益诉求得不到及时满足或未达到预期目标,就会导致社会关系愈发紧张,社会张力积累到一定程度,就会导致矛盾的激化。其次,利益受损群体法律意识淡薄与维权意识"超前"导致维权方式错误。农民文化程度偏低,法律意识也比较

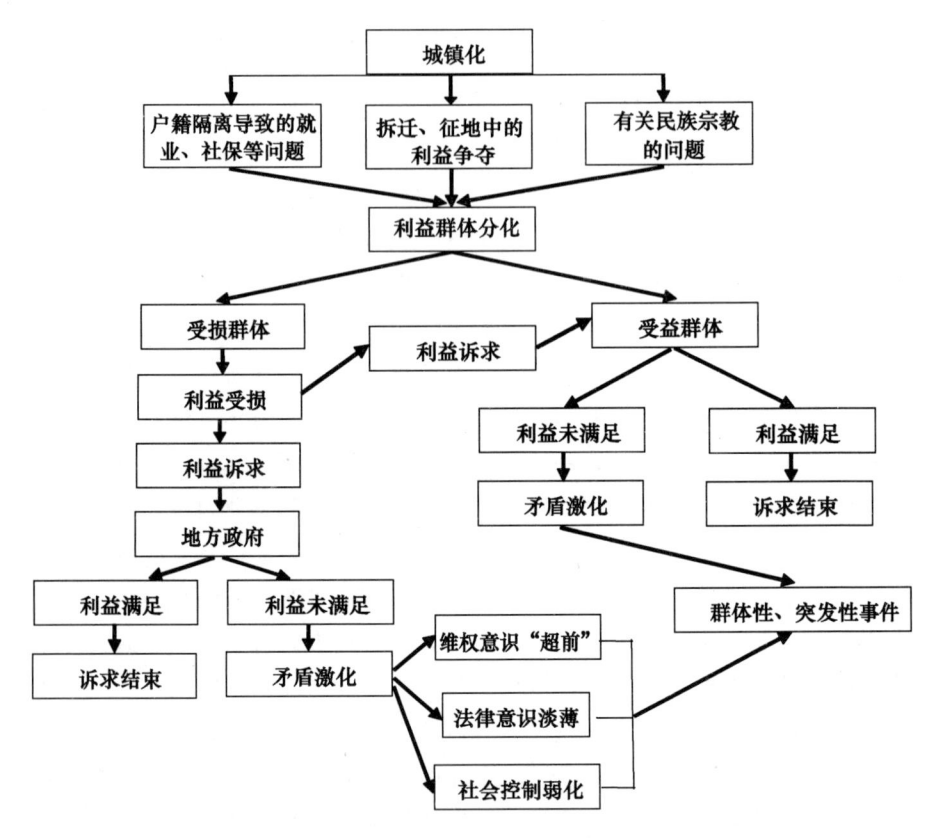

图 1　城镇化过程中社会矛盾演化的成因及过程分析

淡薄。他们极易通过过激行为对党政机关或冲突对象施加压力以宣泄内心的不满情绪。近年来,农民的维权意识不断增强,但维权方式与维权意识不相匹配导致利益诉求表达机制缺失,社会冲突难以得到有效的调节和控制。部分人抱有一种"大闹大解决,小闹小解决,不闹不解决"的心理,总以为有理就该闹,越闹越能解决问题。他们意识到集体行为和集体力量的重要性,一旦个人利益受损,便纠结同族、同村或相同利益者参与维权活动,以期通过集群行为引起政府部门重视并施加压力。部分人还抱着"法不责众"的错误观点去行动,不考虑后果,一味"闹"下去,致使矛盾激化,也让社会矛盾失去了最好的处置时机。[①]

[①] 李培林、王晓毅:《生态移民与发展转型》,社会科学文献出版社2013年版,第153—155页。

实际上，在城镇化过程中，地方政府作为最大受益方也是社会不稳定的最大受害者。他们必须正视城镇化中的各种问题，在新型城镇化政策的指引下，从源头解决各种影响社会稳定的问题，以谋求地方经济社会的可持续发展。

三 新型城镇化与社会稳定的协调并进

2012年12月，全国城镇化规划草案已基本成型，拟定了新型城镇化的六大指导原则。城镇化是中国未来经济发展的主线之一，这些原则将使新型城镇化有着与以往城镇化不同的内涵和外延。本文根据新型城镇化指导原则及上述城镇化过程中社会矛盾演化成因及过程分析，提出相关对策建议，促进新型城镇化与社会稳定的协调并进。

（一）进行财税改革，减轻"土地财政"依赖

出卖土地收益已成为多数政府财政收入的重要来源，要想在短时间内完全解除地方政府对"土地财政"的依赖并不现实。在宏观方面，要对分税制财政体制进行改革和调整，将土地征收、挂牌、买卖的权力收归中央政府，由中央财政统一管理土地出让金，以利于土地资源的合理利用，降低购房门槛。另外，为避免地方政府陷入城镇化建设资金的困境，进一步完善中央财政对地方的转移支付。在微观方面，要规范地方政府的各项土地收入，如房产税、土地使用税、土地资产收益税等。同时，建立与吸纳外来人口落户数和常住人口规模配套的转移支付体系，完善地方税体系，减轻地方政府对"土地财政"的过度依赖。

（二）打破征地垄断，改革土地制度

宅基地使用权、土地承包经营权和集体收益分配权等是法律赋予农民的基本权利，任何政府都无权剥夺。土地制度改革应该首先依法维护农民土地承包经营权、宅基地使用权，尽快打破地方政府对土地征收的垄断，实行同地地权同利，让农村的集体建设用地能够真正入市，同权同价参与城镇开发。其次，要提高农民在土地增值收益中的分配比例，将更多的土地增值收益让渡给拥有土地的农民。再次，鼓励和支持转移落户到城镇的居民退出农村宅基地和房屋交易，开展土地承包经营权和其他集体经济权

益的有偿流转或让渡，以此支付迁移和在城镇定居的成本。

（三）实现"三化"融合，创造稳定就业机会

稳定就业是农民变市民的必备条件，大量创造稳定的就业机会，才能真正促使农民向市民的有序转变。首先，要推进城镇化、工业化与农业现代化紧密结合，实现三化同步、三化融合，使城镇化与产业发展形成良性互动，以配套产业发展带动农民稳定就业。其次，紧密结合城镇自身的资源禀赋、区位条件和产业基础，因地制宜，科学规划，明确产业定位，真正培育起具有鲜明特色和较强竞争力的优势产业，促进人口分布、经济布局与资源环境相协调。再次，针对农民生存技能普遍较低，很难适应城市的劳动力市场需求的问题，政府应构建进城人口的职业培训体系和创业扶持体系，提高进城人口的就业质量，让其更好地融入城市生活。

（四）降低城市准入门槛，完善各项配套制度

城镇化中最大的问题是土地城市化和人口城市化的脱节，为此，城镇化经历了以土地换土地到以土地换户籍的转变，但这种拿土地和农民进城取得户籍落户挂钩的办法认可程度不高。因此，要降低城市准入门槛，首先要取消土地与户籍的挂钩。对于农村户籍，不论是否放弃所承包土地和农村宅基地，只要本人申请，均可转为城镇户口，这样更有利于引导农民有序向城镇流动。其次，要在居住场所、工作、居住期限等方面进一步放宽准入条件，使失地农民和农民工能够根据自己的意愿进入城市。再次，为新落户人口制定相应的社会保障、子女教育、住房等配套政策，加快推进养老保险关系跨地区转移接续，并尽可能地使他们及其家属能够享受所在地城镇居民同等的公共服务。

（五）提高政府执政能力，完善社会公共服务

民众对于基层组织的信任度不高，对地方政府存在严重的信任危机。为此，必须提高政府执政能力，树立政府权威。第一，树立执政为民的理念。重视城镇化建设的同时，更要重视农民的权利要求与利益诉求，杜绝与民争利情况的发生。第二，依法行政，提高执法能力和水平。地方政府要牢固树立执法为民的宗旨，严格按照法定权限和程序行使职权，履行职责，杜绝不作为、乱作为等行为。第三，加强失地农民和农民工的服务和

管理工作。对户籍迁移、就业服务、子女教育、治安防范、民族宗教事务等他们最关心、最迫切需要解决的问题，及时予以办理，加强政策落实，解除他们的后顾之忧。

(六) 规范社会控制，维护社会稳定

社会控制是维持社会秩序、保持社会稳定、化解社会风险的重要手段，又分为外在控制和内在控制。外在控制是通过地方政府来完成的，这就要求地方政府首先要针对引发矛盾纠纷的诱因，及时调整有关政策法规，使其符合群众利益需求；其次，构建强有力的执法机构、应急管理专家队伍等，并聘请社会安全、综合管理等方面专家，强化应急管理的智力、技能支撑，构建布局合理、精干实用的应急队伍体系；再次，要贯彻司法公正，执法文明，保障公民合法权益。社会内在控制是社会成员自觉地把社会规范内化，用以约束和检点自己的行为，这有赖于整个社会的道德建设，并不是一朝一夕的事。但西北地区信教民众众多，可通过宗教事务的规范化管理，不断深化教民的自我内在控制。

未来几年，中国的城镇化建设将步入新的发展阶段，随之而来的社会问题也将越来越多。西北民族地区少数民族众多，宗教势力交错，为新型城镇化建设增添了一些复杂因素。为此，我们必须重视西北民族地区的社会稳定问题，维护社会稳定，促进新型城镇化建设。

武陵民族地区城镇化类型及未来发展的路径选择

黄柏权[①]

城镇化是指农村人口不断向城镇转移,第二、第三产业不断向城镇聚集,从而使城镇数量增加、城镇规模不断扩大的历史过程。城镇化的过程也是各个国家在实现工业化、现代化过程中必须经历的历程。1991年辜胜阻在《非农化与城镇化研究》中使用了"城镇化"的概念。中共第十五届四中全会通过的《关于制定国民经济和社会发展第十个五年计划的建议》正式采用了"城镇化"一词。武陵民族地区是"十二五"期间国家重点扶持的连片贫困区,也是我国城镇化水平比较低的连片地区,2013年武陵山片区城镇化仅有36%,全国是57%。本文通过深入调查,并参考相关文献资料,对武陵民族地区城镇化类型进行梳理归纳,提出了今后发展的路径。

一 武陵民族地区城镇化类型

武陵民族地区在史前就有人类活动,在武陵山腹地发现了许多早期文化遗址,这些遗址包括早期人类聚落。如在酉水流域笔架山发现的7000年前大溪文化遗址、乌江流域发现的邹家坝遗址等都有规模较大的城市聚落。先秦时期在酉水、乌江流域出现了城池,如里耶发现的秦代古城,被列入2002年考古十大新发现。改土归流后,特别是近代内陆通商口岸开

---

① 作者简介:黄柏权,三峡大学民族学院院长、教授。

通以后，武陵山区沅水、澧水、乌江、清江两岸兴起了一批商贸小镇，如沅陵、罗依溪、王村、隆头、里耶、石堤、龙潭、后溪、江垭、龚滩、琪滩、洪渡、茶洞、资丘等。中华人民共和国成立后，在武陵民族地区州（市）、县、区（乡）政府所在地形成了一批城镇，改革开放以来，这些城镇得到较快发展。目前武陵民族地区城镇化达到36%左右。在武陵民族地区城镇化发展过程中，除了政治中心推动城镇化的常规途径外，武陵民族地区城镇化有以下几种特殊类型。

（一）旅游带动型

在城镇化过程中，武陵民族地区利用丰富的旅游资源发展旅游产业，从而推动城镇化发展。在武陵民族地区已有许多成功案例。如湖南张家界、凤凰、王村等都是依靠旅游业带动城镇发展起来的典型。张家界市原来是湘西土家族苗族自治州管辖下的一个边远小县，当时叫大庸县，1985年5月为了加快张家界旅游发展，国务院批准大庸县撤县建市。1988年5月18日大庸上升为地级市。从此，张家界旅游业步入快速发展期。1994年更名为张家界市。此后，张家界市旅游事业逐步发展壮大。2001年，市委、市政府作出了《关于加快旅游产业发展的决定》，更加明确地提出了"旅游带动战略"，突出旅游优势产业主导地位，大力发展新型工业和现代农业，产业结构不断优化。2006年5月省委书记张春贤在张家界考察时提出"把张家界打造成世界旅游精品"。随后，市五次党代会作出把张家界建设成世界旅游精品的战略。2007年12月市五届四次全会作出《关于加快世界旅游精品建设的决定》。在发展旅游产业过程中，张家界不断获得各种荣誉，1992年联合国教科文组织将武陵源列入《世界遗产名录》；2001年国家旅游局批准张家界市为"中国旅游城市"；2004年张家界砂岩峰林被联合国教科文组织评为中国首批世界地质公园；2007年武陵源风景名胜区获得国家旅游局颁发的中国首批5A级旅游景区证书；2010年12月张家界市被国家旅游局批准为首批"国家旅游综合改革试点城市"。目前，张家界市已开发旅游产品28处，开辟旅游线30多条，修建景区游道400多公里、登山索道3条，可供游览景点560多个，成为名副其实的湖南旅游龙头。2013年全市财政总收入达到35.75亿元，接待游客3440万人次，旅游总收入212亿元。在旅游业的带动下，以旅游商品、清洁能源、生物医药三大产业为支柱的新型工业体系正在形成。全市在实施旅游带动战略中，采取拉长旅游产业链的做法，取得了良好效果。农业围绕旅游调整了产业结构，建成了沙堤农业观光园等一批休闲项目；工业基本形成了旅游商品产业集群；城区向旅游核心服务区迈进；土家风情园、大庸府城、秀华山馆、军声画院、老院子等已成为异军突起的文化旅游项目；旅行社业、酒店业、文化娱乐业等都得到了长足发展。交通等基础设施建设得到加强，目前已基本形成铁路、公路、航空三位一体的立体交通网络。建成各类宾馆400多家，其中星级宾馆70多家。移动电话信号实现城镇、景区全覆盖，电信宽带网络覆盖到乡镇。市城区干道网络基本建成，提高了城市形象，城市人均道路面积达到9.27平方米。建成大庸桥公园等一批公共绿地，城市人均公共绿地达到5.83平方米。城市供水、供电、供气和垃圾、污水处理等设施不断完善。张家界市"因旅游立市，靠旅游兴市"的战略取得了成功，通过发展旅游产业，城市功能日趋完善，初步建成具有地方特色和民族特色的"国际旅游目的地"。目前城区建成面积达到24平方公里，市城区常住人口达到20多万，城镇化率达37%，成为旅游带动城镇化的成功例子。

凤凰县也是依靠发展旅游推进城镇化发展的典型。不同的是张家界是以自然旅游资源发展起来的旅游城市，凤凰县则是依托文化旅游资源发展起来的。在2000年前，凤凰县还是一个仅有两条小街古镇，城区面积3平方公里，城区人口不足2万的小县城。2000年县委、县政府确立了"旅游带动"发展战略。经过十多年的发展，文化旅游业已成为该县的主导产业，全县有20万城乡居民依靠第三产业脱贫致富。文化旅游业的崛起，带动了餐饮、娱乐、交通、通讯等行业的迅猛发展。特别是农民以市场为导向，围绕旅游消费需求，大力发展种植养殖业，90%以上的农副产品进入流通领域满足游客的消费需求。文化旅游业还带动了新型加工业，开发了姜糖、蜡染、扎染、银器等民族文化旅游商品，总产值近亿元。2013年接待游客842.42万人次，实现旅游收入66.86亿元。有10万农民进城镇居住，实现了农村人口的有效转移。此外，永顺王村、吉首市德夯、石柱黄水镇、江口黑湾河等古镇或村落都是依靠旅游发展起来的城镇。

（二）矿产催生型

武陵民族地区矿产资源比较丰富，汞矿、锰矿、磷矿、铁矿、硒矿、大理石等矿产有较大藏量。在历史上就有因为采矿形成集镇的先例，如彭水苗族土家族自治县郁山镇就是依托采盐发展起来的。铜仁市万山特区也是通过开采丹砂发展起来的。万山有"中国汞都"之称，曾是我国最大的汞工业生产基地，汞的储量及产量居全国第一、亚洲第二、世界第三。万山汞矿开采从秦汉时期开始，1951—1952年成立万山汞矿公司，1952年5月至1955年12月，成立贵州汞矿。20世纪50年代初，国家接管矿山之后，为满足经济建设的需要，先后组建和调集中国有色地质一总队、贵州冶金建设公司、贵州十九井巷公司、贵州汞矿等中央和省属企业集中在万山勘探开采，当时采矿工人达数千人。1966年2月，经国务院批准，建立了国内最早的县级行政区——万山特区。因为开采汞矿，在很短的时间内聚集了三万多人口，很快由一个偏僻小镇发展成为县城。20世纪80年代随着汞资源的日益枯竭，汞矿生产日益萎缩，采矿队相继撤离万山，成为资源枯竭型城市。

秀山、松桃、花垣等县城也是通过发展采矿业拉动扩张、不断推动城镇化进程的。湖南湘西土家族苗族自治州花垣县、重庆秀山土家族苗族自治县、贵州松桃苗族自治县交界处，号称我国锰矿"金三角"。从20世纪90年代开始，锰锌开采业与锰锌加工业逐渐发展成为三县的主导产业，其产值分别占三地工业生产总值的70%以上，在全国锰矿加工与锰产品出口中亦占有重要地位。如秀山土家族苗族自治县的电解金属锰从20世纪80年代初的1家企业1000吨的产量，发展到2007年锰矿石开采企业37户，年设计开采能力128.5万吨。2006年全县锰产业实现产值212406万元，占工业总产值的74.1%；锰产业税收15101万元，占工业税收的74%。2007年全县锰产业实现产值323046万元，占工业总产值的78.6%；锰产业税收24143万元，占工业税收的79.16%。2007年，湘西州共有锰开采企业53家、锰加工企业50家、锌开采与锌加工企业27家，湘西州2007年工业增加值79.08亿元，其中70%来自锰锌业。松桃苗族自治县的锰开采与锰加工业每年可提供1.5亿—2亿元的财政收入。通过开矿，一方面促进了当地工业的发展，增加了地方财政收入，安排了大量人员就业，同时也加速了城市的扩张。秀山县城、花垣县城、松桃县城都是因为开发矿产，通过积累资金，加快了城市的扩张和发展。如秀山县城，由于开采锰矿，快速推动了城市的扩张，城区面积仅3.5平方公里，城区面积迅速扩展至15平方公里，城镇人口由原来的 5.3 万人发展至 15 万人。采矿业的快速发展，有力地推动了城镇化步伐。

（三）交通枢纽驱动型

武陵民族地区历史上主要依靠水运，人口主要聚集在河边的码头。由于地处山区，交通发展长期滞后，因此，交通成为制约地方发展的最大障碍，发展交通成为当地发展经济的重要推手。在发展交通过程中，驱动了城市的发展，最典型的是怀化市，被誉为"火车拖来的城市"。

中华人民共和国成立初期，怀化交通闭塞，贫困落后。1949 年，工业总产值 3974 万元，农业总产值 30596 万元，社会商品零售总额 4500 万元。20 世纪 70 年代初怀化市区还是一个只有 4000 人的小镇。"三线"建设时期，特别是湘黔、枝柳铁路建设给怀化带来了第一次发展机遇，湘黔、枝柳铁路建成后，逐步形成了以铁路为骨干，公路、水路为辅的交通网络，成为连接我国东西部的主要枢纽。湘黔、枝柳两大铁路干线贯通全市 11 个区、县、市，在怀化市中心区呈"十字"交叉，境内铁路总长 473 公里；2009 年开通了渝怀铁路，沟通了与西部大城市重庆、成都的联系，更加推动了城市的发展；同时，公路交通不断改善，320、319、209 国道纵横通过全市 12 个区、县、市。随着交通条件的改善，铁路、公路沿线的县城、集镇工商业经济得到了较快发展，城镇人口逐步增加。大多数城镇依托交通要道及铁路、公路、水道的交汇地发展起来，在 87 个城镇中，依托铁路干线的有 30 个，依托省道、国道的有 35 个，其中既有铁路干线，又有国道通过的城镇 22 个。全市构成了以怀化市区为中心，以湘黔、枝柳两条铁路为主轴线的"十"字形城镇带和以沅水、319 国道为次轴线纵向城镇带。近几年来，市委、市政府提出"构筑商贸物流中心、建设生态宜居城市"战略目标，围绕提升交通枢纽地位、打造市域"两小时经济圈"，实施了一批交通项目；围绕建设生态宜居城市，强力推进一批城市建设项目，城市基础条件明显改善，城区面积扩展到 52 平方公里，城区人口达 34 万多，全市城市化率达 36.2%，成为武陵民族地区交通枢纽城市。

（四）工业园区拉动型

武陵民族地区长期以来因为交通闭塞、经济发展滞后、自我发展能力极其有限，第二产业始终处于低水平运转。近几年来，随着西部大开发战略和重庆城乡统筹综合改革实验区的推进，交通条件的改善，武陵民族地区一些地方，着手组建工业园区，加速发展工业经济，从而推动城镇化进程。如重庆酉阳的"一区四园"工业园区，黔江的正阳开发区，铜仁的大龙开发区等属于此种类型。

酉阳土家族苗族自治县是一个有80多万人口的贫困县，长期以来经济发展缓慢。近几年来，依靠西部大开发和重庆统筹城乡综合改革有利条件，大动作发展第二产业，组建工业园区，推动城区的扩张和城镇化进程。在此过程中，酉阳按照"高起点规划、高标准建设、高水平管理"的要求，坚持以中心城区为龙头、以中心镇为重点、以特色乡镇建制乡农民新村为依托，努力构建分工有序、功能完善、布局合理、结构协调的城镇体系建设目标，通过发展工业推动城市发展。2008年下半年开始，酉阳先后启动了"小坝全民创业园、板溪轻工业园、龙江重工业园、麻旺渝东南物流园"四大园区建设。新扩城区面积达8.6平方公里，建成各类厂房60万平方米，入园企业258家，投产107家，园区成为带动酉阳经济跨越发展的龙头。仅2010年就建成投产武陵光伏、佰亿实业等36个工业项目，盘活了中天锰业、天吉锰业等9个停产企业，新增企业35户，实现工业总产值48亿元，增长72%。工业化带动了城市化快速发展，新城区板溪、龙潭、小坝、钟多、麻旺、江丰、泔溪等乡镇纳入城市组团，实现城乡统筹。新城区城市道路、供排水系统、垃圾处理厂、污水处理厂、供水厂、变电站和园区公寓、医院、学校、宾馆、商场、金融点等一大批配套设施建设正在紧锣密鼓的建设中。通过工业园区建设，加快了城镇化步伐，2010年县城和建制镇新增城市人口5.4613万，其中县城新增10127人，龙潭镇、麻旺镇等12个中心镇增加44486人，城镇人口已达17.8213万，城镇化率达30.6%。按照酉阳的城市建设远景规划，城区拓展到30平方公里，确立"一城五组团"的格局。

铜仁大龙开发区是在原玉屏侗族自治县大龙开发区基础上发展起来的。1999年7月，大龙开发区经贵州省人民政府批准升格为省级经济开发区，2005年8月，又被贵州省列为发展循环经济区的试点基地，是铜仁地区"一区三园"布局中最大的工业园区。以发展循环经济和物流业为主，具有城市功能和山区特色的省级综合经济开发区功能，是玉铜松工业经济带的重要节点，是贵州东部承接发达地区产业转移的重要基地、出口创汇基地和火电能源中心。开发区规划面积106平方公里，目前重点建设25平方公里，分为东部商贸区、中部仓储区、西部工业区、北部生活区，其中西部工业区划分为铝镁工业区、锰工业区、冶炼工业区、轻工区、食品工业小区。大龙开发区坚持按照"产业聚集、特色鲜明、布局合理、功能配套、设施完善、集约用地"的原则，坚定不移地走新型工业化发展的路子，经过10年的建设，取得了令人瞩目的成就。已基本形成了冶炼、化工、电力、建材为支撑的工业格局，区内规模以上工业企业达到了20家。形成了铁合金系产品10万吨/年、锰化工产品15万吨/年、钡盐15万吨/年、硫酸10万吨/年和火电230万千瓦发电机组的产业规模，初步形成了以冶炼、化工、能源（火电）为主导，物流、农产品加工等配套发展的新型循环经济工业产业体系。2010年实现工业总产值28.6亿元，财政总收入1.72亿元，累计招商引资到位资金50余亿元，形成固定资产总值40余亿元。2011年开发区招商引进到位资金10亿元。在引进项目的同时，按照城市功能进行基础设施建设，城市功能不断完善。目前，开发区人口达到5万人。按照规划，2015年工业总产值达到200亿元，2020年工业总产值达到1000亿元，发展成为国家级开发区；2025年，大龙经济开发区建设成为贵州工业化、城市化、农业现代化"三化同步"推进改革发展示范区，2030年发展成一座人口达30万人的"现代化工业新城"。

此外，重庆黔江区的正阳、贵州德江也属于此种类型。

（五）移民聚集型

武陵民族地区水利资源丰富，在水电开发过程中，乌江、酉水、澧水、清江建设了数十个大中型水电站，在建设过程中，淹没了许多古镇、农田，迁移了大量人口。在移民安置过程中，形成了一批新的移民安置镇，这类集镇中可分为三种类型：一是整体搬迁型，即把整个集镇从水库淹没区按原样搬迁到另外的地方，如酉阳的龚滩；第二类是淹没河边的码头、部分房屋和街道，如酉阳的后溪、大溪、龙山的里耶；第三类是新建集镇，如龙山隆头、长阳的资丘、建始景阳、德江的潮砥、彭水万足和鹿角、会同的朗江等。第一类很少，在武陵民族地区目前只有酉阳的龚滩是按原样整体搬迁的。第三类最多，或者将原来的淹没镇搬迁到附近，或者新建移民镇。如建始县景阳新镇就是清江水布垭水利枢纽工程建设项目中迁建的移民镇,按照"山水园林一体化、民俗风情特色镇"的总体构想,规划面积3.5平方公里,主街道宽26米,通道宽8米。建设中按照统一建筑风格、统一外观式样、统一排列走向、统一美化绿化、统一公共设施的原则,经过十多年的建设,建成特色民居150栋,25个单位完成了迁建任务,安置移民2000多人。基础设施,如青石板路面、路灯、绿化、有线电视、电信线、供水道管网、污水排放管等都按照城市标准建设。无论哪种移民新镇都成为聚集人口、推进城镇化的一种方式。

(六) 特色产业聚集型

武陵民族地区特色资源比较丰富,如药材、绿色食品等,在一些特色资源丰富地区,因为开发利用特色资源逐步形成人口聚集,发展成为集镇,如石柱的黄水、印江的团龙、五峰的菜花等。重庆市石柱县黄水最初是为盛产黄连出名的,石柱黄连有1300多年的历史,集中在黄水国家森林公园腹地内,现有GAP基地5万亩,年产2000多吨,占全国年总量的68%、世界年总量的40%以上。1979年4月,国家医药总局在石柱县黄水镇召开科学种植黄连技术现场会,11月,黄水被命名为"中国黄连之乡";1987年10月1日,在石柱黄水建成中国第一家黄连专业市场,1996年扩建成"中国黄连市场",2003年扩建为"中国黄连城";2000年,中药研究院药物研究所到石柱县黄水镇开展黄连GAP示范种植,2001年11月,该示范基地被国家药监局和科技部列为中国优质中药材(黄连)标准化栽培示范项目,成为重庆10个百万产业化中药产业的拳头产品,2004年12月29日通过国家食品药品管理局中药材GAP认证。从种植黄连开始,黄水利用其良好的生态环境和气候发展旅游业,带动城镇化的进程。目前集镇规划面积5.2平方公里,建成区面积2.5平方公里,城镇人口8567人,先后被重庆市列为"市级试点城镇"、"经济百强镇"、"市级中心镇"、"市级经济综合开发镇"、"市统筹城乡整镇推进示范镇"、"市集镇风貌建设样板镇"和"重庆十大宜居小城镇"。

又如贵州印江团龙因为盛产茶叶慢慢发展起来。早在永乐年间,深居梵净山团龙所产的团龙茶就曾作为名茶进贡。现在生产的"梵净山翠峰茶"、"梵净山翠芽"、"梵净山毛峰"等多次获得国际、国内大奖及国家地理标志产品保护。在发展茶叶生产的同时,依托茶叶品牌及当地土家族文化，相邻梵净山景区的有利条件，发展旅游业及相关服务业，通过2001—2002年易地扶贫搬迁工程，建成砖木房共42幢，初步形成两条15.5米长的街道；建成两座跨径分别长11米、9米的风雨桥，两条长250米的防洪堤，两道长11米、9米的滚水坝；建成寨门、连户路、停车场，全村通路、通水、通电、通电话、通电视。在有关部门的引导、支持和鼓励下，旅游产业发展较快，滑竿、根雕、茶叶、中药材、旅游、餐饮、住宿等产业应运而生。2005年，该村组建了民族文艺表演队，表演民间文艺节目，展示少数民族风情，接待梵净山游客。目前全村旅游从业人员达200人以上，全村202户人家有27户经营农家乐，年收入达100多万元。旅游的发展，使从前的偏僻山村逐步发展成为集镇。

二　武陵民族地区城镇化路径选择

在城镇化过程中，国际国内留给我们许多值得借鉴的经验和教训。国外城镇化模式主要有：以西欧为代表的政府调控下的市场主导型城镇化；以美国为代表的自由放任式城镇化；以拉美和非洲部分国家为代表的受殖民地经济制约的发展中国家的城镇化三种模式。国内在城镇化发展进程中，主要有以下几种模式：第一种是计划经济体制下以国有企业为主导的城镇化模式。这种模式是计划经济的产物，城镇化的原动力来自于国家计划对资源的大规模开发和生产建设，城镇化水平的提高主要是因为资源开发所引起的大量外来人口的迁入以及相关政策的强制性推动。如攀枝花、大庆、鞍山、东营、克拉玛依等城市属于此种模式。第二种是商品短缺背景下以乡镇集体经济为主导的城镇化模式，即"苏南模式"。这是一种通过乡村集体经济和乡镇企业的发展，促进乡村工业化和农村城镇化进而推动城市发展的模式。第三种是市场经济早期以分散家庭工业为主导的城镇化模式，即"温州模式"。在由计划经济向市场经济转轨的过程中，通过家庭手工业、个体私营企业以及批发零售商业推动农村工业化，并且以此带动农村人口转化为城市人口。第四种是以外资及混合型经济为主导的城镇化模式。在全球化背景下，随着全球资本与产业的转移，东部沿海地区利用其有利的地理位置，吸引外资，大力推动资本结构转型，以外向型经济园区为主体集聚资金、资源、人才、产业，从而推动城镇化快速发展。

国际国内城镇化发展的模式和经验无疑对武陵民族地区城镇化路径的选择提供了有益的借鉴。通过调查，结合国际国内城镇化的经验，以及武陵民族地区已经经历的城镇化发展路子，武陵民族地区必须走一条具有自身特色的城镇化发展道路。因为武陵民族地区位于中国中部大山之中，交通闭塞，基础条件差，经济社会发展滞后，城镇化水平低。因此，在城镇化进程中不能照搬东部地区或发达国家城镇化的模式，必须探索自己的发展之路。根据武陵民族地区独特的自然条件、资源禀赋、交通条件、人口分布、产业优势、现有基础等因素，必须走具有自身特色的城镇化发展道路，在充分保护、利用和优化现有自然资源、人文资源的基础上，以自身的资源和产业优势为依托，以中心城市为辐射点带动县城和集镇协调发展，以资源的永续利用为前提，以突出特色为切入点，以建设资源节约型、环境友好型社会为目标，以提高人民收入、改善民生为落脚点，全面提升城镇化的质量和水平，走非均衡发展、差异化发展、特色发展的道路。在以上总体原则下，武陵民族地区城镇化可以考虑以下发展路径。

（一）旅游带动

旅游产业被誉为"朝阳产业"、"无烟工业"，是国家大力提倡和支持发展的产业。武陵民族地区旅游资源十分丰富，通过开发利用得天独厚的旅游资源，发展以旅游业为龙头的特色产业，带动相关产业的发展，引导周边农民和经营者聚集，推进城镇化的进程，是武陵民族地区城镇化的第一选择，也是大多数市镇和乡村的选择。

第一，武陵民族地区发展旅游，保护良好的自然生态和文化生态是国家战略发展的需要。国家"十二五"规划纲要分别用两篇的文字论述"转变增长方式"和"绿色发展、建设资源节约型、环境友好型社会"。可见，国家对转变经济增长方式和保护生态环境、保护资源是非常重视的。旅游属于环保型产业，是国家提倡大力发展的产业。武陵民族地区是我国第二级阶梯向第三级阶梯过渡地带，是长江干流沅水、乌江、清江、澧水主要流经地区，也是珠江的源头，是长江中上游和珠江上游重要水体补足区和长江中下游的生态屏障，生态安全极其重要；同时武陵民族地区是云贵高原向洞庭湖平原延伸地带，地形垂直落差大，且大多是喀斯特地貌，生态极为脆弱，容易造成水土流失；武陵民族地区也是我国生物资源极为丰富的地区，动植物种类繁多，区域内有众多自然保护区与森林公园。可见，保护这一地区的生态环境和多样性资源，对于我国的生态安全和持续发展至关重要。武陵民族地区发展旅游产业正好适应国家转变经济增长方式的需要，也能有效地保护中国中部地区生态安全。

第二，武陵民族地区是我国旅游资源最为富集的地区之一，有发展旅游的先决条件。武陵民族地区由于特殊的地质地貌和各民族的长期创造，旅游资源十分丰富，类型多样。从自然旅游资源看，奇山、秀水、溶洞、峡谷、自然保护区样样齐备，如张家界列入世界自然遗产，梵净山加入国际生物圈组织，恩施大峡谷、坪坝营森林公园、腾龙洞、小南海、清江画廊、乌江山峡、桃花源、猛洞河漂流等景区闻名遐迩；文化旅游资源也很丰富，由于武陵民族地区历来就是各种文化的交汇点和人群迁徙的走廊，成为中国多元文化相互交融的典型地区和文化多样性的重要保留地。在武陵地区，有众多的文化遗迹，如里耶秦城、仙佛寺、凤凰古城、恩施古城，以及众多的古村落。同时还保留了丰富多彩的活态文化。如侗族大歌和芦笙舞、苗族银饰、蜡染、苗鼓、土家族民间表演艺术茅谷斯、摆手舞、撒尔叶嗬等。在国家公布的三批非物质文化遗产名录中，武陵地区有50多项。由于文化生态良好，湘西自治州申报的武陵山区土家族苗族文化生态保护试验区已获得文化部批准。以上资源优势为发展旅游业提供了保障。

第三，有优越的区位优势。武陵民族地区正好处于中国的腹心地带，自古就是联结中原与西南地区的重要通道，进出东西南北都很便利。随着西部大开发的推进，武陵地区的交通条件有了很大改善，渝怀铁路、宜万铁路、沪蓉西高速公路、包茂高速、长张高速、长吉高速等都已通车，加上恩施机场、张家界机场、铜仁大兴机场、芷江机场、黔江舟白机场的开通，武陵地区的对外交通线全部打通，形成了铁路、高速公路、航空全方位的交通网络。随着黔张常铁路（黔江—常德）、恩黔高速（恩施—黔江）、吉恩高速（吉首—恩施）、宜张（宜昌—张家界）高速的修通，武陵民族地区的交通还将得到极大改善。武陵民族地区周边大城市，如重庆、武汉、长沙、贵阳等进入武陵山核心景区都在3—4小时，如果坐飞机时间还会大大缩短，即使北京、上海、广州等地游客到武陵民族地区旅游，比进入云南、西藏、新疆、贵州等民族地区成本也低得多。

武陵民族地区特殊的地理位置，特有的资源禀赋和已有的产业优势，决定了要把旅游产业作为发展地方经济、推进城镇化的重要手段。所以，不少州市县，在制定"十二五"发展规划时，都把旅游作为加快城镇化进程的主要推手。如恩施自治州，按照"大小多少"和"三个层次"（中心城市、县级城市、中心镇村）的城镇化发展思路，实施"125311"城镇发展战略，即1个中心城市、2个副中心城市、5个县城、30个重点乡镇、10个特色镇、100个中心村。逐步形成以州府恩施为中心，其他县市城市为支撑，具有区域竞争力的"一心五极"（州府、副中心城市、县城、重点镇、中心村）城镇体系。其中，多数都是以旅游为主导产业。如州府恩施市的目标是建成全国卫生城市、国家园林城市、全国历史文化名城、全国文明城市、国家环保模范城市。彰显山水园林、民族风情、生态旅游、交通枢纽特色，建设成武陵山区的区域性中心城市和鄂西生态旅游圈核心城市之一。利川市、来凤县建成州城副中心城市。2015年，将利川市建成中等规模城市和中国西部旅游名城；将来凤县建成湘鄂渝黔边区明星城市。建始、宣恩要打造成民族风情浓郁的山水园林城市和紧靠州府的卫星城市；咸丰要打造成以坪坝营景区为依托，辐射重庆黔江的生态旅游城市；巴东要建成全国知名的旅游港口城市；鹤峰要建成全省知名的红色旅游和特色农产品加工城市。恩施自治州大多数县城和乡镇都把发展旅游作为推动地方经济建设和城镇化的重要推手，这是由当地的资源优势决定的。武陵民族地区其他城市，如铜仁、吉首、江口、沿河、石柱、通道、会同、永顺、酉阳、长阳、五峰等县城都可以考虑建成旅游目的地城市，通过开发旅游资源，发展旅游业及相关产业是武陵民族地区大多数地方推进城镇化的必然选择。

（二）特色引领

目前虽然武陵民族地区以特色资源引导产业发展，从而带动城镇化进程的城镇还不很多，但这种模式潜力是巨大的，应该是今后武陵民族地区城镇化发展的方向。武陵民族地区特色资源引领主要有以下几种：

第一，特色产品开发推进城镇化。武陵民族地区特色产品主要有药材、茶叶、烟叶、魔芋、水果、竹木、动物等，在资源比较集中的乡镇或村落可以通过规模开发，形成产业聚集，从而带动乡村人口聚集，促进城镇化。如五峰菜花茶叶，恩施板桥乡的板党，鹤峰走马的葛仙米，恩施芭蕉的茶叶等，都可以通过大规模的种植和加工、销售，形成规模生产和销售，聚集人群，促进城镇化进程。

第二，复兴古镇文化推进城镇化。武陵民族地区在历史上形成了许多河边古镇，因为公路过后逐渐凋敝和破坏。可以通过发展古镇旅游，保护和修复古镇的街道、房屋，再现古镇文化，增加古镇魅力，吸引周边人口重新回到古镇，并吸引游客，促进古镇的复兴。

第三，保护和建设特色村寨推进城镇化。在武陵民族地区有许多自然生态和文化生态良好的村落，这些村落各具特色。可以借助国家民委启动的少数民族特色村寨保护与发展项目，保护和建设一批少数民族特色村寨，通过发展旅游业及其相关产业，推动乡村的城镇化。通过特色引领促进城镇化发展，必须走差异化发展的路子，注重保护资源和生态环境，充分体现特色，控制规模，作出精品，不能贪大求洋。通过特色引领城镇化发展是武陵民族地区许多乡、村迈向城镇化的必然选择。

（三）交通拉动

武陵民族地区近几年来交通条件有了很大改善，但与中东部地区相比，还显得十分滞后，因此，在今后一段时间内，改善交通环境仍然是发展经济、推动经济社会发展的重要举措。在武陵民族地区向城镇化迈进的过程中，通过发展和改善交通环境，带动物流、人流和信息流的聚集，加快城镇化发展应是重要的路径。除了怀化的例子外，恩施、黔江、张家界、铜仁等中等城市，都可以通过大力发展交通，建立立体交通网络，快速推进城镇化发展。

（四）政治中心带动

由于武陵民族地区长期是传统农业经济占主导地位，第二产业和第三产业发展滞后，此种经济基础和类型决定了城镇的发展必然围绕政治中心进行，因此，在今后城镇化发展进程中，以政治中心带动城镇化发展仍然是武陵民族地区城镇化的重要途径。

此外，以矿产开发促进城镇化发展，在短期内也不失为一种选择，但绝不是长期的选择，一方面，矿产资源的不可再生性决定了开采的时间十分有限，万山特区汞矿的枯竭就是有力的证明。另一方面，采矿可能导致污染严重，破坏资源，影响生态。秀山、松桃、花垣"锰三角"因为开矿导致的污染事件，多次引起中央的高度关注，并多次叫停。还有，矿产的销售受国际市场影响大，在2008年金融风暴的冲击下，三地的锰产品受到严重冲击。因此，依托矿产资源开采，发展地方经济，催生城镇化进程只是短期的权宜之计，不可能持续进行。以矿产开发推动城镇化的路径只能是个别地方、短期的选择。

贵州毕节市的城镇化问题研究

李平凡[①]

一 毕节市城镇化的战略意义

(一) 毕节城镇化的概念

国家"十二五"规划明确指出,"要积极稳妥推进城镇化","坚持走中国特色城镇化道路,科学制定城镇化发展规划,促进城镇化健康发展"。现代意义上的城镇化是现代化和"现代性"创新的载体,是指由工业化带来的大规模的人口从农村向城镇的迁移,以及由此导致的生产和生活方式的转变。2012年,中国城镇化率达到52.57%,实现了中国社会结构的历史性转变。贵州毕节市是1988年由时任贵州省委书记胡锦涛同志倡导并经国务院批准的全国第一个在贫困地区建立的"开发扶贫、生态建设"试验区。2012年毕节试验区城镇化率只有30.17%,低于全国全省的平均水平。2013年2月,国务院批准实施的《深入推进毕节试验区改革发展规划(2013—2020年)》要求,2020年毕节试验区城镇化率应达到45%以上。毕节市城镇化,有着广阔空间。在经济社会发展全局中切实按照全面、协调、可持续的理念推进城镇化,使城镇化不是简单的城市人口比例增加和面积扩张,而是在产业支撑、人居环境、社会保障、生活方式等方面实现从乡到城的转变,是毕节未来城镇化的方向和目标。因此,怎样推进毕节试验区城镇化的研究显得尤为重要。

---

① 作者简介:李平凡,贵州省民族研究院院长、研究员。

（二）城镇化是毕节实现加快发展的客观要求

中国近现代以来经济发展的一个普遍规律是，先从沿海地区开始，然后沿着内河向内地延伸。改革开放以来，环渤海、长三角、珠三角等地区率先开放发展，在形成外向型经济格局的同时，也形成了人口经济集聚程度较高的城市群，有力地带动了东部沿海地区的快速发展，而处于内陆的中西部地区发展相对滞后。2011 年东部地区城镇化率平均达 65% 以上，中部和西部地区平均城镇化率分别为 47.42%、45.15%，毕节市城镇化率只有 29% 左右。按照城镇化发展规律，城镇化在 30%—70% 之间是快速发展阶段，目前毕节正处于这个阶段。城镇化持续快速发展将推动毕节市经济持续快速增长，而伴随经济的持续快速增长，城镇化进程也将不断向前深入发展，特别是扩大内需战略和区域发展战略的深入推进，将会进一步激发城镇化内在潜力，增强城镇化发展动力。

（三）城镇化是解决农民向市民转化的必然选择

城镇化的过程是农民转为市民的过程。毕节是农业大区、人口大区，除七星关区、金沙县、黔西县外，其余大方、赫章、纳雍、威宁、织金五县是国家级贫困县，全市 253 个乡（镇），有 173 个是贫困乡（镇）。按照新标准，全市有 201 万贫困人口。随着农村人口逐步向城市转移，农村居民人均资源占有量会相应增加，农业生产效率和商品化率将会得到提高，从根本上有利于增加农民收入，推动新农村建设。从更深层次看，推进城镇化，是推动试验区由"数量型"人口格局向"质量型"人口格局转变的重要力量。在推进城镇化过程中，逐步解决农民工在城镇的就业和生活问题，逐步实现农民工在劳动报酬、子女就学、公共卫生、住房租购以及社会保障等方面与城镇居民享有同等待遇，这既可以以城镇化创造经济增长点，让农民有机会分享改革发展成果，又可以使农民在市民化的过程中提高自身素质。

二 毕节市城镇化现状

改革开放以来，伴随着经济的快速增长，毕节市城镇化进程也快速推进，取得了显著成果。城镇人口占全市人口的比重从 1986 年的 7.4% 增长到2006年的17%，20年提高9.6个百分点，年均提高0.48个百分点。特别是近年来毕节市城镇化进程呈现加速推进的态势，从2006年到2012年的六年间，城镇化率从17%提高到30.17%，年均提高1.65个百分点。这意味着长期以农村色彩为基调的毕节市正在逐步转变成为以城市色彩为基调的试验区。毫无疑问，这是毕节市社会深刻变化的突出表现之一。按照《深入推进毕节试验区改革发展规划（2013—2020年）》的要求，十二五期间，理论上毕节城镇化年均提高2.5个百分点，新型城镇化已经被确立为毕节市经济增长新引擎，这必然带来城镇人口的进一步增加。[1]

（一）基本情况

毕节市地处四川、云南和贵州三省结合部，是珠江、乌江发源地，面积26853平方公里，全市人口833万人，常住人口652万人。截至2013年年底，城镇化面积120.2平方公里，城镇人口190.15万人，辖七星关、大方、黔西、金沙、织金、纳雍、威宁、赫章、百里杜鹃风景名胜区七县二区，253个乡镇、办事处。GDP从1988年的17.8亿元增长到2012年的872亿元，财政收入从不到2亿元增长到2012年的247亿元，连接城乡的调整公路、通乡油路和通村油路从零增加到2000余公里，森林覆盖率从14.94%增加到41.5%，城镇居民人均可支配收入和农村居民人均纯收入分别达到16132元、4210元。

（二）城镇化现状

1986年毕节市城镇化率仅为7.4%，与全国26%的城镇化率相比较，相差18.6个百分点，2005年城镇化率上升到16.14%。在1986年的基础上上升了8.74%个百分点，与全省26.9%的城镇化率相比，相差10.76个百分点，与全国43%的城镇化率相比，相差26.86个百分点。2006年以来城镇化步伐明显加快，2012年城镇化率为30.17%，但与全省35%的城镇化率相比相差4.83个百分点，与全国52.57%的城镇化率相比，相差22.4个百分点。这说明毕节市城镇化进程差距很大。

---

[1] 《深入推进毕节试验区改革发展规划（2013—2020年）》。

(三) 发展优势

毕节市自然资源丰富，已探明矿产32种，其中煤、磷均占贵州省的50%左右。生物资源多样，动、植物资源达2800多种。文化资源深厚，民族文化、历史文化、红色文化独具特色。旅游资源丰富，气候宜人，有"洞天湖地、花海鹤乡、避暑天堂"的美誉。中央统战部、各民主党派中央、全国工商联、国家有关部委及社会各界合作助推，形成了统一战线参与建设的毕节试验区经验。[①]

毕节城镇化建设的特点，一是城镇化协调性逐步增强。市域主城区和各县城生态优美城市、文化品位城市、产业集聚城市、服务优质城市、宜居宜业城市"五型"建设定位逐渐明晰，产城一体，园区新区互动。城镇化对调整产业结构、培育新兴产业、发展服务行业、促进就业创业的推动作用较为明显。随着主城区和各县城路网的延伸，新区、园区新产业的不断注入，基础设施和服务设施逐渐完善，拓展了城市发展的新视野。二是小城镇建设别具一格。经过试点、加速发展、转型升级等阶段的探索和实践，建成了大方县贵州宣慰府、奢香博物馆等历史文化工程，涌现了大方县六龙镇、黄泥塘镇，威宁县迤那镇、板衣乡，金沙县沙土镇，织金县官寨乡等一批特色小城镇。这批小城镇逐渐摒弃了以开发商为主导的单一内容与形式的大规模改造计划，走上了以中小规模、渐进式为主的尊重、厚爱文化遗产，保持传统特色的开发道路。三是新农村建设。按照黔西北农村建设的总体规划，通过发展生态循环农业、特色经果业、生态畜牧业、农产品加工业、旅游业等产业，涌现出一批城乡差别化协调发展，集自然、生态、传统、情趣为一体的新农村典型。

(四) 存在问题

第一，城镇化进程相对滞后。

城镇化低于相同发展阶段地区的平均水平。2012年，全区城镇化率只有30.17%，低于全省、全国的平均水平。同时期，尽管毕节经济增长快于贵州省内一些地区，但同这些地区经济高速增长时期的城市人口增长

---

① 李克强：《协调推进城镇化是实现现代化的重大战略选择》，《新华文摘》2013年第1期。

率相比，毕节城市人口年均增长率相对较低，更低于中国城市人口的年均增长率3.5%的速度。2011年，毕节第二、第三产业所占GDP的比重为82%，但城镇人口所占总人口的比重却只有29%。换言之，毕节城乡融合速度远远低于工业化发展速度，有较多的人不能充分分享工业化带来的成果。

城镇化水平存在虚高问题。按现在的统计口径，虽然有很多人被统计在城镇人口中，但由于户籍制度的限制、公共服务不对等等原因，一些人并没有真正融入城市生活中，没有享受到城市现代文明的成果。严格地说，这些人不属于被城市化了的人口。如果不包括这部分人，毕节城镇化水平更低。

第二，城镇化的结构性矛盾突出。

城镇规模结构不合理，数量多而人口规模相对不足，城市的规模效益不能充分发挥，制约了城市吸纳人口的能力及生产率的提高和经济增长质量的改进。

城镇产业支撑程度不够。从发达地区城镇化经验看，市场机会会引导当地就业向一种产业或一些有内在关系的产业集中，以充分利用生产的规模经济。由于毕节城镇化起步晚，城镇规模小，发展质量不高，若干经济发展指标虽在全省排名前列，但人均仍处于全省挂末位置，支撑城镇化快速发展内在动力不足。

第三，城镇承载力不强，生态环境压力较大。

城市综合承载能力不强。毕节城市土地利用率不高，城市的密度偏低，城市建筑物以低层建筑为主，土地立体空间利用不足，不能充分发挥城市空间人口聚集和经济活动聚集的功能。集约度偏低，是对土地资源的一种浪费，这与毕节人多地少的区情明显不符。

基础设施滞后，城市功能不完善。由于建设思路不明，投入机制不活，主要依靠财政投入搞建设，缺乏灵活有效的市场机制，甚至出现有钱的无处投、无钱的投不起。长期单一的财政投资模式，造成城市基础设施和服务设施建设的严重缺失。2013年，全市城市用水普及率为74.74%，燃气普及率为22.29%，人均城市道路面积为5.99平方米，人均公园绿地面积为6.06平方米，生活垃圾无害化处理率为39.87%。随着城市化进程加快，人口加速向城市转移，城市向周边区域蔓延，人口外迁和工业园区建设，导致日益增长的交通出行需求。而公共交通服务质量低下，个人机动化出行比例增大，交通堵塞的现代"城市病"已经明显，加大了出行和社会运行成本，影响了城市功能的发挥。

第四，城镇运行不佳，特色不强。

城镇管理有待改善。城镇供水、燃气、公共交通等市政公用产品和服务的供给，就业机会的创造和社会保障体系的建设，社会保障性住房的建设和供应，义务教育、公共医疗卫生、城市生态环境的保护和建设，城市安全的规划、社会建设、扶持弱势群体、调节收入分配等，都离群众的需求差距较大，需要进一步改善。

城镇特色不强。过分注重经济和技术指标，着眼于满足单块土地的容积率和功能，忽视了城镇发展的总体规划，城镇美化活动和城镇形象工程趋同单一，只重视单个地区的外表形象，忽视了城镇经济、政治、文化、环境、遗产保护、能源等方面的协调发展。当前中国城市建设"有绿化，没山水；有建筑，没含义；有规划，没特色；有指标，没记忆"的"四有四没"状况在毕节城镇建设中同样严重存在。绿化变成了简单的草坪，没有"山水观"的概念；城镇建筑有体量，却没有表现出城镇的韵味；城镇在改造中越来越趋同，规划不断被改，有了规划又没有了特色；城镇建设追求多种指标，但没有保留自己的文化记忆。

第五，社会矛盾突出。

城乡差距明显。一是城乡居民收入和消费水平差距拉大。2013年全国城镇居民人均收入是农村居民的3.7倍，毕节2013年城乡居民收入比是3.83∶1，比全国平均水平相差0.7倍。农村居民消费滞后，严重影响了城镇化进程。二是城乡社会事业发展差距较大，农村基础设施和公共设施比较薄弱，商业服务、文化娱乐、医疗卫生设施较缺乏，农村居民享受的公共服务远低于城镇居民，城乡要素平等交换和公共资源均衡配置尚有较大差距，城乡之间在生产和生活配套设施方面存在严重的落差，降低了农村作为原材料产地和生态宜居区的吸引力，阻碍了城乡空间的协调开发。

失地农民大多缺乏可持续的生计保障。目前征地补偿标准低，补偿机制不全面，农民失去土地后，既丧失了土地的保障，又因劳动技能差，一些人断了务农的路又不能成为真正的市民，就业和收入不稳定，增加了落入"城市化陷阱"的风险，背离以城带乡、城市反哺农村及统筹城乡发展的城镇化方向。

城镇拆迁的补偿规则不完善。房屋拆迁过程中，政府、开发商和房屋所有人之间纠纷不断，群众上访问题不断发生。部分拆迁户所得到的货币补偿金不足以使其安居，人员安置和集体土地上的房屋拆迁补偿没有法律法规的依据，拆迁程序不规范，拆迁补偿不到位，缺乏沟通协商，有时甚至有野蛮拆迁行为，成为城镇社会不稳定因素。

城镇内部的"二元社会"开始形成。随着城镇化的推进，土地、住房、资源、财富在不同人群、不同社会阶层中发生了重新配置的普遍现象。在时间上，城镇内部二元社会分割体现在不同身份的人享受城市公共服务的先后有严重区别；在空间上，体现在城镇中"中间型地带"出现，即市域城市行政区之间、县域城镇之间、县域内乡镇区域之间、街道与村组之间，存在不同类型的落后区域和被遗忘的社会角落。经济与社会发展水平长期处于落后状态，而且成为社会问题的重要滋生地。

毕节市城镇化过程中存在问题的主要原因可归纳如下：

一是对城镇化内涵的认识不到位。城镇化不仅表现为城市人口比重提高的过程，也是城市体系和功能不断发展完善的过程。一些地方把推进城镇化片面地理解为增加城镇数量和提高城镇人口比重，追求城区和规划区的扩张。其实，土地不过是承担自然、产业、人力、社会资本运作的载体，其规模应根据满足人的需要和资本积聚的程度来定，而不是先扩大载体规模再集聚资本、填充人力。

二是规划体制不完善。目前，尚无一个统一的市域体系规划。2011—2012年虽然实现镇（乡）、村两级规划全覆盖，但规划编制科学性和前瞻性不足，缺少空间布局和产业支撑的统筹考虑，影响了对资源的合理利用，同时规划水平不高，影响了其指导和调控作用的发挥。创新能力不足，城乡规划不断被"克隆"，以至出现从构成、风貌、功能到生活方式等的严重趋同。

规划缺乏稳定性和可持续发展性，常有"纸上划划、墙上挂挂"，"朝规夕改"，"领导一换，规划全变"现象。体制不健全，缺乏有效的监督机制和问责机制，致使随意改变规划和违规建设比较严重，使规划丧失了调控城镇发展的刚性。

三是人口迁移体制的制约。户籍制度在现实体制环境下阻滞了农民工市民化的进程。农民工长期处在城市的边缘，融不进城市社会，享受不到平等的权利，对城市普遍怀有一种疏离感和责任缺失心态，成为不稳定因素。①

四是土地制度不完善。现行征地制度的缺陷导致征地补偿办法不合理，土地补偿费低，征地不透明，使得各级政府能够以较低代价取得土地，通过"经营土地"获取差价收益。旧城区居民的土地比农村获得土地代价昂贵，故政府更倾向于征用农村土地，对提升已有的城市土地的效率重视不够，导致城市土地低效率的发展格局。土地使用权出让能给城市带来丰厚收益，这种税种结构鼓励城市做大经济总量，却不欢迎外来居民。征地规模的扩大和土地价格的提高，征地与政府财政的关系越来越紧密，作为城市最大资产的固有土地，会被地方政府用来变卖以缓解财政压力，低价征，高价转，差价成为城市建设资金，由此鼓励短期任职的官员出售土地，而获得高额收入，这就剥夺了后代人从土地资源中获益的机会。

五是治理和管理政策不完善。偏重以 GDP 指标为核心的考核制度，使得一些地方干部注重城镇化发展的速度，忽略城镇发展的质量和效益，忽视城市有效管理和公共服务覆盖的扩大，使得城市建设中出现的"形象工程"、"政绩工程"和对历史文化资源、风景名胜资源的破坏难以遏制。

三　对毕节城镇化建设的对策思考

（一）明确城镇化的方向和思路

城镇化是以农村人口比重下降和城镇人口比重上升为特征，以产业结构从农业经济向现代经济、社会结构从农村社会构成向城镇社会构成、以人的聚居场所从农村空间形态向城镇空间形态的转化为本质的多元演进过程。2007 年，建设部出台了《宜居城市科学评价标准》，提出了社会文明度、经济富裕度、环境优美度、资源承载度、生活便宜度、公共安全度六条评价标准。根据毕节科学发展试验区、现代产业集聚区、创新扶贫示范区、生态文明先行区、多党合作示范区的战略定位，应全方位地考虑城镇

---

① 《中华人民共和国国民经济和社会发展第十二个五年规划纲要》，新华社，2011 年 3 月 16 日。

化问题,合理确立城镇化方针,明确城镇化健康发展的重大意义。以科学发展观为引导,加快转变经济发展方式,突出"加速发展、加快转型、推动跨越"的主基调,深化"开发扶贫、生态建设、人口控制"试验主题,突出主城区带动作用和小城镇协调发展,提高城镇综合承载能力,按照循序渐进、节约土地、集约发展、合理布局的原则,积极稳妥地推进城镇化,逐步改变城乡二元结构。

根据资源禀赋、环境容量、开发程序和发展潜力,优化功能分区,突出主城区带动作用,着力促进毕节主城区发展。推进大方县撤县设区,规范建设双山新区,拓展城市空间,优化城市功能,带动产业与人口集聚,努力把毕节市建成滇黔结合部的区域性中心城市。建设贵阳—毕节经济带。依托威宁经黔西至贵阳高速公路、成都至贵阳快速铁路,建设威宁—赫章—毕节主城区—黔西—贵阳综合经济带,促进产业集群发展。培育一批中小城镇,支持符合条件的县撤县设市,合理开发并有效利用能源和矿产资源,进一步拓展产业发展空间,促进集聚发展。推进市内中小城镇与主城区基础设施互连互通,产业协同配套发展,生产要素自由流动。以特色产业为依托,把一批基础设施较为完善、区位突出、发展潜力大的中心镇建设成为特色鲜明的重点城镇。

(二)重视"软实力"和"软环境"建设

城市的发展既是一个长期的物质环境建设过程,也是一个长期的文化积淀过程。毕节市城镇化建设中,应注重城市文化建设。

历史文化元素,是城市特色的重要体现。每一个城市都有本地域自然环境基础上形成的具有地域色彩的文化记忆。这些文化记忆有长期历史进程中形成的独特历史传承、人文景观、民风民俗、本地特产等,它们集中表现着城市的特殊内涵和风貌,具有稳定性、地域性、稀缺性和传承性等特点,是形成城市差异性、特色性的重要构成元素。毕节市应把这些具有地域性和本土性的历史文化元素,作为城市发展的强大文化资本。

城镇化建设必须具有人文环境,尤其是充足的公共活动空间。在注重教育、休闲娱乐等设施建设的同时,应注意提供方便舒适有亲切感的公共空间,如社区和街道的小公园等,便于人与人之间交流。一个具有现代美感的城市,应该是城市空间的合理布局,如建筑与空间的合理布局、环境虚与实之间关系的处理等。城市建设和自然环境相协调,现代风貌和历史人文元素融为一体，地貌、河流、气候、动植物多元素共同塑造形象，民族形式与现代内容有机结合，城市特色就会更加鲜明。

（三）制定用地政策

确定正确的土地意识，保障土地资源合理利用，是毕节城镇化建设中要优先解决的问题之一。要按照城镇化的功能定位和发展方向，坚持严格的耕地保护制度和集约节约用地制度，科学确定城镇建设各类用地规模。管住总量、严控增量、盘活存量，既要适应城镇化发展需要，又要保障农民权益和保护耕地资源。在征地过程中，要保障被征地农民的财产权、知情权、参与权、表达权、监督权、生计权。要盘活存量土地，提高利用强度，走城市用地内涵式挖潜的发展道路。有效开拓城市地下空间，如地下商场、地下停车场等，合理利用地下人防工程。推进土地市场化，配置土地资源，调整产业结构，促进老城区焕发新活力。在人多地少的情况下，应吸取"过度分散布局"的教训，形成由市场决定土地价格的机制。要严格管理土地权益，明确土地收益范围，规范收支管理，加强预算监督。规范土地出让收入使用范围，重点向新农村建设倾斜，收益应用于被征地农民社会保障、建设城市廉租房和农村基础设施建设。遏制片面追求土地收益的短期行为，从资源配置上解决一些地方政府的占地扩地冲动。[①]

（四）培育重点产业

城镇化要以经济发展为基础，经济发展水平不断优先升级，才能保持旺盛的生命力，这也是城镇化建设化解各种矛盾、实现平衡发展的根本。因此，推进城镇化，必须加强产业支撑，有效、快速保证有足够的财源提供优质的公共服务。留住人才，吸纳就业能力，才能夯实城镇化的经济基础，使城镇化、产业发展和结构调整进入良性循环。按照《深入推进毕节试验区改革发展规划（2013—2020年）》要求，要着力优化产业布局：

一是围绕构建城镇化战略格局，优化重大生产力布局，立足区内产业特点，推动生产要素向重点发展的主城区和中小城镇集聚，加快壮大产业规模。

二是要培育壮大新兴产业，根据资源环境承载力、发展基础和潜力，

---

① 《贵州省国民经济和社会发展第十二个五年规划纲要》，贵州省发改委，2011年。

培育新兴产业，重点选择和发展制造业与加工业。建设毕节载货汽车制造基地、赫章锻造基地、渝黔合作汽摩配件产业基地、西南零部件毕节交易中心。推进矿山机械、电工电器机械、农业机械等装备制造项目建设。规划建设利用煤层气、风力、垃圾、生物质发电示范项目。加快发展以天然药物为主、具有民族配方特色的现代中医药业。要强化城镇体系专业化分工协作，推动毕节、织金、威宁经济开发区有序承接产业转移。推进园区扩区调位，创造条件使省级开发区升级为国家级开发区，重点工业园区创建为国家新型工业化产业示范基地。逐步形成主城区和小城镇分工合理、特色突出、功能互补的产业发展格局，为形成合理的城镇体系提供基础。

三是要创新发展现代服务业，探索特色民族文化与旅游融合发展新路子，加快发展文化旅游和生态旅游产业。打造精品景区和旅游线路，重点建设百里杜鹃、织金洞、大屯庄园、石门坎、大方贵州宣慰府等文化旅游集聚区。加快赫章县可乐国家考古遗址公园等建设，发展民族歌舞、工艺美术、节庆会展、戏剧影院等文化产业。坚持生产性服务业和生活性服务业并举，拓展新领域、增强就业吸纳能力。既要大的龙头企业，也需要无数能够充分吸纳就业的中小企业。落实好关于鼓励发展中小企业和民间投资的一系列政策措施，支持和优化服务环境。要继续加快农业基础地位，采取综合措施，转变农业发展方式，促进农业生产经营规模化和现代化，切实保障城镇化、工业化与农业现代化协调同步，以农业现代化筑牢城镇化、工业化的基础。

（五）重视城市科学规划和设计

城市本质上是人造环境。遵照科学程序，精心规划和设计城市环境，最大限度地为城市社会的良性运行奠定长远基础。

要科学编制城镇化发展规划，在把握区内外发展趋势和规律基础上，结合实际，着眼城乡经济、社会、自然和人的可持续发展，制订管长远、管全局的毕节城镇化发展规划，与全市的经济社会发展规划、区域规划、主体功能区规划、土地利用总体规划、生态环境保护规划、人口发展规划、文化保护规划等相衔接，以人口城镇化为核心，坚持城乡统筹，明确城镇发展方向、空间战略布局、长期发展目标，形成促进城镇化科学发展的指标体系。

在市域城镇化发展规划的指导下，编制各县（区）、镇（乡）城镇体系规划，各个城镇要与全市城镇化发展规划以及各县区各项专项规划相衔接，打破行政区划束缚，突出经济区域导向，形成各县区、各城市规划相互衔接、协调一致的规划体系，引导全市城镇化协调有序发展。

要强化规划的刚性约束力，充分发挥规划对城镇建设的规范作用，提高规划的科学性、权威性和约束力。明确划定禁止建设区、限制建设区、适宜建设区和红线、绿线、蓝线、黄线、紫线，强化对道路用地保护范围、绿地保护范围、水体保护范围、市政基础设施用地保护范围和历史文化街区保护范围的用地控制。引导城市通过完善城市布局解决城市发展中的相关问题，提倡城区综合功能开发，使就业区、生活区、休闲娱乐区、商务区综合配套，推进城市有序发展，避免摊大饼式的扩张和各城镇间的无序竞争，切实保护好民族文化遗产和风景名胜资源。

严格监督规划的实施，逐步建立规划决策、执行、监督相分离的机制，不断规范和完善城市规划决策程序，扩大公众参与，减少和约束规划部门自由裁量权，杜绝领导干部因自身个人喜好对规划的随意干预和变更。健全规划实施监督机制，强化同级人大监督和上级政府对下级政府的监督。完善规划公示、公布制度，加强社会对规划的监督。建立违反城乡规划的责任追究制度，切实使规划落到实处。

（六）完善公共服务体制

围绕城镇化布局和形态，完善综合运输道路和区际交通干线网络，强化城市之间交通联系，改善对外交通。重点建设成都至贵阳、叙永经毕节至织金、纳雍铁路，规划研究建设毕节经水城至兴义、昭通经毕节至黔江的铁路。尽快建成杭州至瑞丽、厦门至成都高速公路毕节辖区段，加快贵阳至黔西、水城经威宁至昭通高速公路建设。加大国省干线、县乡公路改造力度，增加路网密度，改善路网结构。同时，优先发展公共交通，加强步行和自行车交通系统建设，形成高可达性、低交通需求的"城市布局——交通系统"发展模式。改变城市单一中心的布局结构，形成多中心的空间格局，减少跨区域性的交通出行，缩短出行距离，缓解交通压力。

按照统一规划、适度超前、合理布局、统筹推进的原则，加大电力、通信、供排水、燃气、热管管网、道路、照明、垃圾污水处理以及城镇信息基础设施等市政公用设施建设力度。以均衡配置为目标，统筹布局学校、医院、文化设施、体育场所的建设，提高小城镇的公共服务水平，让居民公平分享优质公共服务资源。

农民工市民化是农民身份转化的根本出路，要通过户籍制度改革，使农民工市民化，让城乡居民在身份上实现平等；通过经济适用房、公租房、廉租房的供给，使身份转化的农民能够在城市"安居"；通过为农村转移劳动力提供职业技能培训，使身份转化了的农民能够在城市"乐业"；通过教育资源、医疗卫生资源等的层次提升，布局调整，将公共服务资源在城乡之间均衡配置。

推动农村城镇化。农业、农村、农民问题始终是毕节面临的重大问题。为了保证农村居民能够共享改革发展和现代化的成果，必须努力做到城镇化与新农村建设协调推进，推动农民就地城镇化，即对不适宜生存和发展区域采取逐渐移民搬迁和生态建设的措施；对没有发展潜力的区域，尊重市场机制选择，确定走向；对既适宜生存又具有发展潜力的区域，采取重点建设方式，使之成为具有优势产业或特色产业农村城镇。

（七）完善城市管理模式

完善行政区划，减少行政层级，促使各类城市和城镇具有同样的收入种类、税费减免权和融资手段，享受同样的政府间转移支付，并具有同样的开支责任，为各类城市创造一个公平的竞争环境，使其能够发挥各自的优势又好又快发展，逐步改变按照行政等级配置公共资源的管理体制。

树立建管并重的观念，深化城市管理体制改革，强化公共服务和危机管理，建立更加动态、透明、有效的问题发现、识别、处理和制度化的社会机制，着力整合公共服务资源，努力扩大公共产品和服务的供给，完善城市服务功能，提高人居环境质量。促进城市管理规范化、制度化和科学化。统筹城市基础设施建设和管理，破除部门和地区分割，在统一规划的基础上协调建设，减少盲目挖填和拆建。[①]

改进政绩考核体系，建立规范的城镇化统计制度和质量评价体系。在转向以城市经济为主的过程中，政绩考核要超越以经济指标为中心的模式，既要将促进城乡就业增长、节约资源和环境保护、城镇化过程中失地

---

① 《中华人民共和国国民经济和社会发展第十二个五年规划纲要》，新华社，2011年3月16日。

农民利益保护等列入考核内容，也要研究规范这些指标的统计监测方法和考核办法。必须坚持因地制宜，实施差异化发展战略。合理划分城镇事权，引导小城镇取得与常住人口规模和经济总量相适应的经济社会管理权限。对特色鲜明却又规模不大的小城镇，要走旅游小城镇、文化创意小镇、休闲养老小镇、生态低碳小镇的路子，达到小而精、小而特、小而美。①

毕节城镇化的发展涉及的范围广、内容多。既涉及农村问题，又关系到城镇发展的导向和规划问题；既要促进就业的增长，制定客观的经济发展政策，又要推动户籍、土地、财税等管理体制改革；既涉及城镇基础设施投入方式的变革问题，又涉及城镇行政管理体制的调整和改革问题等。目前这些领域都有其主管部门，但缺乏一个跨领域的统一管理协调机构，这不利于有效发挥各部门的综合效益，因此应该建立一个各项政策决策、实施和管理的协调机构。

---

① 《贵州省国民经济和社会发展第十二个五年规划纲要》，贵州省发改委，2011年。

城镇化·鄂伦春族·文化生存

白　兰[①]

一　城镇化

党的十六大提出了"全面繁荣农村经济，加快城镇化进程"的战略措施。如果给城镇化做定义，可以认为是：农村人口和各种生产要素不断向城镇集聚而形成的经济结构、生产方式、生活方式以及社会观念等向城镇演变的过程；表现为乡村人口与产业从乡村地域向城市地域逐步集中的过程，通常用城镇人口占总人口的比重来衡量城镇化水平。

而从社会学、政治学的角度可以认为：发展小城镇，是实现我国农业现代化的必由之路，既是经济发展的结果也是经济发展的要求。

经济学界认为，它有利于解决现阶段农村一系列深层次矛盾，优化农业和农村经济结构，增加农民收入；有利于缓解当前国内需求不足和农产品阶段性过剩状况，为整个工业和服务业的长远发展拓展新的市场空间，实现城镇化与工业化协调发展。

从文化人类学的视角通常会发出城镇化使民族文化面临危机的呼吁。认为尤其在没有做好准备的民族地区，由于缺乏规划、侧重于经济发展等原因，给少数民族传统文化造成了极大的破坏，结果会是失去了灵魂的发展进步。

鄂伦春族的城镇化与其他民族有些不同。1953—1958年鄂伦春人实现定居，即刻开始了有城镇户口的吃供应粮、医疗免费、享受助学金、房屋由政府提供的生活。他们被称为猎民，应该属于农村，但是，又与他

---

① 作者简介：白兰，女，内蒙古社会科学院民族研究所所长，研究员。

地、与其他少数民族农民和农民的村寨生活很不一样。

这是一个悖论,几乎所有的鄂伦春人都感受到了当家做主和民族的发展变化,而又在不停地确定自尊和寻找民族尊严。

二 狩猎民族

鄂伦春族是中国东北部,游猎于大、小兴安岭的狩猎民族。定居至今的60年,鄂伦春猎民不能打猎了,按时下的说法——鄂伦春人民实现了跨越式的发展!

有关鄂伦春族、鄂伦春自治旗的有着重要意义的年份:

1951年,鄂伦春自治旗成立;

1953—1958年间鄂伦春人实现定居;

1957年,兴安岭森林资源开始开发;

1996年,鄂伦春自治旗政府宣布全面禁猎。

建旗初,自治旗人口有778人,其中774人是鄂伦春人口。政府确定了"护林防火,发展生产,兴旺人口"的生产建设方针,把护林防火作为全旗的首要任务,组织了112名鄂伦春族猎民当护林员。他们一边狩猎,一边巡山护林。1957年,国家开始开发大兴安岭南麓的原始森林,林区人口不断增多,自治旗人口从建旗之初的784人到1958年猛增到49000多人;自治旗境内铁路、公路相继兴建,森林采伐向原始林纵深发展,野兽不得不向密林深处逃逸。为了配合林业和适应林业带来的发展,自治旗于1959年制定了"以林为主,护养猎并举,开展多种经营,有计划地发展工农牧业生产"的生产建设方针。人民政府向全旗猎民提出了变单纯狩猎为护养猎并举的新课题,号召大家把具有贵重价值的野生马鹿饲养驯服成家鹿。当时,各猎民村都有养鹿场。[①]

大兴安岭地区是我国唯一的寒温带地区,大兴安岭森林是世界范围的寒温带森林的一部分,是我国四大重点林区之一。它是松嫩平原和呼伦贝尔草原的天然屏障,在维护北部地球的中、俄、蒙等国的生态平衡中发挥着重要的作用。遗憾的是,自20世纪50年代开发以来,大兴安岭的自然生态受到严重破坏,森林覆盖率由1955年的74.3%下降到1999年的

---

① 各村养鹿场毁于"文化大革命"时期。

46.8%，成片的兴安落叶松被白桦林替代，这是兴安岭冻土带不断萎缩造成的。据考察，大兴安岭林区的边缘每年后退5公里。以鄂伦春自治旗为例，其境内的6个林业局（国有森工企业）1959—1999年的40年间，累计销售成品木材共计7000多万立方米，消耗森林蓄积约1.19亿立方米。而生活用材与生产成材基本相同。当然，6个林业局也在造林，40年来，累计种树面积只有602.6万亩，多为并不适应大兴安岭地质的樟子松。

原生森林消失的直接后果，就是使依赖原生森林生存的珍稀物种大量减少乃至濒临灭绝。1996年，世代以狩猎为生的鄂伦春人放下了猎枪，目的之一就是要保护濒临灭绝的野生动物。当然，鄂伦春人以生存为目的进行的狩猎不是野生动物数量锐减的原因，问题的根本在于野生动物失去了生存的环境。鄂伦春狩猎文化的理念是"敬畏自然而遵从自然"，正是由于此，美丽纯净、富饶的兴安岭，在历史上以及直到近代才得到有效保护。这不仅仅是鄂伦春文化的价值，重要的是工业文明中的人类如何科学地学习朴素的人文情感和文化提示。

的确，兴安岭森林资源的开发极大地促进了鄂伦春族地区的经济社会发展，而且为国家提供的大量木材有力地支援了国家的经济建设。但是，与之相伴的森林资源锐减、工业污染加重、生态资源被破坏等问题，还有一直没有摆到桌面上的问题——鄂伦春人民、鄂伦春自治旗并没有森林资源的使用权，更没有管理权！这些，制约着鄂伦春族和鄂伦春自治旗的全面发展，制约着鄂伦春族融入现代化社会的进程。

地方政府推行的"定居"是单向度行动，也就是说，定居的主体——猎民没有机会发挥自主性。结果是，他们在身份的转换过程中，将森林拿出来变现成了供应粮、免费医疗、助学金、政府提供的房屋。短期来看，这足以维持相对宽裕的日常生活，而长期来看，则是断送了狩猎生产的资本和条件，猎民失去了职业劳动和社会生活，成为食利的无业游民。我们看到的是，他们不再是猎民，但是并没有融入城市群体，也没有获得城镇化的能力，最后成为既非猎民又非市民的特殊群体。今天的鄂伦春猎民，是有城镇户口而生活在猎民村的人们，他们中的大多数依靠低保生活。这是鄂伦春族的"城镇化"。

城镇化的发展常态主要有两种模式：一是依托优势资源或者特色产业，不断提高劳动力吸纳能力，从而扩大城镇建设速度和规模；二是利用靠近大中城市的区位优势，依托大城市的辐射能力逐步扩大城镇规模。而当前鄂伦春的城镇化并不具备这两个前提条件，而对鄂伦春猎民生存的透视中，身份转换的费劲和转换中没有的主动权（包括转换的意愿主动权、转换中必需的生存权）成为制约鄂伦春族城镇化发展的瓶颈。

三　文化生存

对于鄂伦春族的"社会主义社会"的评价问题，基本达成一致的意见，是要一分为二，"直接过渡"确实使鄂伦春族社会实现历史性飞跃，生产关系进步巨大。问题是：政府操之过急的方式，使生产关系的变化代替了生产力的发展。

暂且借用"城镇化"来表述鄂伦春族的问题吧。

在以"定居"为标志的城镇化过程中，鄂伦春族住进了整齐划一的住房，中断了游猎生活。由于差不多每隔10年的再造新房，鄂伦春人渐渐放弃了所有传统的生活用品、生活习惯、生活礼仪，生活中也逐渐没有人穿戴民族服饰，民族语言的使用范围越来越狭小。定居点由于偏远"城镇"的公共建设和设施简陋，医疗、教育、文化等资源贫乏，猎民村的文化特色仅仅是符号化方式，没有挖掘到民族的精神内涵。这样的"城镇化"缺乏"灵魂"，也凸显了城镇化过程中民族发展与区域发展的差异。城镇化不仅仅需要政府的政策支撑，也就是说，鄂伦春自治旗的发展缺失了鄂伦春族的发展。

对于文化因素，作为环境变化的和环境变化后果的决定性因素的相对重要性，学术界长期有争论。问题的焦点并不在于如何设想文化上的差异怎样适应全球性变化，或者其他什么，而在于怎样把对文化因素作用的考虑同环境变化相联系，以期有助于提出有效的解释，提出积极的对策。对于森林地带的狩猎民族的研究，这一点是非常重要的。文化保护的意义不仅仅是国家的某个政策的启动，而是应该注意文化中最重要的要素——千百年来，人与自然的关系是如何维护的。

文化是物质的，也是精神的，还包含了制度的（关于这三个层面的解释请看注解）。文化不仅仅是人类在历史发展中的创造，也是人类智慧中努力掌握的可持续发展的能力，文化在这点上毫无疑问地体现了人类的尊严。①

鄂伦春猎民既有被动的城镇化中社会生存问题，也有被动的文化生存问题。需要注意的是，或者我不得不说的是：现在，鄂伦春族是中国唯一一个完全失去传统生产资料的民族。② 这个狩猎民族的城镇化战略不应该是孤立的，而应该是一个"系统工程"。它的城镇化需要实行非均衡发展规划，需要根据其经济特色、环境条件和文化承受的极限，找到一个准确的城镇化定位，这也是各民族地区城镇化实践中应该考量的。因此，要根据各民族的特有资源情况和特色产业，或以历史文化模式，或以民族文化模式，或以地域文化模式，或以生态环境模式，或以产业优势模式，或以几种资源配置复合模式等，积极探索多样化的城镇化道路，促进不同区域的快速崛起。

回归人与自然和谐共处、永续发展的理念，是现代以及未来人类文化发展的主流，是人类实现可持续发展必需的基础。鄂伦春人强调的社会法则是森林是共有的，猎场是共有的，猎物也要平均分配，狩猎采集民没有贪婪和囤积，没有弱肉强食。正因为此，他们对山林没有形成硬伤式的索取，这和现代社会中汰弱留强的丛林法则形成强烈对比。狩猎文化的"文化生存"虽然困难重重，但是，从人类发展史所证明的，文化人类学

---

① "物质层"是民族文化中的表层部分，指民族在物质生产活动中创造的全部物质文明的总和，包括建筑物、服装、饮食、日用器物、纪念物等，以及创造这些物品的机器、设备、工艺、手段、方法等。物质生产是一个民族为了生存发展必不可少的活动，是一个民族最基本的社会实践活动，最能折射出一个民族文化的精神和特点。"制度层"是人们为确定一定的社会关系并对之进行调整而建立的一整套规范体系，包括政权体系、法律法规等，是指对个人和社会产生规范性、约束性影响的部分，包括了社会分工、民族礼仪、民族习俗、各种文化活动制度和规则等，集中反映了民族文化的物质层和精神层的具体要求。

"精神层"主要是一个民族共同遵守的传统观念、核心价值观、伦理道德、宗教信仰，以及一个民族所反映出来的整体风气和精神。表现了一个民族的勤劳朴实、进取精神和创新精神，包括思想观念、价值标准、宗教信仰等，也包括科学技术、文学、艺术等。

② 1951年鄂伦春自治旗成立至1996年禁猎的45年间，自治旗改变生产发展方针16次，这种情况说明了社会的转变，也说明了生产方式的不稳定性。定居初到1980年是狩猎"黄金期"，1980年以后是国家扶持狩猎和向多种经营的转移期，1996年后至今是禁猎并向农业的转移期。但是，大量毁林开垦既不是自治旗的发展目标，也受到国家森林法、天然林保护工程的制约。而鄂伦春猎民的情况是，除了禁猎之初开地的猎外，大多数猎民失去了生产资料，他们从此没有可以参加的生产劳动，仅靠政府发放的低保金生活。"护养猎并举"时的护林员的工资一直在发，但是，鄂伦春猎民早就不是护林员了。这也是内蒙古、黑龙江各地鄂伦春猎民的生活现状。

所认为的——把人、自然、社会、文化的各种变量的交互作用中的民族文化所提示我们的发展规律，用以寻求不同民族文化发展的特殊模式，用以践行城镇化，是十分必要的。

如果过分强调"城镇化"在国家发展中的作用，我们不得不倾向于西方现代社会理论及其物质表现形式，将西方发达国家的发展模式看成是现代的、进步的，并以此作为追求目标。而人类发展史证明，无论人类使用技术的能力多么尖端，生态环境才是人类生存和发展的最重要的要素。鄂伦春文化在森林里的智慧告诉我们，人与环境相互作用、和谐相处的知识，将对建立人类可持续发展变化模式提供积极有力的帮助。现代化解决问题的方式在面对实际问题时，并不一定比传统知识高明，鄂伦春族成功地实现了满足森林民族基本需要的方式，在获取自然资源的同时，非常注意资源的再生和重复利用，使资源能够长期满足自己的需要。

文化作为一种资源，人们利用它创造和延续了对自然的特定的适应方式，解决着生活中出现的各种问题。我国56个民族有着不同的文化承受力，每个民族都有着不同的生活环境，各自的文化特点、生存特点很不相同。如果"城镇化"是一项成熟的政府决策，更需要参考各民族的文化理念、文化模式和文化提示，这样，"城镇化"才能成为我国步入现代化强国的重要一环。

民族地区新型城镇化之初识

陈国安[①]

"城镇化"是人类社会发展的历史过程,是社会文明进步的标志。新中国成立以来,中国共产党领导我国少数民族进行了两次大的改革,一是成立之初在少数民族地区胜利完成了对社会制度的民主改革,使处于不同社会历史发展阶段的少数民族,有的是"直接过渡",进入社会主义。二是当前正在进行的现代化建设。新中国成立后,党中央用了极大努力和资金投入,帮助少数民族群众发展生产、改善生活,提高少数民族和民族地区的社会进步、经济发展、文化教育卫生等整体社会的前进,取得了显著的成效,特别是改革开放以来,随着商品经济发展,社会主义市场经济体制的建立和完善,扶贫工作的开展和深度扶贫、精准扶贫的深化推进,西部大开发的实施,民族地区一方面为摆脱贫困而战,同时也为实现现代化而努力,少数民族地区的经济社会已进入现代化建设时期,纷纷提出了加快发展、争取与全国同步小康的战略目标。

城镇化是我国新一轮改革的重要战略选择,党的十八大提出中国要走"新型城镇化"发展之路,中央城镇化工作会议指出:"城镇化是一个自然历史过程。"对于少数民族地区来说,也是一个必须经历的自然历史过程,城镇化是当前的重要战略选择,也是民族地区实现现代化的必经之路,是现代文明进步的标志。在新型城镇化的规划和建设中,我们必须深刻认识民族地区的经济社会现状,即"族情",才能准确地按照中央的战略部署,推进民族地区的新型城镇化。中央城镇化工作会议要求:"推行城镇化必须从我国社会主义初级阶段基本国情出发,追寻规律,因势利导,使

---

① 作者简介:陈国安,贵州省民族研究院,研究员。

城镇化成为一个顺势而为，水到渠成的发展过程。"

对于我国少数民族地区，特别是西南少数民族地区，这个要求极为重要。就当前总体而言，我国西部民族地区的经济发展水平还远远落后于东部发达地区，就西部地区内，民族地区与省内的中心发达区也还有较大的差距；西部地区仍然是我国扶贫的主战场，贵州省是全国扶贫任务最艰巨的省份，贫困人口不仅数量大，主要在民族地区，而且贫困程度深，任务十分艰巨；在近些年经济发展、城市扩大的进程中，失地农民因土地被征用而由农民变成了城市居民，虽然当地政府和征地商家也曾作出努力，举办了各类培训班，进行生存技能的专业培训，但实际效果都不是很好，如笔者前些年在实地调查中发现此问题较突出，有的甚至提出"要回去当农民"的要求，认为"还是当农民好"！说明他们难以适应城市生活。对此，思南县新华镇曾进行过这方面的探索，他们把农村，特别是镇周边有一定技能的农户迁到镇里发展，给予住房搬迁的优惠，再让深山、石山等生存条件很差的农户迁到让出土地的地方，帮助他们进行产业调整，发展生产，实行梯度移入的办法，收到较好效果；近些年兴起的"打工潮"，民族地区的剩余劳动力纷纷被卷入其中，最初有的民族地区的地方政府和对口帮扶单位，都把组织剩余劳动力到发达地区打工当作很好的途径，结果因为不适应城市生活环境，不适应现代化企业管理，或者因为文化水平低，学习、掌握新技术困难，无专长技能而失去工作、找不到工作。

在实践中，当地政府和对口帮扶单位，组织开展了对外出打工的农民工有针对性的专业技术培训，甚至当地的中等职业学校也纳入他们的人才培养任务之中，这样做效果很好，逐渐地稳定下来，融入城市生活，当然对于少数民族同胞来说，也还存在不少问题。近年来随着各级党委、政府对非公有制经济的高度关注，发展迅猛，其中民族地区的各类传统工艺被挖掘出来，能工巧匠们走出村寨进入市场、进入城镇，成为新的居民，他们或购房定居，或租房开门面，或借助传统工艺受雇从事加工，利用传统的银饰加工、刺绣蜡染、雕刻编织技术等，经营各类商品。特别是随着生活水平的提升、消费水平的提高和旅游业的逐渐发达，市场的扩大，使民族地区的各类传统工艺、能工巧匠有了发展的机会，不仅使他们脱贫，还有相当一部分家庭得以致富，甚至创办公司，成为一批中、小型企业家，有的已有上千万资产，如贵州省的"多彩贵州旅游商品'两赛一会'"（指旅游商品设计大赛、能工巧匠大赛，旅游商品展销大会），通过八年的努力，有力推动，已取得显著成效。同时，民族地区的广大农村也利用传统工艺技术投入其中，带动了脱贫致富。如三都水族自治县的"水族马尾绣"，2006年贵州省"多彩贵州旅游商品'两赛一会'"上，韦桃花以其精美的马尾绣作品获特等奖，经过几年的摸索和发展，创办了公司，带动县内2000多名水族妇女参与马尾绣制作，由她经销。这2000多名妇女的参与刺绣，就意味着2000多农户脱贫和致富，其中有的已进入城镇购房、租房发展，同时带动当地农户发展，与城镇协调；随着贵州工业化的推进，许多地方开创了工业园区建设，通过招商引资，企业入住，建厂房，安装机械，吸纳回乡打工人员和当地剩余劳动力变成城镇居民，如玉屏侗族自治县平溪镇园区建设中，投资5.2亿元的广州必登高鞋业有限公司的项目，将吸纳5000多人就业。其他小城镇园区建设也能吸纳数以百计、千计的工人，这是一个庞大的数字，是新型城镇化建设中的十分重要的一部分。

总之，必须牢记我们当下还处于社会主义初级阶段，根据这个实际，寻求规律，既要看到新型城镇化道路上的困难，更要看到前进中的成功，因势利导，顺势而为，加快发展，让经济的高速、协调发展，变成水到渠成的"新型城镇化"。

中央在制定的《国家新型城镇化规划（2014—2020年）》（简称《规划》）中，特别提出和强调要"提高城市规划建设水平"，要求"把以人为本、尊重自然、传承历史、绿色低碳理念融入城市规划全过程"。强调在规划程序中，要"完善城市规划前期研究、规划编制、衔接协调、专家论证、公众参与、审查审批、实施管理、评估修编等工作程序，探索设立城市总规划师制度，提高规划编制科学化、民主化水平"。

自党的十八大提出要走"新型城镇化"发展之路的战略决策，各级地方政府都提出了自己的推进小城镇建设的发展思路，经过实践，探索出一些成功有效的做法。如贵州省2012年按国务院发布《国务院关于进一步促进贵州经济社会又好又快发展的若干意见》（即国发2号文件）的精神，提出"5个100工程"，其中包括100个示范小城镇，具体分为省级示范镇30个，市州示范镇70个，在100个示范小城镇中，民族地区有50个之多，占50%。其类型可分为交通枢纽型、旅游景观型、绿色产业型、工矿园区型、商贸集散型和移民安置型等各具特色的五类示范小城镇发展模式。同时还陆续制订了《贵州省绿色小城镇建设评价标准》，作为地方对绿色小城镇建设的评估依据；编制出台《贵州省小城镇总体规划编制技术导则》、《贵州省小城镇建设资金管理办法》等文件，要求严格掌控城市规划和城镇用地一级市场，这些都有利于新型城镇化的推进。对于民族地区来说，在制订新型城镇规划中，"完善城市规划前期研究"尤为重要，前期研究时需要明确民族特色和地方特色。对于民族地区的每一个城镇，更重要的是研究当地少数民族物质文化和非物质文化的内容，在历史、风俗、民间信仰等各方面，都有哪些具有民族性、地方性特征？有哪些需要在城镇规划中表现？诸如干栏建筑、桶子建筑、石头建筑等；风雨桥、凉桥、古石拱桥等；各类塔，各种古街、老字牌号、商号、古老码头等；各类代表性文化符号：芦笙、铜鼓，民族历法、古文字、文化名片、文化之乡，名人、历史事件，纪念碑、纪念馆、博物馆、陈列馆，等等，不一而足。根据各民族性文化和地方性文化，经过论证、审批，纳入规划之中，在新的城镇或改造的城镇中体现出来，成为新型城镇中的文化名片，坚决克服"千城一面，万户一图"的景象，充分体现特色，真正把城镇建设成民族特色浓郁，历史底蕴厚重，时代特征鲜明的山地新型城镇，"要体现尊重自然、顺应自然、天人合一的理念，依托现有山水脉络等独特风光，让城市融入大自然，让居民望得见山、看得见水、记得住乡愁"，把城镇融入生态优美的大山之中。

文化是一个城镇是否有特色的根本，民族地区的新型城镇化发展需要民族文化的支持，只有用当地少数民族文化的浸润，新型城镇才能彰显其民族的特色和气质，彰显少数民族的文化风采和魅力。如黔东南苗族侗族自治州贵州省雷山县的丹江镇，被贵州省确定为省级30个示范小镇之一，境内苗族人口占总人口的95%以上，是一个苗族聚居的自治地方。近年来丹江镇围绕"苗族特色文化画卷——美、特、富"文化旅游镇的定位进行打造。在充分研究论证和认识苗族文化价值的基础上，在镇内丹江河滨大道上，建造成青瓦角翘的房屋，美人靠的吊脚楼，鬼斧神工的风雨桥，苗族歌声悠扬的铜鼓广场、木鼓广场，响铃叮当的银饰街，牛角挂铜鼓的铜鼓街，处处烙印着苗族文化元素。在镇的建设中，深入挖掘厚重的苗族文化内涵，注重注入苗族文化元素，并把丰富多彩的苗族文化元素"绣"在城镇建设的有形建筑物上，突出"特、精、灵、韵"的优秀文化，做到一街一景、一景一特，街街有文化，巷巷有故事。苗族文化进校园，学生穿的是带有苗文化符号的校服，唱的是苗歌，课间操跳的是反排苗族木鼓舞，还有以苗文化为内容的数种校本教材，走进学校就会让你深受苗族文化的感染熏陶。丹江镇基本做到把民族文化浸润入新型城镇之中，可做参考。我国民族地区，除少数部分外，多数都是"大杂居小聚居"分布状态，在有的县、镇（乡）行政区内往往居住着两个或两个以上的民族，这就需要处理好民族文化的关系，表现的民族文化美观协调，有利于民族团结，有利于和谐共居。有的民族人口较多，分布较广，生活在多个城镇，在整体规划设计中，绝不能搞"统一"，必须要"多彩"，只有这样才能实现对优秀文化的传承和保护，才能创新。对当前来说，由于社会的急剧转型，生产生活方式的改变，特别是青少年一代，对本民族文化缺乏"自知"，我们在新型城镇化中，应该尽力营造优秀传统文化的表现环境，只有对本民族文化有了"文化的自知"，才能谈得上"文化自觉"、"文化自信"，因为青少年是民族的未来，民族的兴旺、发达，民族复兴的中国梦要靠他们来完成。

移民定居与社区发展

——对河西走廊少数民族两种类型定居点的调查

王海飞[①]

20世纪90年代以来,伴随国家西部大开发政策的实施,西部社会经济实现快速发展。与此同时,西部地区生态问题日益凸显,引起政府和学界高度关注。党的十七大首次提出"生态文明"概念,其后在十八大报告中强调把生态文明建设放在突出地位,融入经济建设、政治建设、文化建设、社会建设的各方面和全过程,努力建设美丽中国,实现中华民族永续发展。在十八届三中全会公报中再次强调建设生态文明,必须建立系统完整的生态文明制度体制,用制度保护生态环境。[②] 继而在2013年年底成立中央全面深化改革领导小组经济体制和生态文明体制改革专项小组,这是党的执政理念的创新成果,也表明生态文明建设在中国特色社会主义建设过程中的重要意义。

河西走廊属于干旱、半干旱气候,石羊河、黑河、疏勒河三大内陆河流域分布其中。因地理位置特殊,这一区域在中国西北生态系统中具有重要意义。区域内由东南向西北分布有藏族、撒拉族、东乡族、保安族、蒙古族、裕固族、哈萨克族等世居民族。其中多个民族从20世纪90年代至今持续进行较大规模生态移民和牧民定居工程,移民地域涵盖高山环境恶化地区和草原牧区沙漠化较严重地区。本调查涉及走廊中段的肃南裕固族

---

① 作者简介:王海飞,兰州大学西北少数民族研究中心、民族学研究院,副教授。
② 《中国共产党第十八届中央委员会第三次全体会议公报》,新华网,2013年11月12日。

自治县及走廊西段的阿克塞哈萨克族自治县，两个区域分别处于黑河流域及疏勒河流域。

一 牧民生态移民与定居

近二十年来黑河流域上游湿地草原生态恶化，下游地表水间歇性断流，地下水位快速下降。肃南裕固族自治县地处上中游，经济社会生态可持续发展面临严重威胁。20世纪90年代起借鉴其他地区的生态治理经验，这里的裕固族陆续开始进行生态移民和牧民定居。与此同时，河西走廊其他两条内陆河流域——石羊河流域和疏勒河流域也在同样背景下开始进行大规模的移民与定居。其中石羊河流域以扶贫为目的的移民可以上溯至20世纪80年代。移民定居因区域自然环境、经济方式、人口等各方面因素，主要表现为两种模式：就地定居和异地定居。两种模式都对传统的民族文化产生了巨大的冲击和消解作用，同时也都形成了新的民族社区分布。区别是就地定居沿袭了原来的熟人社会，社区成员之间的原有联系基本没有中断，也没有增加新的成员；而异地搬迁形成的新社区在生计方式剧烈转型的基础上还存在其他需适应的方面：全新的社区环境、全新的社区成员构成、全新的生活方式、全新的人际交往模式等。我们选取异地搬迁模式中具有典型意义的肃南县明花乡 SHHZ[①] 村和阿克塞县民族新村进行具体论述。

20世纪90年代下半期，肃南县明花乡草原建起了国家农业综合开发区，很多裕固族、藏族、汉族等从自治县内黑河上中游迁到这里，形成3个移民村，其中 SHHZ 村居民是从（原）莲花乡迁移到这里的。搬迁定居给裕固族社会带来的变化非常深刻，移民从原来生活了几十代的熟悉牧区离开，放弃辈辈相传的生计方式，搬到陌生的地方，身份从牧民变成农民或半农半牧民，无论从每个人的家庭结构还是心理结构来说，都会引起不小的震动。同时，因为长距离搬家对于个人及家庭财力的消耗，使他们的经济生活也面临新的挑战。较早搬迁的基本都是年轻人，许多人是分家以后来的，缺乏经济基础，加之建设房屋购买土地、生产资料等。最大的

---

① 为了尊重被调查者的意愿和保护调查对象，依照人类学的通常做法，在此隐去被调查村庄的真实名称，并以假名"SHHZ"代之。

挑战是他们的身份属性由原来的牧民一夜之间变成农民，但是没有掌握农业生产所需具备的技能，很多移民刚刚到 SHHZ 村开始种地时，一年下来全家人收入达不到 2000 元，其中一大部分还是靠挖芨芨草①挣来的，经济压力巨大。刚搬迁过来时，甚至有一些家庭的孩子因经济原因而辍学。② 大概经过四到五年的适应，SHHZ 村的裕固族农民逐步完成了新的生计方式的学习过程，农业生产渐入正轨。到 2006 年，大多数农户的纯农业收入能达到 3 万元以上。

阿克塞哈萨克族自治县处于河西走廊另一内陆河——疏勒河流域，是以哈萨克族为主的少数民族自治县，境内分布着哈、汉、回、藏、维吾尔、蒙古、东乡、撒拉、土族等 11 个民族。其移民搬迁过程可分为零散迁入、县城搬迁和生态移民工程三个阶段：

第一阶段是早期的零散迁入，1936—1939 年，新疆巴里的哈萨克族曾先后分四批，三万余人，离开新疆途经马鬃山、安西游移入甘，游牧于酒泉南部的祁连山、托赖、玉门鱼儿红、敦煌南山、疏勒河两岸。20 世纪 60 年代起迁入汉族农民发展农业。1960 年 3 月从武威农村移民 118 户、550 人。同年 5 月从上海等地移民 80 多户、453 人。11 月又迁入武威农民 21 户、101 人。1970 年从武威、敦煌等地移民 160 多户、350 多人。③ 这一时期的移民不在本文考察范围之内，故不赘述。

第二阶段是 1998 年县城从海拔 2600 多米的博罗转井镇搬到海拔 1500 米的红柳湾镇。博罗转井镇是 1954 年阿克塞哈萨克族自治区（县级）成立时首府所在地，坐落在阿尔金山北坡长草沟口西南两公里的冲积、洪积坡地。地形倾斜，南高北低，面积约 2 万平方公里。④ 博罗转井镇地势高寒，无霜期极短，不适合农作物生长。当地居民饮水含有高浓度铀、钍等放射性元素，超过国家饮用水卫生标准 6—8 倍。省、地、县先后投资

---

① 当地人在传统农牧业生产之外的一种创收方式，即把生长在戈壁荒滩上的芨芨草割下后出售，可以用作一些手工编制产品的原材料。

② 新吉乐图主编：《生态移民——来自中日两国学者对中国生态环境的考察》，内蒙古大学出版社 2005 年版，第 97 页。

③ 阿克塞哈萨克族自治县概况编写组编：《阿克塞哈萨克族自治县概况》，民族出版社 2008 年版，第 47 页。

④ 阿克塞哈萨克族自治县地方志编纂委员会：《阿克塞哈萨克族自治县志》，甘肃人民出版社 1993 年版，第 58 页。

300余万元进行净化治理，但问题仍无法根本解决，成为县城居民肿瘤发病率高的重要原因。另外该地地处阿尔金山地震断裂带，据国家地震局提供的资料显示，县城附近断裂带宽度达 4000 米，具有发生 8 级地震的背景，在这种地质结构上不宜发展与建设城市，同时这一区域还属鼠疫源地区，是全国重点监测的 22 个重点疫区之一。鉴于以上这些问题和困难的存在，1998 年县政府驻地整体搬迁至红柳湾镇，共计 1106 户，4539 人。

第三阶段是生态移民政策实施阶段。阿克塞县受内陆气候因素的影响，草场降水量逐年稀少，分布不均，常年受到风沙的侵袭，全县草场普遍不同程度退化、盐碱化，如海子地区草场牧草高度由 20 世纪 80 年代的 30—50 厘米下降到 15—30 厘米，植被覆盖率下降了 30%。[①] 2003 年起，利用国家生态移民项目，将散居在山区、草原上的牧民集中到红柳湾镇定居，实行退牧还草工程以及生态移民下的易地搬迁项目。2005 年完成和平乡安南坝地区 173 户 518 人整体搬迁到红柳湾镇。2006 年易地扶贫搬迁项目迁出阿克旗乡（原和平乡）3 个牧农业行政村，分别为东格列克村 41 户 134 人、阿克旗村 76 户 231 人、安南坝村 37 户 115 人，共计 154 户 480 人，整体搬迁到红柳湾镇民族新村。2009 年阿克旗乡易地扶贫搬迁试点工程，将阿克旗乡多坝沟村全村总人口 158 户 589 人，整体搬迁到红柳湾镇民族新村安置。[②]

二 移民定居后不同类型的新社区

通过本项研究所做的田野调查，我们可以将河西走廊中部的裕固族移民定居点分类为牧转农类型的新社区，而走廊西段的哈萨克族定居点则可以被认为是城镇化发展类型的新社区，移民定居后不同类型的新社区因为环境、历史、移民过程和发展方向的不同而在民族文化变迁、民族心理趋向和民族关系等方面均显示出一定的差异。

在外人来看，逐水草而居的游牧生活似乎显得很有诗意，但是对裕固族人而言，从帐篷到房屋，这是生活质量的一大提升。以 SHHZ 村社区为

---

① 数据由阿克塞哈萨克族自治县牧农局提供。
② 数据由阿克塞县政府提供。

例，社区内现有113户404人。① 进入社区，布局整齐、街道干净，一条主村道呈东西走向，长约二三公里，两旁是裕固族群众居住的房屋，户户比邻。街道上有商店、电话服务所等，虽然还不能与城市相比，却也充满生气。房屋建设主要由住户出资，政府补贴8000—12000元，统一建设成土木和砖木结合的长方形房屋，以土坯、麦草泥、白杨木、砖为主要材料。各户都建有独立院墙及院门，院门朝向街道。坐在院内，抬头就可以看到远处的祁连山。院内一般分为前院和后院，前院为居住区，地面用水泥铺就。房间一般为三到五开间，有客厅、卧室、厨房等区域划分。客厅内有沙发、茶几等陈设，卧室内通常修建有大炕，厨房后门可直通后院。后院有独立厕所和自家饲养各种牲畜的圈棚，圈棚也为土木结构，数量、大小各家不一。另外还有空间用于摆放杂草、麦秆，停放农机具等。后院也有大门，供拖拉机等农机车辆出入。

调查中可以看到，经济的快速发展使更多的家用生活电器进入新的民族社区。步入社区人家，一般室内都可以看到电视机、电冰箱、CD机、录音机、电话等设施，更加注重生活质量的家庭中还配有家庭影院设备。在有重要客人到访或是节日时，人们会欢聚一堂，拿着"卡拉OK"话筒，载歌载舞。厨房中也基本见不到使用传统土灶，炉灶多为购买，也有人使用液化气炉子或是电磁炉，部分社区居民自己安装使用暖气采暖。

相比较SHHZ村牧转农的社区类型，阿克塞民族新村则是一个典型的、完全由生态移民和定居后的牧民组成的新型城镇化类型社区。民族新村2003年开始建设，总占地面积40万平方米，分团结、民主、和平、建设、多坝沟、城关六个小区。现入住农牧民610户3100人，其中百分九十是牧民家庭，占全县农牧民人口总数的90%。② 社区的人口中，百分之四十是哈萨克族，其他民族共占百分之六十。户均占地面积约有300平方米，户均住房面积在120平方米左右。大多数家庭分为两部分——老人小孩定居在社区，得以享受较好的医疗、保健服务条件和集中的优质教育资源；家庭中青壮年劳力继续在牧业一线进行生产。家庭成员在牧业生产间隙与节假日时团聚在社区。另外，也有一部分家庭将按户分配的牧场再转

---

① 数据由村委会提供，截至2011年年底。
② 数据由社区居委会提供，截至2010年。

租出去，家庭中的劳动力退出牧业生产，在城镇其他行业中再就业。这一现象下文将继续论及。在调查中可以明显看出在衣、食、住、行等各方面民族社区居民整体生活水平高于同地区平均水平。因为地处县城，在享受集中定居所带来的医疗、教育、信息传播、劳动力市场等资源方面也明显优于河西走廊其他移民定居社区。社区水、电、交通等基础建设也比其他移民定居社区完善。社区内设有健身广场、卫生院、司法所、文化活动中心、廉租住房和养老院等。整体来看，社区街道整齐，门面统一，庭院各具特色，人居环境恬静、温馨、和谐，基础设施配套，功能齐全。

三 新民族社区发展过程中的几个问题

经过调查可以认为，河西走廊内各少数民族经过移民定居后形成众多不同类型的新社区。各个新的民族社区总体建设状况良好，较大程度地完成了各级政府通过移民定居工程解决生态保护、区域经济发展、提高群众生活质量等预设目标。但是在调查中同时也发现各民族社区开始出现一些新的问题，其中部分问题具有普遍性和共性，部分问题则因新社区的不同类型表现出特殊性。新的问题不但对民族社区目前建设形成一定的阻力，而且也是社区实现长远发展的隐患。找出问题、分析并解决问题，是实现社区发展的迫切任务。以下对调查中 SHHZ 村和民族新村这两个不同类型的民族社区反映出的问题做一个简单的分析论述。

（一）传统文化消解

在移民定居后新的民族社区中，因为集中的传播环境，大量外来文化得到有效传播。从当今社会的主流价值观到普同的社会流行文化，均对民族社区内的各民族群体产生深刻影响。这种影响的积极意义很明显：如对现代化的观念、国家法律的观念、民族团结观念的认同大为加强，农牧民群众的价值取向日渐与我国当代主流社会价值观趋同一致。与此同时，定居也或直接或间接的推动民族传统文化加速消解，形成一些负面的影响结果。例如民族语言逐渐退出日常生活。在今天民族社区中的人际交流基本都是以汉语言进行的，在调查中发现，民族群体中 20 岁以下的孩子基本不使用民族语言，学校学习、家庭生活以及同学之间的对话全部使用汉语，民族语言传承前景堪忧。另外，新的民族社区中的民族群体因为生活环境和生计方式的改变，千百年来依附于生活生产方式而存在的衣食住行等方面的传统文化失去了存在的载体也日渐式微。今天的民族社区已经很难看到身着民族服装的人了，只有在举办大规模的旅游节、招商节等庆典活动时，才可以看到人们身着传统服装。而诸如此类的庆典活动，其出发点多是对"外"的，并没有多少对本民族传统文化关照的意味，更多的成分是为了迎合外部世界对本民族的"文化想象"而做出的"典型景观"，其目的是发展旅游、促进收入。① 还有饮食习俗，一日三餐的内容与形式已与城市人群没什么两样。再如婚嫁习俗，所有仪式、程序基本上和其他汉族地区农村没有太多的不同。其他如传统丧葬习俗、成人礼等仪式，也在外来文化的冲击下几乎消失殆尽。我们提出传统文化被消解的问题并非想强调民族文化要一成不变，成为一种固态的存在。相反，我们认为民族文化应该是一个发展、变化的动态过程，这符合所有文化发展规律。但是，民族文化应该如何发展是值得商讨的，各民族文化在外力作用下朝向一个普同文化的同质化变迁途径显然不是文化发展的应有方向。在社区发展的过程中，在强调民族平等、文化多元的今天，加强对少数民族群体精神层面的关照、加强对民族传统文化中核心部分、优秀部分的引导、传承，应该是一项长期、重要的工作。

（二）部分区域生态压力增强

生态移民和牧民定居工程在西部大规模、持续地展开，其目的兼顾生态保护和扶贫、脱贫以及城镇化发展等多个方面。减轻生态脆弱地区的生态压力，实现生态恢复与生态保护无疑是其中最重要的动因之一。但是通过在河西走廊所做的调查，发现部分区域，特别是牧转农定居类型的一部分区域生态压力不降反增。由牧业转向农业生产有一个很重要的标志是生产过程中需要向自然索取更多的生产资源。以 SHHZ 村为例，在搬迁定居之初，户均分配有约 20 亩荒地，自行开荒，统一灌溉，进行粗放式农业种植。当时大多数移民因为不掌握农业生产技术，还不愿意要这么多的土地，经过几年的学习与实践，技术与经验已不成问题，大家也意识到占有土地的多少直接关系到自家收入的多少，开始通过各种方法争取多开荒

---

① 王海飞：《文化传播与人口较少民族文化变迁》，民族出版社 2010 年版，第 179 页。

地。另外，在整个河西走廊，随着"转移发展战略"实施，土地开发主体不仅仅是新定居的移民，更大的荒地联片开发是规模大小不一的农场、农副产品生产商等。根据相关资料，在1996年以后，河西走廊每年土地开发达到3万亩以上，进入21世纪这一数据还在不停增长。而按照甘肃省农垦局荒地考察队的实地考察和中科院兰州沙漠研究所的评价，河西走廊宜耕荒地储备总计仅有500万亩。[①] 此外还不算经过几年的种植周期，一些土地的生产力下降，又有一部分土地再次被撂荒。与如此大规模荒地开垦、农业生产形成连锁反应的是地下水的过量采取。调查中 SHHZ 村村民普遍表达了对于水资源的担忧，目前机井水位已到了地下150米左右，而且每年都在下降。[②] 如果不能及时在搬迁定居后的农业生产中推行集约型、节水型农业生产模式，过度采用地下水将成为河西走廊生态安全的又一隐患。另外，在调查中还发现一个新问题值得关注，在生态移民迁出部分退化严重的草场禁牧之后，因缺少人畜活动干预，草原鼠害加剧。另外草场内不适宜牲畜食用的一些有毒植物，如狼毒花等加速蔓延，也成为生态平衡的潜在威胁。

（三）社区成员间交往出现选择性特征

在游牧民族传统的社会结构中，社会关系主要是以血缘和地缘关系为主的社会交往。作为牧民，民族间的交往与接触受限于空间中的人口密度，交往的对象、范围较为狭窄，人与人之间接触的频率相对较低，使得民族间的交往没有选择性，民族成分与民族认同对交往选择的影响是很小的。以阿克塞哈萨克族为例，这里的哈萨克族牧民由新疆迁入，刚来时因各方面的原因，生活比较困难，所以不但民族内部呈现出较强的凝聚力，同时，他们与周边各民族紧密团结，互帮互助，形成了较好的民族关系格局。一位民族新村社区的哈姓哈萨克族老人说："我们家是20世纪30年代从新疆巴里坤迁来的，当时我们哈萨克族在新疆受到别人的排挤，是在新疆那边过不下去了，就举家迁过来了，当时阿克塞地区的草原还是属于

---

① 王振德、林军红：《河西走廊土地开发整理历史成就、现存问题及对策》，载《加入WTO和中国科技与可持续性发展——挑战与机遇、责任和对策》（下册），中国科协2002年学术年会。

② 贺卫光等：《多民族关系中的裕固族及其当代社会研究》，民族出版社2011年版，第168页。

蒙古人的，我们祖先合力赶走了蒙古人，当时我们都很团结，过来时人生地不熟，不团结就会受欺负，不团结就过不下去，所以我们哈萨克族和周围的汉族，还有其他民族向来很团结。"随着集中定居，阿克塞民族新村社区牧民在社会交往方式、民族间的交往关系等方面都发生了很大变化，这些变化有积极的方面，但也存在问题。从牧业劳动到集中定居使得原本分散的牧民在交往对象的选择方面突然有了更大的余地，虽然实际上哈萨克族牧民和汉族牧民的空间距离拉近了，但是日常交往和沟通的频率却降低了，同时在各自民族内部的交流机会增多了。在日常交往中，哈萨克族的牧民倾向于选择有共同生活习惯、共同宗教信仰、更容易交流的本民族交往对象。同样，汉族居民也更倾向于和汉族交往，民族认同开始凸显。之前在长期历史发展过程中，各民族群众在共同生产中建立的民族间的联系纽带消失了。这仿佛像一个悖论——空间距离的缩短造成了心理距离的疏远，当然还有其他社会层面的原因，但这的确是调查过程中显现出的新问题，如何解决，还有待做进一步的思考。

（四）新社区家庭结构的变化

家庭是一个民族种族基本的构成单位，安东尼·吉登斯在《社会学》一书中将家庭概念界定为"家庭就是直接由亲属关系连接起来的一群人，其成年成员负责照料孩子"[①]。家庭结构是指家庭成员的构成及其相互作用、相互影响的状态，以及由这种状态而形成的相对稳定的联系模式和类型结构。一个民族中成员的家庭结构是认识和理解这个民族的一项重要指标。家庭作为特定的社会历史范畴，随着社会的发展一直处于动态的演变过程中，而家庭结构变迁是人口、社会经济、思想观念、文化、政策等多方面动因综合作用的结果。具体到裕固族地区，变化首先是人口增长速度减慢。1982年第三次全国人口普查时裕固族总人口达10227人，距上次人口普查18年，增长率达81.8‰，年平均增长率为33.8‰，增长速度很快。1990年第四次人口普查时为11801人，八年增加了1574人，年增长率18.1‰，大大低于整个少数民族35.8‰的增长率，[②] 到2007年，肃南

[①] 安东尼·吉登斯：《社会学》（第四版），赵旭东、齐心、王兵、马戎、阎书昌等译，北京大学出版社2004年版，第165页。

[②] 杨琰、杨小通：《甘肃裕固族人口发展研究》，《民族研究》1998年第4期。

县全县人口出生率9.29‰，增长率仅4.47‰。[①] 今天，夫妻双方年龄在45岁以下的裕固族家庭基本只有一个孩子，调查中走访过的家庭也都明确表示不愿意生二胎，这种现象反映出他们愿意在这一问题上与城市居民趋同。其次是裕固族社区中小家庭逐渐增多，在裕固族的传统社会中，"家庭"意味着几代同堂、以老人为核心全家人共同劳作的田园牧歌式的生活状况。这种状况今天出现新的变化，随着社会经济发展，稳定的"大家庭"结构呈现分解趋势。主要表现为两种情况，一是大量裕固族年轻人通过外出读书或工作离开大家庭，在城市中组建自己的小家庭，家中只留下老人。另一种情况是年轻人愿意享受集中定居后交通便捷、信息畅通、生活便利等条件，积极搬迁到新的移民社区开始新生活，而老年人不愿放弃生活了一辈子的老房子和草场，继续在老家守着牛羊，过着传统的放牧生活。我们调查明花乡SHHZ村时对人口结构做了记录，全村共有人口404人，而65岁以上的老年人只有19人。从1999年起陆续从牧区搬迁到这里的家庭大多数都是年轻夫妻，家里的老人则留在了牧区。

在阿克塞也出现同样的调查结果。哈萨克族传统家庭实行的是父系家长制，家庭成员由一夫一妻及其未成年子女组成，"大房子"是传统的家庭结构模式。在家庭中由一对已婚夫妇承担主要赡养责任，其他的兄弟姐妹承担次要赡养责任，所有人开一个灶（即在一起吃饭），未婚的兄弟姐妹与父母及承担主要赡养责任的已婚夫妇一起居住，已婚的兄弟姐妹可单独居住，但仍然会跟父母生活在一起，一起吃饭，以便于兄弟之间协作放牧，家庭规模一般较大，家庭成员数量较多。在民族新村定居后，家庭结构开始转变。一部分牧民老人和孩子在民族新村定居，青壮年到草场放牧，长期居住在草场，家庭实际形成分散格局。还有一部分哈萨克家庭将草场和羊群承包出去，由牧民变为雇主，大家庭协作放牧丧失其必要性，一个大家庭变为若干小家庭。另外政府按户发放牧业补贴，如一家三兄弟不分家只能获得一份补贴，而分了家之后能获得三份补贴，经济利益决定牧民从协作劳动的大家庭逐渐走向分家，转变为以夫妻为主轴的核心家庭，以获取更大的家庭经济效益。少数民族人口出生比例降低从政策层面

[①] 中共肃南县委、县人民政府：《肃南县人口与计划生育工作情况汇报》，2007年10月25日。

来说有其积极意义,但是对于人口较少民族而言,也存在民族发展问题的挑战。传统大家庭的消失,对民族成员的传统文化传承、伦理观念及行为约束等方面均会产生重要的影响。

(五) 社区就业比例与就业困境

在社区发展过程中社区内各民族就业比例方面的矛盾和就业机会的制约在城镇化类型的阿克塞民族新村社区有着集中体现。首先来看就业比例方面的矛盾。阿克塞县总体上汉族人口和以哈萨克族为代表的少数民族的人口比例接近7∶3[1],但是在干部就业比例上表现为汉族干部远远少于少数民族干部,比例与人口数比例正好相反,个别时候甚至达到少数民族干部3∶7的反比。由此导致在就业过程中汉族毕业生找到工作的竞争压力相对哈萨克族要大得多,找到满意工作的机会也相对少得多,这成为竞争过程中引发矛盾的重要隐患,形成族际间竞争的不调和因素,并对整体民族关系产生影响。同时在学生就学、升学方面也显现类似问题。虽然采取按民族成分分别录取政策,但是整个地区学生升学的总名额是有限制的,也就是说,相比较非民族地区的升学考试,当地的汉族学生之间的竞争压力加大,接受教育的机会减少。就业方面的竞争在外出求学归来的毕业生中也普遍存在,阿克塞地处西北欠发达地区,相比东部沿海城市的优越环境,适应能力更强的阿克塞籍汉族大学毕业生更愿意选择在外地工作就业,而阿克塞自身的干部招考政策无形中增大的回乡就业压力更进一步促使大量高校毕业生主动或被动放弃回阿克塞就业的打算。而以民族成分为导向的干部比例政策也导致大量汉族人才外流。国家对阿克塞这类民族地区在教育方面的照顾目的是希望本地生源学成之后回到家乡、建设家乡,但在实际中没有起到应有之效用。

再来看城镇化后的民族新村社区成员在就业方面的压力情况。前文已有交代,部分牧民在民族新村定居之后,将自己名下的草场二次承包出去,承包方式各异,自己及家人实际上已基本脱离牧业生产。这一部分牧民需要在城镇内完成二次就业,但是对于阿克塞这样一个人口与经济规模

---

[1] 2000年第五次全国人口普查结果显示,阿克塞地区汉族和少数民族人口比例分别为67.24%和32.76%。整理自阿克塞县志编撰委员会编《阿克塞哈萨克族自治县志(1988—2002)》,敦煌文艺出版社2004年版。

都较小的县域而言，缺乏充分的再就业职业培训资源与能力，更重要的是无法提供足够多的社会工作岗位来完成这一部分劳动力转移。尽管当地政府面对这一问题积极回应，做出了很多努力与尝试，如社区管理部门建立了一批公益岗位提供给有就业需求的定居牧民，帮助其完成职业转型；基层政府也曾多次组织劳务输出，并获得一些成效，但总体来看没有形成城镇化过程中解决牧民脱离牧业生产后劳动力转移问题的长效机制。要让定居牧民"定"得下，还要再发展，是社区发展中急需重视的重要问题，如果这一问题长期得不到妥善应对与解决，作为不稳定因素，将对社区的可持续、健康发展，对建立和谐的民族社会形成负面影响。

浅议红河地区美丽家园行动计划与村落文化保护

段家宏[①]

本文结合笔者的实际工作，就云南省红河哈尼族彝族自治州美丽家园行动计划中村落文化保护工作的意义、现状和存在的问题以及村落文化保护的对策谈一点儿认识。[②]

一 村落文化是聚居乡村群体的共同精神家园

文化，是人类社会历史实践过程中所创造的物质财富和精神财富的总和。村落文化是各族群众在长期生产生活中，因着一定的地理形势，形成发展起来的一套思想观念、情感心理、生活情趣、处世态度、人生追求和行为习惯及与之相应的民风民俗、典章制度和生活器物等。"百里不同风，千里不同俗。"红河州山川秀美，人文荟萃，千年哈尼梯田、千年临安古城、百年滇越铁路、百年开埠通商、百年云锡矿业，绚丽多彩的民族文化、边寨风情文化和底蕴深厚的历史文化聚合共存，相互交织，形成了富有地域特色的红河文化。民居作为村落文化的载体，是红河地域文化的基本单元及表现形态之一。散布各地的彝族土掌房、哈尼族蘑菇房、傣族吊脚楼，建水和石屏一带的朱家花园、文庙、朝阳楼等明清风格建筑，蒙自和河口的法兰西欧式建筑以及一批历史建筑等，是全州各民族赖以居

[①] 作者简介：段家宏，云南省红河州委"美丽家园"建设办公室专职副主任、州委政策研究室副主任。

[②] 段家宏：《红河地域文化宣传略论》，《红河日报》2009年6月15日。

住、生存的家园，更是孕育村落的物质、精神、行为和制度等活态传统文化的重要载体。具有浓郁阿细风情的弥勒县腻黑村和可邑村、亦村亦城的泸西县城子村、石屏县郑营村、彝族尼苏人古村落建水县苍台村、入选世界纪念性建筑遗产保护名录的建水县团山村、中国最美六大乡村古镇红河县羊街乡等各类传统古村落，斑驳而丰富地呈现着红河州各地嬗变的历史步伐，凝结了各个民族的历史记忆、地域文脉与文化遗存，从生产方式、民居式样、村寨风貌以及风俗习惯方面集中体现了红河州各地经济社会的发展特点，直观地反映着地域民族文化状况，在加快"民族文化强州"建设、保护文化多样性、促进全州经济社会发展中发挥着积极的作用。[1]

红河州城乡、区域发展不平衡，人居环境与全面建成小康社会的要求还有很大差距。顺应人民的新要求和新期待，2012年5月，州委、州政府启动实施了美丽家园行动计划。该行动计划以"宜居红河·美丽家园"为主题，以"做特民居、做美村庄、做优集镇、做强城市"为重点，以人口、产业、公共资源的三个聚集为核心，以"以房惠民、以房带产、以房聚财、以房扩需、以房促变"为根本，以房、村、镇、城四个层次的改造提升和建设为内容，以加快统筹城乡发展、提升人居环境质量、共享宜居幸福生活为目标，计划到2020年，用八年时间，在全州做优140个集镇，危房拆除重建和旧房改造提升51.6万户，做美村庄6800个，加快建设特色城市和中心县城，着力把个旧、开远、蒙自、建水打造成"滇南中心·国家门户"，让城乡变美丽，使人民更满意。2013年的工作重点是打造示范样板，全州确定165个州级示范村、各县市相应确定一批示范村，实施4万户的危旧房建设和改造提升工作。截至11月30日，全州整合各类资金23.8亿元，纳入专户资金7.7亿元，完成农村民居危房重建及旧房改造23856户，占全年任务数的60%，兑付农户补助资金3.6亿元，完成村庄建设13个、占全年任务数的8%。2014年工作示范的效应明显体现，加快了城乡统筹发展的一体化进程，促使各族群众的视野更加宽阔、生活方式更加多样化、文明素养和良好行为不断养成，同时也加速了原有村落布局及建筑风格变迁，并不断影响着源远流长的红河地域特色文化的生态及走向。村落文化是聚居村落的共同群体的精神家园。在当

---

[1] 朱方毅：《论贵州省黔东南州民族文化村寨的特点及保护》，《凯里学院学报》2012年第8期。

前现代化进程中,村落文化加速消亡、失落,乡村社会的精神之基出现了"沙漠化"的倾向,正在造成乡村文化的失传和人心的散落,影响着千百年来支撑、维持村落秩序的基础,正在给村落社会的发展、稳定、和谐埋下隐患。而村落文化的衰落、消解不是轰然坍塌的剧变,而是一个隐形、渐变的过程,容易使人们忽视其重要性。因此,我们非常有必要认真研究、强化村落文化保护工作,使正在实施的美丽家园行动计划,既改善和提高城乡人居环境,又融入保护、传承本土村落文化,凸显红河地域文化特色,不断增强人民群众的家园归属感和认同感,让人民群众真正享受物质和精神发展成果。[①]

二 村落文化在美丽家园建设中得到了有效的保护

地域特色是村落文化的灵魂。州委、州政府实施美丽家园行动计划,注重加强红河地域特色文化的挖掘、开发和利用,促使村落文化保护、传承与美丽家园建设有机结合、协调发展。

首先,制定政策抓保护。全州各地发挥丰富多彩的地域特色文化优势,注重融合文化元素,突出地域特色。《红河州"美丽家园"行动计划》及系列配套文件对此作了明确规定。《关于印发〈红河州"美丽家园"行动计划〉的通知》(红发〔2013〕26号),仅涉及"民族"、"文化"等内容的近30处。该文件规定,实施美丽家园行动计划要"融入地域特色、乡村特色、民族特色和人文特色,注重文化传承,挖掘文化内涵","对需要重点保护的传统古村落、古民居、古建筑、历史文化名村及休闲旅游开发价值较大的村庄,应采取保护性开发模式"。特别需要指出的是,该文件还要求"把红河悠久深厚的人文历史、五彩斑斓的民族文化、交相辉映的中原文化和边地文化有机融入美丽家园建设中,凸显红河特色风貌,展示红河文化韵味"。"加速文化与村庄、集镇和城市高度融合"。"通过旧房旧村旧城改造、街道小巷整体立面改造等方式,把现代文化、传统文化和民族文化有机地融入村庄、集镇和城市建设中,全方位培育历史渊源悠长、文化底蕴深厚、人文景观独特的特色品牌。"《关

---

① 冯骥才:《传统村落的困境与出路——兼谈传统村落是另一类文化遗产》(http://www.360doc.com/content/12/1208/10/7066060_252818118.shtml)。

于红河州美丽家园行动计划做特民居建设工程的实施意见》（红办发〔2013〕66号）要求"对具有浓郁传统民族特色的传统古村落民居，在保护传统建筑文化的前提下进行农村民居拆除重建和农村民居改造提升"。《关于红河州美丽家园行动计划做美村庄建设工程的实施意见》（红办发〔2013〕67号）规定做特民居要"结合当地抗震设防、风俗习惯、文化传统、建筑风格，设计20套以上不同模式、不同类型、不同特色的户型图，供农户选择与建设，使农村民居具有特色，体现内部现代化、外部特色化的统一格局"。上述文件作为配套的一系列指导性文件，为保护传统村落、促使地域民族特色文化更好融入美丽家园行动计划奠定了良好的基础。①

其次，科学规划促保护。各具特色的村落是红河建筑文化的载体。红河州保留着众多各具特色的传统建筑，被誉为"滇南建筑大观园"。州、县各级干部群众在美丽家园建设中注意保护村落特色文化，不断加强村落文化的保护、传承工作。

一是提高规划意识。充分利用广播、报刊、电视、网络等媒体和动员大会、业务培训班、宣传栏、黑板报、宣传标语、文件汇编、宣传手册等群众喜闻乐见的形式，向广大群众大力宣传实施美丽家园建设的目的意义、思路、原则、重点、步骤、措施，以及美丽家园建设规划先行、融入地域文化的意义，让广大干部群众明白美丽家园建设，不仅要建好房，而且要保护、传承好村落文化，引导广大村民按规划实施民居的维护、改造和重建。

二是建立村落保护名录。红河州各地村落中的历史建筑和文化街区，是宝贵的历史文化遗产。各县市重视村落文化的保护、传承、弘扬工作，组织专人深入村寨，全面摸清辖区的房情、村情、镇情，尤其是各个自然村历史建筑的危旧房情况，全面掌握需要旧村改造、整村迁建、合村并点的村庄和农户数量以及村庄公共服务设施配套建设情况，建立科学详实的民居和村庄档案，积极向上申报一批优秀的历史建筑为国家级、省级和州县（市）重点文物保护单位，采取相应措施切实加以保护。

---

① 罗林：《民族文化村寨建设重在突出民族文化内涵》，《黔南民族师范学院学报》2008年第4期。

三是精心组织规划。州、县市坚持规划先行，加快编制具有前瞻性、全域性、指导性的村庄规划体系，根据不同地域、不同民族、不同群众的实际需求，进一步优化辖区村庄规划，合理确定各类村庄（含自然村）的区位和规模，以及撤村并村、迁村新建等村庄的数量和区域，合理规划农田保护、生态涵养、基础设施、产业发展等空间布局，注重融入村落的传统文化元素，以规划引领美丽家园建设。红河州建设规划部门，根据红河州民居特色，结合现代因素，设计精选出哈尼族、彝族、傣族等四十余种大小不一、风格各异的户型供各族群众结合自身实际选用。

四是抓好规划执行。制度的生命力在于严格执行和落实。各地严格执行规划，对有保护价值的村落，避免大拆大建，危房重建与旧房改造分别在村落规划老区与新区分开进行；对农户自行建盖、没有特色的钢筋水泥建筑，通过穿衣戴帽、立面改造方式，恢复成与整个村庄民居风格协调的建筑风貌；对没有规划、不按规划内容建设、不在规划区域范围内建设、不按要求集中连片建设、不按规划设计户型建设、达不到抗震设防建设标准的民居，一律不予农户建房补助，杜绝少数农户零敲碎打、随意建设，破坏村落的文化特色和整体美感，避免千村一面的单调景象。

再次，注重文化融合。各县市在美丽家园建设中，加强地域特色文化的融入和融合，充分挖掘本土文化内涵，注重嫁接生态文化、传承历史文化、挖掘民俗文化，结合现代审美眼光，吸收传统民居建筑文化元素，着力让广大乡村建筑既凸显民族文化个性又富有时代气息。建水县红庙村遵循"青砖、青瓦、白墙、斗拱"的风格，恢复明清传统民居建筑，修缮泸江河红庙段的清末古桥，凸显了"黛瓦青砖白墙，小桥流水人家"独特风情画卷。西庄镇水打营村充分挖掘特殊的自然、人文禀赋特色优势，再现了历史上"建水十景"中的"泸江烟柳"胜景。官厅镇苏家寨发掘历史文化元素，从形态风格、整体风貌、布局结构等方面着手，突出了土司文化、彝家文化特色。个旧市按照国家4A级旅游景区的标准对沙甸区进行全面规划，打造山清水美、安居乐业的回族文化旅游小镇。金平县统筹规划村庄建设和发展，尊重各村民居特色，努力挖掘当地民族文化元素，着力推进标水岩村民俗文化村项目建设，把美丽家园建设与民俗文化和旅游发展相结合，努力将文化优势变成资源优势和经济优势，实现文化与经济发展双赢。元阳县认真贯彻《云南省红河哈尼族彝族自治州哈尼梯田保护管理条例》和《元阳哈尼梯田核心区管理暂行办法（暂行）》，在哈尼梯田世界文化遗产核心区，修旧如旧，依次、分层次恢复传统民居风貌，确保遗产区村庄科学、持续地发展。攀枝花乡的攀枝花村，在危房拆除重建和旧房改造提升中统一建筑外观，尽可能统一恢复整村原有建筑风貌，使之与勐弄司署的建筑风格相协调。弥勒县对被列入全国第一批古村落保护目录的可邑村，充分挖掘民族文化，正在统筹规划实施老区改造和新区建设，健全完善村内水体景观、民族文化广场、彝族（阿细文化）陈列馆和彝族图腾等公共基础设施，积极传承、弘扬彝族阿细文化。蚂蚁哨和法雨哨村有机结合民族文化旅游与美丽家园建设，加快民族生态文化旅游特色示范村建设，有效保护彝族传统村落风貌。红河县大羊街乡规划建设悬山顶、尖角屋檐为特征的房屋户型，修建完善竖磨秋、秋千、奕车人图腾等群众节庆民俗活动设施，促进传统民俗的延续传承。石屏县郑营村是云南历史文化名村。该县认真执行石屏县郑营村省级历史文化名村保护规划，不断修复整治、完善街道路面，配套完善排水、电力、通讯、消防、防雷等现代设施，有效提高村民的生产生活水平，更好地保护郑营村三街九巷的古老村落格局和原有的历史建筑风貌。河口县充分挖掘山水资源，做好含山纳水、显山露水、依山傍水的文章，着力打造山水、文化、产业各具特色、亮点突出的风情边寨。[①]

三 美丽家园建设中遇到的困难和问题加大了村落文化保护压力

实施美丽家园行动计划，摸着石头过河，没有现成的路子可走，特别是对如何保护、传承和弘扬村落文化，中外可资借鉴的经验更加有限。尽管州委、州政府在制定政策时对此进行了充分考虑、作出了相应规定，并督促认真实施，但由于全州经济、社会发展参差不齐，各地资源禀赋不一，条件千差万别，工作进程有快有慢，加之美丽家园行动计划涉及面广、问题复杂、工作琐碎、任务艰巨，政策即便考虑再详细周密也未必能穷尽各地微观层面碰到的具体困难和现实问题，在实施美丽家园行动计划

---

① 周乾松：《加强历史村镇文化遗产保护的有效途径》，光明网 2012 年 2 月 16 日。

中还存在一些不尽如人意的情况,加大了村落文化的保护工作压力。一是村民保护意识淡薄。一些村民为追求现代生活,在缺乏统一规划指导的情况下,盲目、无序地新建和翻建住房造成了新的建筑风格杂乱斑驳,不仅与传统建筑、乡土风貌极不协调,而且破坏、割断了村落古风古貌的延续。二是部分地方执行政策不严,工作落实不到位。《关于印发〈红河州美丽家园行动计划〉的通知》(红发〔2013〕26号)对美丽家园行动计划如何保护传统的村落、突出地域特色做出了翔实具体的规定,但由于基层的一些干部作风不实,未能严格贯彻执行文件精神,没有深入摸清掌握实施项目点的村庄、民居情况,尤其是需要重点保护的村落及古民居、古建筑分布情况,工作图方便省事,简单地实施拆除重建或改造提升,一些有价值的传统建筑没有得到全面、有效保护。三是不太尊重群众主体地位作用,忽视了村落文化特性及其人民群众的精神需求。[①] 基于村落文化在构成地域文化中发挥着重要作用,红河州美丽家园建设要求各地必须坚持规划引领,优先编制村庄规划和民居户型设计。但由于该工作2014年5月底才启动,在时间紧、任务重的情况下,规划设计更多地考虑如何发挥群众主体作用,加快工作进度,而不太注意地域文化的多元性。实施的规划设计,既无法体现当地村落文化特色,又不适应经济发展水平,加剧了农户建房经济负担。四是对美丽家园建设存在一些认识误区和偏见。村落承担着传播文明、传承文化传统的社会使命。但有些人没有深化认识村落在美丽家园建设中的作用,片面认为美丽家园行动计划就是拆旧建新、把房子修漂亮、把村庄建美丽,殊不知美丽家园建设是一项涉及物质和精神层面、硬件和软件建设各个方面的系统工程。一些地方的美丽家园建设,只是堆砌了一批钢筋水泥楼房,却缺少对传统村落的保护与维修,缺乏对村落地域文化的挖掘、保护和传承,加快了村落的损毁和村落文化的消亡。五是缺乏对村落文化的深入研究,一些干部群众有保护之心、无保护之力。许多人已经认识到村落文化在村民社会生活中发挥着不可或缺的作用,但缺乏对本土村落文化的深入研究,对如何运用村落文化元素不甚明了、一知半解。出现了一些村庄建筑风格不土不洋、不伦不类,建筑风貌

---

① 杜再江、杨玲、范良丽:《民族村寨城镇化过程中的保护与建设》,《贵州民族报》2013年2月15日。

文化元素张冠李戴的情况。[①]

四 在美丽家园建设中进一步保护、传承和弘扬村落文化

在当前经济全球一体化进程加快、多元文明激荡交融的形势下，受外来文化、都市文化的冲击，村落传统文化纷纷消失、失传和消解，这是传统社会向现代社会转型中一个十分普遍的问题。彝族支系阿细人地区，由于钢筋水泥房的日趋普及和现代能源的广泛使用，火塘文化正在失去赖以存在的物质载体，生生不息的火塘逐渐淡出人们的日常生活，环火而居、吟唱先基、传叙历史的火塘文化正在消亡。又如，20世纪二三十年代在彝族支系阿细人地区存在的小伙子、小姑娘房，也由于村内年轻人外出打工、青年男女婚恋观的嬗变以及居住环境条件的不断改善，已经失去原来青年男女谈天说地、相互沟通、社会交往、婚恋媒介等功能，纯粹成为日常起居的生活场所。事实表明，村落生产和生活迈向现代化已经成为不可阻挡的潮流和趋势，村落文化的保护因遭受现代生活的冲击而显得更加艰难。在全州各族群众齐心致富奔小康的进程中，保障"村落的人们有享受现代文明和科技带来的便利与恩惠的当然的权利"，与城里人一样共享改革发展成果。这不仅紧密关系着各族群众的利益和福祉，也是党委、政府执政为民的目标。各级党委、政府作为美丽家园建设的组织者和引导者，不能因此苛求村民摒弃现代文明，抱残守缺不变和过时的日子，也不能迟滞美丽家园建设进程，更不能由于着力加快推进美丽家园建设而忽视对村落文化的保护、传承和弘扬。相反，各级党委、政府要切实负起责任和义务，加快经济、政治、文化、社会和生态五位一体建设，直面村落文化正在消解的严峻现实，充分发挥政府引导和群众主体的作用，尽快调适，共同努力，着力融合，既坚守又重构，实现推进美丽家园建设、保护村落文化与现代经济社会协调发展、互赢共利的目标，让全州各族人民共享包括精神文化生活在内的现代文明发

[①] 仇保兴：《深刻认识传统村落的功能》，人民网 2013 年 2 月 9 日。

展成果。①

一是尊重群众主体,提高认识谋保护。村落文化是祖先馈赠给我们的一笔财富。我们一定要增强文化自信,充分认识村落及民居建筑承载着的丰富历史信息,及在延续着红河各族儿女的精神血脉,塑造地域文化特色,促进乡风文明中发挥的重要作用。在美丽家园建设中继续坚持可持续发展理念,妥善处理好当地各族群众面临的加快发展与传承文化的矛盾和问题,推动上下左右联动,促进横向通力合作,共同打造一批特色村寨,使其既保护、融合,突出地域文化,又着力加快地方发展,更让农民同享现代社会发展的物质和精神成果。同时,积极动员政府、企业和民间等社会各方力量,充分发挥专家学者、村落精英、美丽家园建设理事会和社会热心人士的作用,强化对传统村落、历史文化街区和历史建筑的认定、调整、撤销、规划、保护等决策咨询工作,形成全民重视、政府主导、社会参与保护与管理的良好氛围,让现代发展进程对村落文化保护产生的消极负面影响降到最低程度。②

二是增强文化自信,科学规划强保护。传统的村落是红河各族群众的宝贵文化遗产。三分建设、七分规划。各地应把保护、弘扬村落文化作为重要内容,努力发挥科学规划在美丽家园行动计划中促进村落文化保护的机制保障作用。持续加大工作力度,认真抓好前期工作,深入登记各项目实施点的院落、庙宇、戏台、祠堂、桥梁等历史建筑,为科学规划村庄和设计民居奠定坚实基础。要全面贯彻执行国务院出台的《历史文化名城名镇名村保护条例》、云南省颁布的《云南省历史文化名城名镇名村名街保护条例》和红河州制定的《红河州历史风貌街区和风貌建筑保护条例》等相关法规,在科学规划和设计中合理植入各地村落的地域文化意蕴,优化村落空间布局,完善民居功能和特色,强力执行村庄规划,始终坚持无规划不动土、要施工必规划,有效合理保护好村落的历史真实性、风貌完整性、生活延续性,使村民能从既古老又现代的村落中共享舒适的物质生

---

① 张琦:《西南少数民族新农村建设中对地域文化保护的思考》,《贵阳学院学报》2011年第3期。
② 徐娅:《陕西省关中地区新农村建设、非物质文化遗存及乡村传统建筑环境相结合的建设模式研究》,西安建筑科技大学博士学位论文,2010年。

活和温馨的精神体验。①

三是增强文化自觉，挖掘整理促重生。多姿多彩的地域文化资源是红河文化的实际和特色。在现代化社会转型中，地方特色浓郁的传统村落和民居越来越少，附着于传统村落和民居的文化也趋于消解、消亡，挖掘、抢救、重构传统村落文化的工作十分紧迫。各地美丽家园建设要尊重村民的生活习惯和传统习俗，保护和利用村落生态文化，彰显乡土和地域文化特色，不断满足群众的精神需求。坚持科学理性的方法，认真研究各个村落的文化，努力了解村落文化变迁的轨迹，全面解析各个村落的自然条件、村落布局、建筑风貌及其蕴含的文化内涵，逐一考察各个村落及民居在历史与现实、自然与社会中相互作用、合生共存的分布状况和表现形态，准确把握本土村落文化的特质和元素，从中提炼、归纳带有规律性、具有持久影响力的建筑文化特征。进一步加强对村落、民居文化特质和元素的实际应用，在城乡建筑、道路、广场、雕塑等自然景观的规划、设计和建设上，有意识地运用能代表、体现红河地域、民族特色的村落文化特征，如哈尼蘑菇房、彝族土掌房、傣家竹楼、建水和石屏一带的明清民居建筑中的文化特质，不断延续本土村落、民居文化传统，突出、彰显浓郁的红河州文化特色。②

四是坚持文化自强，传承发展增特色。独具特色是传统的村落文化优势。但由于村落文化自身存在着保守、安于现状和小富即安及缺乏进取精神等无法克服的缺陷，不重保护、肆意开发会失去特色，故步自封、安于现状、任其自然则会被淘汰。因此，在实施美丽家园建设中，村落文化的保护应坚持继承与创新相结合，保护为主、利用为先，融合地域文化，突出地方特色。首先，传承文化传统。深入发掘村落的建筑文化、耕读文化、民俗文化和宗族文化，尽可能地保存村落民居的原貌和神韵，让红河优秀传统文化在与现代文明的交流相融中，不断继承创新、发扬光大。在设计风格上，充分体现我州村寨和民居的典型特征；在建筑用材上，突破传统的条条框框，坚持本土性、适用性、节能性与环保性相统一；在布局

---

① 欧瑶：《益阳地区新农村建设中的传统文化保护问题研究》，湖南大学硕士学位论文，2012年。
② 段家宏：《彝族阿细文化传播略论——兼议地域文化的实践与应用》，《阿细跳月论坛》（第一辑），云南民族出版社2011年版。

上，强调实用性与现代生活需要相适应；在建设上，因地制宜、分类实施、强化保护。实行新区、老区分类建设，老区尽量实施改造提升，新区实施迁建、重建和新建。旧房改造提升，实现外观立面传统特色化，内部设施现代化；危房拆除重建，注重保护传统建筑的原有特色，保证建筑风格的地域特色和外观风貌的统一。[1] 其次，弘扬先进文化。保护、弘扬村落文化，要取其精华、弃其糟粕，不仅重视其外延，更要提升其内涵，使其有机融合、表现于日常生活的各个方面。建立完善村图书室、群众文化活动场所（室），健全相关工作长效机制，更好地满足各族群众的文化活动需求。广泛开展群众公民道德素质提升工程，大力弘扬家庭美德、职业道德和社会公德，净化社会风气，树立文明新风，彰显传统地域文化。应发挥群众主体的积极作用，利用现代传媒手段，加大村落文化发展工作力度，保护、传承和弘扬本土文化，丰厚地域民族文化内涵。积极支持各地举行传统节庆活动，扶持创作书籍、音像、歌舞等各类文艺精品，加快建立覆盖城乡的公共文化服务体系，逐步提高村民群众文化活动的品位和档次。再次，利用开发文化。大力培育村落地域文化品牌，加强村落的历史文化与乡村生态、文化旅游的联姻，促进村落文化传统、民族风情与自然景观的有机结合，大力开展乡村旅游，让各族群众从村寨旅游业中得到更多的实惠。[2] 当然，利用开发文化，要注意克服两种不良倾向：一是忽视村落文化，对其不闻不问，顺其自然发展；二是坚决杜绝为招徕游人无中生有、任意编造和添加与村落的历史文化无关的"景点"和夺人眼球的猎奇"民俗"。

红河州传统的村落是红河人的文化故乡。现代化进程深刻影响着村庄变迁，也给地域文化保护、传承和弘扬带来了巨大挑战。面对村落传统文化日趋渐微的态势，如果我们不给予应有的重视，采取必要措施加强保护，传统的村落连同那些承载着大量文化信息的古老建筑及遗物，必将在社会转型中逐渐走向消失殆尽的边缘。在当前加快发展的滚滚时代潮流中要原汁原味地保存完好的传统村落及文化，不现实也不切合实际，但作为正在投身美丽家园建设的参与者和见证者，也非无所作为。至少从现在开

---

[1] 青觉、谢广民：《边疆民族文化的保护和开发与兴边富民》，《宁夏社会科学》2001年第11期。

[2] 赵霞：《乡村文化的秩序转型与价值重建》，博士论文，2010年。

始，通过不断呼吁、强化宣传，让重视保护、弘扬、传承村落的文化传统成为社会的普遍共识，成为有志于推动红河文化发展的各界人士的共同行动，应时而谋，顺时而动，加快实施美丽家园行动计划进程，促使"宜居红河·美丽家园"在传承历史文化、振兴地方经济、促进城乡可持续发展等方面发挥重要作用。

红河哈尼族彝族自治州"美丽家园"建设调研报告

杨六金等[①]

近年来，红河哈尼族彝族自治州州委、州政府启动了把红河建设成为云南省"一个中心、五个示范"的战略目标，即建成滇南中心城市，争创全省高原特色农业示范、产业转型升级示范、文化旅游融合发展示范、沿边开放开发示范、民族团结进步示范。实施"一个试点"、"三大平台"的战略平台，"一个试点"即国家新型城镇化综合改革试点，"三大平台"即国家级蒙自经济技术开发区、红河综合保税区、中国河口—越南老街跨境经济合作区。以"中国梦·红河路"为主题，以全面实施"美丽家园"行动计划为载体，走出了一条美丽乡村建设暨新型城镇化的路子。

通过近一年时间的努力，一是民居、村庄、集镇建设稳步推进。2013年，全州做特民居任务数40000户，其中，拆除重建30000户，改造提升10000户。截至2014年3月31日，危旧房建设改造累计完工39634户，占任务数的99%，其中，拆除重建29620户，占任务数的98.7%；改造提升完工10014户，占任务数的100%。做美村庄158个，占年度总任务数165个的96%。做优集镇完成11个，占年度总任务数13个的85%。二是各类资金整合有序开展。至2014年4月4日，全州整合财政资金277483万元，其他资金53246万元，合计330729万元。三是农户建房融资在艰难中推进。在原有贷款规模的基础上，州委、州政府向省协调申请

---

① 红河学院"美丽家园"调研组以红河州的几个县份作为调研点，通过一段时间的走访和实地调查得到田野调查资料。调研组成员有：杨六金、龙倮贵、郑伟林、黄绍文、丁雪梅、杨申宣、王亚军、施丽娜、李凯冬。

到 10 亿元的信贷规模并已下达各县市，其他银行业金融机构也积极参与到"美丽家园"建设中来。至 3 月底，共有 25431 户农户需贷款金额 186085 万元，现已办理贷款 13344 笔，共发放贷款 104574 万元。四是其他各项工作全面推进。截至 9 月 30 日，公共服务及相关指标完成数占年度任务的百分率分别为：标准化乡镇卫生院 40.0%、标准化村卫生室 26.0%、标准化乡级敬老院 20.0%、村级敬老院 14.3%、标准化中小学校 25.0%、乡级幼儿园 39.5%、村级幼儿园 41.4%、消除 BC 级轻危房级校舍面积 34.7%、D 级重危房校舍面积 51.3%、保障性住房 22.2%、棚户区建设 38.0%。同时，农村综合改革稳步推进，宅基地确权已发放 269165 户，农村房屋确权已发证户数为 27146 户，林权确权已发证户数为 419288 户（部分为集体）。

通过各种努力，红河州加快"房、村、镇、城"建设，农村民居和公共基础设施建设改造、环境卫生综合整治、生态文明建设、提升城乡人文特色和农村综合改革工作取得新成效，引起了社会的广泛关注。《人民日报》2 月 5 日以《云南红河：两万撬动 20 万建设美丽新家园》为题，在头版头条位置报道红河州实施"美丽家园"行动计划情况。

2014 年 1—2 月，红河学院"美丽家园"建设调研组一行到金平县、绿春县、元阳县、红河县的 30 多个自然村进行了深入调研，通过对边境一线自然村美丽家园建设过程中在"资金技术"、"资源整合"、"产业发展"、"文化发展"、"基础教育"、"民族认同"、"边疆稳固"、"社会和谐"、"生态文明"等方面存在的问题进行了认真梳理，并提出了相应的解决措施。

一 红河州南部县市基本情况

金平县、绿春县、元阳县和红河县属于红河哈尼族彝族自治州南部县城。金平苗族瑶族傣族自治县位于云南省红河州南部，哀牢山脉的东南端，东与个旧市、蒙自市、河口县、屏边县隔河相望，西与绿春县、北与元阳县相邻，南与越南接壤。全县面积 3677 平方公里，辖 13 个乡镇、93 个村委会、4 个社区、1061 个自然村、1133 个村民小组，总人口 36.2 万，是一个集边疆、山区、多民族、原战区、贫困五位一体的国家重点扶贫开发县。绿春县地处西南边陲，是云南省的 25 个边境县之一。绿春县情可以用"边境、民族、山区"来概括。县城距省会昆明450公里，距州府蒙自220公里。边境与越南莱州省山水相连，国境线长153公里。全县面积3096.86平方公里，辖8乡1镇、81个村委会、6个社区、738个村民小组、781个自然村，总人口23万，绿春县少数民族占总人口的98.6%，是哈尼族最集中的县之一。元阳县位于云南省南部、哀牢山脉南段，红河州西南部、红河南岸，东接金平县，南连绿春县，西邻红河县，北与建水县、个旧市、蒙自市隔红河相望，东西横跨74公里，南北纵距55公里，全县辖2镇12乡、133个村委会、4个社区居委会、984个自然村、1218个村居民小组。元阳县总人口42.5万世居哈尼、彝、汉、傣、苗、瑶、壮七种民族，十万以上人口的少数民族有哈尼族、彝族，是一个典型的少数民族聚居地，具有深厚的民族文化底蕴，哈尼族蘑菇房、彝族彝文古籍文化及毕摩信仰、傣族竹楼、梯田耕种、长街宴等具有鲜明的民族特色，具备文化产业优势和经济发展潜力。红河县东面和南面分别与元阳县和绿春县接壤，北面与石屏县隔红河相望，西邻普洱市墨江县，西北面与玉溪市元江县相连，少数民族人口占全县总人口的94%，素有"侨乡"之称，而华侨和归侨、侨眷又多集中在县城迤萨镇，在国内外均有一定影响。

由于自然、社会、历史等原因，南部地区发展严重滞后，南北区域之间的发展差距较大，且呈继续拉大的趋势。2012年，占全州面积43.7%、占全州总人口34%的南部六县，地区生产总值仅占全州15.1%，地方财政预算总收入仅占全州9.45%，行政村公路通畅率低于全州平均水平7.2个百分点，人均受教育年限低于全州平均水平0.7年，每千人口拥有病床数低于全州平均水平2.5张。同时城乡二元结构仍未打破，城乡之间的发展差距依然较大；南部地区除部分干热河谷外基本属于山区，山区半山区受自然环境制约，基础设施落后，生产生活条件恶劣，无论经济发展水平，还是社会发育程度都与坝区存在较大反差。

按新的国家扶贫标准，2012年年底红河州贫困人口103.8万，贫困发生率为29%。特别是南部地区，除河口县外，其他五个县均属于国家级重点扶持县，贫困人口达71.5万，占全州的68.9%，贫困发生率为49%，高于全州平均水平20个百分点。贫富差距的存在并扩大，滋生了诸多社会层面的问题，直接影响到社会公平正义与和谐稳定。特别是边远地区，少数民族人口越聚集，贫困程度也越深、越重。尤其是拉祜、布朗等较少人口民族聚居的地方，基本属于特别贫困地区，与其他民族之间的发展差距更大。

二　红河南部四县美丽家园建设的现状及问题

（一）南部四县美丽家园建设现状

1. 金平着重把美丽家园建设与"片区综合扶贫"、"边境美化"、"民俗文化旅游"结合起来。金平根据各村自然条件、文化特色、民族风情等具体情况，设计了群众喜欢的特色民居，并合理安排民房建设、人畜饮水、村内道理硬化、产业发展、文体活动场所等建设项目，同时，有效地将"美丽家园"行动计划与马鞍底蝴蝶谷旅游开发工作结合起来，与拉祜族的片区综合扶贫结合起来，围绕蛮耗—勐桥—马鞍底旅游线路与"美丽家园"建设重点示范村相结合，编制了详细的实施方案。确定了以边境沿线勐桥、大寨、马鞍底3乡10个自然村作为前期"美丽家园"行动计划重点示范样板村，形成连片成带，做到看有样板、学有标杆。

2. 绿春县以"做优集镇"为建设点，推进美丽家园建设。绿春县围绕打造"生态集镇、特色集镇、旅游集镇、宜居集镇、宜赏集镇"的目标，以"热区、河流、民族"等地域文化为主体，结合戈兰滩电站移民搬迁安置工程，在大黑山乡开展小集镇建设，并引入房地产企业参与开发，使大黑山乡成为边疆县唯一有房地产企业参与开发的乡镇。通过各种政策和小宗土地出让，整合上海援建的"安居+温饱"工程、"兴边富民行动"试点县等项目，进一步拓宽了集镇建设融资渠道，建成了一个0.8平方公里的设施配套化、环境园林化的新型集镇。仅仅2013年，大黑山乡就完成投资350万元，实施完成集镇防洪堤1825米，新增集镇用地250亩，实施完成了集镇新区大桥、集镇排水、排污工程、新区道路硬化工程、灯光亮化、绿化美化、河堤护栏、朝阳文化广场、农贸市场、汽车客运站、幼儿园等设施建设工程，在集镇新区安置、建盖房屋300余户。集镇区域人口达6000余人，小集镇初具规模。如今，坝沙河旁，楼房商铺林立，3公里多长的缤河大道上熙熙攘攘，人气很旺。

3. 元阳县按照发展与保护并重的原则，依托红河哈尼梯田世界文化遗产，以哈尼梯田核心区、旅游环线为主要片区，坚持"产镇融合"、"保护与开发双赢"的原则，着力打造民族文化与旅游为一体的哈尼特色小镇。兼顾民生与旅游需求，坚持开发与保护并行，既发展了地方经济，又传承了传统的民族文化,呈现出生态文明建设与民族文化产业良性发展的态势。当前,哈尼小镇的建设正有序进行,棚户区改造项目正进入危旧房屋拆迁、补偿工作阶段,其选址规划用地面积1500亩,目前已征用土地695亩,已到位资金为4170万元,正在进行民居基础挖桩、孔桩砼浇筑,完成投资3920万元;建成特色民居234栋。

4. 红河县建设"美丽家园"中,按照"一村一品一业一景"的规划要求,结合县情实际,科学规划和全力打造以迤萨镇、乐育乡、宝华乡、甲寅乡为主的一条精品旅游环线,以哈尼族多声部发源地阿扎河乡普春为核心的东部歌舞之乡和以中国最美六大乡村古镇之一大羊街为核心的西部哈尼族奕车秘境两个旅游片区,以迤萨镇马帮小镇、甲寅乡特色旅游小镇、宝华生态旅游小镇为重点的三个生态旅游小镇,以甲寅作夫、宝华龙甲、借湖、大羊街浦玛、格咪为重点的五个特色旅游村。实施建设勐龙现代农业开发示范基地和大黑共现代冬季农业示范基地,并辐射带动周边3000亩冬黄瓜、辣椒为主的冬农业产业开发。与此同时,注重把红河悠久厚重的人文历史、马帮文化、梯田文化、民族文化有机融入"美丽家园"建设规划,凸显红河民族文化特色风貌,展示红河民族文化韵味,致力形成一批主体鲜明的"秀美村庄"。

(二) 存在问题

1. 边疆民族地区城镇化水平低下,推进难度大。总体上讲,西部地区的城镇化水平落后于东部,且西部的内地与边疆、发达与贫困地区之间的城镇化建设发展又存在较大差异。红河州南部县市处于边疆民族贫困地区,因此城镇化建设处于起步阶段,多山少平坝的地理环境限制,财政体制、金融体制、投资体制、公共产品供给不到位,社会保障制度残缺,也受城乡二元土地制度和户籍制度等诸多因素制约。虽然云南提出了城镇上山的建设路径,但由于基础设施条件不足,缺乏规划设计、地广人稀住户分散、资金匮乏等原因,是导致城镇化建设的主要障碍,特别是农村基本农田不能划为建设用地,更是导致边疆地区的一些城镇化建设困难重重。

2. 边疆民族地区内生动力不足,农户与银行贷款与被贷款都心存顾虑。虽然各级政府做好了给银行担保的各项措施和工作,也通过各种资源对美丽家园建设进行资金整合,并在一些特殊片区进行了综合扶贫开发,取得了前期的一些效果,但是边疆民族地区贫困面大,一部分农民还需要靠直接输血才能解决基本的温饱问题。通过调研发现，边疆民族地区农民因为文化水平不高，进城务工机会较少，同时产业发展基本是粗放型产业，不具有规模经营的能力，产业发展举步维艰，甚至有的农民要靠采摘野菜、野果、药材等作为谋生的手段，再加上没有稳定的经济来源和固定的收入，大部分贫困地方百姓只能靠低保生活，即使有一定的房产做抵押，但边疆地区的房屋价值远远不如城镇地区的，银行要贷款给老百姓的确存在顾虑，要是老百姓还不上贷款，风险由谁承担，政府能买单吗？虽然红河北部的一些县市政府在为农户协调贷款前，会与银行约法三章，即，一是根据农户资产和发展产业的状况作信用等级评估，这是第一层保障；农户之间联保，是第二层保障；再加上建好的房屋，三层保险。但这种方式在边疆民族地区的南部四县不一定适用。特别是金平县的勐桥乡，全乡678户、3160人难民中，大部分难民由于来华时间较早，当时的难民区政府已将土地分配到各户，由于身份和户口原因一直未办理土地承包合同和林权证。因为没有土地承包合同，要想在银行贷款就没有担保，难民贷款存在巨大障碍。同时，在一些虽然看上去有潜力发展的乡村，希望借民族文化旅游的机会做好特民居和美丽村庄建设，但要让一户农民贷款10万，他们也没有底气，担心偿还能力不足而不敢向银行贷款。

3. 土地流转农民重短期效益，部分群众成为失地农民。通过调研发现，由于部分群众文化程度不高，没有充分领会国家土地流转的政策导向，一部分昧良心的老板以低价获取了他们的土地使用权，有的老板只用一顿饭或一场酒席就把土地免费转到了手，更为荒谬的是，大多数人与老板签的协议都是70年，等于就把土地的使用权买断了。老百姓只看到了眼前利益，有的拿着卖土地的钱去赌博、去吃喝，一段时间过后，一部分老百姓就没有钱生活，只有靠体力去打工维持生计，生活非常艰难。本来当地政府想劝阻，但老百姓还误以为政府是想把土地留为己用，和政府呈对立状态，在思想上和语言上都很难沟通，有的群众暗地里就把土地卖了，合同签了，让政府很无奈。

4. 边境地区住户分散，集中连片打造不现实。红河州各级党委、政府充分发挥规划引领的作用，按照"散户并成寨、小村归大村、四山迁朝路、边远靠集镇"的要求，进行美丽家园的建设工作，但由于南部四县边境线过长，住户较分散，集中连片打造比较困难，这对推进城乡一体化建设、新型城镇化建设、边境形象美化等方面存在较多的困难。如金平边境线长 502 公里，占全省边境线的 12.4%，占红河州边境线的 59.2%，居全省 25 个边境县第二位，居全国与越南接壤的边境县第一位。与越南老街省坝洒县和莱州省的封土、清河、孟德四县接壤。由于国境线长，涉及的边境村寨较多，有的几户农家构成了一个族群即一个村寨，各族群之间信仰不同，其祭祀的广场和文化不同，要想集中连片打造美丽家园比较困难。特别是国境线上村寨的散户，要是他们搬到坝区，谁来守护边境，边境安全成了一个大问题。

5. 对美丽家园的理解不到位。边境一线少数民族由于自身文化因素和地域位置上的劣势，加上宣传的软环境较为薄弱，大部分群众认为，只要把房子盖起来就是美丽家园。对美丽家园的认识不到位、理解不透彻，比如房子盖起来之后，还要在教育观念、产业发展、环境卫生、生态文明、社会管理等方面都上升到一定的层面，可有的拉祜族、哈尼族群众至今不懂汉语，特别是在环境卫生整治方面还存在薄弱环节，在精神文化生活上还比较单一、对特民居和美村庄的认识模糊，甚至不知道美丽家园是怎么回事。在一些特少民族地方，如拉祜族、布朗族等族群还有人畜混住现象，有的依靠政府把房子框架建设完毕，可依然家徒四壁，如金平苏鲁村居住的拉祜族，家中物资不足 1000 元，美丽家园建设任重道远。

6. 基本硬件设施缺乏文化内核的支撑。首先，原住少数民族几代人都一直在当地生活，民族民俗文化在漫长的生产生活过程中已经与人们的生活习惯相融合，现代化的建筑设施和生活理念的突然进入对其生活习惯造成一定的冲击，让他们在短时间内无法适应，民风民俗文化的传承与保护遭遇冲击。其次，当地的卫生状况与新改善的村寨环境不相匹配，往往新建成的村寨会杂乱地堆放生产生活垃圾，生活环境始终得不到改观，房村同步推进情况不理想，村民的卫生意识有待提高。再次，当地世居民族一直以来对当地生态环境都很熟悉，新项目建设的进入在一定程度上破坏了当地的生态环境，世居民族的生态保护意识被削弱，阻碍了整个"美丽家园"项目的后续实施和可持续发展项目的进行。最后，对传统旧民居的保护制度不到位，传统的土坯民居濒临灭绝。随着我国城镇化趋势逐渐向农村转移，政府在改善城乡面貌的同时往往忽视对传统特色民居的保护，相关配套保护措施和制度不完善，造成了"美丽家园"建设项目稳步顺利推进的同时，传统特色民居数量逐渐减少。现在，别具民族特色的土坯房已所剩无几。

三 解决措施

（一）要努力把美丽家园建设的过程体现为以人为本的实际行动，进一步调动农民的主动性

农民是美丽家园建设的主人，要广泛地调动他们参与建设美丽家园建设的主观能动性，通过宣传引导，使农民克服等、观、靠的思想，村里的事要由农民说了算，政府的主要作用是规划、给资金、建机制、搞服务，不能包办代替，不能强迫命令，更不能给农民增加额外负担。若要极大地调动农民的积极性，可探索建立"政府引导、专家论证、村民民主议事、上下结对帮扶"的机制，其中政府起到主导作用，农民发挥主体作用。在调研过程中，多数干部和村民都认为，美丽家园是造福一方百姓的好事、实事，是让老百姓真正感受到、看得见的实惠，但有一部分群众坦言，"建设美丽家园感觉压力大、困难多，甚至不愿意参与其中，认为只要政府帮我盖起楼房坐享其成即可"。因此要广泛调动农民的主体性、积极性，克服消极依赖性，让每一位群众成为美丽家园建设的主人，最终使居住在边境一线的世居民族提升幸福指数。同时，政府在推进美丽家园建设时，努力使美丽家园建设的过程成为体现以人为本的过程，要在对象选择上合乎民情，在推进原则上尊重民意，尊重各少数民族的风俗习惯，真正把"美丽家园"这件好事办实、办到群众心坎上。

（二）加强对农村土地流转的引导，为"美丽家园"建设提供基本保障

土地是老百姓赖以生存的命根子，特别是边疆少数民族，他们有自己的生活习惯、宗教习俗、文化遗产，同时文化水平相对城市居民较低，一旦把土地使用权无限期地转让给私人老板，在农民不能很好地解决就业和有稳定收入来源的情况下，一些农民将会成为失业者或者若干年后会面临生计难以维持的困境。为了稳步更好地用活农村土地，一方面，政府要加强对土地流转的服务。积极建立土地流转信息体系，如建立专门的网上土地流转信息服务平台，使土地流转双方的供需信息有效进行对接。有条件的地区要尽快建立土地流转的显示大厅，实现土地流转信息实时更新，配备相关的工作人员，为流转双方提供信息沟通、政策咨询、调解流转矛盾纠纷等一系列服务。同时要在农村土地买卖这种不良现象中，发挥政府的管控作用,杜绝一部分企业或个体户买断土地使用权的做法,可引导老百姓用一些方法维护自身利益。比如土地承包时,农民可以以土地入股,但年限最好不超过20年,根据收益分红,同时,一旦承包后,农民又可以给老板打工,实现就业的同时,使老百姓实现增收致富。在推动美丽家园建设新型城镇化的过程中,要按照中央提出的"严守底线、调整结构、深化改革"的思路,守住耕地"红线",保护生态"绿线",严格管理"底线",找准改革"路线",推动城镇化建设从摊大饼式、粗放型的扩展模式向组团式、内涵提升式的约束性发展模式转变。既要坚定"城镇上山"的信心和决心,又要不断完善各项政策措施,把"城镇上山"的重点放在低丘缓坡,真正把这项创新之举建设成为发展之举、务实之举、惠民之举。

(三) 进一步建立与"美丽家园"建设相配套的软环境

1. 大力发展边疆民族教育,提升当地民族人文素养

边疆民族地区建设除了在硬件设施上下功夫外,还应抓好当地的基础教育工作。通过调研发现,边疆孩子上学异常艰难,有的要走将近一天的山路到校上课,雨季来临时,周末下雨天还会遇到山洪或者泥石流等自然灾害,而周末学校一般都不煮饭,学生们只有回家,可回家有时又遭遇安全的威胁,导致了一部分离学校远的山村孩子不愿意上学,有的10岁有余还没有上学,有的上到小学五年级就早早辍学。党的十八大报告指出:"大力促进教育公平,合理配置教育资源,重点向农村、边缘、贫困、民族地区倾斜,支持特殊教育,提高家庭经济困难学生资助水平,积极推动农民工子女平等接受教育,让每个孩子都能成为有用之才。"基于此,政府应该在村村通的基础上,加快道路的硬化步伐,同时,对周末寄宿不回家的孩子给予照顾,另外,加大对优质教育资源向贫困山区的输送,特别是国家在构建现代教育职业体系的背景下,一是降低孩子们进入高中的学习门槛,并免除学费,提供奖学金和助学金;二是针对考不上高中的学生,加快职业教育在边境少数民族的支持力度,通过职业教育提升他们的实践能力和综合素质。

2. 大力发掘与实施文化遗产保护与文化培育相结合的公共文化工程

建设美丽家园不仅要在道路硬化、村庄美化上做文章,而且还要充分认识文化的核心价值,加强对以村寨为依托的民族传统文化遗产的保护。

英国著名文化理论批评家伊格尔顿曾言："文化不仅是我们赖以生活的一切，在很大程度上，它还是我们为之生活的一切。"我们应以美丽家园建设为契机，结合国家已开展的少数民族特色村寨保护与发展项目，使民族传统文化遗产保护与美丽家园建设工作相互促进、牵手同行，共同构筑中华民族"文化梦"。在推进美丽家园建设过程中，要大力实施"文化培育与服务"工程，通过边境文化建设，弘扬少数民族优秀文化，构建跨境民族文化多元体系，使中华文化能生生不息地传播至周边国家，在讲好中国故事、传播中国声音方面守土有责、守土尽责，不断增强少数民族文化自信、文化自强，努力提高国家文化软实力。

3. 加强边境少数民族的国家认同感教育，丰富美丽家园的内涵

通过走访，红河州边境跨境少数民族对国家认同存在一定的模糊认识，如在金平县的苏鲁、上良竹等地，人们对五星红旗的认识还停留在肤浅层面。因此，在美丽家园建设推进的同时，要进一步强化对边境一线少数民族的国家观、民族观等方面的宣传教育，发挥远程教育功能，加快"边疆文化长廊"建设的步伐，使更多的少数民族明白"国家"的特殊意义，理解中华文化与民族文化交融共生的美丽，使美丽家园的内涵更为丰富。

4. 通过培育产业支撑融合，把产业发展贯穿于美丽家园建设全过程，促进群众增收致富

在橡胶、香蕉、草果等产业基础上，加大对边疆民族地区的特色农业、中草药产业、旅游业等产业的扶持和引导，通过科学指导，发展现代农业，加快边疆贫困地区脱贫致富。在产业的培植过程中，必须牢固树立"产城结合、组团发展"理念，加快推进产城融合，着力解决"产城如何融"的问题。要通过培育产业支撑融合，把产业发展贯穿于美丽家园建设全过程。美丽家园建设中要突出产业支撑，要根据各地实际进一步理清产业发展思路，制订产业发展规划，推行"一乡一业、一村一品"，培植和壮大主导产业，努力做到村村有支柱产业、农户有稳定收入，缓解了群众无钱建房、无钱还贷以及往后持续发展乏力的问题。

（四）坚持重点突破，争创示范，在打造特色新型美村庄、新集镇上出效果

美丽家园建设没有现成的经验可供借鉴，需要典型引路、以点带面、

梯次推进。第一,要坚持突出集中优势资源打造的原则,各县市要坚持重点突破、争创示范,集中人力、财力和物力,重点在公路沿线、城镇坝区,连片成带规划和打造叫得响、成规模、有特色、出经验的示范村,让群众看有亮点、学有示范、做有榜样。第二,要突出因地制宜打造的原则,全州各个示范村建设呈现出多元化、多形式、多层次的生动格局,探索出了"拆除新建、合并组建、移民迁建、保护复建"等多种模式,彰显出不同的示范效应,不同地区、不同类型的村庄都有了可学可鉴的参照。第三,边境一线村庄较多,可进一步整合资源集中优势打造"边陲小镇"示范点,带动当地产业发展、工业发展,聚集人口,为守护边疆、树立边疆形象做出积极的回应。第四,南部四县都有梯田,要落实"保护、开发、经营、反哺"的开发模式,立特色鲜明的文化旅游目的地形象,以梯田旅游观光为基础,建立梯田文化景观遗产和非物质文化遗产相融合的旅游产品体系,以丰富的遗产资源要素为核心,加快对旅游配套设施、旅游环境、旅游线路、游客参与体验的活动项目的开发建设。此外,还要确立地方文化旅游产业导向,打造民族文化旅游品牌,注重梯田景观、民族文化、旅游经济等方面的软实力建设,推动自然景观旅游经济向自然景观与文化产业齐头发展转化,走切实可行的遗产开发与保护道路。

(五)"美丽家园"建设必须注重维护好乡村良好的自然生态环境

第一,切实加强农村生态建设。全面开展国家森林县乡、省级森林城镇创建活动,加大生态县、生态乡镇、生态村的创建力度。如红河县架车乡在建设"美丽家园"的同时坚持"生态立乡、生态强乡、生态富乡"原则,大力做好人工造林、退耕还林、森林抚育等工作。截至目前,全乡林业用地面积达36.55万亩,森林覆盖率达67.1%,林地绿化率达73.5%,居全县第一。据我们实地调查获悉,红河县大力推进建设美丽家园,在逐步渗入现代文化元素的同时,通过生态修复、改良和保护等措施,使乡村重现优美的自然景观,积极发展以"青山、绿水、野趣"为特色,"现代文明、田园风光、乡村风情"于一体的旅游休闲经济,文化特色乡村要同发展农家乐休闲旅游业相结合,增强乡村休闲旅游业的魅力和竞争力。如前述的甲寅作夫、宝华龙甲、借湖、大羊街浦玛、格咪为重点的五个民族特色旅游村便是。

第二,分类推进村寨整治建设工作。对中心村、一般村、萎缩村要确定相应整治内容、项目标准、补助政策，分类推进村庄整治，进一步明确村庄整治的导向性，整合资金、项目加大对小康村、中心村的补助力度，加快实施农村生活污水处理项目，推进农村环境深层治理。对那些已处于明显衰落状态的偏远小村，引导农民搬迁到中心村建房居住。红河县"美丽家园"建设办负责人告诉我们：他们把村庄环境综合整治作为"美丽家园"建设的基础性工作，按照"村庄规划好、建筑风貌好、环境卫生好、配套设施好、绿化美化好、自然生态好、管理机制好"的目标，全面开展农村环境卫生整治及大力推进村庄绿化美化亮化，努力做到"两清"即"清垃圾和清沟渠"，也就是清扫、收集、转运和处理村寨垃圾，整理和清除房前屋后乱堆乱放的杂物；清理、疏浚沟渠、池塘和污泥的杂草。进一步落实农户门前"三包"，建设垃圾池等环卫基础设施，深化家园清洁行动，确保村庄环境卫生清洁、公共场所专人保洁、建立长效保洁机制，农户生活垃圾定时定点投放，村集体定时定点清运，合理选择雨水排放和生活污水处理方式，实现雨污分流。做大做强"三化"即"绿化、美化、亮化"，也就是对村庄环境进行美化，对房前屋后、道路两旁、沟渠两边等进行绿化，通过多种渠道筹资安装路灯，促进村庄亮化。

（六）"美丽家园"建设必须加快推进城乡一体化建设的步伐

要着眼于统筹城乡发展，扎实推进以"房村镇城"为构架的美丽家园建设，纵向推进"房、村、镇、城"四个层级的建设，其实就是统筹城乡发展、加快城乡一体化的具体过程。一方面，在城乡统筹发展中要以农村社区化为导向，通过农村宅基地置换和农民住房改造，促进农村人口向中心村寨聚居，引导乡园区集中、农业向规模化经营发展，从而助推基础设施、公共服务与社会保障进一步向农村延伸覆盖，使乡土文明融入现代文明，更好地优化农村人居环境。另一方面，要逐步提升人均居住环境，极力助推农村集镇化建设。如红河县以尽力解决群众"住房难、行路难、用电难、吃水难、就医难"等为突破口，整合各类项目资金，大力实施"5通3无11有"工程，"5通"就是通电、通水泥路、通自来水、通广播电视、通电信光缆；"3无"就是无适龄儿童辍学、无计划外生育、无治安刑事案件；"11有"就是有新房、有产业、有美化、有亮化、有活动室、有新风、有特色、有卫生间、有学校、有医务室、有体育设施，努力提升"美丽家园"建设的工作水平。再一方面，各级政府还需要加大力气对边疆民族地区进行各方面的支持，在行业支持、资金支持、产业扶持、政策导向、教育优先、基础设施、边境管理等方面加快推进步伐，进一步助推边疆民族地区的城镇化水平，进一步促进边疆发展、民族和谐、社会稳定。

从"物的城镇化"到"文化城镇化"

——以滇中富良棚乡城镇化发展的两个阶段为例

李金发[①]

一 问题的提出

城市化（又称城镇化），是一个国家或地区实现人口集聚、财富集聚、技术集聚和服务集聚的过程，同时也是一个生活方式转变、生产方式转变、组织形式转变和传统方式转变的过程。随着《国家新型城镇化规划（2014—2020年）》的出台，作为一项国家战略，全国大力实施新型城镇化建设，少数民族地区的新型城镇化建设如何搞、怎么搞，成为学界关注的一个焦点。

帕森斯从功能主义出发，认为社会结构是"总体社会系统"，包含四个子系统：经济系统、政体系统、社会系统、文化系统。社会结构就是社会互动的制度化模式，结构由"行动者在一情景中彼此的互动而组成"[②]。在少数民族地区，千百年来各民族不断地适应特殊的自然和人文环境从而形成了具有特色的文化系统，依靠文化系统突破自然、地理的阻隔和限制，结成文化网络和整合社会，进而形成社会文化共同体。传统文化已经成为少数民族社会的一个重要"结构"，因此，少数民族地区新型城镇化建设，如何协调"传统"与"现代"、"外来"与"本土"、"城镇"与

[①] 作者简介：李金发，红河学院人文学院副院长、副教授，民族学博士，兼红河学院国际彝学研究中心主任。本文系国家社科基金西部项目"红河流域彝族传统生态文化与生态文明建设研究"（13XMZ061）的阶段性研究成果。

[②] Parsons, T. *Social System*, New York: Free Press, 1951, pp. 5 – 6.

"寨子"就成了一个值得探讨的学术问题和现实问题。

李培林认为,中国社会转型中除了市场和政府两只"手",还存在另一只看不见的手——社会文化,他认为由于社会文化这一特殊"手"的存在,对社会资源配置产生了较大的影响,导致了中国特殊的"国情"。社会转型是一种整体型发展,也是一种特殊的结构性变动,有必要把数量分析引入对结构变动的考察。① 在少数民族地区,这只影响社会转型、资源配置的看不见的"手",应该是本地的"手"还是外来之"手"?这是需要回答的一个问题。

少数民族村寨多是历史上自然形成的"共同体",而城镇却是现代"社会",共同体是古老的,社会是新的。新型城镇化,不仅是新建筑群、生产要素的集聚,也是不同人群及其文化的集聚,因此,在从传统社会的机械团结到现代社会的有机团结转变的过程中如何防止社会失范,多元文化如何共生、共存、共赢,也成为需要回答和解决的问题。

二 峨山彝族自治县富良棚乡简况

彝族是云南少数民族中人口最多的民族,第六次全国人口普查(2010年)数据显示,云南彝族人口502.8万,主要居住在楚雄彝族自治州、红河哈尼族彝族自治州以及18个彝族自治县,云南绝大多数县市都有彝族分布。彝族在地理上分布广泛,在与其他民族杂居的同时,又保持着很强的聚居性,目前彝族多居住在海拔1000—2000米的高山上,传统的云南彝族的生计方式是山地农耕、畜牧、捕猎为一体的综合方式。云南彝族在村寨的选址上较为讲究:后山要有草甸、森林能放牧、打猎,村头有祖先安息的坟墓地和祭龙神树林,山谷间需有小溪流水,山下有水田旱地可耕种,村中有场地可唱歌跳舞,这种村寨选址思想反映了人与自然和谐、天人合一的朴素观念。

彝族居住地区由于山高坡陡,箐深林密,气候寒冷,交通不便,整体来看人口分布不均,人口总量小,工商业落后,村落内地少人多,职业分化不明显,市场经济意识淡薄,因此,高山彝区的城镇化建设基础条件较

---

① 李培林:《另一只看不见的手:中国社会结构转型》,社会科学文献出版社2005年版,第3页。

差，如何建设成为一个问题。

富良棚乡位于峨山县西北部，距县城70公里，这里属于哀牢山山脉的东北角，与新平彝族傣族自治县、楚雄州双柏县接壤，是一个典型的彝族山区乡，国土面积249.89平方公里。境内平均海拔1700米，最高海拔2400米，年平均气温14.3℃，适宜种植小麦、玉米、水稻、油菜、烤烟等多种农作物。该乡森林覆盖率达85.1%。境内矿产资源丰富，有煤、铁、磷、高磷土、铅锌矿等矿产资源。这里野生可食用资源丰富，山上盛产野生杨梅、板栗、松果，以及干巴菌、青头菌、松茸、牛肝菌等野生食用菌，森林中有龙胆草、大黑药、首乌、黄山药等名贵药材。

全乡辖富良棚、塔冲、美党、翻家、迭舍莫、婀娜、石板7个行政村委会，51个自然村。2011年，全乡共有3000户、11000人，彝族人口占总人口的98.49%，汉族人口占1.28%。富良棚乡的51个村寨之间平均相距20公里，人口密度每平方公里41人，人均拥有承包地面积约1.4亩。该乡的主要经济作物是烤烟，是著名烟草企业红塔集团的原料来源基地之一。2012年乡财政收入为980万元，农民人均纯收入约3500元。富良棚是一个典型的彝区农业乡（镇），也是云南许多彝族聚居区的一个缩影，主要特点是：无区位优势。地处山区，海拔较高，云南彝族多居住在海拔800—2500米的山区，平坝较少。无交通优势。远离县城，坐车要1个小时以上，且道路交通不便（主要以环山路为主，坡道急，弯多）。无人口优势。整个乡镇人口较少，多数不超过5万人（富良棚乡才10000余人）。彝多汉少。乡镇内彝族人口占多数（富良棚占98%）。村寨分布稀疏却数量众多（富良棚乡有51个自然村）。大村寨少，中小村寨多。受自然资源和耕地承载力的约束，乡镇内人口超过2000人的村寨不多（整个富良棚乡村寨人口超过2000人的只有富良棚大寨村）。农民众多，以农业为主。乡镇内绝大多数居民为农民，生计以农耕和畜牧为主，人均拥有承包地面积小（富良棚乡人均1.4亩）。资源丰而不富，产业少且弱。乡镇内各种自然资源丰富，工商业却不发达，无支柱产业。小农思想根深蒂固。受彝族传统重义轻利思想和长期小农生活的影响，人们适应市场经济的步伐缓慢。民族风俗和仪式生活丰富而浓厚。受祖先崇拜观和根土观的影响，安土重迁。集镇上的非农常住人口以乡政府工作人员及其家属为多数。乡镇内无特色景点，缺乏旅游经济，很少有外地游客到来。居民的社会活动空间狭小，人际关系简单，多数基于血缘和地缘关系展开。

通过以上这些特点，可以看出，像富良棚这样的非常普通的山区彝族乡镇要搞城镇化建设，面临许多客观的困难和问题。城市绝非简单的物质现象，绝非简单的人工建筑物。城市已同其居民们的各种重要活动密切地联系在一起，它是自然的产物，而尤其是人类属性的产物。[①] 本文以云南省玉溪市峨山彝族自治县富良棚乡为例，对高山彝区的城镇化建设问题进行初步的探讨。通过考察，发现改革开放后，特别是近15年来，富良棚乡的城镇化发展道路经历了两个区别明显的阶段：1990—2004年，以外地人主导和推动的阶段；2004—2014年以当地人主导的阶段。特别指出的是，该乡的城镇化主要是乡政府所在地集镇的城镇化。

三 外地人推动的城镇化时期（1990—2004年）

20世纪90年代初以前，整个富良棚乡集镇就是乡政府门前孤零零的一条街，街上集中了乡政府、供销社、乡医院、邮电所、农机站、粮管所、电影院、武装部、派出所、乡中学、兽医站等计划经济时代典型的机构和部门。集镇上最豪华的建筑就是四层的乡政府大楼和四层的百货大楼，集镇上的常住居民不足500人，主要就是这些机构和部门的工作人员及其家属组成。

富良棚集镇每五天赶集一次，整个乡51个村寨的彝民也只是赶集日才来集镇上赶集，赶集主要是交公粮、购买生活必需品和销售畜牧产品，如购买盐、布、粮、油、茶、烟、酒等和背着小猪、小羊来卖，因此，五天中其余四天集镇上都是人烟稀少，冷冷清清的。当时，各村来赶集的人们，基本是走路来，赶集赶早不赶晚，来晚了集市就散场了，通常下午3点集市就结束了。当地人离不开集市，有些村寨，距离富良棚集市较远，为了赶集，凌晨四五点就从本村出发，在上午十点左右到达集市。

富良棚集镇上的人员数量以赶集日为最多，高峰时人流量达6000人左右，每五天赶集一次，意味着每个月只是集中热闹6天，其余24天为冷清之日。当时，由于刚刚实行家庭联产承包责任制不久，农民们生产热情很高，农业耕种是主要的生计方式，村民间没有出现职业分化，村落社

---

① [美] R. E. 帕克、E. N. 伯吉斯、R. D. 麦肯齐：《城市社会学》，宋俊岭、吴建华译，华夏出版社1987年版，第1页。

会分层不明显，文化同质性较高。在村民们的眼中，集镇的功能主要就是向粮管所等官方机构缴纳公粮和购买生活必需品，人们没有事情（交公粮和购买生活必需品）一般是不到集镇上去的，有的村民甚至一年也不到集镇上去一次。应该说此时的富良棚集市，只是一个简单的城镇雏形，只有行政职能和简单商业职能。

1990年后，富良棚集镇一下子开始热闹了起来，原因是集镇上陆陆续续来了大量的外地人，这些外地人主要是来自四川、重庆的汉族农民工，这些农民工掌握着较为高超的手工技艺，他们会建盖房子、修水渠、做家具、弹棉花、做点心、制作五金、补轮胎、修表、修皮鞋、修自行车、榨香油、收垃圾、阉家禽牲畜等。据当地中老年人的回忆，在1995—1996年，在富良棚街上常年居住的四川、重庆籍的汉族民工人数最高达400多人，通常维持在150人左右。这些汉族农民工常常拖家带口，有男有女，他们以集镇为据点，走村串寨开展工作。初期，当地的彝族村民认为这些汉族人：是没有家庭或家族的流浪汉，彝人认为不能远离故土和祖先居住地；他们是"下贱"的，因为他们从事的是又脏又苦的"下贱"活计。

不久，富良棚集镇上充斥了各种汉族人开设的餐饮店、小卖铺和小手工商店（摊位），富良棚集镇一下子充满了城镇化的活力，这些汉族农民工几乎承包了富良棚集镇的一切土木工程，富良棚集镇的覆盖面积、道路硬化、文体娱乐设施、临街房屋建筑等"物的城镇化"方面得到了扩张。1995—2000年，富良棚集镇扩宽和延长了道路，集镇一直向北延伸至街子村，道路也建成了水泥路面，兴建了农贸市场、养老院、电影院、休闲山庄、加油站，以及无数的临街铺面。随着集镇摊子的铺大，一些有能力的流动地摊商贩也入驻了固定铺面。富良棚集镇的商业网络覆盖面得到了扩大，赶集日来赶集的人不仅有本乡彝族村民，还有许多楚雄州双柏县大麦地乡、安龙堡乡的彝民，以及本县的临近乡镇，赶集日异常热闹，人流如织，商业呈现繁荣局面。

但是，此时在富良棚集镇上做生意赚钱的主要以外来人口为主，这些外来人口以汉族人为主，主要包括两种人：川籍汉族民工和邻近乡镇的汉族农民。对于远道而来的川籍汉族民工，随着互动的加深，当地彝族村民之后又认为：他们是"老板"，"很有钱"；他们很"狡猾"，事事讲"钱"；他们只会打麻将，不关心、不参与彝族村寨的文化和仪式生活；

他们"不讲道德",原因就是据说休闲山庄里有卖淫小妹;他们"会搞关系",原因是经常和乡镇干部们一起吃饭喝酒。

这一时期,来赶集的人数高峰时通常可以维持在5000人左右,人员构成情况分析如下:

表1　　　　　　　　　赶集人员的构成情况

人员分类	居住形式	从事内容	收支情况	人数及所占比率	对城镇化的影响力
乡政府工作人员及其家属	常住	购物、开日用百货商店	以消费为主	500人,占10%	在制定规划、政策方面有影响力,以权力方式影响
川籍民工	常住	开家具店、五金店、餐饮店、服装店、补鞋、收购土特产、中药材、收垃圾等	以收入为主	200人,占4%	承揽了集镇上的一些建筑工程,垄断了乡内的家具业,对集镇的建设有话语权
各村寨的彝族农民	流动,赶集日才来集镇	交公粮、购买生活必需品,偶尔出售农产品	以消费为主	4000人,占80%	对城镇化的影响力较小,无话语权
附近乡镇的汉族农民	流动,赶集日才来集镇	在本县集镇轮流倒卖或贩卖日用品、水果、农产品	以赚钱为主	300人,占6%	以赚钱为主,不关心集镇的建设问题

虽然在此时期,富良棚乡集镇上的房屋建筑以及商业发展获得了一定的成功,呈现出繁荣的局面。但是,这一时期的城镇化有几个主要的特点:(1)城镇化过程中以外来的汉族农民(特别是川籍民工)为主导,当地彝民在过程中"缺场",没有话语权,城镇化没有以当地人为主体,多数当地人被动参与城镇化过程,参与性不高,主动性不强。(2)由于

缺乏当地彝民和当地文化的参与，乡政府所在地的集镇仅仅具有行政中心、商业中心两大职能，不能成为当地的文化空间中心。（3）城镇不能吸纳、集中、融合周边村寨文化，城镇化过程中缺乏彝族文化元素，集镇和周边村落的文化互动较少，形成赶集日集镇热闹、非赶集日村寨热闹的局面。每一个彝族村寨就是一个文化空间和中心，乡镇内的文化中心多点分布，不利于城镇的建设。（4）集镇的建设焦点主要集中在房屋建筑和基础设施建设上，如扩大集镇的占地面积、兴建商业性建筑、修街道等，这是典型的"物的城镇化"、"土地城镇化"。

2000—2004 年，随着中国沿海地区和云南各大中小城市城市化步伐的加速，对西部广大地区形成了一股拉力，在市场的资源配置中，西部地区大量的人力资源向这些地区集中。这一背景形势对富良棚集镇也带来了影响，在这四年间，富良棚集镇上的川籍汉族人慢慢散去，到了更为赚钱的其他省市打工。到了 2004 年，富良棚集镇上的川籍汉族人所剩无几了，剩下的是那些已经入赘或娶了当地彝女的人，因为家庭的原因，走不掉了。据介绍，2004 年时，集镇上的川籍汉族人聚会，发展到了想凑够两桌人都难。以外地人为主要推动力形成的"物的城镇化"时期已经到了尽头。

四 当地彝民及彝族文化参与的城镇化阶段（2004 年至今）

城镇化不断产生建筑群，形成新社区。社区要由文化来凝聚，新社区需要培育历史和文化认同感，营造良好的生态文明和人居环境，新社区需要"社区营造"。社区营造，包含五个方面的核心理念：社区自主、由下而上、参与主体多元化、创造归属地认同、永续发展。[1] 社区营造需要当地人具有家园意识和主人翁思想，发挥主动性和积极性。如果仅仅偏重于社区硬件建设及物质资源补助，政府主导组织，当地人只做被动参与的配角，那么社区将缺乏核心价值及文化动力，使得"社区发展"成为一个

---

[1] 赵环、叶士华：《社区参与：我国台湾地区社区建设经验分析》，《华东理工大学学报》（社会科学版）2013 年第 2 期。

空洞、表面的假象。①

2004年后，随着川籍汉人的退出，当地彝民逐渐成为富良棚集镇建设的主力军，发挥了主导性作用，当地彝族文化也顺理成章地参与到了城镇化文化建设与重构的过程中来，富良棚乡从之前阶段的"物的城镇化"向"文化城镇化"转变，城镇与村寨深度互动，文化与经济互补，就近城镇化和就地城镇化结合，富良棚乡的城镇化过程正在稳步发展当中。

2013年的卫星地图显示，富良棚乡政府所在地的集镇，处于两座山之间地势较为平缓的山谷中，南高北低，整个集镇由位于东南部的大寨村、西北部的街子村、东北部的小黄河村三个村，以及中部的乡政府驻地四个部分组成。在十多年前，这四个部分是分开的，那时的集镇很小，而现在随着三个寨子日益和乡政府驻地所在的街子连为一体，集镇的规模得以扩大。现在，集镇从南至北长约4公里，集镇主要围绕着一条宽约6米的水泥道路铺展开，这是集镇的主体部分；还有一条岔开的乡际公路，人们逐渐在公路两旁建盖房屋，开设小商店，因此，这条乡际公路也成了集镇的一个部分。

（一）当地人成为城镇化的主体

自从2000年后，富良棚集镇上的外地人逐渐离开，一些土地、民房、商铺逐渐被当地有能力或最新致富的一批人接手，这些当地人（多为彝族）在已初具商业基础的集镇上增开了许多店铺，这些店铺了解当地人需要什么，故针对性强，丰富多样，利用彝族庞大的家族或姻亲网络展开销售。集镇和彝族村寨的经济、文化方面得到了深入和强化。

1. 集镇上说彝语的小老板开始增多。从事土木工程，开米线店、饭店、旅馆、五金店、理发店、烧烤摊、医药店、修车店、农药店的当地人很多，据初步统计，有250多人，这些老板90%来自乡镇内各彝族村寨，主要有两种类型：一种是半商半农型，即赶集日全家或部分人到集镇上开店，非赶集日在家务农。也有的人家平日里派一个家庭成员值守打理。2014年，在集镇的繁华路段，10平方米的铺面租金已经涨到了1000多元一个月。据初步调查，集镇上的彝族老板中60%属于半商半农型。半商

---

① 《社区发展与社区营造之植基土地与关照人民的省思》，社区发展季刊，2004年第9期。

半农型的一个好处是有两份收入，有两份保障，可进可退，经商失败可退守农业。另一种是完全经商型。自从2010年后，这类当地人开始增多，2014年，集镇上的彝族老板们中20%属于这类型，一般是夫妻共同在集镇上开店，或者子女在集镇上开店（父母留在寨子里务农）。

2. 临时性的小商小贩数量大增：彝族村寨里的男女老少平时上山采摘野生菌、野菜、中药材等原料，赶集日拿到集镇上出售贩卖。2013年的调查显示，在距离集镇10公里的塔冲村，赶集日去集镇上卖菌子、蕨菜、中药材的人数最多时可达100多人，其中多数为中老年人，特别是老年妇女。中老年人，在村内的农耕生活中劳动力较弱，却也学会和适应了在集镇上寻找生计，标志村寨深度依赖和参与集镇的经济生活。

3. 各彝族村寨与集镇的交通联系得到了加强：随着集镇的发展，乡内51个自然村，以及周边乡镇的一些村寨，共计70多个村寨和富良棚集镇建立了商业交通网，这些是村民们自发建立的。从集镇到村寨，近的五六公里，远的三四十公里，于是，有些村寨农民自购面包车，开辟赶集乘车路线，在赶集日拉客挣钱。2013年，离集镇10公里的塔冲村，村内有专供赶集拉客的面包车6辆，在赶集日，每一辆面包车可以往返集镇6—8次，收取每个乘客2元，如有货物占座位，也按人头来收取。一辆面包车按每次载客6人计，每跑一个单程，司机可收入12元，一天下来可收入八九十元。塔冲村是中等型寨子，人口近900人。富良棚乡内及周边70多个寨子，按每个寨子平均有3辆面包车算，就有近200辆面包车从事赶集日的载客生意，这样，以集镇为中心建立起了以当地人为主体的商业和交通网络，当地人的深度参与和融入，使得富良棚集镇的商业活动日益繁荣。

4. 部分当地人到集镇上买地建房。从2005年始，来自集镇周边各彝族村寨的先富裕起来的少数人、在集镇上生意顺利稳定的部分人，他们开始在集镇上买地建房，而寨子的老屋则很少去居住。如塔冲村村民李某，有5个儿子，其中两个儿子在集镇上做生意，一个开五金店，一个开修车铺，两个儿子都赚到了钱，结婚后，两个小家庭继续在集镇上做生意，均盖起了三层的小洋楼，一楼临街铺面拿来做生意。李某的两个儿子已经十年多没有回寨子干过农活，他们的土地送给留在村内的哥哥栽种。仅在塔冲村，据2014年的统计，在集镇上买地盖了房子的有6户，这6户人已经多年不从事农业生产了。各村寨都有数量不等的富裕的人移居集镇。在川人主导的第一阶段，富良棚集镇上的建筑呈大而空、人员稀少的局面；而当地彝人主导的第二阶段，集镇上的建筑物呈小而密，人员众多的景象。

（二）村落文化空间移植到集镇

历史传统对小城镇的发展具有很大的推动力，因为在心理上，人们易于接受传统的东西，传统使人们感到自然亲切，易于激发人们的生产热情。[①] 村落，是由家族、亲族和其他家庭集体结合地缘关系凝聚而成的社会生活共同体，是社会的基本单位。彝族传统文化悠久古老，峨山县彝族属于彝语南部方言区，县境内有"尼苏"、"纳苏"两个支系，两个支系语言相通，风俗相同，来往密切。峨山县总人口约 14 万，其中彝族人口 8 万，会说彝语的彝族人口约 6 万。峨山彝族分布广，主要分布在塔甸镇、富良棚乡、岔河乡、大龙潭乡，几乎每个乡镇都有彝族。峨山县境内的彝族寨子（自然村）近三百个。

彝族村寨聚落是由血缘和地缘构筑的社会生活共同体，村落内每一户人家的建屋盖房、婚丧嫁娶等仪式往往牵动全村，祭龙、祭祖等信仰仪式生活更是村落的公共事务，往往是全家族、全村出动，整个寨子异常热闹。村民们在这些民俗仪式活动中杀猪宰羊，聚餐分享，娱乐打歌，活跃精神。滇中、滇南彝族的传统民居为土掌房，这是一种碉楼式的土木结构，一般为两层，屋顶为平顶，通常的平顶面积从 60—150 平方米不等，既是晒粮食的场地，还是集体聚餐的场所，也是集体踏歌的场所。在陡峭不平的山地上，彝族先民克服自然地理的限制，在家屋中营造了一个平坦的"文化空间"。近二十年来，随着彝族村寨民居建筑的变迁，家屋中的这一文化空间逐渐消失和转移，转移分两个阶段。

第一个阶段：家屋中的文化空间集中到村落内部的公房。公房，意为"公社的房子"，是人民公社时期和计划经济时期的产物，公房和晒场过去常常用来开村民大会，进行政治学习，批判反动派。在峨山县，每个彝族都有公房，公房前面通常为一个较大的晒场，也是会场。改革开放后，公房逐渐失去了其政治功能，其文化职能开始凸显，随着彝族传统民居土掌房的衰落和逐渐消亡，家族、村落的各种民俗仪式逐渐转移到

---

① 阮西湖：《都市人类学》，华夏出版社 1991 年版，第 196 页。

公房中。

第二个阶段：文化空间从公房转移至集镇。自 2006 年后，随着富良棚集镇上经商的当地彝人的增多，出现了许多饭馆。这些饭馆与之前川人开的饭馆略有不同，之前川人开的饭馆，以提供餐饮服务为主，吃完后不能老坐在店里喝茶、抽水烟筒。川人走后，当地彝人开的饭馆中有的设有火塘，可以在火塘边烤火、喝茶和抽水烟筒，且饭馆还免费提供烟丝。峨山县的彝族山寨里，绝大多数人只抽"水烟"，不抽"干烟"，因此，有的饭馆里面随时准备着十多个水烟筒。有些饭馆里还提供可以踏歌的空地或空间。由此可见，这些饭馆在形式上已经具备传统彝族村落公共空间的一些特征。随着当地村寨与集镇的深度互动，村落的传统民俗仪式空间开始从公房转移至集镇。2010 年后，结婚、嫁女、过生等一些民俗仪式中的集体聚餐、集体歌舞活动大量转移到集镇上的各种饭馆中进行。2014 年春节，富良棚集镇上有各种大小不等的饭馆约 30 家，其中 8 家规模较大，可以供 200 人左右同时就餐。2013 年，仅塔冲村彝民在集镇上办酒席的人家就有 12 家，平均每一家花费 1.5 万元。仪式空间的转移，为富良棚集镇的持续繁荣带来了保障。

（三）彝族文化丰富了集镇文化生活

富良棚集镇也成为当地彝族的"落脚城市"。"落脚城市"，不只是供人居住、工作、睡觉、吃饭、购物，而是具有社会最重要的过渡功能的地点，其目的是把这些村民乃至整座村庄带进都市的世界，带进社会与经济生活的核心，让他们得以接受教育和适应文化，融入主流社会，享有可长久的繁荣生活。[①] 峨山彝族民俗仪式多样，歌舞形式丰富，与其他一些兄弟民族相比，彝族歌舞有一个特点就是几乎为集体歌舞，甚少个人独舞。有的村寨的彝族歌舞，歌者、舞者和观看者加起来往往一两百人，通宵达旦，非常热闹。在新农村建设中，每个村都培育有几个文艺队，2012 年塔冲村有 7 支文艺队。川籍汉人众多的那些年，富良棚集镇上文化娱乐内容单调。那时，当地彝人发现"打麻将也可以赚钱"，于是，一些年轻人从川人那里学会了麻将，开始打麻将赌博，赌输了的人铤而走险，导致了几个年轻人被抓劳教，一些彝族老人就认为"这些汉人带坏了我们的子

---

① ［加］道格·桑德斯：《落脚城市》，陈信宏译，上海译文出版社 2012 年版，第 7 页。

孙"。由于当时的集镇不能很好地和彝族传统文化结合，形成了集镇没有村寨热闹的局面，村寨里举办民俗仪式的时候，鞭炮巨响，锣鼓冲天，人群聚集，人们宰猪杀鸡，欢快的聚餐，集体耍龙，跳花鼓舞、乐作舞，一些集镇上的人也会到村里做客。

现在，当地彝族传统文化已经开始很好地融入集镇文化中。主要表现在几个方面：

第一，当地的彝族老板们在店铺开张、生意兴隆的时候，喜欢邀请村寨里的文艺队来演出，由于彝族歌舞的集体性特点，所以哪怕邀请来的是一群老年人，场面也较为壮观。受此影响，乡政府搞文体活动的时候，也喜欢邀请村寨中的彝族文艺队来演出。

第二，峨山彝族有开新街的传统，每年春节后的第一个赶集日，就是"开新街"的日子，开新街，意思是在新的一年里开始新的商业活动，祈祝店家生意兴隆。最近十多年里，富良棚的开新街已经越来越出名，因为开新街的时候要举行彝族传统歌舞大会演，每个村子都要派文艺队参加。如塔冲村近年派出的文艺队包括花鼓队、耍龙队、傩舞队、乐作舞队。开新街的时候，各村依次从街头表演，一直到街尾结束。四五十个村寨的文艺队聚集在一起，人数众多，阵容强大，气势很足。2009年后，参加富良棚集镇开新街仪式的彝族村民、外地来客人数已经突破万人。近五年来，每一年的春节期间，乡政府都会通过手机短信的形式宣传、邀请村民带着才艺、带着歌舞来"开新街"。

第三，开新街、店铺开张仪式中增加了毕摩诵经、祈福的环节，自2009年以来，峨山县的富良棚乡、塔甸镇、大龙潭乡等彝族高度聚居的乡镇，相关部门在开新街仪式中邀请彝族毕摩来开光、念诵彝文经、祈福。为了增强效果，还采取多位毕摩集体诵经的形式。这种做法，拉近了集镇与彝民之间的心理距离。

第四，富良棚乡被誉为"花鼓舞之乡"。随着富良棚乡民间歌舞文化的发展，富良棚乡的彝族花鼓舞队多次在市县各级各种比赛中参赛并获奖，2010年被县政府誉为"花鼓舞之乡"。现在，一些旅馆、饭馆在寄送邀请函、请帖的时候，经常会写上一句"欢迎您来花鼓舞之乡"。

城市社区的一个重要功能需求就是文化价值的象征。文化价值等情感象征功能是城市或社区的基本功能之一，忽视这一点，任何城市或城市规划都是失败的。[①] 大量彝族文化元素走进富良棚集镇深刻地说明了这一点。

五 结语

　　社会的发展是从血缘共同体扩大为地缘共同体，最终走向精神共同体。在当前少数民族地区的新型城镇化建设中，地方社会必须重构自己的公共秩序、公共生活伦理和精神世界。当前富良棚集镇城镇化的变化发展，也体现出了血缘共同体—地缘共同体—精神共同体的发展趋势。与沿海或内地汉族经济发达地区相比，富良棚乡政府所在地集镇的发展根本不值一提，非常普通，甚至可以说是发展滞后。但是，富良棚乡集镇的发展是西南广大彝区的一个典型缩影，因此又具有考察和分析意义。从富良棚乡的例子来看，第一阶段是典型的"物的城镇化"，第二阶段是典型的"文化城镇化"，文化城镇化对于当地人而言，是快乐的城镇化。富良棚集镇的城镇化仍然处在具有自身特色的稳步发展之中，走出了一条以当地人为主体，以当地文化为支撑，村寨与集镇深度互动，工商业与农业、经济与文化互补，就地、就近城镇化的发展之路。用文化来填充城镇，用文化来推动城镇，用文化来丰富城镇，用文化来凝聚乡村与城镇，用城镇来联结乡村，用城镇来传承文化，这是"文化城镇化"的重要内容。

　　中国农村城镇化的历史进程，从"土地城镇化"提升为"人的城镇化"，这是一个非常重大的、了不起的认识深化。以人为本，以人为核心，是"新型"之关键。但是，新型城镇化的模式是多元的，而不是单一模式。在少数民族地区，新型城镇化的重点应该是连接广大村寨的小城镇或集镇。在少数民族地区，村寨的数量很多，城镇数量较少，如富良棚乡51个寨子才支撑得了一个集镇，因此，受自然、地理、气候条件的限制，少数民族地区的城镇化不适宜大规模推行平坝汉族地区的撤村并点、村庄合并、搬迁移民、赶农民上楼、大量引入外地人口等做法。在少数民族地区，"人的城镇化"中的"人"应是当地人，应以当地人为主体，注意维护当地人及其文化的生存权与发展权，新型城镇化要真正让当地少数民族受益，不能使少数民族及其文化在城镇化过程中被边缘化。城镇化建

---

① 蔡禾：《城市社会学：理论与视野》，中山大学出版社2003年版，第58页。

设的主力军应该是当地人,激发少数民族群众在城镇化过程中建设家园的主动性和积极性,发挥主人翁精神。如果不能充分调动当地少数民族及其文化参与城镇化过程,则城镇化很难成功,面临许多问题。

富良棚集镇的案例说明:少数民族地区的城镇化要走社会人文生态的可持续发展之路,需要高举"文化大旗",体现出"各美其美,美人之美,美美与共,天下大同"的中华民族"多元一体"格局。[1] 在少数民族地区,文化城镇化非常重要,"文化城镇化"中的"文化"中要包含当地民族的文化,鼓励当地民族文化参与构建城镇的新型文化。新型城镇化不能搞成变相的"汉化"、"同化",新型城镇化不能使少数民族传统文化消失,要维护文化多样性。在少数民族地区的新型城镇化建设中,文化城镇化是"社区营造"的重要内容,"文化城镇化"需要鼓励当地人及其文化参与营造城镇新型文化,整合国家与地方、主流与边缘、传统与现代、城镇与村寨,实现由粗放型城镇化向内涵型城镇化转向,实现由"物的城镇化"、"土地城镇化"向"文化城镇化"转变,实现工具理性与价值理性的统一。

---

[1] 1990年,费孝通先生在他八十寿辰聚会上提出"各美其美、美人之美、美美与共、天下大同"的社会和谐观点。

城镇化与生态文明建设

生态还原与少数民族城镇化建设中传统文化的保护

何圣伦[①]

在少数民族文化的整理与保护过程中遇到的最棘手的问题应该是保护与发展的问题。随着工业化水平的进步，随着经济水平的提高，中国少数民族地区在经济和基础建设等诸多方面也迅速融入时代的发展潮流。少数民族地区的城镇化是民族地区迅速发展的时代性标志，但是，随着生活环境的改变，民族地区人们的生活方式和生活态度也发生了极大的变化，人们的生活目标和价值追求与传统发生了难以避免的冲突。对于自身生活与传统文化，人们经常面临发展和退缩、传承与放弃的两难选择。实际上，这种困惑大多缘于当前的城镇化建设中的盲目性，在一般意义上，城镇化等于是城市的再造，已有的都市是城镇化的模板，街道、商店和居住小区是构成城镇的模块，这种城镇化的构想对于一般地区来说也许是没有问题的，但是，对于少数民族地区来说，现代城市的再造不仅仅是对少数民族同胞生存环境的革命性改造，也是对他们生活的文化环境的革命性改造，在全新的生活环境中，传统文化成分的模糊甚至断裂导致了他们对自身的文化身份进行改造，对现代生活接受的同时也别无选择地接受了现代都市公民的文化身份，当然，他们内心深处却普遍具有难以掩饰的文化移民的失落感，这是少数民族地区城镇化对文化个体造成的影响。从这些变异的文化个体回望少数民族文化母体，鲜活的文化现象在逐渐失去赖以生存的载体后或许会渐渐萎缩成一种只具有历史意义的文化标本，"随着经济的

---

① 作者简介：何圣伦，西南大学副教授，文学博士，主要研究方向：少数民族现代化适应性及其对策。

发展、工业化的进程，少数民族地区的物质文化与精神文化都面临消亡的危机"。所以，少数民族地区的城镇化无不潜伏着民族文化消亡的危机，少数民族文化的保护必将成为城镇化过程中的重要条件。①

　　仔细分析，城镇化过程中民族文化的存亡危机主要缘于少数民族文化生存环境的改变。构成少数民族文化的文化因子不但存在于少数民族个体生活的每一个细节，存在于少数民族同胞生活环境的每一个细节，文化本身与生存环境和每一个生命个体之间还形成了一种相互体认、相互支持和依赖的生态关系，生态关系中任一个环节缺失必将带来这种关系中任何节点的存与亡。所以，在少数民族地区城镇化过程中，处理现代发展与传统文化保护的关键应该在于生态性原则的应用。生态是人类中心主义崩溃后出现的一种人们对自然环境、对人类自身生存的新的认知方式，其原本的意义在于表达人作为认知主体与作为认知对象的自然环境的相互依赖的关系，随着人们对生态主义认识的进一步加深，生态主义显然已经打破了这种在主体与对象之间发生的从单向到双向的存在关系，人们将其从一种人与自然的形象的关系抽象为一种结构关系。这种关系普遍存在于任何领域的各要素的结构表达，同人与自然的关系一样，人类社会的诸如社会、政治、文化等领域的构成也会在其相关要素中存在着互为对象、相互依存的关系，人们谓之社会生态、政治生态和文化生态。实际上，这种结构意义上的生态关系也是中国各少数民族文化在各个层面存在和发展的根本保障，本文也将以此为讨论少数民族城镇化过程中民族文化保护的起点，从自然生态、社会生态和文化生态来讨论城镇化过程中民族文化的保护。

一　自然生态的保留与少数民族文化自然属性的保护

　　生态主义最原始的意义就在于人类活动与自然环境之间相互影响的关系。自然环境是滋生一切人类文化的基础，不同的自然环境在很大程度上决定了人们的生活方式，同时也决定了人们对自然的认知态度，因环境而变化的生活方式体现了影响人类文化的自然因素，而同样因环境而变化的

---

① 温开照：《对少数民族文化保护与发展的思考》，《广东社会主义学院学报》2007年第3期。

认知态度却体现了人类文化的主观因素。同样是居住方式的选择，北方草原上帐篷的选择与南方山地吊脚楼的选择是不依人类意志为转移的，这是自然环境使然；而草原民族对高飞的雄鹰的向往，临水而居的民族对蛟龙的敬畏，山地民族对高山的畏惧则是人类对自然不同认知的结果。不管是自然环境对人类文化的决定性约束还是人类对自然环境认知体现出来的文化的特点，其实都是文化自然属性的体现。中国是一个多民族国家，不同民族的文化共同组成了大中华民族文化的多样性和丰富性，从北方的游牧民族文化，到黄河流域的旱地耕作文化，到长江流域的稻作文化，再到西南地区的山地文化，不同民族的文化的内容特点和呈现方式都与民族生活的地域有深刻的关系。

英国著名人类学家爱德华·泰勒认为，人类文化"现象的地理分布以及从一个区域到另一个区域的转移，是应当像自然科学研究动植物学种类的地理分布一样来研究的。……可以说在某些地区独有的每一种工具、装饰、神话或习俗，正像某一地方的动植物种类一览表给予我们该地动植物界的一个概念一样，构成某一民族一般生活属性的现象总录，综合成为一个我们称之为文化的整体"[1]。这说明，在不同的自然环境中滋生的文化内涵及形态是不一样的。南方山地少数民族长期居住在地形复杂、植被茂密、气候多变的山区，高山深涧、悬崖峭壁给居住其间的少数民族同胞一种强大的压迫感；密不通风的森林植被以及出没其间的猛禽野兽给生活其间的少数民族同胞一种生命威胁；阴晴不定的气候形成的山间云雾缭绕、瘴气消长的居住环境更是增添了少数民族同胞眼中自然环境的神秘性。这些来自环境的压迫、威胁和神秘是少数民族同胞对自然认知的方式，同时也是少数民族文化产生的自然基础。由于当时人们对生存环境中诸多现象是无法解释、控制和战胜的，于是产生了普遍的敬畏心理，而这种心理是他们信奉的多神论原始宗教的基础。"自然崇拜的对象是神灵化的自然现象、自然力和自然物，即神灵化的天、地、日、月、星、雷、雨、风、云、虹、山、石、水、火等"[2]。不可把握和规避的恶劣天气现象使人们构建起天神、地神、日神、月神、星神、雨神、雷神、风神、云

---

[1] 转引自温开照《对少数民族文化保护与发展的思考》，《广东社会主义学院学报》2007年第3期。

[2] 何星亮：《中国自然崇拜》，江苏人民出版社2008年版。

神等神灵,对自然环境的畏惧形成了山神、石神、火神、树神、河神等神灵,并逐渐形成专门祭拜诸多神灵的祭拜场所、祭拜仪式和祭拜的主持者。而且,在他们的居所选址、房屋构造和装饰、服饰装饰等方面无不凸显出对这些神灵的崇敬和惧怕,少数民族先民通过族群中的专门文化司职,实现与这些神灵或者已经逝去的族人灵魂的沟通,通过取悦这些神灵来实现现实生活中人们的平安。娱神的意图除却专门的祭祀活动外,还存在于族群对本族历史的表达,存在于族人的婚丧嫁娶的仪式,所以,在几乎所有的少数民族历史史诗和情歌中有明显的宗教意识。实际上,这就是少数民族文化的体现,这就是山地少数民族文化与自然环境生态关系的体现。

在中国目前的城镇化过程中,存在着认识局限和经验欠缺的问题,导致了乡村城镇化建设中形式上的城市化。认为人口的集中、住房的集中和街道的规划即是城镇化的全部内容,简单的街道化、城市化不仅带来了市民生产就业和生活消费的矛盾,更是带来了生活环境的改变与传统文化保护的矛盾。"一方面,城市建设风格雷同,千城一面。另一方面,城镇建设量大面广,建设与保护的矛盾会更加突出。一些城镇在建设中不注意保护自然资源和历史文化资源,出现了不少建设性破坏现象,致使城市传统消失"[①]。这种传统文化损失最为严重的是少数民族地区的城镇化过程中的文化丢失。当然,对现在生活的追求是不分民族的,而融入时代生活最显著的标志是与每一个体生活紧密相关的因素,长期以来衣食住行是人们对自己生活最简洁的概括,所以,对新的居住环境、新的衣着形式、新的饮食习惯等生活方式的追求也是少数民族年轻一代所期待的,而日益推进的城镇化建设满足了他们的需求。少数民族文化存与亡最关键的在于承载这种文化的文化个体的存与亡,而不是针对这种文化的保护制定措施和规定,当前国家投入极大的少数民族非物质文化的保护更多的是通过外力的干涉对一种民族文化的梳理和陈列,从长久的发展看,这种外力保护下来的民族文化也许最后都会具有一种民族文化内涵的标本,而不是一种活态的文化。鲜活的民族文化不是一种单独的物质存在,也不是一种历史意义追述,它一定是与生动的生活内容相伴相生的。城镇化使西南山地少数民

---

① 张军扩、刘锋、高世楫、侯永志:《中国城镇化存在的问题及其成因》,《中国发展评论(中文版)》2007年第4期。

族告别了吊脚楼，疏远了具有神圣意义的宗教仪式，脱下了具有文化记载功能的少数民族服饰，这也使他们远离了自己的民族文化。脱离了本族文化纠缠的民族个体似乎卸下了文化传承的使命，回避了文化传承的紧张感，这种选择实际上也失去了本族文化传承主体的意义，正如大量离开家乡到大城市生活的少数民族个体一样，他们与自己民族的文化联系仅存在与人生经历的回忆或者自己文化身份的表达，他们不再是本族文化真正意义的传承者。由此可见，文化与自然的生态关系的断裂将必然会引发文化传承的危机，这是少数民族地区城镇化过程中民族文化保护必须面对的问题。

目前，中国大多数城市小区建设中都会给小区配上面积不大的公园或者小花园，其间栽种各种乔木、灌木和花草，甚至也还打造小的水体。实际上，这种在破坏原始生态基础上打造的类自然小景不是一种真正意义上的生态环境的再造，甚至可以说是一种反生态行为，如果这种行为在人多地少的大都市还具有一定的积极意义的话，那么西南山地少数民族地区城镇化建设大可不必模仿这种建设模式。相反，为了尽可能实现对少数民族文化的保护，城镇化建设中自然生态的保护是十分重要的。西南山地少数民族城镇化建设自然生态原则主要体现在以下几个方面：

首先，建设城镇选址应依托基础比较好的村寨就地拓展完善而非重新选址。从西南山地少数民族城镇化建设现有的经验看，有的地区为了建设成本，或者是追求与地方政治文化中心的距离，新城镇建设大都采取划片集中重新规划选址方案。将某一地区的散居农户集中到一个交通便利、基础设施相对较好的、离城镇较近的新址建设新城。一般来看，这种选址思路是没有问题的，但就少数民族地区的传统文化的保护而言，这种住所的迁移不单单是生活环境的变迁，实际上也动摇了具有千百年历史的文化的根基。笔直宽敞的街道、明亮舒适的房间在很大程度上改变了人们的生活方式，高大的树木、森森的岩洞、峭拔的巨石、湍急的水流从人们视野中消失了，他们对自然的敬畏感也消失了。人们对自然环境的认知态度也消失了，科学主义完全覆盖了传统民族文化赖以存在的万物有灵观，传统文化日渐消亡，成为一种历史。以前从少数民族村寨走进都市生活的个体的文化背离行为是一种个别现象，这部分人不能从根本上带来民族文化存亡的危机，但举寨搬迁则有可能是一种集体的文化背叛，如果过上全新生活的人们都以历史的眼光来认识自己民族的文化传统时，少数民族的文化就真的成为一种传统。但在现存的少数民族城镇化建设中也有一些很好的探索性方案，贵州黔东南的西江苗寨具有千余年历史，十几个自然村寨连成一片，在城镇化建设中，只需在寨寨相通、户户相连的两座山间建设好城市化的基础设施，便于人们的生活。由于西江苗族同胞的生活环境没有发生本质性改变，他们提升生活质量的同时保留了自己的文化传统，西江苗寨年年坚持过苗年节、吃新节，坚持13年一次的牯脏节，坚持苗族婚丧嫁娶的所有节俗，苗寨还保留了银饰打造工艺等民间工艺。这些具有民族特色的文化现实不仅没有成为城镇化过程的隐忧，反而成为城镇特色，带动了民族地区经济的发展。

其次，西南山地少数民族城镇化建设中民居风格应该真正还原这些民族千百年来与自然环境形成的生态关系，这种建筑风格和小环境的保留实际上是对民族文化生态环境的保留。西南山地少数民族大多有迁徙的历史，在强大民族的挤压和历代统治者的驱使下，迁徙中的山地民族住所都较为简陋，例如苗族先民多穴居野外，或架木为巢，但随着时间的推移，逐渐出现了"瓦屋、茅屋、杉木屋，'Λ'字棚等"①，这些简陋的房屋随后又改进成依山而建的吊脚楼。西南山地少数民族住所多为两到三层的吊脚楼，依山处多以青石、卵石为基础，悬空处以结实粗大的树木为柱，一层多为农具存放和牲畜圈养场所，二层住人，三层为储粮之仓。房屋推窗即可与竹木花草相迎、山石溪水相见、蝉鸣鸟叫相闻，房屋大多设有长廊，人与自然相互包含、相互沟通，以多神论为基础的少数民族文化在这充满神性和灵性的居住环境中自然衍生。如果用以单元为布局、以套间为单位的城市住宅模式对少数民族原生态住宅进行取代，势必导致民族文化的自然生态环境的消失，住在重重叠叠楼房里的人们在获取城市化的住所的同时也迅速学会了城市人的生活方式和态度，他们会很快接受当代都市文化，而且也会很快站在当代都市文化的立场上对自己原有的民族文化表达出一种具有文化空间距离和文化时代差异的评说，实际上，这时的少数民族个体已经蜕变成为仅仅拥有民族身份的、普通的都市人。而依托少数民族原有村寨选址进行城镇化建设的效果就会大相径庭，黔东南西江苗寨新修的绝大部分建筑依旧保留了原有的吊脚楼风格，住所的格局以及屋前屋后的环境基本沿袭了苗族的传统，人们的生活方式和文化习俗没有收到

---

① 石启贵：《湘西苗族实地调查报告》，湖南人民出版社1986年版。

根本性损伤，所以苗年节、吃新节、牯脏节等节日依旧，婚丧嫁娶的传统仪式依旧，就连银饰打造、苗绣作坊也依然生机勃勃。这种民族文化繁荣的背后，自然生态环境起到了支撑的作用。

二 社会生态关系的还原与少数民族文化的保护

如果前面分析的自然生态环境的保护是对西南山地少数民族文化自然属性的保护的话，这里要讨论的是对少数民族文化的社会属性的保护。在西南山地生活的大多数少数民族历史上的社会组织关系都比较原始，他们大多以血缘关系和地缘关系为社会组织的基本原则，以血缘关系的亲疏为据自然形成一个个寨落，以一个寨落或者拥有血缘关系的几个寨落为单位形成自己的部落领袖，负责协调关系，解决矛盾。"血缘关系组织是靠宗教领袖的神性地位来管理，其特点是具有'权威性'。他管理的事情是祖宗规定下来的，他的任务就是要率领大家遵从祖训，无条件地服从和执行"[1]。改土归流后，随着社会的发展，西南山地少数民族地区也按照时代的要求重新构建了社会组织，新中国成立后有了公社、生产大队和生产小队，后来又了乡镇、村、组，但是族群内部依然存在着依托血缘关系和地缘关系形成的民族传统社会组织关系，甚至还常常运用民族传统乡规民约来处理族群内部的问题。这种古老的社会组织关系实际上是民族传统文化传承的社会保障，在中国少数民族悠久的历史发展过程中，为了保证本民族的生存权，族群内部都非常重视血缘和文化的独立性和纯洁性，血缘是他们家族认同的边界，而民族文化则是他们族群认同的边界。"有关族群认同和边界有关的领域称之为表现文化，包括人体运动、舞蹈、音乐、宗教、民俗和神话、人体交流的形式，动作和空间手势距离都可以用于族群分界的标尺，许多都显示出怎样用于族群认同方面，运用与否也算一项族群内容"[2]。也就是说，一个族群要靠语言、宗教、民俗和神话、音乐舞蹈等具体的文化现象来勘定其民族的边界，如果一个人不具备这些文化

---

[1] 张晓：《西江苗寨传统文化的内在结构》，《中央民族大学学报》（哲学社会科学版）2008年第2期。

[2] 周大鸣：《族群与文化论——都市人类学研究（上）》，《广西民族学院学报》（哲学社会科学版）1997年第2期。

特质，族群就会将其看成是族群之外的人。反而观之，每一种少数民族文化总会依托一个少数民族族群而存在，只有存在于族群中的民族文化才是一种活态的文化生命，当这种文化陈列于文化博物馆的时候，它已经蜕变成了一种文化的标本，没有任何的文化生命迹象。

"对于一个都市族群的成功或不成功常常用群体的文化价值观来解释，文化价值观也用来解释群体稳定性和凝聚力的差异。群体的差异往往可归结为不同的文化追求、动机、价值观以及教育"[1]。在中国目前的城镇化过程中，高楼建设和街道规划是城镇化的物质体现，隐藏在这种实体背后的是一种聚焦于物质文化建设的城市化。集中搬迁到城镇的人口从族群来看并不一定是单一的，不同民族的、不同村寨的人口搬迁集中到一起有一个共同的目标，那就是构造一种全新的生活方式。而现存的都市生活经验给他们提供了一种生动的参考，都市的商业往来逐渐会超越他们在地里的劳作，时髦的休闲娱乐也逐渐会替代以前的民族节日中的各种仪式，他们努力克制自己身上的民族文化记忆，与各位街坊邻居共同努力去寻找新的生活方式、价值观念和文化立场，并以此来构建一个以城镇为生活环境的新族群部落。这实际上是对原有的民族文化的社会生态关系的解构的过程。

在原寨落生活期间，千百年的民族发展历史构筑了族群内部坚固的社会关系，这种关系既纯粹又复杂。纯粹之处在于这种依靠血缘和地缘建立起来的社会关系基本没有族群外的个体渗透，人们从生产劳动到宗教情感，从生死仪式到婚姻关系等方面保证了族群的独立地位；另一方面，由于生产力水平低下，人们的生产活动大多要依赖族群的群体力量，这直接减少了族群内部的利益纷争，使族群内部的关系维系在神权意志的范畴内，由族群领袖来代表神执行其意志。族群内部传统社会关系的复杂之处在于，由于每一个个体在族群内部的社会角色是十分分明的，他们之间存在着家族支系之别，存在着长幼之异，存在着辈分之分，同一个地缘部落中还有德高望重的族群领袖。民族个体由于自己的身份不同在族群各种宗教仪式、民俗活动以及人际交往中受到很多限制。例如，大多西南山地少数民族都有本族的宗教仪式，参与宗教仪式的人选不是随意的，苗族牯脏

---

[1] 周大鸣：《族群与文化论——都市人类学研究（上）》，《广西民族学院学报》（哲学社会科学版）1997年第2期。

节杀牛的人是由蝴蝶妈妈选定的，这种意志是由宗教领袖来表达的；族群内嫁娶活动的参与者也是有一定限制的；丧葬活动中的生活习惯也会受到限制。这种原生态社会关系在保证民族传统文化的生命力方面起到了不可替代的作用，文化中的禁忌成分虽然限制了族人在参与、以何种身份参与选择上的自由，但它却保证了传统文化活动每一个环节的活力，而且还增添了民族传统文化的神秘性和威慑力，让生活在其间的族人不敢轻言放弃。模仿现代都市的新兴城镇社会关系的建设无一不具有时代性。在一定程度上代表着政府意志的街道和社区领导取代了代表着神权意志的族群领袖；具有时代性的价值观念取代了原始的宗教信仰；以生活生产活动为内容的人际关系取代了严格的血缘关系。总之，少数民族文化赖以生存的传统社会关系基本瓦解，除却作为一种文化表演外，在西南山地少数民族地区新兴城镇很难完全真正实现传统的民俗、宗教活动的开展。誉满全球的云南丽江古城虽然保留了原有的城镇建筑，但是，城中纳西族原有的社会关系显然已经整体瓦解，甚至纳西族民众也全然被挤压出了原来的住所，丽江古城的建筑和个别门店保留的纳西族手工艺展示成为纳西文化的唯一标志，在这个环境中，很难实现纳西文化真正的传承。但就丽江古城而言，纳西文化的尴尬境遇根本原因在于其社会生态关系的破灭。

而依靠原有寨落建设的城镇中的社会生态关系改造相对都比较小，这也为民族文化的继续传承留下了一定的社会空间。黔东南西江苗寨、岜沙苗寨、肇兴侗寨等比较纯粹的民族城镇都是在原有的寨落基础上建设的，这些城镇不但保留了原有的生活环境，保留了原有风格的建筑，也同时保留了传统的社会关系。"西江是一个苗族村寨，也可以说是一个苗族聚落"，从现代社会结构意义上看，西江由羊排、也东、东引、也通、平寨、乌嘎、南贵和也薅八个自然村组成；同时西江也是一个苗族血缘性的"鼓"和苗族地缘性的"自然地方"，"西江千户苗寨残余下来的传统社会组织与管理的遗迹，最突出的莫过于他们至今还拥有自己的民间领袖——'牯脏头'与'活路头'"，"牯脏头"也即是苗族聚落的"鼓主"主管民间宗教活动，其"职责主要在于：1) 主持每13年一次的大型祭祀祖先节日活动；2) 主持每年的苗族节日活动；3) 处理村寨事务和纠纷……确切地说，'鼓主'管理的是你如何做好一位'苗人'，而不是管理你怎么做'村民'"。"活路头"也即"事主"的职责是："管理一年里什么时候'动土'开始新一年的生产，什么时候开始育秧、插秧等等农事活动"。由此可见，在西南山地少数民族城镇化建设中，只要能够尽量还原民族传统的社会关系，就会在很大程度上实现民族传统文化的保护。①

三 文化生态与少数民族文化本体结构的完整

对文化生态的理解至少有两个层面的意义。首先，中国每一种少数民族文化作为具有自身发展历史、传承途径和传承方式的，具有鲜明的民族特色的中华文化圈中的亚文化现象，它与包括汉文化在内的其他民族文化形成的是一种相互影响、相互体认和相互区别的关系。中国是一个由多民族构成的共同体，中华文化也包含了五十六个民族文化的因素，虽然汉文化作为一种主流文化因素更引人注目，但这种文化因素与其他少数民族文化因素的结构关系不是一种包含与被包含、解释与被解释的关系，而是一种相互支持的生态关系。其次，每一种文化的产生发展、传承传播都会形成一种以传播者、文化本体和接受者这样一种具有生态意义的文化链。如果我们将参与文化活动的每一个人称为文化主体的话，那么人类的任何一种文化都不可能离开主体而单独存在，它总会依托于人的所有社会活动。严格来说，文化的本体结构总是由文化传播者、文化现象、文化接受者等因素构成，而且在"文化传播者——文化现象——文化接受者"这种结构模式中不断循环发展，"文化传播者——文化现象——文化接受者"构成了文化发展的生态链，其中任何一个环节出了问题都将引起整个文化的崩溃。

西南山地少数民族中，大部分是有语言没有文字的民族，没有文字工具的利用决定了这些民族在文化传承中传播者与接受者紧密的关系。这些民族充分利用大量的民族节日和各种宗教仪式来实现文化的表达和传承。共同的历史、共同的习俗和共同的生活方式成为一个族群鲜明的标签，也是人类学意义上甄别一个民族最为关键的标准。当然，这些具有民族标签意义的属性都会在族群的每一个个体身上体现出来，族群的每一个个体都

---

① 张晓：《西江苗寨"鼓主"和"事主"的互补关系》，《贵州社会科学》2008 年第 1 期。

是民族文化的承载者，这些带有明确的民族文化因子的个体是构成整个族群的基础。实际上，在族群的分化融合、兴起消亡的变迁过程中，一个族群的变异甚至消亡最初源于族群个体的文化意义的变异，所以保护一种民族文化实际上就是在保护这种文化根植的基础，就是要保护这个民族每一个个体的民族自信心，唤起他们的民族自觉意识。

传统与现代，绝不仅仅是一对互为表达的范畴，生活现代化催生的文化全球化趋势带来的是传统本身的紧张感。生活方式的改变和文化上的多元化发展对中国包括汉族传统文化在内的每一个民族的文化传统都构成了极大的威胁。分布在中国西南山地的各个少数民族都呈现出大杂居小聚居的分布，不同民族文化的交流和影响越来越大，特别是随着社会体制的变化和人们生活方式的变化，人口的流动越来越频繁，各民族真正长期聚居在村落中的人群越来越小，民族传统文化的传承制度在各种强大外力的冲击下原有的功能在逐渐退化。随着这些地区城镇化建设的开展，也许会成为少数民族传统村寨的绝唱。回溯这些少数民族传统文化千百年的传承历史，各族的宗教仪式、节日庆典、饮食起居、服饰文化和口传叙事等方式构成了本民族文化多维的、有效的民间传承体制，在这种制度中，民族个体不仅是民族文化的简单载体，从他们的生命观念、价值追求和生活方式看，他们作为民族文化因子的存在，是构成民族文化整体不可缺少的要素，每一个个体的文化免疫力构成了民族文化的整体生命力。随着社会的发展，具有明显时代性特征的主流文化表现出难以抵御的强大的整合力，具有强大的文化重构功能的时尚的主流文化在逐渐剥蚀着每一个少数民族个体的文化免疫力。在各个少数民族村寨里，民族服饰逐渐成为一种文化符号，大多在需要证明自己的族属关系时才得以上身，而更为时尚的、简便的服饰成为大多数少数民族个体衣着的选择；民族语言也逐渐成为以村寨为限的地域性语言，为了在更广阔的空间去实现自己的价值，熟知普通话和各地汉语方言的少数民族个体在更广泛的社会交流中不得不放弃本族语言这种工具；随着生活方式和习惯的改变，各种民族仪式也逐渐减少。在一些逐渐实现城镇化的苗族村寨，这些现象甚至已经到了难以控制的程度，"用苗族语言交流的人越来越少"，"着苗装人员减少或消失，传统工艺后继无人，服饰制作随意"，"传统风俗习惯形成的制度已没有约束力"。对苗族文化的传承而言，这些现象意味着文化传承的主体在逐渐萎缩甚至消失，这种文化生态危机预示着文化本身的危机。①

在西南山地少数民族城镇化建设中，要尽量唤起民族个体文化立场的回归，文化立场的回归是一个少数民族传统文化传承者应该具备的基本条件，是指传承者回到文化原初的状态和意义中去理解文化现象、接受和传达文化现象，培养自己对传统文化宗教般的感情，以本族传统文化的方式认知世界和思考问题，这样才能让传统文化的因子渗透于民族个体的精神之中，并通过生活表达出来。即便生活环境有了改变，但是民族个体的文化立场和价值态度决定了他们在本民族文化传承过程中的合理性和主动性，具有完全的文化人格和责任意识的少数民族个体才能真正还原民族文化的生态链，进而持续地推动民族文化的发展。

---

① 杨永华、熊春秀：《杂散居苗族的风俗现状及保护建议》，《苗族文化的保护与利用研究》，中国言实出版社 2011 年版。

西南边疆民族地区城镇化与生态文明建设研究

——以广西壮族自治区为例

廖建夏[①]

城镇化是指农村人口不断向城镇转移，第二、三产业不断向城镇聚集，从而使城镇数量不断增加，城镇人口规模与地域规模不断扩大的一种自然社会历史过程。边疆多民族地区长期以来不仅在经济上落后于全国平均发展水平，而且城镇化水平也严重滞后于中东部发达地区，这已逐步成为边疆多民族地区经济开发建设中的瓶颈问题，也成为全面推进中国经济现代化进程和建设社会主义和谐社会的严峻制约与重大挑战。加速边疆民族地区的城镇化进程是当代中国发展不可或缺的一个部分，亦是兴边富民，推动民族地区现代化的核心内容。边疆民族地区小城镇作为区域政治经济中心，能够把农村工业化和乡村城镇化紧密结合起来，从整体上优化农村经济结构，实现农村资源的合理配置和产业结构的升级，让广大农业劳动力就地就近从事非农生产，实现职业或身份的转换，增加农户收入，扩大内需，促进国民经济实现快速平稳的可持续发展。边境城镇是我国及周边邻国和地区及贸易单位积极开拓国际市场，扩大出口贸易的"桥梁"和"纽带"。本文以广西为例，探讨西南边疆民族地区城镇化建设与资源开发利用和生态文明建设的关系，以及在新型城镇化视野下边疆民族地区城镇化发展过程中应注意的问题。

---

① 作者简介：廖建夏，广西民族大学副教授。

一 广西边疆民族地区城镇化的类型

以广西、云南、西藏三省区为主体的西南边疆民族地区，是西部乃至全国最具代表性的边疆、边境省区和少数民族省区。西藏有21个边境县，云南省的边境县（市）有27个，广西有边境县（市）10个，其中陆路边境县（市）为那坡、靖西、大新、龙州、凭祥、宁明6个，沿海边境县（市）为东兴、防城港、北海、合浦4个。广西沿边的8个县（市）现有总人口247.25万，其中少数民族占81.24%。秀丽奇特的原生态自然景观和丰富的自然资源，独特纯朴的原生态民族文化和特色农产品及手工工艺，优越的边疆区位条件，是对外贸易的前沿阵地，是西南边疆少数民族地区城镇产业发展的优势，是西南边疆民族地区发展城镇化的重要基础。

2003年，广西城镇化率为29.06%，2013年，广西城镇化率达到45.6%，有了较大进步。广西边疆民族地区城镇化率提高，得益于边境贸易经济以及国家把广西北部湾经济区纳入国家经济发展战略，支持西南地区经济协作、泛珠三角区域合作以及国内其他区域合作。国家深入实施西部大开发战略和推进兴边富民行动，鼓励东部产业和外资向中西部地区转移，重大项目布局将充分考虑支持中西部发展，加大力度扶持民族地区、边疆地区发展。2000年广西区党委和政府启动"兴边富民行动"，开展边境大会战，更是极大地加快了边疆地区的城镇化发展速度。广西在加快工业化、城镇化进程中，充分利用地方资源和地缘优势，壮大特色优势产业，打造支柱产业，发展产业集聚，促进民族地区大中小城市和小城镇协调发展，广西边疆民族地区城镇化发展的主要有以下几种模式：

1. 依靠边境贸易、仓储物流带动的边境城镇。边境陆疆口岸作为位于国界的跨国通道，不仅是两国交往的门户要冲，而且是人流、物流最容易汇集的区域，通过边境贸易，有利于小城镇的形成。依托边境沿线建立口岸型小城镇是边疆民族地区城镇化建设的一个优选模式。

凭祥是我国连接越南及东南亚的最大陆地边境口岸城市，是广西对越南贸易的主要通道，2013年1—11月，广西与越南进出口贸易总额达

107.6亿美元，其中凭祥对外贸易进出口总值就完成了58.25亿美元。①在中国—东盟国际贸易市场的货物产品周转和管理中承担储存、分拣、组装、分类、条码、运输、配送等重要经济职能。以口岸为基地，以商贸业为依托，充分利用区位交通优势，积极引进知名企业、先进管理技术和资金，加快培育现代物流服务品牌和有国际竞争力的物流产业，引导和促进仓储物流区形成现代物流体系，并向规范化、规模化、信息化、网络化和现代化方向发展。把仓储物流区建成双向服务中国—东盟贸易市场的大型综合性国际物流基地和配送中心。有实力承担边境经济增长中心的战略地位，改变边境地区对外开放的低层次格局。中国—东盟自由贸易区凭祥物流园是广西目前建设规模最大、投资额最大的物流园，集口岸通关、货物中转、包装加工、仓储配送、物流信息等功能于一体，带动出口加工等相关产业发展，为中国—东盟博览会提供强有力的物流服务保障。目前凭祥市城市主导产业是贸易，产业发展方向是旅游业和加工业。2013年共接待旅游总人数354万人次，旅游总收入22亿元。

东兴是西南省市与边境沿海地区的重要节点、出海出边的咽喉重地，是北部湾经济区规划"三基地一中心"的五大功能组团之一，是中国与东盟唯一海陆相连的口岸城市。经过20年的发展，东兴与越南等东盟国家进出口贸易占广西全区对东盟进出口贸易总额的20%以上，越南每年通过芒街口岸进出口货物金额，2012年边境贸易进出口成交额为192.23亿元，其中边境小额贸易进出口成交额为35.9亿元，互市贸易进出口成交额为156.33亿元。东兴通过海鲜、轻纺、机电、红木家具、建材、中草药、农产品等专业市场的龙头作用，大大提升了边贸的规模与层次。《广西北部湾经济区发展规划》已经把东兴市按三级城镇建设区进行规划，东兴市按照中等城市规模规划建设，依托边境贸易、加工和旅游等产业，促进城市发展。为了扩大城市功能，东兴把旅游业放在重要地位，2013年，东兴市全年累计接待游客453.44万人次，旅游总收入29.6亿元人民币。②

---

① 《2013年凭祥市经济社会发展工作扫描》（http://www.gx.xinhuanet.com/2014-01/24/c_119111591.htm）。

② 《2013年东兴旅游发展综述》（http://www.fcgsnews.com/sh/20140305/52125.shtml）。

2. 工业与矿产资源开发带动的边境城镇。广西边疆民族地区以矿产资源为基础的工业前景看好，特别是锰工业扩大发展规模，铝工业的开发可成为边境区域经济发展的龙头企业，带动其他工业和产业的发展，形成产业集群，以矿产资源为对象的采掘工业及相关的配套产业发展到一定规模后形成了一批资源开发型城市，带动了周边民族人口的城镇化转移。

靖西县有丰富的矿产资源，已探明矿产有锰、铝土、硫铁矿等18个矿种。近年来，靖西县立足"以资源换产业"的战略，提出"矿电结合，南锰北铝"的工业发展新思路，以工业园区建设为载体，以工业项目建设为支撑，全面实施项目带动战略。靖西大力招商引资，有广西信发铝电公司、广西恒信等公司13个重大工业项目落户园区，在湖润镇建立起锰工业园区，借助外部资金、技术、人才不断做大做强铝锰产业。2010年铝工业总产值达88.5亿元，铝工业成为县域经济第一支柱产业。2011年，靖西县工业总产值158.9亿元，铝锰工业占规模以上工业增加值的99.1%，工业对财政贡献率达58.3%。[①]

大新境内物产资源丰富，锰矿藏量达1.38亿吨，居全国首位，占广西的50%，素有"中国锰都"之称。锰业是大新工业发展乃至整个县域经济发展的支柱。锰业生产总值到2012年达到75亿元。

广西边境中心城市要充分利用毗邻东盟、拥有区位交通和口岸优势、劳动力价格低、享有西部政策和相关优惠政策，已经具备接受东部产业转移，发展制造业的可能性和条件。通过宣传推介、招商引资，引导国内以面向东盟市场为主的制造业厂商落户口岸城镇。重点发展在东盟市场中具有竞争优势的机电、家电、农业机械、小型货车、摩托车等整机制造或散件组装业务，建成中国面向东盟市场的重要的口岸型制造业工业基地。

3. 旅游产业带动的边境城镇。旅游业是现代社会的新兴产业，通过旅游资源的开发利用来兴业建镇，在边疆民族地区有着得天独厚的优势。自然地理的多样性造就了边疆民族地区绮丽的自然景观，具有极高的观赏与保护价值。由那坡、靖西向南至大新、龙州、宁明一带，喀斯特地貌分布广泛，形成了区域特色明显的山水景色。代表性景观有靖西的通灵峡谷、通灵瀑布、三叠岭瀑布、旧州山水、大新德天瀑布、明仕田园风光、

---

① 《广西靖西：打造"五大特色经济"冲刺西部经济百强县》（http://cpc.people.com.cn/n/2012/1009/c244250 - 19206535 - 2.html）。

左江及黑水河沿岸的山水风光等。龙州县境内的弄岗国家级自然保护区内有植物1282种之多，动物资源达281种，是中国最大、保存最完好的喀斯特原始地貌保护区。中越边境的防城港、东兴市拥有中越边境沿线迷人的滨海风光，主要以海滩和海岛风光为特色。此外还有独特的少数民族风情、历史文物古迹、生态景观、边关风貌等，旅游业的发展具有广阔的前景，旅游业将成为边境城镇经济发展的主导产业之一。

大新县先后提出了实施"旅游旺县"、"旅游强县"、"生态旅游大新"的发展战略，加快旅游产业转型升级，先后委托专业旅游规划单位编制了《德天瀑布景区旅游资源开发与自然生态环境保护规划》、《硕龙旅游镇控制性详细规划》、《明仕田园民俗旅游村详细规划》等多个旅游规划，推进旅游项目有序开发。"德天景区"升级改造项目总投资约10亿元，按国家5A级景区的标准对德天瀑布景区进行升级改造。2013年，大新县接待游客290.63万人次，实现旅游综合收入18.16亿元。深度挖掘旅游产业与城镇化建设间的互动关系，可以有效促进民族地区城镇化提高。广西边疆具有民族特色的小城镇，按照"政府引导、企业参与、市场运作、群众受益"的原则推进试点小城镇建设，转移周边民族人口非农就业。如德天瀑布景区所在地硕龙镇德天屯的60多家农户通过参与旅游经营实现了脱贫致富，村民人均年现金收入达2万元以上，也是全县、全镇最富裕的村屯。大新主要旅游景区所在的硕龙、堪圩、恩城、那岭等乡镇的外出务工人员也相继返乡从事旅游相关行业，成为当地群众脱贫致富的榜样。

龙州围绕"秀美边关·红色龙州"主题和"红色、边关、生态"特色，全力建设投资39亿元的上金国际生态休闲度假旅游区项目和投资10亿元的弄岗生态旅游度假区项目，先后荣获"中国天琴艺术之乡"、"中国民间文化遗产旅游示范区"称号。2014年3月，龙州县委提出旅游经济发展目标：到2015年，龙州县接待游客总量达138万人次，旅游总收入11.6亿元。

二 广西边疆民族地区城镇化发展与资源开发存在的问题

人口素质、落后观念、乡土意识等非制度性发展障碍，交通、信息等公共硬件设施落后，区位劣势，难以承接大城市的经济辐射，产业积聚程度低，产业结构落后，发展所需的启动资金缺乏，这些是西南边疆少数民族地区小城镇产业发展的劣势所在。另外还有一个重要的问题，城镇化的水平高低和发展速度与环境问题密切相关，并对社会经济的发展产生重要影响。边疆民族地区城镇化是一个受经济增长刺激和工业发展催化的人口集聚过程。在这个过程中，不可避免地会出现一些不利于边疆民族地区城镇化持续发展的环境问题。由于我国城镇化存在着以单纯追求经济增长为目标的倾向，从而在提高社会生产力的同时，不得不承受由于片面追求经济增长所带来的代价。如何协调边疆民族地区城镇化与环境之间的关系已成为政府和学术界共同关心的问题。

目前广西边疆民族地区城镇化存在一些问题：

1. 城镇化缺乏总体战略部署，资源开发利用存在短期行为。边疆民族地区生产力落后，基础薄弱，地方政府在大力开发自然资源用以振兴民族经济的过程中，缺乏总体战略部署，容易出现开发自然资源的短期行为。资源优势与可行性开发政策之间会有矛盾。民族地区的最大优势就是资源优势，但是资源优势仅是一种潜在的优势。人才奇缺，自我发展能力较差，吸收和消化外来科学技术的能力不强，总体经济发展能力与发达地区比较还有很大的差距。不少民族地区又未能及时制定可行的资源战略开发政策。另外由于长期闭关锁境和行政上的条块分割，严重影响了区内、区际的交流和经济联合。民族地区自身开发资源的能力远远低于发达地区，市场普遍基础薄弱，发育不良，各种设施条件都比较落后，资源开发的项目少，从运输、销售、交流和沟通等方面影响了民族地区资源开发的力度和深度，使资源开发的决策者缺乏预见性，造成资源、劳务等的浪费。

城镇化水平的高低通常用来反映一个国家或地区的经济发展水平的高低，而城镇环境质量的好坏则通常用来衡量一个国家和地区现代生活质量的优劣。边疆民族地区城镇化能否实现持续发展，最根本的影响因素是环境的状况。以"资源—产品—消费—废弃物"工业经济发展为主的模式短期内仍难以得到转化。环境保护意识不强、技术落后、环境执法不严、急功近利、过度开发等原因，致使一些地区发生生态失衡、环境污染、水土流失、土地石漠化等，不少人文景观、名胜古迹遭到不同程度的破坏，使社会整体效益水平不断降低，这不仅违背了自然规律和社会经济发展规律，而且已使不少地区遭受了来自自然力的"报复"或"惩罚"，甚至因环境污染问题引发地方群体性事件发生。对那些不可再生资源的无节制开采势必导致周期化的资源短缺，制约整个地区民族经济的发展。

良好的生态环境是边疆民族地区实现跨越式发展和可持续发展的基础。过度开垦导致边境民族地区石漠化问题严重，如 2013 年，那坡县仍有石漠化面积 53.16 万亩需要治理。[①] 大新县属典型的喀斯特地貌，土地面积 414.3 万亩，其中石山占到了 62%，生态环境极为脆弱。从长远来看，不及时解决这些矛盾，实现矛盾转化，将不利于边疆民族经济的发展。

2. 城镇人口规模普遍较小，农业人口达到 70%。由于地广人稀，边疆民族地区城镇规模都普遍偏小，广西边境口岸所在的县，人口规模都不大，如 2012 年，较大的市凭祥、东兴分别为 12 万、15 万人，那坡县 21 万、防城区峒中镇 2.8 万人、硕龙镇人口 1.2 万人。边境镇的居民大多以分散居住为主，加上西南边疆民族地区以农业为主的生产生活方式以及特有的民族文化及所处的区域环境与周边交通、地势条件，客观上限制了城镇规模的扩展。县城和城镇规模偏小，辐射能力有限，城镇之间联系比较松散，城镇的特色和功能区别不明显，镇区域规模难以扩大，中心城镇难以形成，产业集聚能力较弱，农村劳动力的就近转移能力不足，不利于实现规模经济发展。加快边疆地区城镇化进程有利于促进人口在空间上的规模集聚，有利于扩大厂商和产业的需求边界和市场范围。有了更大的消费和需求，才有助于产业形成规模。

口岸城镇规模化的发展，有利于城镇的综合功能的形成。广西要在边境地带形成一个以凭祥和东兴为中心，水口和龙邦为次中心，众多二类口岸为包围的对外经济贸易的小经济区。只有这样，才能更好地发挥口岸城镇的综合效应，更好地进行口岸的分工和协作，提高区域经济的竞争力。人口聚集的规模化，带动各种消费，形成文化娱乐设施的修建，带动公共服务部门和公共服务设施的建立，从而带动城区建设的规模化。

3. 城镇产业发展水平较低，结构不合理。西南边疆少数民族地区城镇化道路是一种滞后型的发展模式，而城镇化滞后的根源是产业发展滞

[①] 韦启云：《推进生态环境建设，着力构建"宜业、宜居、宜游"国家级生态县》（http://www.napo.gov.cn/Item/666_8.aspx）。

后。区位劣势是制约我国西南边疆民族地区城镇产业发展的先天劣势，由此衍生出的一系列不利因素又加剧了该地区小城镇产业发展的阻力，如基础设施落后、产业基础薄弱、科技创新乏力等。远离国内国际市场，远离交通干线节点，使边疆民族地区城镇企业难以参与产业分工，导致企业市场狭小，效益低下。没有资金后盾，企业产业升级和产品创新就难以实现，使整个非农产业陷入恶性循环。

广西边疆民族地区除了凭祥市之外，边境地区县、市的第一产业占的比重均超过广西全区的平均水平。第三产业只有凭祥和东兴两市比重高于全区平均水平。产业化是城镇化的重要基础和支撑，没有产业化，无法吸纳人口聚集。从产业自身发展情况来看，西南边疆民族地区第一、二、三产业发展落后，没有形成完整的产业链条，且关联度也不大。边疆民族地区产业中农产品大多以初级产品形式出售，缺少深加工和产业链延伸，附加值低，因此，在产业增加值中所占的比例较小。第二产业产值所占比重较大，但是布局普遍难以与大城市周边地区竞争，仅靠招商零星引进产业项目，很难形成集群效应。边境地区及越南每年都大量生产粮食、水果、木材、香料等，由于城镇的农副产品加工能力弱小，大部分都以初级产品外运或出口，增产与增值不成正比，在一定程度上影响了当地群众的开发积极性，大量青壮年劳动力外出务工，制约了边境地区的开发。第三产业中信息、科技、金融等生产性服务业发展滞后，尚未与第一、第二产业形成良好的配套和融合，产值比较小。边境口岸城镇的功能主要是为开展边贸业务服务，只为了获得货物的通关，收取少量的关税和管理费，对边境地区的贡献非常有限。而口岸城镇功能单一还造成了口岸之间缺乏协调、分工、配合和合作。广西边境口岸普遍存在通往边境口岸的道路等级低，口岸过货能力不强，货场规模较小，口岸查验设施和设备陈旧，功能不够完善或不配套等问题。崇左的水口口岸没有实行客货分流，通关能力弱，同时，边境口岸信息化建设普遍滞后，办公自动化程度不高，网络建设也不完善，没有形成统一的口岸信息网络平台，无法解决目前货物进出口通关需要办理手续的提速问题，等等。一些口岸至今还没有联检办公大楼，查验单位分散办公，影响了口岸的国际形象和通关速度。广西边境城镇口岸经济发展所面临的最大问题就在于物流量不足。由于没有大中型企业落户，受双边国家政策影响比较大，加上周边地区的竞争，难以形成自身的物流链，口岸经济处于低端水平。

4. 城镇化基础设施发展滞后,综合承载能力较低。基础设施建设是城镇化的第一步。广西为改善边境地区生产和生活条件做出了巨大努力,2000—2002年,广西共投资21多亿元,在与越南毗邻的八个县(市、区)开展了声势浩大的边境建设大会战,实施了近1.8万个水、电、路、住(房)等项目,全面地改善了边境地区的交通、通讯、通电通水通邮、广播电视、文教卫生状况和生产生活条件,一些边境地区城镇也借此机会进行城市改造建设,在一定程度上也改善了边境基础设施条件,促进了边境地区经济特别是对外贸易的发展。边疆民族地区由于地形地貌复杂、零碎、散乱,居住分散,大规模基础设施建设投入大、回报周期长、效益低,导致民族地区水、电、路、排污排水配套非常差,城镇建设和农村基础设施建设严重滞后。交通基础设施发展滞后是影响边境贸易发展的瓶颈,给贸易的发展增加了诸多不稳定因素,如运输成本和运输安全等方面。东兴口岸目前只有北仑河大桥为唯一通道,人流、物流都通过北仑河桥进出,而且过载量只有20吨,货柜车通行存在着比较大的安全隐患。中越水口大桥老化、损坏严重,只能限载通行。广西要到2015年才能实现境内所有的一类口岸通高速公路,二类通二级以上公路。基础设施建设不配套,相应的公共服务设施也就跟不上,边疆民族地区的教育、卫生医疗、文化体育等公共服务水平低,进一步制约了城镇化综合承载能力的提升。在旅游购物等方面均没有配套的设施,或是极不完善,造成产业结构单一、财政收入不稳定。目前除了凭祥和东兴两个城市的综合功能比较完善外,其他口岸都只是一个过境的通道,旅游、商务、购物、休闲娱乐几乎还是空白。城镇所依托的服务业基础都有待完善,才能使城镇的规模和功能不断扩大,并能促进第一和第二产业更好、更高、更快发展。在城市空间的规模集聚,城镇化与边境贸易应相互推动和促进,方能形成良性循环。

5. 城镇化发展同质性强,缺乏特色。西南边疆少数民族地区城镇发展最大的威胁是:丢失地方特色,产业发展趋同化;生态环境和民族文化遭破坏;缺乏科学的产业布局而导致不可持续发展。城镇化建设存在着规划编制不衔接、定位雷同等问题,城镇的功能定位趋同,缺乏分工合作。在西南边疆民族地区的城镇体系中,大中城市规模偏小,经济集聚能力弱,辐射带动能力较差,20万人以下的小城市和1万人以下的小城镇成为地区城镇体系的结构主体,这些城市功能定位模糊,发展模式相似,缺乏特色支撑产业,一定程度上制约了城镇化向更高层次发展的潜力。现在西南边疆民族地区的许多城镇缺乏特色，产业相同，贸易相似，导致外界对各个城镇的印象模糊。广西边疆民族地区城市之间专业化分工程度较低，产业同质化现象严重，缺少紧密的合作机制，容易形成内部激烈竞争，这制约了各城市以及整个区域的经济发展。

三　生态文明建设视域下的西南边疆民族地区新型城镇化

所谓新型城镇化，是指坚持以人为本，以新型工业化为动力，以统筹兼顾为原则，推动城市的现代化、集群化、生态化以及农村城镇化，全面提升城镇化质量和水平，走科学发展、集约高效、功能完善、环境友好、社会和谐、个性鲜明、城乡一体、大中小城市和小城镇协调发展的城镇化建设路子，其实质是以人为本和可持续的城镇化。从人类实践来看，城镇化和生态文明建设在主要方面呈现出矛盾冲突的趋向。城镇化主要造成了生态环境的破坏，而生态保护则在一定程度上对城镇化具有限制作用。广西要走二者一体化的道路，需要深入了解各地实际，将推进新型城镇化与生态文明建设结合起来，通过生态文明建设，优化空间格局、调整产业结构、转变消费方式，促进城镇化健康发展；通过推进城镇化，把生态文明理念和原则融入全过程，走集约、智能、绿色、低碳的新型城镇化道路。

边疆民族地区城镇化的目的就是把人口密度低的山区丘陵地带、少数生态环境脆弱的农村人口转移到区位条件相对优越的城镇。边疆民族地区城镇化建设是个长期的系统工程，涉及方方面面，必须做到尊重规律，因地制宜，循序渐进，逐步推进，发挥自身的优势。城镇建设不宜贪大求洋、操之过急和因循守旧，要考虑到民族特点和实际情况，避免"一步到位"的城镇建设主张和唯工业化的城镇化路径依赖。

1. 西南边疆民族地区多为山区地形。桂西南跟越南交界的边境地区，石山和丘陵占90%以上，大多数山区的自然环境脆弱，地质灾害较多。山区整体经济基础薄弱。边疆民族地区经济落后，不仅是因为长期以来战争的原因，经济建设服从于国防需要，还因为地理上的边远险峻、山高谷深、地形复杂，多样性的生物气候，增强了生态环境的复杂性、多样性以及脆弱性，不仅降低了土地人口承载力，远离经济中心地区位条件，也扩大了该地区人口分布的不均衡性，成为制约人口分布实现空间大转移的主要因素。落后的基础设施和封闭的环境，进一步限制了边疆地区的发展，[①] 这就决定了边疆民族地区的城镇规模不可能太大。

西南边疆民族地区大部分在生态保护核心区、天然林和水涵养的保护区，是我国生态环境重要屏障。城镇化绝不能以牺牲生态为代价。城镇化从一开始就要在环保问题上实行高标准。在城镇化进程中，对生态功能区按照国家生态补偿机制予以合理补偿，根据生态系统服务价值、生态保护成本、发展机会成本，综合运用行政和市场手段，调整生态环境保护和建设相关各方之间的利益关系。对于自然保护区要理顺和拓宽自然保护区投入渠道，提高自然保护区规范化建设水平；引导保护区及周边社区居民转变生产生活方式，降低周边社区对自然保护区的压力；全面评价周边地区各类建设项目对自然保护区生态环境破坏或功能区划调整、范围调整带来的生态损失，研究建立自然保护区生态补偿标准体系。

防城、上思、靖西、龙州、那坡等地区，均为主要的林区，发展森林旅游的潜力很大，但切忌过度开发。资源开发要尽可能减少对水源、山林的破坏，并努力使开发项目同时能起到保护、改善环境的作用，要事先做好规划，如德天瀑布在制订旅游规划时就制订了自然生态环境保护工程，包括景区封山育林、人工造林、退耕还林、沼气池、生态护岸、河道清淤、垃圾和污水处理、公厕等。

2. 注重挖掘小城镇的特色，走专业化发展道路。广西边境地区大都是山区，一般生产力不是很高，但自然资源丰富，劳动力充裕，发展口岸城镇的专业化道路，必须走土、特、名、专的特色道路，才能经营上规模、服务上档次，因地制宜、因人制宜、因财制宜、因资源制宜挖掘当地的资源潜力，开拓市场，促进经济的发展。

城镇专业化是广西各地发展特色经济的成功经验。特色资源优势专业口岸城镇，依托特色资源优势，打造边境口岸专业市场，是边境口岸城镇发展的一条可以选择的道路。根据广西边疆民族地区的情况，广西特色城镇有几种类型：工业综合型、农产品加工型、商贸型、口岸型、休闲旅游居住型。广西边疆民族地区要依托口岸专业化为中心推动城镇化建设，就是根据口岸所在地的产业布局以及口岸腹地的产业发展状况所形成的物流来源和去向，建成单一或单一为主、多种为辅的专门口岸，口岸城镇也相

[①] 吴建国：《西部大开发与兴边富民行动》，民族出版社 2001 年版，第 1 页。

应服务于口岸专业化的需要，例如交通、信息、文化等各种设施都围绕口岸专业的发展，使专业口岸成为城镇的标签。经过不断发展，特别是近几年的飞速发展，广西口岸经济也有一定规模，腹地经济也在不断壮大，同时结合越南及东盟诸国的资源条件，在广西边境和众多重点口岸建成煤炭口岸、水果口岸、海产品口岸、木材口岸、铁矿口岸、旅游过境口岸、药材香料口岸等专业口岸。东兴是中国唯一与越南海陆相连的城市。这里与一河相隔的越南芒街已经自发形成了面向东盟各国的服装、电子、机电产品集散地。东兴轻纺城是东兴首家大型专业市场，也是西南最大的布匹专业市场，经营户有120家，年营业额有十多亿元。[①] 除此之外，东兴还将打造中国—东盟建材商品集散地，集建材、饰材经营等多种物业形式及配套为一体的专业建材市场。

3. 在新型城镇化过程中必须走新型工业化道路。工业化是城镇化的内在动力，是城市化和现代化的前提和基础，工业是城乡互动的纽带。工业是第一、第三产业的纽带，是农村与城镇的关联点，但地处山区的城镇化过程难度更大。在边疆民族地区城镇化过程中，必须要按照"产业集聚发展、用地集约节约"的原则，着力统筹处理经济发展与保护良田的关系。山区的自然生态环境脆弱，开发与保护任务重。山区耕地少，住户住宅较分散，在招商引资推进工业化和城镇化的过程中，征地、砍伐、施工、移民等，在法制不健全以及环境保护意识不强的情况下，容易造成水源的污染、水土的流失、生物的灭绝等生态影响。边疆民族地区的产业构成以煤、电、重化工等能源资源性产业和农业为主导，第一产业比重偏高，第二产业结构偏重，资源利用效率低，极易污染或破坏环境。要求工业发展和生态建设在新的城镇化过程中达到一体化，虽有极大难度，但也要努力做到，必须走出以前高投入、高消耗、高污染、广占地、滥选址、低效益的老路，走一条新型工业化的路子。新型城镇化建设包括产业经济、城市交通、建设用地等方面的转型，环境保护也要从末端治理向"污染防治—清洁生产—生态产业—生态基础设施—生态政区"五同步的生态文明建设转型。在政策上鼓励规模企业进入，提高门槛，要根据企业的污染程度和污染性质安排好地址，采取有效的治污措施和洁净高效的能

---

① 广西新闻网（http://www.gxnews.com.cn/staticpages/20080128/newgx479d8314-1367882.shtml）。

源，利用各地资源优势发展新兴工业，即信息产业、可再生能源产业、智能制造业和新型生物产业等。

在加快建设广西凭祥综合保税区、东兴开发开放实验区，推进中越跨境经济合作区建设的同时，积极发挥边境经济园区优势，承接沿海产业向沿边转移，加强与周边省市的经济联系和产业联动，探索共建产业园区。加工产业是口岸经济区发展的主要方向，要积极引导企业重点向精加工和深加工方向发展，支持边境地区利用从东盟国家进口的农林资源、矿产资源和海产资源发展加工业，加快形成产业集聚优势。以工业成品体系和高附加值的形成，提升加工区的整体功能和产业素质，提高工业化发展水平，重点发展以矿产加工业为主，以橡胶加工业、木材加工业、中药材加工业为辅的现代加工业。同时，积极吸纳以前在越南境内投资的企业进入边境经济合作区。发展面向东盟等国际市场的轻纺、机电等出口加工业。加强以广西北部湾经济区钢铁、有色金属、粮油、化工、轻工食品加工、修造船、电子信息、汽车配件、生物、海洋、能源电力等具有沿边沿海特色的产业发展为核心，着力延长产业链，积极发展循环经济，促进产业集中布局、集聚发展。

4. 与越南在边疆民族地区城镇化建设上合作。中越两国对于边境口岸的城镇化建设都极为重视，最有效的是跨境经济合作区。目前，广西已开始进行全面规划区域划定、口岸升级、研究制订建设方案、启动基础设施项目、建设边境新经济高地。越南的谅山、广宁等边境省也加快了跨境经济合作区选址、研究方案等前期筹备工作。中越双方地方层面的务实合作推动两国经贸合作实现了新的突破。同时，中越两国政府签署了共同建设水口—驮隆中越界河公路二桥的协定。广西东兴与广宁两区省合作建设的中越北仑河二桥已经顺利开工。

凭祥市跨境经济合作区的建立，对边境地区城镇化的发展起辐射带动作用。2007年中国—越南边境经济合作区建设项目正式启动，在中国凭祥和越南谅山省同登市各自接壤地带划出8.5平方公里共同建设的中越跨境经济合作区，综合经济合作区功能有边境贸易、出口加工、边境旅游和边境物流。两国货物实行原产于中越两国的其他货物可以自由进入经济合作区，免除关税和其他交易环节的税收；而经济合作区内生产的产品在进入中越两国市场时，可以减半征收关税；东盟各国货物在合作区加工增值30%以上、进入境内区外（内地）的商品，予以免税等"边境综合保税区"的政策。这一跨境合作区的建立,将有望改变边境地区一直以边境贸易为主导、制造业基础差的弱势,有利于树立中越边境地区的产业优势,有利于中越双方调整优化边境地区经济结构,带动周围县市的产业结构,为两国边境地区经济发展提供强劲的动力和更广阔的空间。一些学者提出设立百色(靖西)边境经济合作区,在那西(中国)—那弄(越南)区域各自划出约5000亩创建中越跨境经济合作区,探索建立"两国一区、境内关外、自由贸易、封闭运行"的管理模式,采用一线放开、二线管住、人货分离、分类管理的运作方式,并比照其他边境经济合作区给予优惠的政策支持。[①]

在规划和建设边境口岸城镇时,要经常密切关注越方经济发展的动态和发展方向,并与之建立经常性的交流和互动机制,在相应和对等的级别、区域和范围内建立相应的城市、城镇、城镇功能区,实现更好地对接,促进双方的共同发展。现在越南重点扶持和建设的口岸经济区,有国家级的经济合作区,我方也应该在相应的区域发展对等甚至更高级别的经济合作区,重点建设好一类口岸。目前越南政府也集中财力重点扶持和建设三个口岸经济区,分别是芒街、谅山、驮隆,并制定了发展战略,以口岸经济带动其边疆城市的发展。广西的口岸和口岸城镇还应该有超前的意识,通过资金、技术、基础设施等优势引领越南对应口岸的发展,最终达到双方互利、共赢、协同发展。

总之,城镇化必须从我国社会主义初级阶段基本国情出发,遵循规律,因势利导。民族地区的城镇化建设,既面临与内地相同的任务,又面临许多特殊的问题和矛盾,因此要从民族地区的实际出发,尊重规律,因地制宜,把城镇化变成各民族交往、交流、交融的过程。还有一个值得关注的问题是边境安全问题,不能因为搞城镇化建设,人口向城镇聚集,造成一些村屯"空心化"。需要在边境地区城镇化布局和政策上做出特殊安排。国家要加大对边境地区新农村建设的支持,同时在有条件的地方开辟边境口岸开展边境贸易,使那里的群众能够享受到城镇化建设的成果。

[①] 姜木兰:《让广西沿边成为真正的"金"边》,《广西日报》2013年12月27日。

民族植物学在城镇化建设中的应用
——以彝族植物文化为例

刘荣昆[①]

一 彝族植物文化的内涵及特征

1. 彝族植物文化的内涵。植物是人类生活不可分割的一部分，植物文化是人类认识、利用、崇尚植物的文化活动及文化心理的集合，其表现形式有宗教方面对植物的崇拜和信仰、文学中对植物的咏叹和赞美、雕刻绘画中对植物形象的雕琢和描绘、园林中对植物美化功能的驾驭和利用、医药饮食中对植物医疗保健功效的锤炼和总结、服饰上利用植物图案做装饰及利用植物染料染色等。彝族的主要环境是山区，山林植物的多样性为彝族植物文化提供了得天独厚的自然条件，彝族人民长期对植物的观察、应用、赏玩等是促使彝族植物文化形成的内在动力。

2. 彝族植物文化的特征。彝族植物文化内容丰富、形式多样，综而观之，松树、竹子、马缨花、葫芦、山茶花在彝族植物文化中最具代表性和典型意义，彝族植物具有宗教性、审美性、实用性等共同特征。

（1）宗教性。彝族有植物崇拜的习俗，松树、竹子、马缨花、葫芦、山茶花崇拜中表现出彝族追念祖先的优秀品质。祖先去世，彝族以松树、竹根、马缨花树做祖灵：如南华县彝族支系罗鲁人用10厘米左右的小松树根做祖灵，做成人形，钉上碎银缠上黑布拴上线后由正孝供奉在神坛

[①] 作者简介：刘荣昆，保山学院人文学院副教授，云南民族大学西南环境史研究所博士研究生。

上；双柏县彝族支系罗武人在竹林中撒米，挖一棵摇晃竹子的根做祖灵；彝族认为马缨花具有保护氏族的作用，楚雄、南华、双柏一带的彝族用白马缨树制作灵牌。在彝族中普遍流传发洪水时彝族祖先在葫芦中避难，待洪水退去，兄妹成婚繁衍彝族后代的传说，于是葫芦成为彝族的图腾之一，在永平彝族中流传着十八岁的青年不准锯葫芦的传说，据说如果锯了葫芦会断子绝孙，南华县兔街乡摩哈苴村的彝族祭祖时要在门上挂一葫芦以示祭祖。楚雄市的彝族奉山茶花为神花，将山茶花插在天地树上敬祖祭神。五种植物的宗教文化内涵还以其他多种形式表现出来：石屏县的花腰彝族认为松树具有驱邪治病的功能，当家里有人腰部疼痛时，就砍一松枝挂在墙外，认为可以祛除病痛；凉山州德昌县的彝族有黑竹支系，贵州威宁县的部分彝族因为崇尚竹子的长青而自称"青彝"，广西隆林、那坡以及云南富宁一带的彝族每年农历四月二十四都要举行祭竹大典；每年农历二月初八是楚雄彝族的插花节，祭祀马缨花神是插花节的主要内容；双柏县麦地冲村彝族在"跳老虎笙"时，由一位老人用竹竿高举葫芦引跳，并把葫芦里的灶灰撒向众人以示除病；楚雄的土主庙内普遍植有茶花，而且培育出许多茶花精品，如泽河土主庙的"九蕊十八瓣"、夸么土主庙的"九蕊二十三瓣"、云箐土主庙的"楚蝶"等。

（2）审美性。彝族的植物文化审美理念主要表现在图案应用及比附赞喻两方面。彝族的植物图案大量应用在雕刻、漆器和刺绣中，房屋面板上通常雕刻有松、竹、山茶、葫芦等图案，漆器上大量采用蕨纹图案，刺绣中常见的植物图案要数马缨花和山茶花。彝族用植物比喻美好的事物和人物，体现出彝族追求"真善美"的审美价值取向。把小伙子比作青松，《阿细姑娘的红绿腰带》中描写主人公"阿自好像西山顶上的松树一样雄伟"，把姑娘比喻成美丽的马缨花、索玛花，彝族民间故事《三女找太阳》把漂亮、聪明、勇敢的姑娘们比作马缨花："这三个姑娘又漂亮又聪明又勇敢，象哀牢山上最鲜最红的马缨花。"

（3）实用性。彝族的衣食住行均大量利用植物资源。服饰方面，采用麻、火草、棕皮等做纺织材料，大量采用蓝靛、粑粑花等植物染料染色；饮食方面，茶酒是主要的饮料，宽广的山林为采集提供了便利条件，大量草药成为彝族医学的根本要素；木材在建筑、桥梁、车船中发挥了重要作用。松树、竹子、马缨花、葫芦、山茶花五种植物在彝族生产生活中的实用性尤显突出。松树是彝族常用的木材，一些彝族聚居区的森林碑刻中有专门保护松树的条款："已后祈赐严禁，凡川中牧樵上山，只准砍伐杂木树，不准砍伐果木松树，及盗修松枝，借故砍树。即山主亦不准因无用而砍伐己山松树，只准砍伐杂木树。"[1] 从中可以看出保护的重点是松树，主要看重松树的建材价值。竹子在彝族中常被用来编织生活用具及生产工具，如筲箕、筛子、簸箕、篮子等。彝族用马缨花树做成碗、盆，用树皮及花蕾治病，山茶的花和籽可以入药。葫芦是彝族做葫芦笙的必须部件。

二　彝区城市绿化缺乏民族特色

彝族聚居区城市大量引进外来绿化树种，绿化树种和方式与非彝族聚居区趋同，缺乏地方特色和文化内涵。楚雄市老城区行道树主要乔木有香樟、小叶榕、雪松、大叶女贞、银桦、三角枫、法国梧桐、缅桂、滇润楠、垂叶榕10种，主要灌木有小叶女贞、八角金盘、山茶花、金叶女贞、栀子花、红花继木、杜鹃、木槿、非洲茉莉9种。[2] 从中可以看出，在主要的19种主要的行道树中，只有山茶花和杜鹃具有彝族文化色彩，其他绝大多数为外来引进树种，而且杜鹃的种植量较少，这与杜鹃富有彝族文化内涵及乡土特征明显的双重身份和优势不相匹配。楚雄彝人古镇是一项展示彝族文化的旅游地产项目，其中的建筑、装饰等都采用了很具代表性的彝族文化元素，然而在绿化方面却不能很好地体现出彝族文化的气韵，古镇采用的绿化植物主要有连翘、香樟、雪松、柳树、黄杨、女贞、黄连木、小叶榕，具有彝族文化内涵的竹、山茶、马缨花等栽种较少，彝族文化气息浓郁的棕榈、青松、马桑、麻栗、棠梨、油杉、葫芦、火草、白茅草等却没有种植。由此可见，彝人古镇的绿化植物过于洋气而不接地气，没能很好应用具有彝族文化内涵的植物开展绿化工作，不能充分彰显彝族文化旅游项目的魅力。凉山彝族自治州的首府西昌市的绿化文化内涵不突出："西昌市中心绿化整体文化功能较差，没有突出的文化主题和艺

---

[1] 张树芳：《大理丛书·金石篇》，云南民族出版社2010年版，第16页。
[2] 韦宇等：《楚雄市老城区行道树组成及配置研究》，《湖北农业科学》2011年第2期。

术活力。"① 西昌市的绿化花种主要为三角梅和炮仗花,此两种花与彝族文化不相关联,缺乏彝族文化内涵。在绿化景观方面大量采用外来植物,如水杉、垂榕、香花槐、橡皮树、蓝花楹、高山榕、红叶李、象牙红、马蹄筋、元宝枫、假槟榔、矮牵牛、小琴丝竹、大王椰子、红叶石楠、加纳利海藻等,这些植物为彝区山城带来了装饰效果,然而缺乏文化效果。一些彝族自治县县城在城市绿化方面也不能很好地体现彝族文化,南涧县较典型的绿化项目宋词长廊展现的是古典文化,而芒果大道具有浓厚的傣族文化色彩。漾濞彝族自治县大力推进"山水园林城市"建设,大力种植三角梅,此植物观赏性和成活率俱佳,属于大众型的城市绿色植物,三角梅的种植缺乏彝族文化内涵和地方文化特色。彝族在西南地区分布较广、人口较多,彝族聚居区乡土植物资源丰富,植物文化内涵深厚,如果能着力培育驯化,并做好恰当的规划布景,定能为彝族聚居区的城市带来亮丽的风景和富有张力的文化风韵。

三 彝族植物文化在城市绿化中的意义

1. 成活率高。一些外来树种适应性差,耐寒、抗旱能力弱,往往因为不适应彝区较为寒冷干旱的气候而枯死,既影响了城市的美观,而且还造成经济上的损失。西昌市引进的一些外来植物因不适应当地的环境而造成干枯,不能很好地发挥绿化功效,而且还造成经济损失:"垂榕、橡皮树、加纳利海藻、大王椰子遇到霜冻、下雪,叶子几乎全被冻死,失去了应有的观赏效果;香花槐蛀杆害虫、蚜虫发生严重;矮牵牛、马蹄筋稍遇干旱叶子就失绿,给后期管理带来了很大困难。"② 盲目引进外来绿化树种,不充分考虑树种的生态适应性,致使一些外来树种的苗木在干旱、寒冷等气候环境下旱死、冻死,在消耗绿化资金和发挥生态景观效应上都带来消极影响。乡土树种对当地的土壤、气候具有较强的适应性,而且更富有地方文化内涵。楚雄州境内共有野生杜鹃属植物39种,占云南野生杜鹃的10.4%,马缨杜鹃在全州范围内均有分布,说明马缨花比较适应楚

---

① 王必行等:《西昌市城市林业可持续发展浅析》,《南方农业》2012年第5期。
② 刘兴芬、朱建明:《西昌市城市道路绿化管理存在的问题和对策》,《现代农业科技》2011年第2期。

雄州的气候和土壤，有利于人工驯化和栽培，进而大量应用到城市绿化中。

2. 景观协调。城市园林绿化讲求建筑、景观、文化的相互协调，这样才能很好地发挥出城市绿化的景观功能。彝族聚居区的城市通常有极富彝族文化内涵的雕塑文化，如楚雄的十月太阳历、景东县城的大三弦、石林的阿诗玛、西昌的支格阿鲁等极具彝族文化代表性的雕塑，另外彝区城市还具有大量彝族服饰、饮食、艺术等彝族文化元素，然而在城市绿化方面，不能很好地体现彝族植物文化的内涵，彝族植物文化在城市文化中的缺失造成文化生态的缺憾，外来植物与城市的彝族文化元素不相匹配。如极具彝族文化内涵的楚雄十月太阳历广场、西昌火把广场周围的绿化植物大多引自外地，外来植物与本地民族文化不能很好地体现出文化和谐之美，不能充分展现出彝族文化的魅力和格调。

3. 景观效应。松树、竹子、马缨花、葫芦、山茶花五种植物具有深厚的文化内涵和生态美学价值的双重特征，应用在彝区城市绿化中能够发挥较好的景观效应。松树、竹子、马缨花、山茶均为四季常青植物，这符合城市绿化中追求绿色的价值取向，马缨花、山茶花花朵嫣红硕大，其观赏价值突出。葫芦藤长叶茂，绿色效果较好，葫芦瓜形可爱有趣，煞是惹人喜爱，装饰效果好。五种植物能自成秀丽风景，松枝随风起伏造就出"松涛阵阵"的磅礴，霓虹灯映照出"竹影婆娑"的靓丽、马缨花硕大火红的花冠铺就出"马缨似火"的海洋、红里透白的山茶花闪烁出"山茶媚颜"的娇羞、葫芦可爱的造型摇晃出"葫芦英姿"的风采。五种植物分季节交错出景，松树、竹子四季常青，夏季尤显苍翠葱茏之美，山茶花冬春绽放，马缨花春季盛开，葫芦夏季挂果、秋季成熟，此物种植物在不同的季节各有优越的观赏价值，景观悄然演替，不会带给人们因景观陡然变化而引发的无限惆怅。

4. 品牌效应。城市的文化内涵是构建城市品牌的重要力量，少数民族聚居区的城市更应该充分挖掘民族文化和地方文化资源，亮出自己的文化特色，把民俗、历史、文学等文化元素融入绿化中，铸就富有文化气息的城市绿化品牌。文化特质是一座城市的血脉和精气神，把乡野的美、富有民族文化内涵的美以绿化的方式嵌入现代城市，其目的不在标新立异，而在恰能达到返璞归真的效果。只有准确把握民族地区的文化脉搏，以民族文化装点民族地区的城市，并把民族文化元素恰到好处地应用到城市建设过程中，才能更好地展现出城市的文化底蕴和灵气。彝族植物文化作为彝族文化的重要组成部分，理应在城市建设中拥有自己的位置和发挥应有的作用。城市绿化给人以直观的视觉冲击，绿化往往被当成"植树、栽花、种草"的代名词，这是浮于绿化表层的感官效应带来的误区，浅显的"植树、栽花、种草"是缺乏品味的绿化活动，至少经不起审美的考验。绿化的更高境界是美化，把具有彝族文化特色的植物应用到城市绿化中，这才能达到美化的高度，能够聚生态美、景观美、人文美于一体，为提升城市的知名度、美誉度添力。

四 巧用彝族植物文化装点彝区现代城市

1. 打造彝族植物文化主题公园。彝族植物文化园的功能旨在集休闲、科教、文化传承于一体，充分展示彝族植物文化的内涵，进而提升彝族聚居区城市的民族文化魅力。山茶花被确定为楚雄的市花，近年楚雄致力发展茶花产业和打造茶花文化，然而茶花在楚雄城市绿化中的分量是与市花的地位不相符的。楚雄已在峨碌公园建成3.68公顷的茶花主题公园，但缺乏综合性的彝族植物文化主题公园。可以在中国楚雄、凉山两个彝族自治州的首府楚雄市和西昌市率先建彝族植物文化主题公园，具体包括宗教植物文化、饮食植物文化、服饰植物文化、药材植物文化四个系列的分园，在每一分园中设一小型展馆，展出与此分园主题相关的植物标本、物品、字画、书籍、文章等，在其旁以有字卡片形式阐释文化内涵。宗教植物文化园可栽种马缨花、山茶花、松树、马桑、滇油杉、金竹、箭竹、葫芦、青冈栎、梨树、棠梨、麻栎树、核桃树、冬青、云南松、万年青、云南油杉、白茅草、蕨草等。饮食植物文化园可种植茶树、苦刺、香椿、棠梨、蕨、刺脑包、刺五加、杨梅、山里果、多依树、山药、何首乌等，小型展馆中专门展出彝区所产菌子的标本及野生图片。服饰植物文化园可种植纺织的火草、麻、棕榈等，做染料的植物蓝靛、廖蓝、板蓝根、艾蒿、核桃树、漆树、乌桕、苦荞、马蹄叶、黄连、羊巴巴花、白花树等，展馆中展出火草布、火草衣、蓑衣、竹箦帽、彝族扎染、绣有植物图案的绣品等。药材植物文化园可种植彝族医药中出现的各种草药，奶浆草、青洋参、地黄莲、七叶莲、满山香、小儿腹痛草、月芽蒿、仙茅、小绿芨、龙胆草、虎杖、灯盏花、金铁锁等。根据各彝族地区植物文化具有差异性的特点，彝族植物文化园应以本土植物文化为核心开展布园工作，如楚雄州彝族较崇拜松树，而凉山州彝族较崇拜冷杉，在植物园建设中可有所侧重。

2. 彝族植物文化在街景中的呈示。在街道绿化中着力体现极具彝族植物文化内涵的松树、竹子、茶花、马缨花的绿化功能，在彝族聚居区城市建设分别以松树、竹、茶花、马缨花为主体绿化植物的景观大道，可命名为"松涛大道"、"金竹大道"、"茶花路"、"马缨街"等。四种绿化植物在栽种时可把相关种属都布置进去，以衬托出该树种浓郁的文化主题，而且又具有一定的科教价值。葫芦因其富有强大的彝族文化功能，加之其藤、叶、果实都具有较好的美化效果，根据其攀附性的生长特征，在四大主题街道绿化区可适当种植葫芦，既有利于葫芦的生长，又可夯实主题绿化街区的彝族植物文化内涵。为了防止街道绿化景观的单一，在栽种主题文化植物时，还要考虑色彩、防污染、防噪音等城市绿化的诸多功能，要打造文化主题明显、景观功能齐全、生态意义突出的彝族植物文化街区。

3. 彝族植物文化在住宅区域的应用。在建设住宅小区时，提倡采用具有彝族文化内涵的植物进行绿化，这有其必要性和优势。在街道绿化已采用富有彝族文化内涵的植物前提下，住宅区域的彝族植物文化绿化方式能够与街景彝族植物文化相呼应，从而更加彰显出彝族聚居区城市民族特色凸显的绿化方式。其优势主要有三个方面：其一，松树、竹子、马缨花、葫芦、山茶花自身的美观性能给住宅区带来绿化的深度观赏效应；其二，五种植物容易成活，不会给小区居民带来植物枯死、重新绿化的损失；其三，因为生活节奏和工作压力的加大，城市人更向往乡居的悠闲与恬适，五种植物能给人以住在城中、生活在乡间的恬淡之感，恰好适应了人们追求乡间生活的审美取向。

对城镇化进程中生态文化旅游的探讨
——以云南泸西城子古村为例

平 慧[①]

城子古村被誉为"梯子上的城堡",古村整体布局依山就势,西高东低、背山面水,几百户人家自然相连,层叠而上的土掌房形成一级级的台阶。彝汉建筑风格的完美结合也使得古村颇具地方特色,同时,古村现存民居的建造年代有一条非常清晰的历史脉络,其蕴含的历史文化背景,为今天城子古村的生态旅游开发奠定了资源基础。在城镇化的浪潮中,城子古村利用自然资源和民族文化资源发展旅游,但由于种种原因其发展存在很多问题,文章通过探讨其发展旅游的资源基础,分析以政府为主导的开发情况,并最终对目前古村生态旅游发展提出初步建议。

一 城子古村概况

红河州泸西县城子古村,地处红河州、文山州,泸西县、弥勒县、丘北县交叉处,距泸西县城25公里,属泸西县永宁乡。该村距州府蒙自近200公里,距省城昆明197公里,是泸西县连通州内各县(市)及文山州的南大门,泸中(泸西县城至开远中和营)公路穿境而过。目前,全村共有约722户住户,常住人口约有2736人,村子占地面积249.4公顷,居住着汉、彝、苗三个民族,主要有曾、张、赵、王、胡、李六个姓氏,

---

[①] 作者简介:平慧,女,红河学院人文学院历史系教师,西南民族大学民族学博士研究生。研究方向:人类学与彝族社会文化研究。

其中曾姓和赵姓是村子里的大姓，人口也较其他姓氏更多。据村中年长的老人口述，这两大姓氏在明代以前均是彝族，后因吴三桂灭水西而祸及城子村人，当地彝族人为躲避杀害，均改为汉姓，改称汉族。

城子古村的存在和发展也有其历史脉络，早在西汉元鼎六年（公元前111年），泸西县已被设置为漏江县，隶属群舸郡，东汉时期同样隶属群舸郡。蜀汉、西晋、东晋、后蜀、宋齐时期，泸西县仍名为漏江县，但改属建宁郡。随后，经过唐宋元时期的发展，到明代城子古村已发展得具备一定的规模。据史书记载，公元1382年即明洪武十五年，"广西路改为广西府，以土官普德置府事。普得，又作普德，彝族姓昂氏，广西府第一代土知府"。公元1388年即明洪武二十一年，"者满作乱，杀死。职位由子昂觉继袭。时至广西府第五代土官知府昂贵于明成化九年（1473年）袭职。以不法事，于成化十七年（1481年）革职，安置弥勒州为土照磨"。同样，《广西府志》也记载到："明洪武十四年，颖川侯傅友德，平西侯沐英克云南改路为府，以土官普得领之。传至昂贵，肆戾不法，明成化十一年（1475年）七官照磨赵通奏闻，下其议巡抚御史林符核实，逮贵下狱，革职。改土归流，领师宗、弥勒、维摩、三州十八寨所。"现今，城子古村中的城子大寺即是在昂土司府遗址上建立的，昂土司府的存在，使城子古村成为当时滇东南政治、经济、文化中心之一。

城子古村不仅有其设县的历史渊源，而且在现代也为中国革命史发展做出了积极的贡献。著名的彝族爱国将领张冲童年时期曾在这里就读小学；1949年1月初，中国人民解放军滇桂黔边区纵队前委在此成立盘北指挥部，指挥泸西、陆良、师宗、弥勒、路南等县的武装斗争；1949年2月6日，中共泸西县委在永宁城子古村正式成立，同时成立泸西县解放委员会，行使县人民政府职权；2月中旬，盘北指挥部在永宁城子古村举办干部培训班，为军队和地方培训骨干90余人。

二　城子古村旅游发展的资源基础

旅游业的发展不仅需依托良好的自然生态环境，而且需具备独特的人文生态系统。国内外游客在城子古村的旅游，事实上是一种文化体验和文化旅游。文化旅游指的是通过旅行使游客进入其他文化和其他地方去了解当地的民众，他们的生活方式、遗产和艺术；以直接的方式真正了解这些文化以及它们在历史语境中的表现。① 因此，城子古村在城镇化过程中要实现生态文化旅游产业的发展，必须将民族文化资源转化为文化资本，大打文化旅游品牌，做好文化旅游资源的挖掘、开发和建设工作，充分发挥彝族文化资源的优势，打造独特品牌。

（一）自然资源

城子古村地势略低于泸西县城，气候温和、雨量充沛，全年最高气温21℃，最低气温10℃，年平均气温16℃，年平均无霜期为300天，年均降雨量1250毫米，夏长霜期短、风小日照长、年平均日照数达2010小时，农作物生长期为285天，属典型的南亚热带气候。依山傍水的城子古村水资源非常丰富，南盘江支流小江河上游的中大河自北向南贯穿村境中部，村前的护城河，也由东向西注入南盘江。同时，该村的森林覆盖率为28%左右，植被以南亚热带常绿阔叶树种及针叶林（松树、沙松）为主，常绿灌木也较多。政府实行退耕还林政策以来，栽了不少桉树、杉树、果树、麻竹等经济林木，这不仅为城子古村土掌房修复提供了木材资源，也为当地居民经济收入的增长提供了一定保障。

（二）民族生态文化资源

如果说城子古村的自然资源是其旅游发展的基石，那么民族生态文化就是旅游业转型升级和发展方式转变的风向标。城子古村的民族文化资源不仅丰富多彩，而且独具地方特色，这包括城子古村的神话传说、建筑史话、记载中的昂贵、昂贵财宝之谜；节日风俗包括正月十五太平盛会、五月十三土官庙会和六月二十四火把节。其中，神话传说和建筑史话是城子古村生态文化旅游的亮点，最广为流传的有："兄妹成亲"、"阿嘎建房"、"玉女赶石"、"龙马飞刀"、"护印传说"、"昂贵土司府"、"江西街"、"将军第"、"张冲故校"、"城子古村革命纪念地"、"玉屏山玉皇阁"、"城子哨——茶马古道南延线的古老驿站"等。这些当地居民耳熟能详的神话传说和史话，都是彝族文化的碎片，同时也是民族文化的精华，当我们把民族文化世世代代口传中的精髓部分与物质文化整合起来，不仅能看出城子古村民族文化的地域特征，更能在追寻历史文化发展脉络的同时，

---

① 彭兆荣：《旅游与人类学》，《思想战线》2008年第4期。

整合泸西县及周边区域旅游资源，使之成为区域旅游板块。

三 目前旅游资源的开发情况

在一般层面上讲，经济转型的动力可大体分为外力介入和内生力量，良好的状态是最初两种力量共同推动，最后变成内生型为主外生型为辅的发展机制。在20世纪90年代初，城子古村土掌房引起了当地摄影爱好者的关注，都纷纷到此采风。随着这些摄影爱好者作品的问世，城子古村这块天然质美的璞玉，渐渐被世人知晓并得以传播。媒体的宣传也引起了当地政府和国内专家的重视，《红河日报》、《云南日报》、《春城晚报》等报刊的多次报道，和中央电视台的专题报道，为城子古村已有的旅游基础资源创造了舆论和社会发展空间，进而吸引了更大的关注度。此外，政府在城子古村旅游开发过程中起到了主导作用。

（一）政府引导，多部门联动共同努力

2003年2月23日，国家建设部风景名胜专家顾问、中科院地理科学与资源研究所研究员、博士生导师宋林华一行考察了城子古村，并书面建议泸西县委、县政府做好村子的保护工作，并积极创造条件尽早申报世界文化遗产。随后，各部门协调共同努力，2007年城子古村成功申报"云南省历史文化名村"；2009年7月泸西县在召开全县旅游二次创业工作大会后，成立了城子古村保护与开发工作领导小组，以县委书记为组长，县属有关部门领导为成员。工作领导小组多次组织现场办公推进会，明确责任领导及责任单位，如项目规划以建设局、宣传营销以广电和旅游局、环境卫生改造以卫生局、村间道路改造以交通局、水利建设以水利局、村落照明改造以县电力公司、农业产业布局以农业局为责任单位等；2010年6月又成立了城子古村保护与发展管理委员会和古村旅游服务站，办公室设在村中，抽调专门人员负责旅游开发和城子古村保护的日常工作，集中人力物力财力，加快发展；同年，城子古村被确定为"亚洲民俗摄影之乡"、"红河州农业旅游示范点"、"云南省旅游特色村"；2011年，城子古村再次被评为"云南省少数民族特色村"和"中国景观村落"。这均是政府有力的主导取得的有效成果，为今后的旅游发展奠定了坚实的基础。

(二) 增加资金投入，谋求合理发展模式

城子古村的规划发展得到了省、州旅游局和财政局、发改委、扶贫办等部门的大力扶持，省旅游局挂钩扶持永宁乡，每年派 1—2 名工作骨干到永宁乡、永宁村委会挂职，并给予城子古村专项扶持资金；州旅游局也出谋划策、争取项目、协调关系。州及县属各部门也积极出资出力，从而加快了各项目及整体环境的建设和完善，促使各项工作有效实施和建设良性发展。截至 2013 年 9 月，城子古村投入的相关项目，包括基础设施、旅游工作、搬迁、营销、大寺维修等，建设资金为 1157 万元；目前，还有省旅游局、省民委、州整乡推进项目、州建设局资金、县扶贫办、县移民局项目资金等共计近千万元的项目资金将投入到城子古村的建设中，必将带动城子古村旅游业的大发展。

(三) 增强保护力度，切实确保民族文化传承

由于城子古村既是不可复制的历史文化遗产，又是弥足珍贵的旅游资源，因此，为实现村子的生态旅游的可持续发展，必须做到在保护的过程中谋求发展，在谋求发展的同时创造和维护品牌。城子古村在保护开发中坚持了"保护风貌、改善居住、调整结构、完善功能，增加设施，美化环境"的总体原则。同时，相关部门加强了制度建设，出台了规划方案及条例，如《城子古村详细性保护规划》、《泸西县旅游发展规划》、《城子古村土掌房维修方案》、《城子古村外围环境整治规划》、《泸西县永宁乡城子古村保护开发管理条例》、《城子古村村规民约》、《土掌房修缮补助标准和程序》等，这些内容明确和规范了对城子古村的保护措施，对群众进行教育培训，对重点景点进行了维修抢修，对部分新建大砖、砖瓦房进行拆除，严格建设审批，并对城子古村字样和图文并茂字样进行了商标注册，建立起了对城子古村的长效保护机制，使其建筑文化得以传承，原始风貌得到保持。

(四) 居民积极参与，捆绑营销引游客

城子古村生态旅游的发展离不开城子古村民众的认同和支持，但是当地人对城子古村的认识还仅仅停留在浅层认识上。因此，县政府、乡政府制订了相应的帮扶措施，即组织当地人民认真学习城子古村的历史文化，

这一方式不仅提高了当地人对城子古村的历史价值、文化价值、经济价值和社会价值的认识，也增强了他们对科学保护和利用城子古村自然资源和人文资源的保护意识。在生态旅游规划中，游客的食宿一直是需要解决的首要问题，因此，在当地乡政府的帮扶和部分很有觉悟的居民申请下，自办了农家乐并先后建成了"城子第一家"、"小龙树彝家乐"、"土司家宴"、"古城第一家"等餐饮、住宿点，也形成了城子古村的特色，如城子米酒、将军肉、土鸡、土鸡蛋、土库长龙宴等土特产品，这些不但增强了城子古村旅游区的休闲娱乐功能，更能吸引、留住游客。

四 城子古村生态旅游开发中存在的问题

"现代"与传统的对立使自身失去了根基，现代性是以无家可归为标志的。这种主观理性使得内在自然和外在自然都彻底工具化了，并最终取代了理性的位置，致使理性完全变成了"工具理性"。[1] 总体来看，城子古村生态旅游开发不仅获得了省、州、县、乡各级政府的高度重视，投入了大量的人力、物力和财力，但是在整个城镇化过程中，城子古村的生态旅游开发仍然存在诸多方面的问题，亟须引起足够的重视。

首先，城子古村的生态旅游规划无序滞后。科学合理的发展规划是推动城镇化进程中城子古村生态文化旅游快速、良性发展的基础。目前，城子古村在规划过程中虽然按照城镇化的相关要求打造其文化品牌，做了大量的工作，但是仍然可以看出，规划思路不清，只能"见子打子"，片面依靠部分专家意见，造成意见与实际发展情况脱节的现象。如单方面追求各类旅游景点评比及荣誉称号的争取，但却没能够做到在获得殊荣后维护这样的美誉，仅停留在表面争取，过后疏于严谨规划。另外，在近期的生态旅游发展规划中，政府要在进入城子古村的必经之路处建荷花池，但是租用的是当地人的稻田，部分村民不愿意出租稻田，只有很少部分村民勉强愿意。究其原因，规划不够合理，触及很大部分村民的利益。

其次，城子古村的经营管理规章制度落实不到位。在整合城子古村生态旅游资源的过程中，为推进其城镇化的步伐，相关部门出台了管理规章

---

[1] ［德］尤尔根·哈贝马斯：《后民族结构》，曹卫东译，上海人民出版社2002年版，第188页。

制度，但是这些规章制度却如同虚设。城子古村虽然成立了城子古村管委会和旅游服务站，但主要负责的是永宁乡人民政府。这样行政型的企业运营模式，无疑会造成规章制度难以落实，如上级部门到乡政府检查工作或者指导、交流学习等，城子古村的门票、餐饮及住宿，这些费用只能由当地承担，而当地政府认为这是属于政府负责，费用可以免去，这对管委会和旅游服务站用于维持其运作的收入造成一定的影响。

再者，基础设施落后，当地人参与度不够。由于城子古村的生态旅游开发时间不长，旅游环境不容乐观。资金到位不足，严重影响了基础设施的建设，景区均是石板路，牲口粪便随地可见，景区原本就是依山体顺势而上，游客到部分道路狭窄的路段无法落脚，且不慎就会摔倒。还有公共厕所建得很少，这是游客反映最多且意见最大的问题。此外，当地人对于旅游开发的参与度不够高，很多人认为这是投机取巧的事情，取悦游客，迎合游客的需要，没有正确认识旅游能给他们带来的好处；关键在于古村中年轻人几乎都外出打工，小孩和老人相对较多，他们的参与意识薄弱，这也是参与度不高的主要原因。

最后，旅游产品单一，民族文化传承缺位。彝族是泸西古老的世居民族，但是在近些年的旅游经济发展中，彝族文化逐渐被忽略和边缘化，新的旅游叙事中很少提及彝族，当地彝族人认为"外地游客来我们这里旅游却不知我们是什么人，也不知道我们的历史风俗文化"。显然，当地的旅游经济中人文内涵缺位，一定程度上损害了世居民族的合法发展权益。旅游产品是一个旅游景点的标志，旅游产品单一会导致旅游景点无法通过游客而成功推广自身品牌，同样旅游产品单一也让民族文化传承失去了重要载体。目前，城子古村还没有针对其文化特色推出符合自身条件的旅游产品，还停留在餐饮和住宿两项基础项目上，很多游客来了之后只能通过吃和住向外推广城子古村，而这就无疑会产生巨大的偏差，游客的评价标准各异，他们都是从自身喜好出发，得出的结论也自然会大相径庭。

五　对城镇化进程中城子古村生态文化旅游发展的建议

旅游业的三方——旅游者、传统承载者与旅游从业者应达成共识。旅游景点、纪念品和表演都是文化多样性的产品，对主客双方而言，它们都是文化、民族风情和历史的旅游资源。① 城子古村在城镇化进程中，以民族文化为依托，以第三产业服务业为支撑，着力推进其发展的步伐，这不仅提高了城子古村的城镇化水平，而且促进了城子古村生态文化旅游的发展。为此，笔者提出以下建议：

第一，科学合理的规划和保护，切实有效的行政参与。在城子古村的规划和保护过程中，要深入基层，收集听取当地人和游客的建议和意见，并且根据城子古村的自身特色制订和出台切合实际的规划方案和保护措施，当地政府要及时发现、分析并解决问题，为城子古村的发展解决后顾之忧。应从原有的观光旅游模式转变为休闲度假旅游的立体模式，发展垂钓、游泳等休闲项目，科学布局度假居住区、综合服务区、游览观光区、文化娱乐区、运动区和其他特色功能区，这不仅能吸引游客，更能留住游客，为当地政府创造更大的经济效益。

第二，拓宽筹资渠道，鼓励当地居民入股或者小企业入驻。资金是加快城子古村生态文化建设的关键，要解决发展过程中资金缺口大和筹资渠道少的矛盾，应从土地审批、银行贷款等方面争取政策支持，地方政府引导拓宽筹资渠道，搭建融资平台，改善招商引资环境，鼓励当地居民入股参与，邀请专业化管理团队管理景区的运行，或者充分利用优惠政策吸引小企业进入，开发旅游纪念品，包括食品、民族包、服装、装饰品等便于携带的物件。

第三，提升旅游层次，打造旅游品牌，增强市场竞争力。城子古村旅游开发相对较晚，基础设施和宣传力度有限，无形中限制了古村旅游档次。近年来，到城子古村旅游的游客范围很小，几乎局限于省内，并且是离泸西县较近市县的游客。因此，旅游品牌作为城子古村的载体极为重要，小企业的入驻，可以根据游客的需求设计产品，可以是农副食品，也可以是文化纪念品。纪念品也要按照游客的层次及喜好来设计，如一般学者喜欢印有文化背景知识介绍的书签，食客喜欢地方风味特产，孩子喜欢玩具，女性游客喜欢印有图案的小饰品，男性游客喜欢印有城子古村风景的T恤、短裤或者是帽子等，这些都能形成城子古村独特的文化品牌，提升其在同等层次旅游景点中的市场竞争力。

---

① ［美］Nelson Graburn：《人类学与旅游时代》，赵红梅等译，广西师范大学出版社2009年版，第323页。

第四，坚持民族文化特色，维护当地人利益。民族地区的旅游要打文化品牌，让民族文化参与旅游文化、旅游经济的建构，让世居民族充分享受改革开放的蛋糕，尊重和体现当地民族的主体性，让其发挥主人翁精神，激发他们建设家园的主动性和积极性，让民族地区的旅游经济、地方文化、社会发展三位一体良性互动。在泸西地方旅游经济的发展规划中，需要尊重彝族是当地古老世居民族这一历史事实，吸收和展现彝族文化，维护彝族民众的权益，让彝族文化、彝族民众受惠，促进整个地区各民族间和谐发展。

从生态学角度而言，人类的生存环境有自然环境、社会环境和规范环境，文化生态环境主要由社会环境和规范环境构成。[①] 地方民族文化承载着当地民族的优秀精神，凝聚着城子古村彝族的历史精华，是城镇化发展的灵魂，也是城子古村生态旅游开发的精神动力。城子古村旅游的发展需要文化的支持，尤其需要特色文化资源的支持，城子古村的标志性建筑、特色建筑和神话传说正是民族文化特色。在坚持其文化特色的同时，更要维护当地人的实际利益，充分调动当地人的积极性，让家家户户都投入到生态旅游发展的队伍中来，做到利益的最大化，切实提高当地人的生活水平。

---

① 王金柱：《非物质文化遗产与文化生态建设》，《内蒙古师范大学学报》2007年第1期。

城镇化与文化多样性保护

藏彝走廊人口较少民族的文化保护
——以泸沽湖摩梭人母系文化为例

李 锦 耿 静[①]

藏彝走廊是我国最重要的一条民族走廊，高山深谷并列的地理环境、历史上各民族间的频繁互动，使这里成为我国文化多样性最为丰富的地区之一。特别是在一些人口较少、地域较小的环境中，往往保留着完整的传统文化特点，是人类最重要的文化遗产。近年来，由于受到工业化和全球化影响，这些文化遗产都受到严重威胁，保护工作的开展迫在眉睫。本文将根据对四川省境内泸沽湖畔纳日人母系文化的保护来讨论具体的保护措施。

摩梭人自称"纳日"，在古代汉文典籍里被称为"摩沙"、"么些"等，自晋代以来一直居住在泸沽湖周边地区，现在主要聚居在四川省盐源县的泸沽湖镇、云南省宁蒗县拉伯乡和永宁乡，其他的分布在四川省盐源、盐边县和木里藏族自治县的部分地区。总人口约4万。摩梭文化保留着母系大家庭和走访婚，是目前世界上保存最完整的母系文化形态之一。摩梭人没有文字，使用摩梭语，依靠语言进行文化传承。随着现代化的进程特别是旅游等产业发展的冲击，摩梭文化中的许多传统处于濒危境地，亟待保护。对摩梭母系文化的保护，对我国保护人口较少、地域特点突出的文化具有一定借鉴意义。

---

① 作者简介：李锦，四川大学社会发展与西部开发研究院教授。耿静，四川省民族研究所研究员。

一 摩梭人文化生态分析

摩梭文化以母系文化为核心，以泸沽湖及周边自然环境为文化生态空间，具有以下特点：

母系血缘传承优先：无论是日常生活还是宗教信仰中，凡是"大"或"神圣的东西"，均要冠以"母（mi）"的称谓。家中以生女为贵，因其成年后可成为达布持家。骨系传承、亲属制度以母系血缘关系为纽带。在日常用语中，女性词汇一般放在男性词汇之前。

母系亲属共同居住：母系亲属共同居住是指由一个始祖母串缀而下的母系后裔组成的血缘集团，家庭中男不娶、女不嫁，以妇女为传嗣根骨。其特点主要有：（1）世系按照母系计算；（2）有过继养女风俗；（3）女13岁举行成年礼后可独居一室；（4）实现亲族外婚；（5）集体占有财产；（6）由达布负责生产计划、劳动分工、财产管理、生活安排和宗教祭祀；（7）实行共居制；（8）拥有公共墓地；（9）共同祭祀祖先。

两性关系以走访制为主。两性间实行走访制，走婚的双方称"阿夏"，阿夏关系是在生产劳动、节日活动或在某一特定场合下建立的。一旦双方中任意一方不再愿意，这一关系就自动解除。

与泸沽湖及周边生态环境相协调：在摩梭人传统生态观念中，认为人与自然是一体的，也是平等的，而且对自然界始终保持着敬畏。母系大家庭尽可能集中生产资料和劳动力，有利于发展生产、提高生活水平。母系大家庭独有的血缘联系，形成了以家屋文化为特征的财产共有观念，保证家庭内部团结和睦、敬老爱幼。母系大家庭实行氏族外婚，同家族及血亲不婚，人口素质高，独特的生育理念决定人口增速较缓。母系大家庭数代共居，不提倡分家，节约了土地资源。

二 摩梭文化受到的威胁

传统生产生活方式发生改变：传统生产方式以农耕为主、畜牧及渔猎为辅，另有手工业、马帮运输等副业。现在是家庭旅馆，生产资料从土地、农具、耕牛、渔船变成旅馆、商铺、载客马、游船。大量外地游客进入泸沽湖摩梭社区，带来了来自四面八方的文化与观念，对摩梭传统生活带来影响与冲击。受市场经济利益驱动，许多摩梭人特别是摩梭女性外出打工，给母系文化传承带来冲击。更有甚者，还有一些外地人出于种种目的来到泸沽湖"走婚"，导致走婚习俗变调、走样。

外来文化影响加深：外来文化是一种父权制观念下的文化，因此对摩梭母系文化冲击巨大。首先是主流文化对摩梭文化的影响，其中汉族是一个典型的父权制社会；其次是电影、电视等现代传媒对摩梭文化的影响，里面大多是男主外、女主内的观念，这与摩梭母系大家庭的观念格格不入；再者是现代教育对摩梭儿童的影响，教学内容都是以父权制观念为背景的，这与摩梭母系大家庭的传统教育观念相冲突。此外，许多参加工作的摩梭女性走进了一夫一妻制家庭，男女共同承担家庭事务、共同抚养小孩，传统的婚姻与家庭观念逐渐趋淡。

政策与法律的影响：《婚姻法》的实施，要求摩梭青年男女去民政部门办理结婚登记手续，这与传统的走访婚形成冲突；现代户籍政策对母系大家庭的稳定性形成冲击；计划生育政策的刚性规定，促进了一夫一妻制婚姻家庭形式的产生。

旅游业发展的影响：联合国"保护非物质文化遗产国际公约"将旅游开发视为对文化遗产保护的威胁。具体而言，泸沽湖旅游业的发展，对摩梭文化的影响主要表现在以下四个方面：

（1）传统上，达布主导母系大家庭的生产与经营，特别是传统农业的生产。如今经营旅游业的基本上都是摩梭青年男女，导致母系家庭财产权的变化，他们希望成立小家庭来单家独户经营的倾向愈加突出。

（2）家庭年长的达布善于农业经营和家庭管理，而不善于旅游经营，因此达布、舅舅的传统权威地位受到挑战，母系大家庭的传承因此受到威胁。

（3）一些摩梭人将自己的土地、房屋租给外地人从事旅游业，导致在泸沽湖旅游产业中获利的大多是外来经营者，而本地的摩梭人却在旅游产业中被边缘化。不仅如此，这些经营者大多唯利是图，滥用摩梭文化资源，且多对摩梭文化误读、曲解，导致摩梭人对摩梭文化的自豪感降低。

（4）走婚在过去是纯粹的个人感情生活，现今则打上了商品经济的烙印，如走婚对象要帮助阿夏摆摊买卖，搞旅游接待等。换句话说，原先性的自由，如今却被绑上了经济的锁链，自然影响到母系文化的传承与稳定。

移民安置影响：一方面，近年移民安置政策导致泸沽湖外来人口数量在增加；另一方面，大量摩梭中青年外出或务工或参加工作，导致本地摩梭人口比例下降。基于这一因素，许多摩梭传统节庆民俗活动难以正常举行，文化氛围逐渐淡化。

自然生态环境恶化：近年来，泸沽湖及周边地区的自然生态环境不断恶化。其原因主要有：（1）污水、垃圾处理体系不完善；（2）畜圈布局不合理，农家粪肥对泸沽湖造成污染；（3）部分湖滨带自然群落的生态结构被破坏；（4）草海的人为干扰较严重；（5）外来物种入侵。泸沽湖是摩梭母系文化生态的重要载体，泸沽湖及周边地区生态环境的恶化自然会威胁到摩梭文化的传承与发展。例如，摩梭地区过去有传统的渔业村，但由于水质降低导致渔业资源减少，渔民经济收入减少后被迫向其他产业转移，破坏了渔业文化的传承。

三　摩梭文化保护现状

（一）文物及民俗文物

历史遗迹：历史遗迹或有被遗忘的趋势，或被当作文化资源在旅游业发展的过程中过度使用，历史遗迹的教育功能及其文化内涵渐趋淡化。

表1　　　　　　　　　历史遗迹现状表

序号	项目名称	现状
1	土司府遗迹	荒废
2	王妃府遗迹	修复
3	本教经堂	省级文保单位，仍然使用，但外包给他人卖香蜡纸钱等
4	老草海桥	已废弃

民居建筑：近百年来生产生活方式的改变，导致民居建筑的风格及内部装饰发生变化，不同时代的建筑材料、建筑格局均有演变。但总体而言，民居建筑保存较好。

表 2　　　　　　　　　　　民居建筑保护现状表

序号	项目名称	现状
1	村落布局	共17个自然村落，其中，洼夸、格萨、安洼、古拉、阿陆、母支、扎俄落、博树、五支落、洛洼、密洼、那洼、博几曼13个村落保留完整（五支落、洛洼易受未来旅游发展影响）。多舍、竹比、中洼（包括中队）保存较好（与镇政府、学校、机关单位为邻）。舍夸混居较多，民居建筑受到冲击
2	母系大家庭居住的院落	选址原则、建筑格局都基本保存，但普遍使用新的建筑材料
3	房屋建筑	母屋内部代表文化特点的男女柱、火塘、神龛等格局保护较好，一些相对次要的建筑用途发生变化，如旅游业兴起后，传统建筑中的草楼被用于旅游接待；部分新建房屋内部进行现代装修，等等

民俗文物：民俗文物主要指传统的生产生活用具和具有文化意义的其他用具。总体来讲，生产生活用具逐渐为现代化用具所取代，许多传统用具由于生活方式的改变甚至已经消失。

表 3　　　　　　　　　　　民俗文物保护现状表

序号	项目名称	现状
1	生产性工具	一些狩猎和渔业的工具消失，如渔网、虾兜、鱼兜、"唰"；部分农业用具面临消失威胁，如二牛抬杠的犁具、木锄、连枷、麦架等
2	生活性用具	大量使用木器制作的传统生活用具消失，麻布制品使用频率极低
3	家庭内部装饰性用品	达巴使用的装饰用品消失
4	达巴宗教用具	达巴的法衣法器、图画型书卷大量散失，使用频率下降

（二）非物质文化遗产

按照我国非物质文化遗产保护的分类方法，目前摩梭文化保护内容共涉及7大类46项。其中，只有极少部分通过申报，成功列入四级非物质文化遗产名录。据初步统计，目前摩梭文化有国家级名录项目1项，即"甲搓舞"。省级名录项目4项，分别是"摩梭人转湖节"、"摩梭人成丁礼"、"甲搓舞"、"泸沽湖摩梭人母系氏族习俗"。州级名录项目2项，为

"泸沽湖摩梭人转山转海节"、"摩梭人达巴习俗"。还没有国家级和省级代表性传承人。州级代表性传承人有喇翁机、喇散打、喇思格、扎西甲泽、杨龙佳、打发鲁若六人。可见，大部分摩梭文化的保护还未引起足够关注。如传统手工技艺中的猪膘肉制作及其文化表征；岁时节令中的"祭祖节"、"太阳神节"、"祭月神节"、"祭牧神节"等。其他对自然和宇宙的认识、建筑营造等手工技艺、传统医药、传统美术、传统音乐舞蹈、传统游艺与竞技等文化资源还没有得到系统整理和保护。

表4　　　　　　　　非物质文化遗产保护现状表

序号	项目名称	项目类别	现状
1	转湖节	民俗	已成功申报省级名录项目；民间按期进行，传承较好
2	转山节	民俗	已成功申报州级名录项目；民间按期进行，传承较好
3	成丁礼	民俗	已成功申报省级名录项目；民间仍然进行，但神圣感逐渐降低
4	甲搓舞	传统舞蹈	已成功申报为国家级名录项目；知名度越来越高，参与者不断增多；与旅游业结合较好；舞蹈保存完整，但唱词内容消失较快
5	纺麻舞	传统舞蹈	舞蹈道具濒临失传，逐步淡出人们的生活空间，研究记录的相关资料缺乏
6	战争歌舞	传统舞蹈	
7	达巴舞	传统舞蹈	
8	喇嘛舞	传统舞蹈	
9	格尔舞	传统舞蹈	
10	巴俄舞	传统舞蹈	
11	摩梭情歌	传统音乐	会演唱的民间艺人相继离世；乐谱、音像资料缺乏；能用摩梭语演唱的人越来越少
12	女神诵歌	传统音乐	
13	祭母挽歌	传统音乐	
14	阿什撒尔若	传统音乐	
15	罕摆迪	传统音乐	
16	赶马人古歌	传统音乐	
17	阿依依玛姆	传统音乐	

续表

序号	项目名称	项目类别	现状
18	《天地初开》《乌鸦报信》《洪水滔天》《老猴指点》《上天求偶》《仙女有情》《天神发难》《天神赐种》《刀耕火种》《上天求药》《儿女分族》《众兽封王》《茹毛饮血》《人犬换寿》《同居仪式》	民间文学	主要在老年人中间相传，年轻人与少年儿童知之甚少；民间文学在学者的著作中得到记载；被当作旅游资源用于导游解说词，个别情节与内容遭到篡改
19	谢纳米的传说	民间文学	
20	干木山的传说	民间文学	
21	葬俗	民俗	保留完整
22	取名仪式	民俗	保留较好
23	服饰制作	传统手工技艺	传统原料消失或难以制作，老手工艺人相继离世，亟待抢救保护，制作程序呈简化趋势
24	传统建筑营造技艺（包括建房的种种仪式）	传统手工技艺	
25	酿酒工艺	传统手工技艺	保留较好
26	猪膘肉制作	传统手工技艺	保留较好，与旅游业结合较好
27	鱼制作	传统手工技艺	渔业资源减少，传统制作工艺濒危
28	嘎勒	传统手工技艺	保留较好；与旅游业结合较好
29	血米猪肠	传统手工技艺	保留较好；与旅游业结合较好
30	榨青果油	传统手工技艺	亟待保护，否则濒临消失

续表

序号	项目名称	项目类别	现状
31	祭太阳神节	民俗	受现代生产、生活方式冲击，岁时节令的神圣感降低；受摩梭人外出务工影响，许多人没有假期回乡，活动得不到正常举行，青少年对仪式内容的认识及参与性有待提高
32	布谷鸟节	民俗	
33	祭祖节	民俗	
34	祭月神节	民俗	
35	祭牧神节	民俗	
36	库施	民俗	
37	青纳曼安	传统医药	原料短缺，部分野生药材资源枯竭；受现代西医医疗体系冲击较大
38	烧石蒸浴	传统医药	
39	药膳进补	传统医药	
40	针刺	传统医药	
41	熏吸	传统医药	
42	火塘文化	民俗	火塘边的禁忌变化，礼仪松弛
43	摩梭语言	民族语言	能够流畅使用摩梭语的人口比例在下降
44	达巴信仰	民俗	老达巴相继离世，后继乏人；主持仪式减少，在仪式中的地位下降，传承受到威胁
45	母系称谓	民俗	受父权制的影响和冲击加深；经济的发展导致集体归属感降低
46	歌卜拉（包括骑马、摔跤、投石索等）	传统体育	举办的频率下降；年轻人兴趣不大

四 摩梭文化保护思路和保护措施

（一）保护思路

按文化生态保护区概念进行整体保护：通过提高摩梭人对摩梭文化的文化自觉，提供更好的经济收入，让摩梭人尽可能留在摩梭社区；综合开展对物质文化遗产的保护，包括对文物、民俗文物的保护；综合开展对非物质文化遗产的保护；进行相应的公共文化服务体系建设，为文化遗产保护建立浓厚的社区保护氛围。

保护项目以古村落为中心进行空间布局：将摩梭文化的载体落实到古村落，将以上四大板块的内容以18个古村落为中心进行空间布局。

文化保护项目适度配置：一方面，将文化保护项目进行空间的差异化布局，按照摩梭文化传承情况分类适度配置在 18 个重点保护的古村落，与将来的旅游发展结合起来，让游客进行村中访时，在不同村落有不同感受，村落与村落之间形成差异性，最终形成一个整体的保护和展示体系。另一方面，将文化保护项目在时间节点上立体化布局。摩梭人在春夏秋冬都有不同的节日，在古村落配置的基础上把季节性、时间性的因素考虑进来，既可以按照摩梭人农时节庆进行保护，同时也可以和古村落的文化展示联结成一个整体。

（二）保护措施

摩梭文化保护，实质是对摩梭这一特殊群体的整体性保护，维护其整体的文化氛围。这取决于三个要素：第一，由拥有该文化元素的人在其中活动；第二，对承载这些历史文化信息的文物进行保护；第三，有机制推动生活在该文化氛围中的人自觉维护其文化。

对人的保护：适度控制外来移民，提高摩梭人的经济收入，尽量使摩梭人留在当地，让他们在文化保护中获益。具体措施见下表：

表 5　　　　　　　　　促进摩梭人参与文化保护的措施

保护方案	具体措施	目的
通过母系大家庭挂牌保护，激发摩梭人对文化的自豪感，使母系大家庭成为建设摩梭家园的载体	①在每个古村落确定 10 户保留较完整的母系或双系家庭，经政府、学者认证后由政府授牌登记，确定为重点保护对象； ②对不同时期母系大家庭的建筑风貌，要立牌详细说明； ③政府提供资助，用于建筑维修，要求修旧如旧，同时修复、完善、复原母系大家庭的生产、生活用具以及文化元素； ④对在母系大家庭中保持传统生产生活方式的成年人，政府提供每人每月 200—300 元生活补助； ⑤对能够开展家访接待的母系大家庭成员进行培训，使其能宣传好摩梭文化的丰富内涵； ⑥对于挂牌保护的母系大家庭应制订详细的标准和要求，对改变居住方式和生产生活方式的，取消相应的扶持	①保障母系大家庭的传承； ②保证摩梭文化宣传的内容与质量； ③保护摩梭母系大家庭的居住文化和价值体系； ④将摩梭母系大家庭营造成活的摩梭民俗博物馆

续表

保护方案	具体措施	目的
结合现代科技发展传统农业，保护摩梭文化的农耕文化传统，稳固摩梭家园建设的物质基础	①重新规划农业产业及家庭畜牧业；②发展生态农业、绿色农业，提高农业产品附加值；③与泸沽湖餐饮行业衔接，成为其产业基地	①保护摩梭农耕文化；②提高农业收入；③减少外出务工者数量；④维护母系大家庭的稳定
提高摩梭人参与旅游服务的能力，突出摩梭家园建设的摩梭人主体地位	①政府适度资助，提倡摩梭人自己经营旅游业；②培训摩梭人，使其能够参与导游解说、宾馆服务、餐饮等行业的工作；③古村落及社区旅游业提供的公益岗位优先考虑摩梭人	①促进保留母系大家庭、但又不能直接从以上两类文化保护活动中获益的摩梭人就业，营造好社区保护的氛围；②提高摩梭人宣传摩梭文化、维护古村落及社区传统的主体意识

以古村落为中心推动摩梭文化传承：针对18个摩梭古村落，修建各种类型的文化传习所，由所在社区的摩梭人共同参与，以传承人为中心组织活动，对摩梭文化进行传承。同时，制订相应的奖励机制、传承机制，以及对古村落及其文化设施的自我管理机制。

表6　　　　　　　　　　传习所及保护内容表

传习所名称	承载村落	保护措施
甲搓舞	泸沽湖镇表演广场；洼垮、布尔角、五支洛设传习所，其他村落利用其他传习所作为传承场所	①政府在一镇三村修建展演场地；②每个村落确定2—3名甲搓舞传承人；③以村为单位建立舞蹈队，并定期比赛选拔优胜选手，创造条件赴外地演出；④与游客互动；⑤与民众健身相结合；⑥传统舞蹈进校园；⑦进行数字化记录并建立档案

续表

传习所名称	承载村落	保护措施
达巴文化（包括毕渣文化）	阿陆、洼垮、洛洼	①资助传承人活动； ②鼓励传承人带徒授艺； ③资助开展针对达巴文化的抢救性调查、整理和研究工作
服饰制作	五支洛	①资助传承人活动； ②鼓励传承人带徒授艺； ③适度开发为旅游产品
传统音乐	阿陆	①加强资料收集、整理、研究； ②通过录音、录像进行数字化保存； ③培养音乐团体，在学校培养年轻人对传统音乐的兴趣； ④加大宣传，为音乐表演创造平台； ⑤定期比赛，选拔优秀人才表演，提供资助让优秀人才深造
摩梭家屋的营造技艺	格萨、安洼	①建筑工艺的文字与影像记录； ②建筑过程中各种仪式的文字与影像记录； ③居住文化、习惯的影像记录； ④禁忌的相关记录； ⑤资助传承人新建、维修等活动； ⑥鼓励带徒授艺
农耕文化传习所（包括二牛抬杠、打麦、打荞麦、纺麻织麻、织花腰带、猪膘肉制作、苏里玛酒、榨青果油等）	在17个古村落根据传统优势及文化氛围设点，并在挂牌保护的母系大家庭中合理重点布置	①制作工艺的文字、影像记录与保护； ②传统加工、现代科技包装，适度开发为旅游产品； ③工艺流程及技艺展演，以及游客的参与体验； ④加强传统手工艺的挖掘、整理与保护； ⑤注意对工艺原料的保护，兼顾自然生态的平衡； ⑥进行生产性保护
民间医药	阿陆	①资助传承人活动； ②鼓励传承人带徒授艺； ③正面宣传，将保护与治疗结合起来

续表

传习所名称	承载村落	保护措施
游戏竞技	多舍、洼夸及多舍和那洼之间	①传统游戏进校园；②与节庆活动相结合，扩大展示平台；③定期进行比赛，设置奖项；④吸引游客参与，优胜者以摩梭民族文化产品作为奖励

每个摩梭文化传习所可以分为两部分：一部分为视频展示区，用视频介绍摩梭文化特点，介绍传习项目的特点，明确提示了解摩梭文化的路径和相关禁忌，控制旅游业对摩梭文化的误读。另一部分为该项目的传习所，主要的功能是摩梭人自己学习和传承文化，部分项目也可以在适当的时候开放给游客体验。

定期举办摩梭传统节庆以及与之相关的民俗活动，做好摩梭文化传承。同时，规划好游客参观线路与参观点，既提高摩梭人收入，也控制旅游业的影响。恢复传统民俗活动中的祭祀场所，建立前往民俗活动地点的绿道并维护周边的生态环境。

表7　　　　　　　　　　摩梭节庆时间表

序号	节庆名称	举行时间	相关民俗活动	意义
1	库施	正月初一（包括腊月间的准备）	举行"成丁礼"、敬神敬祖、饮食制作、"扎纳鸟木启"、贴画或对联、吃年饭、吹海螺、熏烟、拜年、唱歌、猜谜、荡秋千、"歌卜拉"、甲搓舞	摩梭春节，过新年
2	太阳神节	正月初五	捏神像、喇嘛念经、甲搓舞、共餐	太阳神崇拜
3	祭祖节	正月 七月 十月（重点）	用炒面或饭团揉成各种神鬼塑像，设祭坛摆祭品，为祖先们念超度经，摇梆郎鼓，吹海螺，最后将祭品抛在屋顶让乌鸦吃	尊敬祖先

续表

序号	节庆名称	举行时间	相关民俗活动	意义
4	转湖节	初一/初五/十五/二十五	服饰文化；烧香祭祀；承猪槽船；对歌	摩梭语称"谢过"，祭母湖神
5	转山节	初一/初五/十五/二十五	前往各自的"索夸苦"烧香敬山神	摩梭语称"俄过"、"日则过"，尊敬山神之意
6	歌布兰库突	清明	放火塘灰、喝山泉水、挂青	布谷鸟鸣叫时节，表示万物苏醒
7	端午节	五月初五	煮药肉大锅汤，泡苏里玛药酒；采集药物；祭祀神祖及自然天体；酒食拜送	祈求平安、健康，密切邻里关系
8	格木女神祭日	七月二十五	祭祀礼仪	尊崇女性，祈求女神保佑
9	祭月神节	八月十五	用粮食做大月饼；念经祷告；吹海螺；向月家神磕头	摩梭语称"勒咪着"，意在祈求月神保佑家人平安健康、五谷丰登
10	巴丁拉木女神祭日	十月二十五	祭祀礼仪	尊崇女性，祈求女神保佑
11	祭牧神节	冬月十二或腊月初一	祭祀仪式；饮食制作；"成丁礼（过去在此时举行，今在春节期间）"	摩梭语称"依善节"，意在祈求牧神保佑牲畜健康、发展壮大

编制摩梭文化乡土教材，推进摩梭文化进校园活动：针对摩梭青少年，聘请民间文学传承人来学校用摩梭语讲授民间故事和传统地方性知识；课外活动或体育课，由项目传承人传授音乐舞蹈和游戏竞技的动作要领和技巧。定期举行不同规模的摩梭语民间故事大赛，着摩梭装的传统音乐舞蹈和游戏竞技大赛，最好能与民间传统节庆相结合并设立一定数额的奖金，激励青少年学习、传承摩梭文化。

将农历十二月和一月确立为"摩梭民俗文化展示季"：冬季农事活动不多，外出的摩梭人陆续返乡，可将农历十二月、一月确立为"摩梭民俗文化展示季"，集中展示摩梭饮食、服饰、民俗等文化习俗，通过文化展示活动提高摩梭人自主开展民俗活动的积极性。

表8　　　　　　　　　　摩梭民俗文化展示内容表

节庆展示	民俗文化展示内容	保护措施
祭牧神节 库施 太阳神节 祭祖节 转湖节 转山节	饮食文化；游戏竞技；祭祀仪式；"成丁礼；音乐舞蹈；服饰文化；出行	①举行各类民俗活动； ②影像记录； ③游客参与互动； ④媒体宣传

　　建立摩梭文化研究学术基地：一是设立摩梭文化研究基金，邀请世界各地的学者，尤其是从事民族学、人类学、非物质文化遗产保护的研究人员，在适当的时间来开展研究，特别是在传统节日举行期间，到摩梭地区开展调查研究；二是设立摩梭文化研究信息中心，进行文献的陈列、搜集、整理、复制与展示，最终完成摩梭文献的数字化工程，在泸沽湖建成世界级的摩梭文献及学术研究数字平台；三是在格萨、阿陆、那洼、五支落四村建立摩梭研究学术基地，配套交通、食宿等设施，使之成为高校、科研院所等学术机构研究摩梭文化的田野调查点；四是在开展学术研究的同时，选择对摩梭文化了解、对社区具有高度自豪感、有文化保护自觉意识的摩梭人进行培养，资助他们当中有兴趣的人参与摩梭研究工作，培养他们成为具有文化自觉意识的摩梭知识分子；五是对保护摩梭文化有显著贡献的摩梭人或专家、学者给予奖励和表彰，形成以保护摩梭母系文化为荣的良好氛围。

　　保护文化空间：保护与物质文化、非物质文化密切相关的自然环境，如泸沽湖水体、村寨周围田园风光，祭祀场所周边环境以及神山等；对三代或三代以上母系大家庭的木楞房，要将其作为建筑文物进行整体性保护，由文化、文物等部门联合挂牌并制订保护细则。在受保护建筑内，对摩梭家庭民俗文物进行实景布置和展示，逐一说明其文化含义。拍摄摩梭民族学纪录片，通过民族学、人类学等学术视角，用影像资料真实记录摩梭历史文化、生产生活、社会组织与信仰等各方面内容。

　　建立"智慧摩梭家园"文化数字保护专项档案：运用地理测绘信息手段，通过静态三维激光扫描技术和三维建模技术，获得激光点云数据，制作摩梭家园重要文物、文化建筑等典型文化景观的精细三维模型,并以数字档案的形式将摩梭文化进行永久性保存,最终建立"智慧摩梭家园"文化数字保护专项档案。通过现代科技手段,既可将摩梭母系文化的特点、发展历史、现实形态、宗教信仰,以及承载摩梭母系文化形式的村落、建筑、经堂等有形载体在地理信息公共平台上进行集中全面的展示,为摩梭文化的保护和传承服务;同时也可以将这些信息加载到二维在线地图的对应位置上,为公众了解摩梭文化提供一个更加精细、真实和生动的窗口。

城镇化进程中的鄂温克族社会文化变迁

涂建军[①]

每个民族都有自己的文化,根据他们的居住地域、生产生活方式、宗教信仰、历史沿革等形成自己独特的文化。现在,在社会快速发展的进程中(包括城镇化进程中),他们的社会文化也在发生着一定的变化,下面我们就从以下几个方面对他们的社会文化变迁情况进行研究。

一 从人口分布看城镇化发展趋势

鄂温克族是我国22个10万人口以下少数民族之一,是我国唯一饲养和使用驯鹿的民族。鄂温克族也是跨界民族。我国鄂温克族虽然人口很少,在新中国成立前不同地方的鄂温克族曾被称为"索伦"、"通古斯"、"雅库特"三个部分。1957年,在党的民族政策指引下,统一恢复了自己的自称——鄂温克。这三部分人由于已经分离了几百年,生产生活方式也都产生了一定的区别。

据2000年第五次全国人口普查,我国共有鄂温克族30505人。鄂温克族自治旗(后文简称鄂温克旗或旗)是我国鄂温克族最大的聚居区域。此外,在呼伦贝尔市和黑龙江省共有九个鄂温克民族乡。中华人民共和国成立以前,鄂温克族主要居住在内蒙古自治区、黑龙江省和新疆维吾尔自治区。中华人民共和国成立后的六十余年间,也有一部分鄂温克人陆续到全国的一些城市和地区居住。

---

① 作者简介:涂建军,内蒙古社会科学院民族研究所。

表 1　　2000 年第五次全国人口普查各省市鄂温克族人口分布表　单位：人

地区	鄂温克族	地区	鄂温克族	地区	鄂温克族	地区	鄂温克族
全国	30505	云南省	16	河南省	17	内蒙古自治区	26201
北京市	164	上海市	41	湖北省	24	黑龙江省	2706
天津市	84	江苏省	57	湖南省	34	西藏自治区	0
河北省	127	浙江省	21	广东省	249	广西壮族自治区	35
山西省	24	安徽省	17	陕西省	11	甘肃省	16
贵州省	46	福建省	12	海南省	67	青海省	12
辽宁省	221	江西省	5	重庆市	22	宁夏回族自治区	4
吉林省	75	山东省	107	四川省	18	新疆维吾尔自治区	72

从上表看出，在中华人民共和国成立后的五十余年间，鄂温克人逐步迁徙到其他省（市）生活。

表 2　　第五次全国人口普查中全国和内蒙古城市、镇、乡村鄂温克族人口情况表　单位：人

地区	合计	城市	镇	乡村
全国	30505	3562	10387	16556
内蒙古自治区	26201	2373	9353	14475

从上表可以计算出，在全国城镇居住的鄂温克人达到45.73%，在内蒙古自治区城镇居住的鄂温克人达到44.75%，说明鄂温克人生活还是逐步向城镇化方向发展。

在呼和浩特市，1953 年第一次全国人口普查时，鄂温克族人口为 8 人；1964 年第二次全国人口普查时，为 76 人；1982 年第三次全国人口普查时，为 178 人；1990 年第四次全国人口普查时，为 263 人；2000 年第五次全国人口普查时，为 377 人。说明城市中的鄂温克人在逐步增多。

根据叶嘉松、吴文娟的《上海的少数民族人口》记载，1990 年上海市的鄂温克人有 2 人。2000 年第五次全国人口普查时上海市的鄂温克人是 41 人，说明改革开放以来鄂温克人的城市化进程速度比较快。

2003 年，根河市对敖鲁古雅鄂温克民族乡（后文简称敖乡）的生态

移民，把他们搬迁到离根河市只有4公里处，基本和根河市连在了一起，现在撤销了民族乡学校，学生都在根河市学校上课，鄂温克族猎民家庭向城镇化发展迈出了一步。

近几年，鄂温克旗提出"牧业工业化、牧区城镇化、牧民知识化、整体现代化"的目标，促使牧区向城镇化方向发展。

二　传统生产方式向现代生产方式的发展变迁

鄂温克族传统的生产方式主要有：狩猎业、饲养驯鹿、牧业、农业、渔业、交通运输、手工业和采集等。

（一）狩猎生产的变迁及一些对鄂温克猎民不利的因素

在城镇化进程中，鄂温克族的狩猎生产被取消，猎民转产从事农业、牧业等生产。

20世纪80年代开始，由于猎民以外的很多人参与狩猎生产，更有甚者，在野生鹿科动物喜食碱土的地域内投放毒饵，使猎物急剧减少。扎兰屯市萨马街、阿荣旗查巴奇等地的猎民队，由于较熟悉农业生产，在八九十年代转产从事农业。

鄂温克旗吉登嘎查（村）猎民队和旗内的一些猎民，到1998年年初，一直还从事狩猎生产。据猎民讲："1998年春，公安部门以当年是鄂温克旗成立40周年大庆，怕猎民在旗庆期间带着枪闹事和春季防火期间打猎引发山林火灾等理由把枪收走，现在枪证还在，枪已经不在了。"旗里现在让猎民转产从事牧业。2005年年末至2006年年初，猎民队的4—5人因为分配草场不公、想要回枪支等原因到内蒙古自治区政府上访，鄂温克族自治旗旗人大的一位副主任到呼和浩特把他们接走了。

在根河市，2003年市政府对敖乡生态移民后，也收了猎民的枪支实行了禁猎。起初，根河市对敖乡猎民生态移民设计时，想让他们把驯鹿进行圈养，但是，对驯鹿喜食的苔藓等饲料的收集要费很大工夫，因此驯鹿群又回到山林里。

2007年，我们民族研究所几人因为课题到根河市及敖乡调研，7月3日，根河市宣传部部长夏兆娟主持召开了有关方面的研讨会，根河市人大、政协及有关单位的人员参加。多数人员提出："猎民野外饲养驯鹿和林业部门的矛盾在逐渐升级。过去猎民们放养驯鹿的森林中，新中国成立后成立了满归、阿龙山、金河、得耳布尔、甘河等林业局。在实行'天然林保护'工程前，林业部门和猎民间的关系还比较和谐，再一个是猎民手中有枪，他们也要退避三分。对他们生态移民后，猎民手里没有枪了，国家林业企业部门开始承包和管理整个森林地带，不让猎民到山上放驯鹿，上级应该给猎民划出饲养驯鹿的一片区域。在牧区牧民饲养牛马羊等牲畜，如果遇到白灾等自然灾害，各级政府及畜牧部门辅助牧民来抗灾保畜，可是对于鄂温克猎民饲养的驯鹿受到灾害没有地方管。"敖乡的黄书记说："现在猎民的生存出现了问题，森林被林业部门承包，不让猎民到山上放驯鹿，过去这些山林都是猎民的地方。驯鹿的发展上，驯鹿都是野外放养，狼害、熊害非常严重，因为没有了猎枪，猎民的人身安全也要受到威胁。"市经济局的丁局长说："鄂温克猎民的生存空间快没有了，赶着驯鹿这里一个林业部门堵卡站，那里一个管护站，不让猎民到山上放驯鹿，圈养时驯鹿吃的苔藓等饲料不好解决，猎民把驯鹿放到山上比人工从山上收集苔藓要轻松得多。"市鄂温克族研究会的涂会长说："敖乡的猎民现在在山上挖一块草皮子都要被林业部门罚款，蒙古族牧民有草场，汉族农民有田地，鄂温克猎民什么都没有，活动区域都没有了，猎枪没有了，年轻人都不愿意上山放驯鹿了。由于对鄂温克族猎民没有什么优惠政策，其他民族的姑娘不愿意嫁给猎民，猎民单身户增多，有些年轻人没有事情可做，开始酗酒。"市林业局的曹局长说："根河市林业局曾把驯鹿以受保护的野生动物报到自治区林业局，自治区林业局人员说驯鹿是不属于保护的动物。"还有人说："鄂温克猎民在这片山林饲养驯鹿、狩猎生活了几百年，又保护着大兴安岭，这片山林过去都是他们的地方。林业部门进来了几十年，把大兴安岭砍伐的千疮百孔，这片山林又都成了林业部门的地方。"此外，还有其他居民在山里偷偷把猎民的驯鹿抓住后自己饲养，猎民去要不还的现象。

综上所述，由于政府部门等单位对猎民禁猎后的各项事务安排不周，有很多不和谐的情况发生，政府部门应该着手圆满的解决。

（二）牧业生产的变迁

鄂温克族的牧业生产起源于何时，无从考证。但据资料记载，在明末清初时，鄂温克人就已经从事牧业。

鄂温克人饲养的牲畜主要有牛、马、绵羊、山羊、骆驼等，其中除绵羊和山羊可以在一起混养放牧外，其他牲畜都是各自成群放牧。

1. 饲养马的情况及变迁

从20世纪80年代上中期，把牧民的牲畜返还牧民之后，摩托车和小四轮拖拉机开始进入牧民家庭，这些生产交通机械逐步代替了马作为交通工具、生产工具和运输工具。加上牧民认为吃马肉容易使人上火，一般只有在冬季三九天才会吃马肉，这样除了好马以外普通马的销售价也不高。

现在，一些喜爱马的鄂温克牧民们逐步把马改良成好品种的马，进而在那达慕的赛马比赛中取得好成绩，在提高自己的名声的同时，还得到奖品或奖金。另外，北京、上海及内蒙古等地的赛马组织还经常到鄂温克草原购买他们的赛马，一匹好品种的赛马能卖出好价钱，增加了牧民的收入。

2. 饲养牛的情况及变迁

约1983—1984年，把牧民的牲畜返还牧民之后，鄂温克旗鼓励牧民饲养奶牛，有条件的苏木（乡）筹集资金，逐步在各嘎查（村）建立奶牛村，给牧民盖砖瓦房和砖瓦棚圈。1984年，鄂温克旗出售鲜奶达10500吨，成为自治区第一个出售鲜奶超万吨的旗。

现在，在纯牧区居住的牧民多数是在夏秋季早晨挤完牛奶把奶牛赶出去，让它到野外草场吃草，傍晚挤完牛奶再放出吃一阵草，天黑时圈到圈里；冬季圈养在棚圈里。在城镇附近的牧民逐步把牛换成高产奶牛，在住房附近只有几十亩至上百亩的草场，在草场种植玉米等饲料植物，一年四季把高产奶牛圈养在棚圈里。

3. 绵羊及山羊的饲养

绵羊和山羊在饲养方面变化不是很大，各苏木根据自家的情况都有一定的差异。如草场面积大的苏木（像鄂温克旗辉苏木和陈巴尔虎旗鄂温克苏木）有一部分公用草场用于做苏木各嘎查的夏营地，这些嘎查的牧民夏秋季在夏营地游牧，即夏秋季让羊群在夏营地的自然生长的草场觅食，冬春季在冬营地游牧或在冬营地的棚圈内喂养。没有夏营地的嘎查牧民，有的就在草场上盖住房和棚圈，一年四季在住房附近放养。

4. 骆驼的饲养

现在，在城镇附近居住的牧民中基本没有人饲养骆驼。纯牧区居住的牧民的骆驼一年四季都是在野外草场放养，数天后才去看或找一回。

5. 饲草料的变迁

过去,在冬季给牲畜喂的饲草料主要以羊草为主。在人民公社时期,除了羊草以外,还有从粮店购买的豆饼(即把黄豆榨油后的剩余物)作饲料。从90年代初,牧民们开始盖大的地窖,把打下来的草打成捆包上塑料膜,放到地窖里青储,也有的家庭在院子里种植玉米秸秆来青储,据说在冬季给牲畜喂青储的草或玉米秸秆,牲畜特别喜欢吃,在寒冷中也不会掉膘。

6. 放牧工具设备条件的变迁

放牧工具中,放牧用的马、鞍具、套马杆等设备还在使用。但是,摩托车的使用率已经超过了马匹。牛马等找不着时,骑着摩托车去找,比骑马去找速度要快。马还需要喂养和伺候等,摩托车只要有油就可以骑走。

7. 打草工具及运输工具

早期的打草工具主要有钐刀、草叉子等。拉草工具有大轮车、四轮车和胶轮车,冬季下雪后还用雪橇拉草。1918—1922年,通古斯鄂温克人从俄罗斯移民到呼伦贝尔时,就已经使用马拉打草机。今鄂温克旗的辉苏木地区,最初富裕牧民们雇佣叫拉雅的俄罗斯人带着他的打草机打草,1939年叫唐古达和哈拉哈斯汉的两户牧民终于合伙买了第一台打草机。从20世纪60年代开始,鄂温克族自治旗就有了德特—20、千里马—28、英D—900型等拖拉机和机引打草机、搂草机,但数量有限。70年代初,当时的生产队就在东方红28拖拉机或东方红55拖拉机后安装悬挂架子,一台东方红28可牵引3台机引打草机和1台6米宽的机引搂草机。拉草也开始用拖拉机,在拖车上搭上原木跨杠用于装草。到80年代中期,人们把铁制的"巴拉库奇"(集草用具)安装在小四轮拖拉机前,用小四轮推"巴拉库奇"集草。条件好的家庭把自家卡车的箱板卸下,搭上原木跨杠,用于拉草,加快了拉草的速度。在伪满时期也有捆草机,把打好晒干的草拉到机器旁,用机器压缩,人把绳子穿入并捆住,一捆一般是1普特(俄制单位,约32斤)。现在,捆草机从地面上直接把打倒晒干的草收起,在机器腹中旋转压缩捆住后吐出。一捆至少有半吨以上,装上汽车就可以拉走。

8. 畜牧产品交易及市场观念的变迁

(1)牛奶及乳制品的销售。在新中国成立初期,当时的索伦旗(今鄂温克旗的前身)领导为了增加牧民的收入,在各苏木办起了小型牛奶加工厂来处理鲜奶。海拉尔乳品厂成立后，由于奶源不足，使苏木加工厂停办。海拉尔乳品厂在每个苏木、嘎查或夏营地都设置了收奶站，几个月以后，才按月份把奶资发给牧民。

1983年2月，鄂温克旗第一个乡镇企业——巴彦托海乳品厂建成投产。此后，一些苏木也先后办起了乳品厂，结束了海拉尔乳品厂在鄂温克旗收购鲜奶几十年的历史。1984年，鄂温克旗出售鲜奶10500吨，成为自治区第一个出售鲜奶超万吨的旗。后来，各乳品厂因种种原因，被并入外地的乳品企业。如巴彦托海乳品厂被上海光明乳业兼并。2007年，鄂温克旗的鲜奶产量达到18万吨，2010年鲜奶产量是17.2万吨，2012年鲜奶产量是17.5万吨。

至2006年年末，牧民交售的鲜奶价格还是1元/公斤，牧民们都抱怨鲜奶价格太低。城镇附近牧民每天早晚把牛奶送到城镇各居民小区销售，解决居民的吃奶问题同时，得到高于乳品厂价格的收入，而且还是现钱。有些牧民还制作奶皮子、奶干、奶豆腐干等，借进城的机会到旗所在地或海拉尔等地销售，也有的直接卖给二道贩子。2013年乳品厂收购鲜奶价格是2元/公斤出头，在居民小区附近销售价是2.5元/斤。

（2）牲畜及皮张等的销售。过去，牧民的牲畜大多数都卖给食品公司，食品公司在每年秋季组织人员到牧区收购牛、羊、马等牲畜。改革开放以后，都是由个体贩运人员，不分季节到牧区收购牲畜。个体贩运人员的介入，也致使旗县食品公司破产。"文革"前，一只羊只能卖到几元至十元左右，一头牛可以卖到几十元至上百元钱，一匹马可以卖到二百多元（好马可以卖到上千元）。在1983年，一只羊可以卖到30元，一头牛可以卖到上千元，一匹马的价格在几百元至几千元不等。2008年，当年的羊羔可以卖到400元，大羊可以卖到1200元。2013年，当年的羊羔可以卖到700—800元/只，大羊可以卖到1800元，一头牛可以卖到上万元。

过去，牧民的牲畜皮张都卖给土产公司或苏木的供销社，每张羊皮能卖到几元钱，羊细肠能卖到1元钱，每张牛皮或马皮能卖到几十元钱，也有人把牛皮等皮张送到海拉尔皮革厂，按一定的比例换取加工过的皮张自用。现在，收购皮张的都是个体户，一般情况下一张羊皮带细肠可以卖到40—50元，但每当南方收购皮张的人员到呼伦贝尔后，一张羊皮带细肠可以卖到70元，南方收购人员走后，价格又回到原价。

（3）旅游观念的产生。过去，牧民没有用接待游客来挣钱的意识。

现在，一些苏木、嘎查、牧民个人也办起了旅游点，用自己家做的奶食、奶茶、肉食等接待游客，让游客住在"乌日格柱"（蒙古包），提供马匹供游客骑玩，以此增加旅游收入。2005年，是鄂温克旗牧民家庭旅游成型的一年。这年全旗初步成型家庭游的牧户有20多家，以鄂温克、达斡尔、蒙古族传统民俗、民族文化为主，使游客与牧民近距离接触，参与牧民的日常生活，现场感受牧民的生产生活方式。这一年，牧户接待游客6000人次，旅游收入达20万元，此后家庭游逐年增加。

以上说明，在牧区进行的"牧业工业化、牧区城镇化、牧民知识化、整体现代化"的目标，带动了牧区市场经济的发展。也说明在城镇化进程中，人们的思想观念也在发生着一定的改变。

（三）农业生产的变迁

鄂温克族的农业开始于什么时间，由于鄂温克族自己没有文字记载，因此不能确定。明末清初，部分定居生活的鄂温克人就已经兼事农耕。据《吉林通志》记载，清初沙俄进入黑龙江以北地区时，"在俄罗斯屯田之索伦九十余家，放火烧尽庄田逃去"[①]。说明当时有些鄂温克人的农业已经达到一定的规模。

民国时期的黑龙江省嘎布卡地区（今黑龙江省讷河市兴旺鄂温克民族乡），据《鄂温克族简史》记载："粮食商品化和生产力的提高，促进了地主经济的发展。……其中被称为'阿米达巴音'（鄂温克语北财主）和'朱尔勒巴音'（南财主）的两个家族，占有一千多垧好地。'阿米达巴音'一家雇长工最多时达五六十人，农忙时还雇短工。后来他将大部分土地交由汉族佃农耕种。四马村的全部汉族农民，都是这家'巴音'的佃户。"[②] 也说明鄂温克人的农业经济达到一定的规模。

过去，鄂温克人种田时，开地前先放火烧掉草木，用牛或马拉犁破土，也有用铁锹挖的。民国时期，嘎布卡地区也有人曾租用俄罗斯人的火犁（一种蒸汽机机械）开地。

小农具有锄头、耙子、叉子、镰刀、簸箕、筐箩、筛子、锹、镐等。

---

① 《吉林通志》卷87，第30页。
② 鄂温克族简史编写组：《鄂温克族简史》，内蒙古人民出版社1983年版，第148、149页。

碾子，套马使用。碌子，打场用具之一。从20世纪60年代初开始，大型农田多数逐渐使用机械化设备。1960年5月1日，《内蒙古日报》在第三版刊登了《鄂温克旗建立牧业机械化试验站》的报道，报道称，南屯（今巴彦托海镇）讯：中央农业机械部调拨十二台拖拉机，在鄂温克旗建立机械化电气化试验站。1961年8月2日，鄂温克旗成立三周年之际，《内蒙古日报》刊登的《鄂温克族自治旗小统计》为牲畜总增：1958年23.2%，1961年29.9%。纯增：1958年4.31%，1961年16.5%。学校：1958年9所，1961年17所。学生：1958年956人，1961年3130人。卫生院及保健站：1958年12个，1961年13个。拖拉机：1958年没有，1961年123台。康拜因（联合收割机）：1958年没有，1961年32台。说明在1961年鄂温克族自治旗除了拖拉机以外，已经有了联合收割机。20世纪70年代中期，为了阻止海拉尔乡镇把耕地逐步向南屯公社（今巴彦托海镇）的地域推入，南屯公社在小马蹄坑的北面全部使用机械化开了一片地，并用播种机播种小麦，用康拜因收割小麦。20世纪80年代末期，鄂温克旗的一些苏木利用苏木境内的林间空地，办起了机械化农场。如1989年巴彦嵯岗苏木引进苏联农业机械并与苏方合作创办机械化农场。当年种植小麦400公顷，收获100万公斤，收入近100万元。可见在鄂温克旗境内大型农田已经用机械化设备耕种和收割。

（四）渔业生产的变迁

过去，鄂温克人的捕鱼方法有多种，有用鱼叉叉鱼、挡亮子、回水网捕鱼、拉网捕鱼、挂网捕鱼、旋网捕鱼、待河网捕鱼、用鱼罩子罩鱼、母猪网捕鱼、摸鱼、圈网捕鱼、抬网捕鱼、设迷魂阵捕鱼、下地龙捕鱼，冬季冰厚以后用搅捞子捞鱼和用来钩钩鱼及多种垂钓方法等。

现在，河流中的鱼也越来越少，在自然水域中也不让随便下网捕鱼了。因此，现在除了一些人用下挂网捕鱼、拉网捕鱼、挡亮子、下地龙等方法捕鱼外，其他捕鱼方法基本退出鄂温克人的生产文化空间，钓鱼文化仍存在，并逐渐出现了一些新的垂钓方法。

（五）交通运输工具的变迁

鄂温克族是我国唯一饲养和使用驯鹿的民族。驯鹿体轻、蹄大，善于在沼泽、密林、雪地中行走，被人们誉为"林海之舟"。驯鹿能负重百余斤，牵拉小车或雪橇时，负荷超过一百公斤。猎人搬家时，用它驮带粮食、衣物、炊具、各种生活用品和搭撮罗子的桦树皮等，老人、妇女、儿童及体弱者也需要乘骑。出猎时，驯鹿可为猎人驮行装，打到猎物后，也用驯鹿驮回猎物。

北方漫长的冬季，大雪封山给交通带来不便。但是智慧的鄂温克人，很早就制造了滑雪板和爬犁（雪橇）。他们踏滑雪板追击野兽，还用爬犁拉运猎获的野兽。徒步走三天的路程，蹬上滑雪板当天就能到达。

桦皮船曾经是鄂温克人使用的一种颇具特色的水上交通工具，用于渡河、捕鱼和狩猎。

过去，其他地区居住的鄂温克人，使用各式大小不等的木船。如在嫩江流域的河道中下待河网捕鱼时，使用能乘坐十几人的大船；下挂网时使用乘坐两三个人的小船；此外还有四个桨的"快马子"船等。

20世纪80年代，鄂温克旗伊敏苏木的鄂温克人新宝主持建造过铁制的"伊敏双马号"渡船。该船面积30多平方米，载重量为12吨，一次可渡两百余只羊，还能渡汽车、拖拉机。宽五十多米、三四米深的伊敏河两分钟就能到达对岸，为当地牧民夏季转场解决了渡河难的问题。

草原上鄂温克人的交通工具有骑马、勒勒车、四轮车、"米日干"车、骑骆驼、驼运、生产队时的胶轮车，冬季还有马拉和骆驼拉爬犁（雪橇）等。

20世纪60年代，有鄂温克人购买苏联产带小型发动机的摩托脚踏两用车；70年代也有人有过苏联产的250摩托车，也有人购买了上海产永久105型摩托脚踏两用车；到80年代初，人们开始购买幸福、黄河等250型摩托车和苏联产、捷克产、日本产的各种摩托车，牧民们还开始购买拖拉机；80年代后期，有人购买大货车，80年代末，有人购买小型越野车（北京212型）；90年代初有的购买2020型越野车，90年代末有人购买了二手的日本进口越野车。

现在，桦树皮船、勒勒车和四轮车基本退出了历史舞台，桦皮船、勒勒车、四轮车在有的博物馆旅游景点能见到。现在牧民转场都用拖拉机。"米日干"车被当做鄂温克旗及呼伦贝尔市的体育比赛项目，将存在下去。马拉爬犁和骆驼拉爬犁在冬季雪大时还有使用，有时被当做鄂温克旗冬季那达慕的表演或比赛项目及冬季旅游的交通工具。

（六）手工业生产的变迁

过去，鄂温克族的手工业生产主要有制作桦树皮产品、制作皮革制品、制作大轮车、烧炭、匠作、制毡、编苇帘等。

（1）桦树皮产品已经很少有人在日常生活中使用，因此制作桦树皮产品的人已经很少，只有少量制作的小型产品摆在博物馆中，当作旅游产品出售。另外，现在大兴安岭森林都归林业部门管理，不让猎民们剥取桦树皮，就是剥取也只能是偷偷地进行。（2）皮革制品方面，有些制品从20世纪80年代以后逐步从人们的生活中消失，尤其是禁猎以后，各种野生动物的皮张将退出猎民生产生活的舞台。如狍子皮做的"哈拉米"、"南德刻"、"奇哈米"、"灭塔阿功"、"南德奥拉德"、"道克陶恩"等。熟皮技术和皮革制品在城镇居住的人也开始很少使用，只有在农牧区居住的人们还在使用自己熟皮制作的衣物。（3）制大轮车已经基本脱离了人们的生产方式，只有旅游、展览等方面还有制作大轮车的。（4）烧木炭已经从鄂温克人的生产领域消失。（5）匠作中木匠还在农牧区鄂温克人的生产中存在，铁匠已经基本从鄂温克人的生产中消失。（6）制毡技术也已经在鄂温克农牧民中的生产中很少看到。（7）调查中发现用牛毛、马毛、马鬃、马尾等制绳在牧区鄂温克人中还存在。

三 传统生活方式向现代生活方式的发展

（一）鄂温克族传统饮食文化的变迁

鄂温克族在饮食习俗文化方面的变迁不是很大，很多饮食方法基本保留着。有些变迁情况是：（1）过去作为狩猎民族，饮食中的野生动物肉较多。现在由于禁猎，除了敖乡饲养驯鹿的猎民能吃到驯鹿肉外，其他野生动物的肉已经没有了。各种和野生动物有关的饮食文化，将会逐渐消失。（2）过去，鄂温克人虽然自己也会炒菜吃，但是会炒的菜样式较少。现在，在城市化进程中，和其他民族的交往增多，做的炒菜的样式也多了，烹饪水平有很大的提高。（3）吃肉、喝酒时要先祭火、祭神等现象在牧区居住的鄂温克人中还是普遍存在，在城镇居住的鄂温克人中也有存在，但少于牧区。（4）过去，在乡村基本没有饭店，就是在旗政府所在地，到20世纪60年代才开始有国营饭店和政府食堂，海拉尔在60年代也只有几家饭店。过去举行什么活动等,都要在家里招待亲属朋友,根本没有在饭店办婚礼之说。现在,各地的饭店也多了,到饭店吃饭的人也多了,婚礼、寿礼、葬礼、招待朋友及一些活动等都要在饭店举行。(5)在计划经济时代,饮食主要有肉食、奶食及粮店供应各为 50% 的粗粮和细粮、采集的野菜和野生菌类植物等。自家只能在夏季种植一些蔬菜,水果较少。改革开放后,四季都能买到蔬菜和水果等,人们吃蔬菜和水果的量也有所增加。

(二)服饰

(1)一些野兽皮的服装及用具正在逐步退出历史舞台。因为猎民的枪被收走后,不能打猎物了。如用狍子皮做的"哈拉米"、"南德额克"(皮裤)、"奇哈米"(狍腿皮鞋)、"灭塔阿贡"(狍头皮帽子)、"道克陶恩"(狍子皮袜子)、"南德奥拉德"(狍子皮被子)等,只有一些破旧的也许还会在少数人家里,或在博物馆里还有保存。(2)现在,在城镇居住的鄂温克人只有一部分在节假日或有活动时才穿鄂温克民族服装,平常基本已经没有人穿民族服装。(3)在牧区居住的鄂温克中老年人还有平常穿民族服装的,青年在节假日和参加活动以外,平时很少穿民族服装。(4)民族服装的样式也向现代的样式发展。(5)在城镇工作人员平时的服装,和其他民族没有区别。

(三)居住条件的变迁

中华人民共和国成立时,使鹿鄂温克人和部分进山打猎或采伐的索伦和通古斯鄂温克人,都曾住在"仙人柱"(撮罗子)中;部分游牧的通古斯和索伦鄂温克人曾住在"乌儒格柱"(蒙古包)中;部分通古斯鄂温克人和使鹿鄂温克人还住有"木刻楞"(有原木外墙)房子;在半农半猎地区的索伦鄂温克人 20% 住马架子房,80% 住土房(也叫草房);在农业地区居住的鄂温克人住的是土房,个别富裕户住的砖瓦房。

现在,在城镇居住的大部分鄂温克人都已经住楼房,也有一些人住在带有院子的砖瓦平房中,住土房的人已经很少;住平房的部分人员,在平房内有土暖气,有的人家还通入了自来水和公用暖气。在苏木(乡)居住的人家的房屋主要有砖房、土房和木刻楞房等,基本都通有交流电,有的人家还用上液化气炉、有自制的土暖气。也有的人家把压水井改装成自来水式装置。

在居住方面，从20世纪80年代中期开始，牧民的住房和棚圈逐步向砖瓦住房和棚圈转化，尤其是近几年的扶持人口较少民族发展规划，国家投入大部分资金，让鄂温克族牧民出很少的一部分钱，住上砖瓦房，并带有砖瓦的棚圈。至2007年年末，90%以上的鄂温克族牧民已经拥有砖瓦的住房和棚圈。

现在，在放牧或打草时也有住在"乌日格柱"（蒙古包）或帐篷的，也有人把报废的旧公交车的车体部分、带铁皮房的军用六轮汽车、在拖拉机拖车上建铁皮房等当作流动住房，转场时用拖拉机一拉就走。在春季接羔时，还有用铁制的帐篷架盖有尼龙纤维布的接羔棚。

80年代，很多苏木嘎查都已经通电，在苏木所在地居住的牧民有的开始用上电视和电冰箱。

从80年代中期开始，鄂温克旗科委就引进一些风力发电机（1984年35台），在部分苏木嘎查推广，解决牧民专业户、重点户的照明和看电视用电问题。90年代末期开始，科委还安装用风力和太阳能两种方式发电的设备，并带有卫星电视接收设备及电视机，解决了牧民群众的照明和收看电视的困难。

从90年代初开始，有些苏木所在地的牧民住户开始安装电话机。90年末开始，苏木嘎查也开始安装了移动手机信号发射接收塔，牧民们开始用上了移动电话。

四　婚姻方面的变迁情况

过去，同一氏族的鄂温克人是不能通婚。现在，同属一个氏族但不同家族的可以通婚。

现在，青年男女都是自由恋爱，或者由一个介绍人给介绍后两人谈恋爱，如果性格和兴趣爱好相同或相近，两人对彼此都有好感，在一段时间的相互恋爱后，就可以准备结婚。

现在和各个民族之间都可以结婚，由于各民族间对待婚姻的情况的看法不相同，基本上很少举行订婚宴会，基本上跟随社会环境情况举行婚礼，传统的婚姻习俗在逐渐减少。

纳彩礼的情况也逐渐减少。送一些肉、酒等物品，是男方自愿送去的，女方一般并不提出要彩礼。

婚礼中还要请专职婚礼主持人、乐队和演唱人员，这是在过去是没有的。

接送新娘过去是用马车或骑马等，现在都用小轿车，牧区也有用越野车的。

婚礼中都请人给婚礼照相和摄像，这在改革开放前是没有的。

过去，给新娘的陪嫁物品是牛羊、牲畜等，现在多数是电器设备。

过去，参加婚礼的人员给的是脸盆、镜子、毛毯、皮箱等物品，有的还要给牛、羊等。现在都是给现金，而且数目逐渐增多。

五 族群关系与伦理道德方面的社会文化变迁

随着社会的发展，过去以每个"毛哄"（家族）为一个村落的居住方式早已被打破。现在，每个村落中不仅可能有几个姓氏的鄂温克人，而且可能还会有数个民族以上的人。

各种移民等现象在增多，有的是因为投亲靠友，有的是因为工作到陌生的城市居住，有的因为子女教育到大城市居住，有在外地上学后在外地就业的，有子女在外地就业后跟随而去的，有为了挣到更多的钱到外地打工的，有因为婚姻关系跟随对方到外地居住的，有因为外地的生活条件好而到外地居住的，因此，有很多人离开了原来族群的生活环境。

随着社会的发展，虽然人的寿命在增加。但是，像过去四五代同居一起的现象在减少。一般有三代在一起居住的，很多家庭是两代在一起居住，孩子成家时一般都给他们预备住处。

过去在一个家庭里，都是年龄最大的男人当家长，只有他说了才算。现在的家庭逐步向民主化的方向发展，虽然男人还是有一定的权力，妇女主持家庭的情况在逐渐增多，甚至有的家庭权力都掌握在妇女手中。

在城镇化过程中，城镇中居住的人员一般都有一定的工作。除工作外，城镇中居住的其他民族成员较多，和其他民族人员来往的增多，致使在本民族、氏族和家族之间的来往减少。长期的来往减少，有时又会产生对各自的误解，而产生矛盾，矛盾的存在可能又会加剧来往次数的减少，有的还会造成亲属间互不来往。

由于城镇化的发展，不像过去一个家族住一个村屯，家族会议已经很少或没有了，并且没有了家族长之说。

过去每逢春节初一，每家都在长者带领下，到本家族近亲长辈家拜年。现在，在城镇化进程中，每年去拜年的人在逐年减少。不愿意到亲属家拜年的原因有：虽然是一个家族，但辈分比较远，在社会进程中，因为各自的经济条件不平衡而产生一定的隔阂；有的因为权力的大小不平衡而产生一定的隔阂；也有因为某件事情上产生分歧而有了一定的隔阂等。

过去，鄂温克人遇见很长一段时间没有见到的长辈亲属，也要屈膝问安。现在，只有岁数大一些的人遇见长辈亲属时会屈膝问安，年轻人除了在过年时节时给长辈亲属屈膝问安外，平常很少给长辈亲属屈膝问安，有的也只是在长辈的引导下才屈膝问安。

过去，在房主人一间房子中，亲属或朋友一家经主人同意，共同居住很长时间的现象，这种现象叫"珠勒巴克"。现在，已经没有这种居住现象，也说明族群关系正在变得淡弱。

六　语言

从对鄂温克语的学习使用情况来看，鄂温克语的使用和保留已经出现了危机。如果鄂温克语将来失传，其原因分析如下：

第一，由于鄂温克族是人口很少的民族，只有语言，没有文字。在学校学的都是汉语、蒙语等其他民族的文化，在社会上和其他民族接触，说的都是蒙、汉语。有时说话时本民族语言的词汇想不起来时，用蒙、汉语词汇来代替，在本民族语言中，其他民族词汇逐渐增多，本民族词汇在逐渐减少。在社会发展中还不断地产生着新的词汇，本民族没有这种词汇只能借用，借用的词汇越来越多。

第二，在城镇化进程中，城镇中其他民族人口远远多于鄂温克族人口，鄂温克语的语言环境也在逐渐消失。

第三，由于和其他民族的通婚逐渐增多，和其他民族结婚后，她（他）一般不说鄂温克语，致使下一代跟随母亲或父亲不说鄂温克语，而民族成分报的是鄂温克族，已经不说鄂温克语了。

第四，和家长的教育和要求有关，如果家长从小教育孩子说鄂温克语，并要求在家必须说鄂温克语，那么这个家庭的鄂温克语就会保存。反之就会失传。

综上所述，在城镇化进程中鄂温克族的社会文化产生了一些变化，有些方面的变化比较大，有些方面的变化较小，但还是发生了变化。在将来的发展中，可能还会有更大的变化，在社会管理者的要求中，尤其是狩猎文化将会逐渐从人们的记忆中消失。

城镇化进程中黔东南民族村寨
建设应注意的问题

傅安辉[①]

据全国第六次人口普查结果,贵州省黔东南苗族侗族自治州有总人口3480626人。黔东南州聚居着苗、侗、汉、布衣、水、瑶、壮、土家等33个民族,少数民族人口占全州总人口的81.87%,是全国30个少数民族自治州中总人口和少数民族人口最多的自治州,是世界苗族、侗族文化遗产保留核心地。

目前,黔东南州内有3226个民族村寨,在城镇化进程中的黔东南州民族村寨建设,是一项十分艰巨的任务。黔东南州的民族村寨建设正在以行政村为单位,大力实施生态环境建设、基础设施建设、产业发展建设、民主管理创新建设,同步实施中心村建设,引导民族村村民全面建设小康社会。对此,黔东南州力争加快民族村寨建设,使民族村寨城镇化以后依然保持有绿水青山,保持有田园风光,保持有民族特色,而在生活上、生产上走向比过去上了大台阶的发展新阶段。

一 注意保持传统生态文明亮点

党的十八大报告强调必须树立尊重自然、顺应自然、保护自然的生态文明理念,明确提出了包括生态文明建设在内的"五位一体"的社会主

[①] 作者简介:傅安辉,凯里学院教授。

义建设总布局。① 黔东南州落实党的十八大精神，城镇化进程中的民族村寨建设在生态文明方面的考虑，主要是促进人与自然和谐共生。要保护好村寨自然生态，就是保护好"原汁原味"的自然山水、田园风光、乡土气息，让人感受到浓浓的乡情。

（一）城镇化进程中黔东南民族村寨建设要彰显美山美水

黔东南州的生态优势是州情的最大优势。贵州省以黔东南州为代表，确实有生态文明建设的得天独厚的生态条件。黔东南州的气候、土壤都非常适合植物生长，被誉为"宜林山国"。农业专家、林业专家考察黔东南后，曾经感慨地说："黔东南是贵州省金不换的地方。"指的就是黔东南的土质肥沃，水源丰富，山水条件很利于植物生长，对发展农业、林业有天然环境优势。黔东南州位于内陆省份贵州的东南部，有1个国家级自然保护区、6个国家级森林公园和风景名胜区，全省10个国家级重点林业县就有8个在黔东南，全州森林覆盖率达63.44%,② 高于全省20个百分点，已超过小康标准值≥40%的要求。黔东南州处于长江、珠江上游，是"两江"上游的天然屏障，在全省乃至全国生态文明建设中具有举足轻重的地位。因此，民族村寨建设，必须立足于青山绿水，及时转变经济发展方式，城镇化建设中在把努力实现"自然环境生态美、村容寨貌特色美、产业发展生活美、乡风文明和谐美"作为重要抓手的同时，重点把生态文明建设作为头等大事来抓。保护好黔东南的青山绿水事关全省乃至全国的大局，是党和国家对黔东南州提出的要求和时代赋予的责任。要在节约能源和保护生态环境的产业结构、增长方式和消费模式的前提下加快发展，严守发展与生态保护两条底线，解决好看得见美丽山水的问题，为建设好"两江"上游的天然屏障做出应有的贡献。

抓好生态文明建设工作是实现黔东南州经济社会跨越式发展的需要。从城镇化进程来看，黔东南仍处于农业文明向工业文明转变的初始阶段；从现代化进程来看，黔东南仍处于"欠发达、欠开发"的较低层次。与

---

① 参见黔东南州统计局《黔东南州2010年第六次人口普查主要数据公告（1）》，2011年5月28日。

② 参见黔东南信息港《国家扶贫生态移民联合调研组到榕江调研》，2013年11月18日报道。

沿海地区相比，存在的差距不仅仅是发展程度的差距，也是发展阶段的差距。在城镇化进程中，摆在黔东南州面前的有两条路，一条路是重复发达工业国家走过的先污染、后治理、再转型的老路。在这方面黔东南州有过沉痛的教训。过去，大跃进年代大炼钢铁毁坏了大片大片的古树。在20世纪六七十年代，黔东南的主导产业是"木头经济"，老百姓大多都以吃"木头饭"为生，大量采伐木材，到80年代全州森林覆盖率降到26.7%的历史最低点，不仅生态严重恶化，而且到了无树可砍的程度。滥砍滥伐，使黔东南的山林遭到了严重破坏，看不见参天古树的乡愁由此产生。牺牲生态环境可换取眼前的发展，但是代价是惨重的。后来，黔东南州花了20多年植树造林，退耕还林，大抓生态工程，才逐步把生态恢复过来。现在黔东南的森林覆盖率已经达到63%以上。另一条路是加快经济发展方式转变，充分发挥黔东南特色和优势，扬长避短，后来居上。我们只能选择这条道路来走。因此，必须保持"自然环境生态美"的亮点，在城镇化进程中进行民族村寨建设，要大力提倡环保，坚持以"绿色"为主题，把民族村寨建设成为尊重自然、保护自然、天人合一的绿色生态家园。

在过去没有工业污染的农耕时代，举目所望，到处是蓝天白云，青山绿水。恬静的田园、浓浓的乡情，确实给人们留下了美好的印象。随着城镇化推进，我国平均每年减少耕地600多万亩，日益逼近18亿亩的耕地红线。我国过去30多年的城镇化进程是对土地相对粗放的利用。当那些山、那些水、那些宜人家园风光渐渐远去的时候，确实成了乡愁。2013年12月12—13日在北京召开的中央城镇化工作会议提出，城镇建设，要实事求是定位，科学规划和务实行动，避免走弯路；要尽可能减少工业用地，适当增加生活用地特别是居住用地，切实保护耕地、园地、菜地等农业空间，划定生态红线。要依托现有山水脉络等独特风光，让城市融入大自然，让居民望得见山、看得见水、记得住乡愁。黔东南州的民族村寨建设，确实要留住人们美好记忆中的美山美水，化解他们的乡愁。

山水问题，说到底就是保护环境、搞好生态文明建设的问题。美丽山水是美丽乡村的基础、美丽乡村又是美丽中国的基础。所以，美丽山水问题不容忽视，民族村寨建设必须做好美丽山水这篇文章，保护好"原汁原味"的自然山水、田园风光。

(二) 城镇化进程中黔东南民族村寨建设要彰显民族传统生态文明

说到黔东南的山水，曾经有过木商文化的辉煌成就，曾经有过生态文明的灿烂历史。明清时期贵州省黔东南清水江流域就是朝廷建筑材料"皇木"的生产基地，当时清水江成了木商文化的发祥地和黄金水道。明清时期从贵州省黔东南采购运出的高大笔直的杉树经过清水江进入沅江，流入长江转向大运河，最后在北京什刹海卸货入库，然后用以建造皇家的宫廷庙宇、楼堂管所。所以，今天故宫里的不少建筑楼宇，都是当年黔东南民族群众治山文明的历史见证。如今北京的毛主席纪念堂、中国军事博物馆，也有贵州省黔东南敬献的巨大香樟。[①]

在长期的木材生产过程中，黔东南州苗族侗族人民积累了丰富的林业生产经验，砍伐一片就能很快绿化一片。史书上记载，当年清水江流域，两岸树木郁郁葱葱，遮天蔽日，成为人造的茫茫林海，那是人类创造的生态文明的历史见证[②]。新中国成立后，全国劳模王佑求不仅实验成功了秋季植树造林的经验，而且成功培植了八年就能成材的杉树，又创植树造林历史新高。黔东南州的民族群众素有在房前屋后栽树、儿女出生栽树、人死树葬而栽树、节日喜庆栽树、祭拜树神、敬畏大自然、与大自然和谐相处的传统生态文明意识，这种生态文明意识世代相传。

黔东南少数民族居住讲究依山傍水，对于山水如同对待恩人。依山而不毁坏山。就是在村寨周围营造古木参天的风景林带，在寨边往外的山山岭岭又营造茶油、桐油、水果等经济林带，再往外营造杉树、松树等建材林带，再往外与周边村寨的交界则保留有一定面积的原始森林。傍水而不污染水。就是处理好生产、生活排放的污水。他们没有把生活污水直接排放到小溪、河流中去，而是排放在房前屋后的鱼塘，排放在村寨低洼处所种植的芭蕉、柳树等吸水性强的植物园，排放在村寨周围的梯田里，污水流入这些区域后，自然被过滤、净化，然后才注入小溪、河流。所以，过去的苗村侗寨特别注意保持山清水秀的自然环境，村寨镶嵌在青山绿水之中，人与大自然非常和谐，创造了能够经得起考验的民族传统生态文明。

---

① 参见黔东南州十三届人大三次会议2013年度工作报告。
② 吕涛、赵德胜：《民族地区科技普及能力与民族文化产业发展关系研究——以贵州黔东南苗族侗族自治州为例》，《六盘水师范高等专科学校学报》2011年第3期。

今天黔东南州搞城镇化的民族村寨建设，已经考虑到这些民族传统生态文明的继承。在民族村寨自然环境生态美方面，不仅考虑营造一般形态的美山美水，还考虑黔东南民族传统生态美的传承与对外展示。属于侗族村寨，就考虑村边榕树、竹林、芭蕉林、柳树林等风景林带，杉树林、松树林等建材林带，橘子园、金秋梨园、桃子园、苍山子圆、药园等经济林带的分布栽植。属于苗族村寨，就考虑在村边栽植枫香树、苍松翠柏，以衬托村寨的人文景观美，大搞苗族传统林木栽植和植物园建设。在民族村寨建设中，水的治理排放，不仅考虑到较大规模的厂房、旅游服务区具有现代化的排污设备，也充分考虑到了民族传统中屋边鱼塘净化水、梯田净化水、植物林带净化水的传承。还通过公约，坚决杜绝把粪便直接排放入下水道注入河流，每家每户保留传统的粪便储存和利用的方法方式，大力提倡施用传统的农家肥。[①]

在城镇化进程中，通过美丽乡村建设，示范村示范，推进村推进，让民族村寨的周围，举目四望，绿树成荫，山清水秀，重现好山好水、美山美水景观，实现山川秀美，使生态文明建设取得显著成效。

二　城镇化进程中黔东南民族村寨建设要注意保持民族传统文化优势

贵州省黔东南州是苗族、侗族的最大聚居地。州境内传统民族文化艺术丰富多彩。有国家级非物质文化遗产52项68个点，有省级非物质文化遗产175项206点，有州级非物质文化遗产186项218点。其中，有世界非物质文化遗产——侗族大歌，有联合国授予的"全球重要农业文化遗产"——稻鱼鸭种养复合系统，有蜚声海内外的侗族鼓楼、风雨桥、苗族银饰、蜡染、刺绣、芦笙歌舞、飞歌等优秀的民族传统文化艺术。根据国家住建部发布的首批"中国传统村落"名单，在648个传统村落中，贵州省有90个村落入选该名单，居全国第一位，而在贵州省入选的90个"传统村落"中，黔东南州入选传统村落最多，有60个村寨入选；在第二批入选的915个传统村落中，贵州省有202个传统村落入选，其中黔东

---

① 祝黄河：《科学把握中国特色社会主义事业五位一体总布局》，2012年11月27日（http://theory.people.com.cn/n/2012/1127/c49150 - 19706448 - 2.html）。

南州再次以165个入选而居榜首。在以上第一、第二批中国传统村落名单中，黔东南共有225个列入其中，是全国保留传统村落最多的地区。黔东南州以"民族民间文化宝库"声誉著称于世。[①]

拥有如此多而宝贵的资源，促使黔东南州把民族文化保护传承、开发利用纳入"十二五"国民经济和社会发展计划，纳入城乡建设规划，纳入中心村和小城镇建设方案。在这样一个自治州进行城镇化的民族村寨建设，就特别注重了它的民族特色和旅游功能。

黔东南州采取强有力的措施，保护、传承好优秀的民族传统文化艺术，变民族传统文化艺术资源优势为文化产业经济创收优势。在城镇化进程中的民族村寨建设，注意尽量减少传统村寨的消亡，加强对传统村落的保护，使民族村寨成为对外宣传和展示民族优秀传统文化艺术的窗口。

民族村寨建设中，要注意解决乡愁的问题。在有乡愁的地方，就说明优秀的传统文化艺术没有得到很好的继承。因此，在黔东南这样一个自治州建设城镇化的民族村寨，就要充分考虑民族优秀传统文化的保护和传承，也要特别注重它的民族特色和旅游功能的彰显。

在村容寨貌特色美方面，黔东南州谋求的是村寨建筑要有苗族风格侗族风格或者传统的徽派建筑风格，特别要体现苗族侗族建筑的风格美、色彩美，要让人们在城镇化的民族村寨里依然看到侗族的鼓楼、风雨桥、凉亭、木楼、歌堂、侗戏楼、寨边粮架、鱼塘、萨坛，依然看到苗族的吊脚楼、水上粮仓、龙舟棚、芦笙场、马郎坡、石板道、鹅卵石路，还有苗侗村寨的斗牛场。使人们一进到这些苗族侗族村寨，一眼就能看出苗侗村寨的特色。

在民族村寨建设的产业发展方面，我们把美丽乡村建设成为对外展示苗侗文化的窗口。让人们在黔东南的民族村寨里，听到最纯正的侗族大歌，看到最强劲有力而粗犷奔放的苗族反排木鼓舞，吃到最原汁原味的酸汤鱼，凡是具有现实生活生命力、能够占领当今市场的传统民族文化艺术及其工艺品，黔东南州都已考虑在民族村寨里好好展示出去。所以，黔东南州民族村寨建设，如雷山县的西江、黎平县的肇兴、施秉县的望城、剑河县的温泉、丹寨县的卡拉，实际上也是美丽苗寨、魅力侗寨、民族风情

---

① 州政府办：《黔东南州六措施巩固森林覆盖率》，2013年9月23日（http://www.qdnrbs.cn/shizheng/33270.htm）。

旅游景点的建设。这些民族村寨，再现了人们的美好记忆，留住了人们的那一份乡愁。①

民族村寨建设，黔东南州一起步，就考虑不仅要在环境整治、基础设施、房屋建设、生产生活设备等方面的硬件建设达到城镇化的标准，更重视民族村寨的软件建设要达到城镇化标准。黔东南州认识到，在一个少数民族自治州搞民族村寨建设，物质方面的城镇化固然重要，但是，人心方面的现代化更为重要。所以，黔东南州坚持贵州省城镇化建设环境美与心灵美并重的要求，把人心文明高尚的建设放在重要的位置上来考虑。除了按要求、按标准强化农村基层党组织的建设，让它们发挥应有的领导作用之外，还特别注意社会治理方面民族传统的继承和利用。比如，在苗村侗寨，让村寨老年协会协助村两委发挥传统寨老议事断事的职能作用，解决民间存在的问题，还让他们主持开展村寨间的联谊活动，创建"文明村寨"、"和谐村寨"、"星级文明户"、"孝子巧媳妇评比"等活动，提高村民的文明程度。我们在美丽乡村示范点注意利用苗侗人民"尊老爱幼、敬老尊贤、施舍积阴德"的传统美德，发挥村寨邻里、学校、村民的爱心作用，共同来关爱留守儿童和留守老人，解决他们的实际困难，免除他们家长在外打工的后顾之忧。我们还根据苗族侗族热心公益事业的传统美德，积极加以引导，提高他们乐意参与、投入现代化、城镇化民族村寨建设的主动性和积极性，以主人公的精神面貌出现在建设之中。黔东南州制定了民族文化村寨保护条例，保持传统的寨老管理村寨的习俗，保持苗族的民间习惯法，就是清朝皇帝所讲的"苗例"——议榔，侗族的民间习惯法——起款，通过议榔和起款，形成村民亲自参与制定的乡规民约，颁布实行。充分利用这些民族民间习惯法来辅助国家法的实施，以便更好地、更有效地处理民间纠纷，更好地规范人们的行为准则，促进邻里村民和睦相处、善良友爱，养成村民的良好公德，维护社会的稳定，使村寨获得长治久安。②

黔东南州的民族村寨建设，做到了上述优秀民族文化方方面面的保护

---

① 李清：《习近平在中央城镇化工作会议上发表重要讲话》，2013年12月14日（http://news.xinhuanet.com/politics/2013-12/14/c_125859827.htm）。

② 吴苏民、杨有赓：《"皇木案"反映"苗杉"经济发展的历史轨迹》，《贵州文史丛刊》2010年第4期。

传承，开发利用，所以，那里原有的乡愁就会变成如今人们的相恋，变成故乡乃是人间天堂的情思。

三 城镇化进程中黔东南民族村寨建设要注意打造现代化城镇生产方式和生活方式示范点

由于贵州山高水深，江河阻隔，贵州省黔东南过去与外界交往甚少，保留了许多农耕时代的风俗习惯，生活方式和生产方式比较原始落后。黔东南苗侗民众生产方式、生活方式、思想观念比较原始落后，与信息时代的现代化程度有相当大的距离。关于城镇化带动战略背景下的民族村寨建设，就是要加大民族村寨的变革力度。城镇化进程中的民族村寨建设，应该有引领生产、生活的作用。因此，要把民族村寨建设成为对内传播现代文明和先进生产力的示范点。

（一）城镇化进程中黔东南民族村寨建设要注意打造现代化城镇生产方式示范点

在民族村寨，要进行现代科技含量高的养殖业、种植业、民族工艺品加工业等园区的建设，使比较有代表性的中心民族村寨成为现代城镇生产方式的示范点。

黔东南州的民族村寨建设，在最初阶段，就请来了发达地区的设计师搞规划，在民族村寨中心村示范点建设里面，有现代产业园区，特别是现代化的种植园、养殖场、民族工艺品加工厂。有各种设施比较齐全、先进的义务教育和农民农技培训的场所建设，让民族民众在这里学习到科技含量较高的工业生产技术、工艺品加工技艺和现代化农业生产技术并加以应用，就地市民化。

随着城镇化民族村寨建设的强力推进，黔东南州民族村寨大量富余的农业人口要靠工业化来吸纳。要大力支持和鼓励民族村寨的民众从传统的农业中跳出来，走进种植园、养殖场、民族工艺品加工厂或现代化的工业园区。因此，黔东南州注意从传统产业中培育优势产业，一方面是结合民族村寨农业资源优势，做好农产品的深加工；另一方面是做好民族村寨具有浓郁民族特色的民族工艺品加工，带动民族民众就地就近就业、增收致富。民族工艺品可以把它作为民族文化产业来打造。民族工艺品究竟如何作为民族文化产业来打造？肯定有市场需要才能打造。所以，黔东南州不打无准备之战，在把民族文化艺术作为文化产业来打造上，首先作好市场分析，能够占领市场的，才投入生产。没有市场需要的，就不会把它作为文化产业来打造。黔东南山川阻隔，交通不便，许多农耕时代和古代社会的生活习俗、生产方式、文化艺术得以保留至今，其中有不少属于其他任何地方都找不到了的优秀民族文化，对今天的物质文明建设和精神文明建设非常有价值。比如侗族的"稻鱼鸭种养复合系统"，把它放在稻田较多的民族村寨建设示范点传承、弘扬。又如苗族的银饰艺术、蜡染艺术、刺绣艺术、芦笙歌舞艺术，侗族的建筑艺术、歌唱艺术、体育竞技、年节习俗、民族习惯法、酸味饮食，等等，只要它们能够适应当今社会生活的需要，具有普世的价值，都考虑在城镇化的民族村寨里将它们发扬光大，开发成为国内外游客喜爱的民族节日、专场歌舞节目、专场竞技表演、习俗表演、民族美味食品、民族工艺品旅游产品等，在民族村寨建设示范点加以精心打造。近年来，黔东南州的民族饮食——凯里酸汤鱼、苗族红酸汤不仅成了美丽乡村农家乐的餐饮品牌，而且已经走出黔东南，在不少大中城市酒店、超市安家落户，占有了一定的市场份额。苗族侗族织绣品、苗族银饰工艺品、苗族蜡染服饰、卡拉苗寨鸟笼等，也成了民族村寨的特色产业，得到很好的展示，很有利于黔东南州旅游业的发展。这些民族特色产业通过公司加农户的生产经营方式，找到了稳定的销路，使优秀的民族传统文化资源转变成了经济效益。实践证明，在城镇化的民族村寨建设中，民族传统文化艺术资源是完全可以发展成为文化产业的。

  黔东南州在城镇化的民族村寨建设中，注意提升城镇就业吸纳能力。通过工业园区、标准厂房等配套设施建设，加大招商引资力度，鼓励民族村寨返乡人员到中心村自主创业，不断增加城镇就业吸纳力，使民族村寨广大青壮年既能在家乡就业生产劳动，又能在家孝敬老人照顾小孩，逐步解决空心村问题。[①]

  黔东南州在城镇化的民族村寨建设中，也注意到了城镇容量的扩大。已经认识到只有城镇化的现代化工业、科技含量高的现代化农业，才能让民族村寨的人们吃饱吃好，让那里的人们赚更多的钱，积累更多的财富，

[①] 梁雨、龙昭奎：《贵州从江侗乡稻鱼鸭复合系统受世界关注》，2013 年 6 月 5 日（http://www.mzb.com.cn/html/Home/report/408961 - 1.htm）。

所以，要把城镇容量的科学合理扩大纳入建设的主要考虑中。

（二）城镇化进程中黔东南民族村寨建设要注意打造现代化城镇生活方式示范点

在城镇化进程中，黔东南州有意识地让工业园区、景旅游区开发、城镇建设和民族村寨建设等在空间布局上做到科学合理，充分运用山水、田园、都市、乡村四要素，加快推进民族村寨建设。通过城镇化的民族村寨建设，要让民族民众真正能够在这里安居乐业，享受到城市的现代化生活方式，使民族村寨建设真正成为在生产上、生活上、文化上、教育上、思想观念上引领人们前进的基地，成为传播和推广现代文明的平台。①

在城镇化进程中，民族村寨建设要净化民族村寨环境，提升村民文明程度。既要抓好绿化、道路、住房、公共场所、污物处理等基础设施硬件建设，也要注重村民素质、社会治安、文明风尚等软件建设，充分利用好人类建设美好家园的物质成果、精神成果和制度成果。促进民族村寨资源环境和经济社会协调发展，最终形成民族村寨环境管护的长效机制。

民族村寨建设既要融入现代元素，更要保护和弘扬传统优秀文化，延续城市历史文脉；要融入让群众生活更舒适的理念，体现在每一个细节中。在促进城乡一体化发展中，要注意保留村庄原始风貌，还原乡土气息，慎砍树、不填湖、少拆房，尽可能地在原有村庄形态上改善居民生活条件，促进人与自然和谐共生，让人们记得住和看得见传统故乡那一幅重彩的风俗画、那一份厚重的乡情。②

民族村寨建设要从治理农村"脏、乱、差"着手，利用黔东南得天独厚的生态条件，造林植树，治理水源，处理污水，美化绿化环境，改善农民的生活环境。基础设施建设围绕改畜圈、改灶、改厕、引导农民按规划建房。公共服务场所实施有文化广场、有体育运动场所和健身器材、有医疗卫生室、有幼儿园、科普图书室、有"两委"活动阵地、有消息平台和村务公开栏、有停车场的"八有"工程。通过城镇化的民族村寨建

---

① 《贵州少数民族村寨旅游资源特征及乡村旅游开展》，《贵州师范大学学报：自然科学版》，2008（增刊），第35—38页。

② 陈敏尔：《着力打造绿色小镇进一步点亮多彩贵州》，2013年9月3日（http://news.nandu.com/html/201309/03/196985.html）。

设，使比较有代表性的中心民族村寨成为现代城镇生活方式的示范点，成为"生态宜居、生产高效、生活美好、人文和谐"的典范，让农村人乐享其中，让城市人心驰神往，最终使一个个民族村寨变成一个个现代化的民族特色浓郁的小镇。①

要通过城镇化的民族村寨建设，不断缩小城乡差距，促进城乡公共服务均等化。城镇化是农村、农业发展的路径和手段，相互依托，相互促进。在政策上保留农村产权和户籍两项农民待遇，增加就业、就医、就学、住房、社保五项城镇市民待遇，加快农民市民化。在措施上把针对城镇居民的廉租房、公租房建设和针对农村居民的危房改造、扶贫生态移民工程两条线有机衔接，统筹保障民族群众住房，降低民族群众进城成本。在途径上实施生态移民搬迁工程，黔东南州以工业园区、景区、城区为主要安置点，把一部分居住地生产、生活条件很差的民族群众通过扶贫生态移民的方式搬迁出来，既可以恢复那里的生态，又改善了他们的生产生活条件。从已搬迁出来的生态移民情况来看，民族群众非常满意，搬迁效果显著。②

着力推进民族村寨中心村建设。黔东南州民族村寨村小散弱的现象尤为突出，人口高度分散。据统计，全州目前1000户以上的村寨不多，最小的村寨只有一二十户，严重影响了基本设施建设和公共服务均等化。为此，黔东南州通过"十城百镇千村"空间布局调整，着力推动民族村寨合并，大力推进民族村寨基础设施建设。⑤

目前黔东南首批民族村寨建设的20个示范村，基本能够发挥本村寨的资源优势。村寨周边自然生态好，植被茂密，村寨内部环境整洁，房屋建筑坐落有致，民族建筑风格突出，田园风光突显，民族工艺品生产基地和现代农业种养殖示范园经济效益好，党的基层组织领导有力，带头作用发挥得好，管理民主，村民文化生活丰富多彩，村民人际关系友好和谐，社会风气良好，形成了一村一品、一村一特、一村一景、一村一韵的特色。

---

① 黔东南州政府办：《黔东南州20个美丽乡村建设工作有序推进》，2014年2月10日（http：//www.gzgov.gov.cn/xxgk/szdt/qdn/131542.shtm）。

② 中新网：《中国要求保留村庄原始风貌慎砍树不填湖少拆房》，2013年12月14日（http：//www.qianhuaweb.com/content/2013-12/14/content_4478419.htm）。

一个地区要加快发展，必须最大限度地扬己所长，这个所长就是自身所具有的良好的自然生态资源和丰富的民族原生态文化。这个优势极具开发潜力和价值，是将资源优势转化为经济优势的重要基础，是黔东南州加快转变经济发展方式，推动科学发展、跨越发展、和谐发展的后发优势。因此，依托不断提升的发展环境和区位优势，加快城乡一体化的民族村寨建设，使生态资源优势、民族文化优势最终转变成发展优势。只有这样，才能使黔东南州民族村寨建设的发展质量越来越高、发展空间越来越大、发展道路越走越宽。

我国是一个传统农业国，贵州是一个传统农业省，黔东南是一个以传统农业为主的民族地区，民族村寨幅员广大，只有把民族村寨建设得美丽了，才谈得上真正的城镇化。我们说：明天我们的生活将会变得更美好，那要靠今天我们积极去从事民族村寨建设。因为，民族村寨是我国农村中相对比较原始、落后的地方，往往是最贫困的人们居住地，建设好民族村寨，是建设美丽中国的基础，是解决三农问题、建设和谐社会奔小康的重要举措。从某种意义上说，只有建设好了民族村寨，才能解决三农问题、实现小康的奋斗目标，也才能把美丽中国的宏伟蓝图变成活生生的现实图景。

边境民族地区新型城镇化建设中传统文化重构

——以云南金平县为例

郎启训[①]

引 言

城镇化是现代化的必由之路，是破除城乡二元结构的重要依托。要健全城乡发展一体化体制机制，坚持走以人为本、四化同步、优化布局、生态文明、传承文化的新型城镇化道路，遵循发展规律，积极稳妥推进，着力提升质量。文化是民族的血脉，要建成现代文化强国，势必要传承和弘扬优秀传统文化，加快文化走出去，提升国家文化软实力。本文针对在现代文明以及流行时尚的有力冲击下，金平县如何在新型城镇化过程中进行传统文化重构进行了探讨，针对如何对金平少数民族文化之路进行选择进行了探析，希望能够有效地推动金平县民族传统文化的进一步发展。

一 少数民族文化在金平县城镇化过程中的现状分析

（一）风俗表象下文化意义的缺失

目前，金平县城镇化过程中的少数民族传统节日气息淡化的十分严

---

① 作者简介：郎启训，红河学院音乐学院副院长、副教授。

重，其中八个少数民族的民族传统节日等虽然具有较大的举办规模以及举办仪式，然而少数民族本身却并不是活动的策划者以及举办者，而是相关的主管单位，少数民族教育有较弱的自主举办能力以及意识，更为严重的是，还有很多少数民族的同胞不了解这些盛大节日的举办时间，其中就有很多出生在 20 世纪 70 年代的人。在很多情况下，只有本民族内部的寨老以及祭师等才能掌握这些情况。造成这种现象的主要原因就是现代文明以及外来文化对少数民族的整体冲击。[①]

在城镇化过程不断加快的今天，金平县现代少数民族的传统习俗礼仪也变得过于简化，除了一些无法短时间内简化的亲朋好友以及宗族内的丧葬习俗之外，包括用于节日当中的祭品也被大量的简化了。然而，最为关键的是，少数民族习俗的文化精髓也随着重要祭品的省略以及主要环节的消失而不成体系，并随之断裂。这是由于传统的细节往往可以将传统文化精神体现出来，而缺了细节的文化传统就基本上将民族文化的精髓丢失了。

（二）少数民族文化当中粗制滥造的现象

党和政府对少数民族地区吃、穿、住、行方面给予了越来越多的关注，并且不断加大投入，充分地满足了少数民族群众物质方面的需求。各族人民在吃、穿、住、行的需求得到满足之后，就会追求更高层次的精神文化。在城镇化的过程中，很多城镇在党和政府的帮助下开始进行文化阵地的打造工作。为了使演出的需求得到满足，一些城镇当中的自由创作开始变得越来越多，但粗制滥造的现象普遍地存在于金平县城镇化的过程当中。有一些少数民族自由创作人只是对乐谱具有简单的认识，在进行创作的时候往往出现歌词不成韵、音质缺乏水准的现象，只用一把吉他、一只录音笔进行音乐创作。由于少数民族群众不断增长的精神文化生活追求，很多水准不高的文艺演出还会受到很多群众的欢迎。而这正是少数民族文化精髓不断丧失的表现。[②]

（三）民族元素在文艺作品中的缺失

在城镇化建设过程中，民族元素在文艺作品中的缺失现象目前在金平

---

① 马晓京：《西部地区民族旅游开发与民族文化保护》，《旅游学刊》2011 年第 5 期。
② 薛金慧：《西北少数民族文化发展路径研究》，《旅游学刊》2013 年第 3 期。

县十分普遍。看似十分盛大的歌舞演出，其中却很少存在少数民族自身的元素。在金平县的文艺演出当中很少看到少数民族色彩斑斓的服饰以及起源于生产生活的舞蹈形式。与此同时，在文学创作当中很多情况下将少数民族的元素忽视了，通过对金平县当今文学创作的分析，我们可以发现，具有一定程度的文学创作功力的作者往往在少数民族文化精髓这一主线上是缺乏的，而懂得当地民族风情的作者在创作功力、经验以及技巧等方面又显得十分薄弱，很难真正地将当地城镇化中少数民族的元素体现出来。[①]

（四）文化建设当中创作精英的缺乏

虽然金平县近年在大力推行城镇化建设中不断加大对文化建设的投入，将文化活动场所少无法有效进行文娱活动的难题解决了。然而由于文化部门的干部当中存在着创作匮乏、素质较低、缺乏活力以及工作积极性的问题，以及一些诸如对少数民族文化元素的研究以及民间采风等基本上属于空白的情况，造成了文化建设过程中缺乏文化创作精英的局面。而具有一定创作动力的民间自由创作人在视野、技巧以及专业创作理论等方面又十分匮乏。在困难重重以及财力疲软的情况下，金平县在新型城镇化过程中保护并发展民族传统文化的道路还具有一定的困难。

（五）民族服饰的逐渐消失

一共有八个少数民族在金平县定居，而又有很多不同的支系存在于各个民族当中，所有的支系当中都有不同样式、情调、色彩的服饰。根据金平县当地的族人以及专家分析，在整个金平县有八个支系存在于哈尼族当中，其他的少数民族则大部分也具有三个以上的支系。但是真正在日常生活当中所有的民族都是采用西方服饰，只有一部分在农村居住的少数民族群众才会穿族服，尤其是在一些盛大的文艺演出、婚丧嫁娶以及庄重的祭祀活动中才能够见到本民族的服饰。虽然从实用角度而言，金平县少数民族服饰的确无法做到与现代时尚服装一样方便。但是从对民族精神本元予

[①] 郭颖：《试论少数民族地区文化旅游资源的保护与开发——以泸沽湖地区为例》，《旅游学刊》2012年第3期。

以保护的角度而言，必须要警惕金平县民族服饰逐渐消失的现象。①

二 边境民族地区新型城镇化建设中传统文化重构的有效对策

（一）加大重点投入，对少数民族传统文化进行重构

边境民族地区的城镇化建设需要大量的资金投入。然而，边境民族地区的财政普遍困难，上级对少数民族文化建设这方面的资金投入也是有限的。因此，要讲资金投入用在重点上。只有找准重点，加大重点投入，才能够带动全县少数民族传统文化的发展。要制订出科学的发展方案，分析探索解决矛盾的关键所在，用有限的资金发挥最大的作用，加大重点投入，对少数民族传统文化进行有效重构。

（二）重视人才的培养，对少数民族传统文化进行传承

文化归根结底还是靠人来继承和传播的，因此要发展金平县的少数民族文化，就必须培养一支少数民族文化的精英队伍。在加快城镇化建设的过程中，必须要培养出有高度的使命感，热爱、熟悉金平县少数民族传统文化的专门人才，首先就要完善制度，发挥"边陲人才奖"在激励人才方面的作用。其次要在全县的每个乡镇都配备一名专门负责少数民族文化事务的负责人，来收集和保存当地原始的少数民族文化。再次要加大培训力度，拓宽人才培养的渠道，培养合格的少数民族文化宣传员。再其次要对民间的非物质文化遗传予以高度的重视，尊重和保护少数民族文化遗产的继承人，组织文化专家和学者对其进行走访调研，挖掘和整理少数民族文化。最后要重视本土文化人才的培养，在文学、美术、音乐等各个领域发展和培养优秀的人才，鼓励、帮助这些人才进行艺术创作，丰富金平县的本土原创艺术，对少数民族传统文化进行传承。②

（三）重视节庆文化，对少数民族传统文化予以保护

节庆活动是一个民族传统文化的集中体现。近年来，随着城镇化进程

---

① 闫丽娟、吴建华：《西部开发中的人文视角》，《社科纵横》2009 年第 1 期。
② 李伟：《文化边缘地带旅游业的发展选择》，《民族研究》2012 年第 2 期。

的不断加快,再加上社会对少数民族节庆文化的重视以及旅游业的发展,金平县举办了一些少数民族节庆活动。然而,节庆活动的意义并不在于规模,而在于其中蕴含的文化内涵。一些节庆活动流于形式,对于少数民族文化真正的发展和传播没有起到应有的作用。因此,要发展金平县的少数民族文化,就必须在理解少数民族文化内涵的基础上来组织节庆活动,找到节庆活动的精神之所在。围绕其文化内涵,开发少数民族的特色节庆歌舞,在节庆活动中体现出少数民族文化特有的魅力,对少数民族传统文化予以有效的保护。[1]

(四）建立典型示范,促进城镇化与少数民族传统文化的共同发展

金平县的少数民族比较多,少数民族文化丰富,但是却比较零散。因此,在对全县的少数民族文化进行统筹规划的基础上,要着力建设典型,发挥其示范作用,对全县的少数民族文化进行辐射和推动。建立少数民族文化典型首先可以从打造少数民族精品文化开始,理清少数民族的文化体系,挖掘少数民族的精神内涵,从音乐、服装、饮食、舞蹈等各个领域对少数民族文化进行挖掘和开发,编撰相关的图书和影视作品,举办各种活动,打造少数民族文化的名片。其次,在不断促进城镇化建设的同时,还要加快少数民族文化示范村的建设。少数民族的示范村寨可以对全县的少数民族文化发展起到示范作用,对于示范村的民居、服饰、饮食、音乐、习俗等都要进行保护和挖掘,挖掘其文化内涵,发展少数民族特色的旅游业,最终促进城镇化与少数民族传统文化的共同发展。

(五）引导文化消费,促进城镇化过程中少数民族传统文化作用的有效发挥

在城镇化不断加快的进程当中,金平县的文化消费趋势受到社会文化大潮的影响,正在逐渐改变以往封闭的面貌,由求同求稳向求新求异发展。文化消费日趋多样化,对于少数民族文化的发展是一个很好的契机。文化消费中要注重政府的引导作用,首先,要对人们的消费层次进行引导,提高人们的文化档次。当然也要兼顾社会不同人群的文化层级,做到合理引导,统筹兼顾。尽量给人民群众提供具有文化意义和文化价值的文

---

[1] 马雪松:《文化全球化与民族文化》,《江西社会科学》2004年第10期。

化产品，促进合理的文化消费。其次，要对人们的文化消费理念进行引导，培养人民群众高雅的情趣和文明的文化消费理念。再次，要引导的力度和实效性。文化引导要针对不同的民族和社会阶层，制订有针对性的引导方案。少数民族文化最终要转化为文化产品，让人民群众进行消费，否则少数民族文化就会逐渐远离人民群众，最后被束之高阁，这样的少数民族文化是难以向前发展的。所以必须要对文化消费予以引导，促进城镇化过程中少数民族传统文化作用的有效发挥。

（六）打造文化产业，全面促进城镇化以及少数民族传统文化的和谐共存

在城镇化的过程中，首先，要对文化产业进行打造，全面促进城镇化以及传统文化的和谐共存。少数民族的文化要向产业化发展，目前金平在文化产业化的发展道路上仍然处于初级阶段，对于少数民族文化的产业化发展则更加空缺。在城镇化的过程中，一些部门和领导都不愿意发展少数民族文化，认为其见效慢，难有作为。而文艺人才青黄不接，少数民族文化在时代的冲击下很容易遭受形式主义、功利主义的腐蚀，这些都严重影响着少数民族文化向产业化发展。必须从制度上扭转这一不良风气，振兴少数民族文化。

其次，加大政府投入，拉动社会资本进入少数民族文化产业。政府要在财政上加大文化投入，成立专项资金，对少数民族文化的精品创作和传播进行奖励和扶持。整合原有的各项文化资金，进行统筹使用。将文化资金用于重大文化产业项目，打造出精品文化产业。采取各种财政手段对文化产业的发展进行补贴，并鼓励社会资本进入少数民族文化产业领域，合力打造出精品少数民族文化产业。

再次，要创新机制，培养本土文化人才。积极培养金平本土的文化人才，鼓励他们进行文化创作。政府要从政策、环境、资金等各个领域支持本土文化人才，培养少数民族本土文化的创作人才，包括领导干部、民间艺人以及文化个体户和文化企业等，鼓励其将少数民族文化做大做强。

结　语

"民族文化强省"的战略结构已经在云南省得到正式的确定，云南省红河州在党召开十八大之后，也正式确定了建设"民族文化强州"的目标。金平苗族瑶族傣族自治县作为云南省红河州与越南交接的一个重要边境县，其少数民族文化发展的成果、举措以及思路具有十分关键的作用。必须要重视城镇化与传统文化的和谐关系，采取有效对策，使民族传统文化在城镇化的过程中可以得到长远的保护和发展。

城镇化进程中少数民族非物质文化遗产教育传承的价值意义说

普丽春[①] 赵伦娜 董 雅

少数民族非物质文化遗产教育传承问题，是世界各多民族国家面临的共同问题，也是千百年来战争与和平的重要诱因之一，更是建设文化强国的特色工作之一。少数民族非物质文化遗产是中华文明的宝贵财富，传承和发展少数民族非物质文化遗产是人类社会发展的需要，是为传统与现代化关系找到合理的解决途径。在社会主义文化建设和物质文明发展中，少数民族非物质文化遗产正发挥着重要作用，应该继续传承和发展下去。传承是文化的内在属性，理想、信念和道德伦理等文化精神本身含有巨大的教化、引导和激励功能，是民族归属感、安全感和自豪感产生的源泉。经济社会的飞速发展，一方面使得我国民族地区城镇化建设进行得如火如荼，社会主义建设呈现良好状态和局面，但另一方面在实际操作过程中，较多民族区域建设还缺乏规划，导致民族地区城镇化建设给少数民族非物质文化遗产带来极为严重的破坏。充分运用教育手段保护和传承少数民族非物质文化遗产，对于继承和弘扬中华民族优秀文化，促进社会主义物质文明、政治文明、精神文明和生态文明建设具有十分重要的意义。

---

① 作者简介：普丽春，云南民族大学教授，主要从事民族文化与民族教育的教学和研究。本文系2012年度教育部人文社会科学研究规划基金项目"少数民族非物质文化遗产教育传承研究"（项目编号：12YJA850020）、国家社科基金"十一五"规划教育学重点课题"民族教育质量保障与特色发展研究"（项目编号：AMA08000）成果之一。

一　少数民族非物质文化遗产
　　教育传承可持续发展说

　　少数民族非物质文化遗产是可以开发利用的可持续发展的重要资源。少数民族大多数在边远地区，自然环境恶劣、交通不便、资源开发成本较高，资源优势转化为经济优势相对困难。仅依靠开发自然资源是难以全面实现小康社会的，同时也是对自然的破坏。而少数民族非物质文化遗产的资源却十分丰富，历史上各个时期，各民族多姿多彩的风俗、礼仪、饮食、居住、服饰等构成了独具魅力的人文风景。少数民族非物质文化遗产在保护和发展过程中，需要资金和物质方面的支持。这就要求其自身不断完善内部机制，逐步增强造血功能，最终走向良性发展的轨道。国家花费了大量的资金收集和保护非物质文化遗产，非物质文化遗产本身也具有巨大的价值，不仅能够给人们提供精神食粮，充分发挥少数民族非物质文化遗产资源的优势，适当开发利用好还能够带来可观的经济效益。

　　少数民族非物质文化遗产蕴藏着一个文化群体的智慧，能为人类文化繁荣与发展创造更为广阔的空间，为人类的发展进步提供更为丰富的资源。少数民族非物质文化遗产所具备的独特文化价值不但不会因时间的延续而逐渐消失，反而会越来越凸显其价值。少数民族非物质文化遗产资源如能得到有效的保护，有序合理的开发便会成为持续创造经济价值的文化生产力。

　　少数民族非物质文化遗产不仅是少数民族古代文明时期的祭祀、宗教、游览、创作体验的需要，更是工业文明和生态文明时代的科研、教育、游览、启智和创作体验的需要。

　　我们在认识非物质文化遗产的同时，更要提升保护非物质文化遗产和保护生态环境的自觉意识，并把这种意识变为自觉的行动。1994年在开罗召开的联合国国际人口与发展会议通过的《行动纲领》指出"可持续发展问题的中心是人"，在全球面临生态危机，人类又要追求生存与发展权利的时候，人类一方面不能凭借手中的技术和力量去耗竭资源，破坏生态和污染环境；另一方面，又必须去深入挖掘利用人类自身智慧，去开拓新的资源。国内外大量事实表明，保护和开发非物质文化遗产资源在经济发展中具有十分重要的作用。例如云南丽江纳西族东巴文化、楚雄彝族毕摩文化资源的有序开发，都带来了前所未有的社会效益和经济效益，而其经济价值又用于该民族文化保护，更加促进了少数民族非物质文化的保护与传承，形成了良性循环的态势。①

二 少数民族非物质文化遗产教育传承文明建设说

少数民族非物质文化遗产的教育传承是精神文明建设的重要一环。各民族的非物质文化遗产具有了解该民族历史、教育后人、凝聚民族、陶冶情操、强化认同等作用。少数民族非物质文化遗产对完善中华民族文化特性、弘扬中华文化具有重要作用，也是各民族先进文化的精神资源和民族根基。同时，少数民族非物质文化遗产集文化优势与地缘优势于一身，重视少数民族非物质文化遗产的保护和发掘，对于发展地方经济、弘扬地方优秀的民族文化都是至关重要的。弘扬优秀的传统艺术和各种娱乐活动，也有助于抵御各种腐朽生活方式的冲击。我国少数民族非物质文化遗产历史悠久且传统深厚，如神话、歌谣、谚语、音乐、舞蹈、戏曲、曲艺、剪纸、绘画、雕刻、刺绣、印染艺术、手工技艺等非物质文化遗产，有些堪称世界文化的精粹。少数民族非物质文化的多样性、丰富性和独特性一直为世界所瞩目。它们犹如一个巨大的宝库，不仅成为我国各民族赖以绵延发展、增强凝聚力的纽带，也成为维系国家统一、民族团结的基础以及联系世界的桥梁。

一个民族乃至整个人类文化，是由各种不同类型、不同存在形态的文化相互关联而构成的。正是因为文化使得任何一个民族都表现为一个整体，所以一个民族的文化，就成为该民族生存与发展的标志。任何民族都具有其自身的文化特质，中华民族的特质就孕育着自己的伟大民族精神。这个民族精神积千年之精华，博大精深，根深蒂固，是中华民族生命机体中不可分割的重要成分。民族精神又是民族文化的精华，强大的精神力量不仅可以促进物质技术力量的发展，而且可以使一定的物质技术力量发挥更大的作用。对少数民族传统文化保护的力度如何，不仅是衡量一个国家和民族文明程度的重要标志，而且是衡量一个社会是否能够保持协调发展

---

① 张德丽：《历史文化遗产与当代文化建设》，《理论导刊》2002年第6期。

和可持续发展的重要标志。① 对少数民族非物质文化遗产应当取其精华，结合时代精神加以继承和发展，做到古为今用，使其服务于民族地区的精神文明建设。

彝族是中国西南一个历史悠久、文化灿烂的民族，千百年来，彝族人民用智慧和双手创造了丰富的文化。首批列入国家级非物质文化遗产的楚雄彝族火把节，根据历代史学家的文献记载和民间各种活动的传承佐证，已构成了多元文化和谐共处的典范，体现了彝族人民祖祖辈辈在生产生活中创造和传承下来的深厚的文化内涵。火把节是楚雄彝族的盛大节日，每年农历六月二十四日这天，每家每户杀鸡宰羊来祭拜"土主"、"家神"，祭拜"五谷神"，叫"五谷魂"来祈求五谷丰登，家宅平安。晚上，穿上节日的盛装，聚集在一起，点起火把，载歌载舞，通宵达旦。彝族人民世代居住在大山深处，生存环境恶劣，在经济欠发达的历史时期，人们日出而作，日落而息，一方面把歌舞当作生产生活中的精神食粮，另一方面把所有的希望都寄于大自然，寄于神灵的保佑。过去，由于"文化大革命"的影响，不允许过火把节，1971年楚雄市（原楚雄县）在大过口乡（大过口区）召开了民族文化工作会议，同意彝族人民可以跳歌。彝族人民认为本民族的文化得到了政府的尊重，自己的文化传统受到了政府的重视，奔走相告。这充分说明，少数民族非物质文化遗产是彝族人民政治生活中的一件大事，是人民群众的精神食粮。

三 少数民族非物质文化遗产教育传承和谐稳定说

传承与发展少数民族非物质文化遗产有利于维护、巩固民族团结和社会和谐稳定。具体表现在以下三方面：

一是少数民族都对本民族非物质文化遗产资源具有深厚的感情，我们注意到，随着现代化的不断深入，许多少数民族非物质文化遗产正在丧失，更为严重的是，如果对少数民族非物质文化遗产的深层结构问题处理不好，必将从心态与认同意识上伤害民族感情和民族关系。如果不很好地

---

① 宋才发：《论民族民间传统文化保护立法的意义》，《中央民族大学学报》（哲学社会科学版）2004年第3期。

保护、传承与发展，难免会使少数民族群众产生不满情绪。

二是通过传承与开发少数民族非物质文化遗产资源，发展旅游业，将使内地汉族和其他民族大批到民族地区旅游，亲身体验少数民族文化，增强各民族的相互理解和认同，从而增强民族团结，充分显示民族平等政策和保护少数民族文化政策的优越性。

三是很好地传承与发展少数民族非物质文化遗产，可以有力地驳斥国外的反华言论，反击国外反华势力对我国在民族地区实行政策的诬蔑。

通过少数民族非物质文化遗产传承与发展还可以进行民族团结教育。[①] 因为我国自古以来就是一个多民族国家，中国历史就是一部由中华民族共同缔造的历史，历史上许多民族都留下了文化遗产，是研究民族发展史的重要材料。还有很多考古文物具有多种文化因素，是不同民族间相互影响的产物。少数民族非物质文化遗产的研究成果向人们展示了各民族相互融合、共同发展的历史进程和趋势，有利于增强民族团结意识。

例如，彝族火把节是彝族传统文化中最具有标志性的象征符号之一，也是彝族传统音乐、舞蹈、诗歌、饮食、服饰、农耕、天文等文化要素的载体，火把节对强化彝族的民族自我认同意识、促进社会和谐具有重要意义。同时，火把节作为彝族人民与各民族交流往来以及促进民族团结都有现实作用。火把节作为彝族的盛大节日，通过亲友相会、邻里相聚，促进了人与人之间的相互沟通。过去，每逢火把节，都要把自己的长辈和出嫁的姑娘接回家中，共同庆贺。晚上邻村男女老少相聚在一起点起大火把，跳起彝族的三弦舞、葫芦笙舞，产生了人与人之间的相互沟通、交流，进一步促进了邻里团结，化解了在生产生活中产生的人与人、户与户、村与村之间的一些纠纷和矛盾。同时，许多青年男女结成良缘，也是这种活动创造了条件。正因为彝族有着这种盛大的传统节日，为人们创造了和平共处、相互交流的空间，才形成了一个团结、友爱的民族。[②]

由此可见，我们从少数民族非物质文化遗产保护和传承现实中，更多

---

① 杨杰：《文物工作在建设有中国特色社会主义文化中的作用》，《广东省社会主义学院学报》2002年第2期。

② 楚雄市文化体育局编：《非物质文化遗产保护名录（一）》，楚雄师范学院印刷厂，2008年印刷。

的是吸取文化的宽容精神,并把这种精神运用于当代文化的建设之中,大量吸收优秀的科学技术、先进的文化观念和思维方式,充实我们的文化内涵。

四 少数民族非物质文化遗产教育传承素质提高说

通过传承和发展少数民族非物质文化遗产,让少数民族群众从中获得智慧和力量,从而使其素质得到提高。当今世界是一个快速进入商品化、信息化的时代,也是思想观念重新建构的阶段。与经济发展的国际化相应,各民族的文化素质和精神生活水平也亟待提高。如果说科技和经济发展最根本的目的是为了提高人类的生存质量,那么文化的继承和创造则是为了促进人类更健全的发展,使人们在满足衣食住行的物质需要以外,有更高级的精神享受和追求。从这个意义上来说,前人所创造和积累的文化,都是今人创造更高文化的基石,是建构新世纪民族文化的重要资源。非物质文化遗产又是一条流动的长河,不是沉积的淤泥。凡是优秀的文化,真正的精华,自然会经受住时代的洗礼而保存下来,融汇成这个民族的文化主流。[1] 传承和发展少数民族非物质文化遗产对于少数民族素质的提高具有积极的推动作用。

优秀的文化总是在吸收各种文化成分的基础上演化凝结而成的。中国传统文化就是中华各民族文化相互吸收、相互融合的结果,如果没有这种文化的宽容精神,就很难形成民族的兴盛和国家的统一。只有对文化的宽容,不断地优胜劣汰,社会的经济、文化才能够不断向前发展。我们研究少数民族非物质文化遗产的目的之一,就是希望建立一种超越种族与地域的文化观和历史观,构建人类的共同爱好、共同利益,借此增强人类文化的交流,培养不同文化、不同种族、不同宗教之间的宽容精神。传承和发展少数民族非物质文化遗产还能够提升人们的宽容精神,有利于少数民族素质的提高。[2]

---

[1] 张德丽:《历史文化遗产与当代文化建设》,《理论导刊》2002年第6期。
[2] 同上。

五 少数民族非物质文化遗产教育传承国际地位说

文化的开放性特点要求将民族文化融入全球化的背景之中,文化全球化趋向由经济全球化趋向所决定,并能动地反作用于经济全球化的推进过程。经济全球化作为当今世界发展不可逆转的客观趋势,在深刻影响世界各国经济运动和经济政策的同时,还以其本源性的驱动力影响着世界各国的文化运动、文化产业发展走向和文化政策变革。这是文化的开放性特点所决定的。[①] 在全球化趋向的背景下,体现着各国民族传统文化的文化遗产,面临着融入文化全球化的历史选择。作为文化遗产,其绝不属于某个地区和国家,而是属于世界,是人类共同的精神财富。破坏文化遗产,会受到世界人民的谴责;保护文化遗产,也会得到世界人民的尊敬。文化全球化趋向对民族文化多样性具有严峻的挑战和威胁。要使文化遗产融入全球化的背景,首先要保护好民族传统文化。必须珍惜和保护民族文化遗产,防止其流失、被毁和灭绝。

保护和传承少数民族非物质文化遗产,是衡量一个国家和民族文明程度的重要标志。少数民族非物质文化遗产来自于文化群体,发展变化于文化群体,一个文化群体的文化能给人们以一种特殊的人文关怀,不断给人的心灵以滋润和慰藉。保护民族文化,有助于加强文化身份的认同感,增强民族自尊心和文化自信心。少数民族民间文化蕴含着中华民族的生命力、创造力和凝聚力,是维系民族团结、国家统一的基础。对原生态文化的保护是一个国家重视维护人们生存权和发展权的具体表现,也是衡量一个社会能否实现可持续发展的重要因素。

在保护物质文化遗产的同时,更要重视对非物质文化遗产的保护,要对一切体现真、善、美的少数民族文化精神、思想观念、价值取向、心理定式、伦理道德、审美情趣、信仰理念等切实加以保护。联合国教科文组织的主要任务是增强国家间的理解,传承和发展少数民族非物质文化遗产能够提高国家间的理解。尽管存在着地域、语言、历史或者其他的不同障碍,把人类分割成为彼此不同的类群,但人类精神成就的物质和非物质文化遗产都必须受到重视。文化不仅以产业形式贡献出经济效益,而且以精

---

① 张德丽:《历史文化遗产与当代文化建设》,《理论导刊》2002年第6期。

神因素增进社会财富。既然文化是体现中国综合国力的一个重要方面，文化及文化传承的研究便具有特殊的价值和紧迫感，应该得到全社会的积极关注。

保护、传承与发展少数民族非物质文化遗产，对于民族地区的现代化建设、全面建设小康社会都具有十分重要的意义。在经济全球化必然带来文化多元化的形势下，保护不同民族、地域的少数民族非物质文化遗产，维系各民族文化的多样性，已成为历史赋予我们的重要使命。

六 少数民族非物质文化遗产教育传承社会发展说

少数民族非物质文化遗产具有重要的社会价值，不仅能促进人与人、人与社会、人与自然之间的和谐，而且还能促进族群与族群、国家与国家、地区与地区之间的和谐发展。

首先，少数民族非物质文化遗产能促进人与人之间的和谐发展。少数民族非物质文化遗产中的许多口头传说，如云南武定、禄劝的《劝善经》以及哀牢山彝区的《为人之理》，其书的内容都是伦理方面的。以《劝善经》为例，其强调社会公道与精神文明，如"敬老爱幼，孝敬父母，忠孝友悌，不与长辈顶嘴抵触，知恩必报……是道则进，非道则退；不履邪径，不欺暗室；积德累功，慈心于物，正己化人，怜孤恤寡，敬老怀幼，昆虫草木犹不伤，宜悯人之凶；乐人之善，济人之急，救人之危；见人之得，如己之得；见人之失，如己之失；不彰人短，不炫己长；抑恶扬善，施恩不求报"等。同时也谴责有损于社会公德的种种行为，如"背理而行，以恶为能，忍作残害，阴贼良善，诳诸无识，谤诸同学，刚强不仁，狠戾自用，是非不当，虐下取功，陷上欺旨，尝及非义，刑及无辜，杀人取财，倾人取位，诛降戮眼，贬正排贤，凌辱逼寡，弃法受赂，以直为曲，以曲为直，自罪引他，愿人有失，毁人成功，危人自安，以恶易好，以私废公，耗人货财，离人骨肉，破人婚姻，包贮险心，见他色美，起心私之，恚怒师傅，抵触父兄，强取强夺，苛虐其下，口是心非，心毒貌慈，短尺狭度，轻称小升，采取奸利，贪得无厌"等种种劣行。[1]

---

[1] 黄建民、黄修义、曲木·铁西：《彝族教育史》，载韩达主编《少数民族教育史》，云南教育出版社1998年版，第538页。

少数民族文学和故事的内容，主要突出的是"善有善报、恶有恶报"的主旨，安分守己、恪守礼法而不是逾礼违规、悖反伦常，知足常乐、安贫乐道而不是贪得无厌、利欲熏心，明礼诚信、乐于助人而不是背信弃义、刻薄寡恩等思想，尽管有些说教在实际中会带来一些消极影响，但总的来说，少数民族非物质文化遗产中这些方面的内容在促进人际关系和谐方面产生了明显效果。由于这方面的传说和故事不胜枚举，在此就不一一列举。

在当今竞争日趋激烈的社会条件下，人内心的和谐问题越来越突出，引起了各方面的重视。2006年8月6日，时任总理温家宝向著名学者季羡林先生祝贺九十五岁寿辰时探讨的和谐问题，重点谈的就是人内心的和谐。季羡林说："我们讲和谐，不仅要人与人和谐，人与自然和谐，还要人内心和谐。"温家宝说："《管子·兵法》上说：'和合故能谐'，就是说，有了和睦、团结，行动就能协调，进而就能达到步调一致。协调和一致都实现了，便无往而不胜。人内心和谐，就是主观与客观、个人与集体、个人与社会、个人与国家都要和谐。个人要能够正确对待困难、挫折、荣誉。"这就要求我们要高度重视人内心的和谐问题。从非物质文化遗产丰富的社会和谐价值中汲取资源，增强人们的心理承受能力，提高人们的心理素质，使人们正确对待挫折和失误，能经受失败的打击和考验，承受生活的磨炼和苦难，成为一个人格健全、心理坚强的人。

其次，少数民族非物质文化遗产能促进人与社会的和谐发展。这是少数民族非物质文化遗产丰富的社会和谐价值在促进人与社会和谐方面的表现。例如，贵州省布依族聚居的黔南州贵定县音寨，自新中国成立至今无刑事犯罪案件发生，这在全世界也是不多见的。据当地有关人士分析，这一奇迹的出现很大程度上与音寨一直未中断的当地举行的"三月三"、"六月六"歌会等民族民间节日文化活动有关，正是这些少数民族非物质文化遗产的有效传承，起到了很好的崇尚道德、弘扬正气、凝聚民心的作用，从而保证了贵定县音寨各民族人民的平安与和谐。

再次，少数民族非物质文化遗产能促进民族、国家和地区之间的和谐。在民族之间的和谐方面，例如云南楚雄彝族自治州、红河哈尼族自治州，每年都要举行隆重的火把节，届时彝族和其他民族都会共同参加，这对各少数民族和当地人民的和谐相处、共存共荣无疑具有重要的推动作用。

在国家与国家、地区与地区的和谐方面，有些少数民族非物质文化遗产具有国际性，例如蒙古族长调民歌、马头琴是我国与蒙古国，木卡姆是我国与哈萨克斯坦等国，柯尔克孜族口传史诗《玛纳斯》是我国与吉尔吉斯斯坦、阿富汗等国共同拥有的非物质文化遗产。对这样的少数民族非物质文化遗产要顺应并利用其共生、共有、共享的特点和优势，开展并促进不同民族、国家、地区间的文化合作与交流，充分发挥其民族团结和国际交流的凝合剂、催化剂的作用，使跨民族、跨国家、跨地区的少数民族非物质文化遗产的保护、传承、发展成为共创、共有、共享这些文化财富的所有民族、国家、地区的共同责任与义务，使这些民族、国家、地区之间形成良好的交往合作关系。例如在2005年年末公布的第三批"人类口头和非物质遗产代表作"中，我国与蒙古国政府联合申报的"蒙古族长调民歌"成功入选，在这一过程及今后的共同保护中，已经并将继续发展两国的友好合作，从而密切两国的联系，促进两国关系的和谐稳定发展，促进这一地区的和谐与繁荣。少数民族非物质文化遗产可以成为国家间对外文化交流的桥梁，民族间联系沟通的黏合剂。在大力保护和传承少数民族非物质文化遗产的同时，积极开展少数民族非物质文化遗产方面的对外文化交流，让独具特色的少数民族非物质文化遗产走出国门、走向世界，既有利于世界各国人民之间的交往和了解，增进友谊、培养感情，又能增强民族自豪感、自信心和凝聚力。

保护少数民族非物质文化遗产，促进地区和谐稳定、推动国际交往与合作，是有可靠的现实基础和条件的，因为不同民族、不同国家可能拥有相同或相近的非物质文化遗产，例如端午节、中秋节、春节等。有些少数民族非物质文化遗产甚至可以成为一个国家、民族联系世界的纽带，可以通过保护少数民族非物质文化遗产开展国际交往与合作。

最后，少数民族非物质文化遗产能促进人与自然的和谐发展。在少数民族非物质文化遗产丰富的社会和谐价值中，也有许多促进人与自然和谐相处的内容。如白族的"绕三灵"，是在每年的特定时间里，白族人民踏苍山游洱海，融入大自然，激发起对自然的热爱和善待之心。再如壮族非物质文化遗产中也有丰富的自然崇拜文化，壮族人民崇拜日、月、星、辰等天体，崇拜风、火、雨、雷等自然现象，崇拜蛙、鸟、花、树等动植物。正是基于万物有灵观念的发自内心的自然崇拜，壮族人民把自然视为人类的好伙伴而不是对手和敌手，从而使得壮族地区较好地做到了生态平衡、人与自然和谐相处。

社会主义和谐社会的基本特征即民主法制、公平正义、诚信友爱、充满活力、安定有序、人与自然和谐相处的社会，其中涵盖了人内心的和谐、人与人之间的和谐、人与社会的和谐、人与自然的和谐以及民族之间的和谐。为了培养人格健全、心理坚强，善待他人、善待社会、善待自然的人；为了维护民族团结、社会安定，促进国际和平、地区安宁，要高度重视并发挥少数民族非物质文化遗产的社会和谐价值与作用，切实推进社会主义和谐社会建设。

边疆民族地区新型城镇化进程中社会治理体系构建思考
——以云南红河州民族乡为例

龙庆华　刘洁婷[①]

一　边疆民族地区社会治理呈现新的特点

  党的十八届三中全会决定指出，创新社会治理，必须着眼于维护最广大人民根本利益，最大限度增加和谐因素，增强社会发展活力，提高社会治理水平。城乡二元结构是制约城乡发展一体化的主要障碍。要健全体制机制，形成以城带乡、以工促农、工农互惠、城乡一体的新型工农城乡关系，让广大农民平等参与现代化进程、共同分享现代化成果。在深入学习贯彻党的十八大、十八届三中全会相关会议精神的过程中，2013年8月，我们深入到红河州老寨苗族、大庄回族两个民族乡进行实地调研，对城镇化发展进程中产业发展、民族宗教、基层组织发挥的作用等进行调查。

  老寨苗族乡地处两州（红河、文山）两市一县（蒙自、文山、屏边）结合部，是红河州蒙自市最偏僻边远的高寒山区。面积157平方公里，最高海拔2567.8米（为蒙自最高点），最低海拔1480米，平均海拔1984米。老寨乡主要民族有汉、苗、彝族。少数民族6680人，占总人口数的52.03%，其中，苗族6158人，占总人口的47.97%。

---

  ① 作者简介：龙庆华，女，红河学院思政部主任，教授。刘洁婷，女，红河学院思政部副教授。

大庄回族乡隶属于云南省红河州开远市辖大庄、龙潭、桃树、老寨4个村民委员会，33个自然村、43个村民小组。其中山区2个村委会、22个自然村、22个村民小组；坝区2个村委会、21个村民小组。2006年，全乡有人口4133户、18241人。百人以上的世居民族有回、汉、彝、壮、苗多个民族，其中回族有6210人，占总人口的34%；少数民族占全乡人口总数75%。滇越铁路贯穿大庄回族乡境内，乡级道路与昆河公路相连，交通便利。

红河州是一个典型的集边疆、民族、山区为一体的地区。由于这些原因，两个民族乡在经济社会发展、农村社会治理上，面临着一些边疆民族地区特有的问题。

（一）各民族发展不平衡，一定程度上影响着农村的社会治理

边疆民族地区的发展不平衡问题，既包括与内地发展的不平衡，也包括域内各民族之间的不平衡，这两种不平衡对农村社会治理的影响都是深刻的。大庄乡属于红河州开远市的城乡接合部，交通便利。开远市投入大量财力用于农村社会事业项目建设，促进城市公共服务向农村覆盖。面对"脏、乱、差"的城市发展问题和愈加拉开的城乡差距，开远市通过创新"大包保制"、"三大主体论"和"整市推进论"体制，扎实推进城乡统筹、开展社区治理，摘掉了"灰城"、"臭城"的帽子，让交通、教育、文化、医疗发展成果也惠及乡村群众，走出了一条县域社会治理之路。

老寨苗族乡由于地处两州（红河、文山），是红河州蒙自市最偏僻边远的高寒山区。近几年老寨乡经济社会取得了快速发展，但整体上依然比较落后并影响着社会的发育。城镇化建设面临发展能力弱、基础设施落后、经济总体效益不高、对外开放水平较低等问题。

民族乡党委政府承担着实现科学发展、民族团结、社会稳定、边境安宁的重要任务，但一些干部存在"见子打子"的现象，缺乏综合学习和运用法律法规规范行政行为的意识和素质。领导成员中存在素质偏低、年龄偏大的问题。

为了有效进行社会治理，提升应对复杂形势、解决矛盾的能力，民族乡社会治理的创新成为必然选择，农村社会治理创新具有重要的理论价值。

（二）城镇化建设中法律手段的管理和传统民族文化管理的有效衔接问题

在社会治理管理中，运用法律手段进行强制性管理和运用传统文化、民族文化等软性管理对社会成员进行约束，两者均为维护良好社会秩序。在社会治理中，多民族聚居地区行政改革的推进和政府职能的转化，把法律与民族聚居地区的习惯、习俗等结合起来，因此，在维护宪法权威的前提下，法律手段要实现与当地的传统文化规范进行合理必要的衔接，以便于各民族接受和认同，从而实现维护多民族聚居地区良好的社会秩序的目的。一方面，要维护宪法和法律的权威，对各种纠纷要按照法定程序进行解决。依法治国是党领导人民治理国家的基本方略。另一方面，要充分利用多民族聚居地区各民族传统文化习俗达到维护社会秩序的目的。各民族习惯、习俗是各民族经历漫长的历史变迁形成的，是约定俗成的，也容易被民族内部成员接受。如苗族谚语"敬老是德，爱幼是福"、"有山才有水，有老才有少"等，在苗族地区，老人是最受尊敬的，虐待老人的现象极少发生。可见，民族文化习俗对民族地区具有重要意义。多民族聚居地区长期以来注重法律法规的硬性管理，而忽略了在民族文化基础上形成的软性管理。

（三）农村社会利益纠纷协调机制的结构性问题

在市场经济体制下这种传统农村社会治理以政府为主体，权力集中，重管理轻服务，方式单一，容易引发干部与群众、党员与群众之间的矛盾，效果也不理想。随着改革深入推进，一些由制度引发的深层次矛盾日益凸显、激化，而农村社会若不能及时有效解决深层次矛盾，将对各民族长期形成的平等、团结、互助、和谐的新型民族关系造成不利的影响。

随着农村综合改革的推进，农村社会成员向外流动日益频繁，同时也有一些外来人口进入多民族聚居地区的农村，这对多民族地区的农村社会产生了深刻影响。主要表现为：一是外来移民与当地各民族之间的关系。二是当地不同民族之间的关系。三是当地农民与企业之间的关系。各地经济社会发展存在差异，有的工业化发展水平高，有的仍是以传统农业为主，支柱性产业也存在差别。多民族地区农村冲突主要是利益维权引发的冲突。农村冲突发生的主体不再是乡村内部农户之间、村社之间的民间性质的资源利益纷争,而是转换为农民和基层政府之间的政治性冲突,表现为农民为了捍卫自身权益与基层政府之间的抗争。

二 边疆民族地区新型城镇化进程中社会治理创新的必要性

在社会转型期,随着我国社会主义市场经济体制的不断深入和完善、社会结构和社会阶层的不断分化和调整,随着农村社会组织体系、人居空间状态、公共管理服务的变化,农民的行为方式、生活方式、心理结构、价值观念也发生了相应的变化。

(一) 社会主义新农村建设迫切要求社会治理的创新

随着农村经济结构深刻变革、农村利益格局深刻调整,影响农村和谐稳定的因素日益复杂,涉及的领域日益广泛,农村社会管理的难度加大。在红河州城镇化建设中,部分农民不愿把农业户口变成非农业户口。表现在大量农村人口事实上被制度性排除在平等享受城市福利之外,由于公共福利、公共服务、社会保障的严重缺失,导致农民无法抛弃零散的土地,因为土地仍然是他们最后的生存保障线。

城乡一体化的社会转型实质就是消除城乡二元结构,协调多方面的利益关系实现社会和谐,在社会生活安定有序的环境中激发社会的创造活力。实现社会和谐的核心目标不仅仅是社会稳定,而且要实现社会融合和社会凝聚。

(二) 农村经济社会结构的变化迫切要求创新社会治理

改革开放以来,我国社会主义市场经济体制不断完善,经济结构、社会结构不断变化,与此同时,社会矛盾、社会冲突凸显。在计划经济时期,农村基层社会的组织体系是所谓"三级所有、队为基础"的人民公社制度。改革开放以来,城乡基层社会的组织体系发生了深刻的变革。农村随着联产承包责任制的推行和各项改革的深入,人民公社制度解体了,乡镇基层政权组织和村民自治组织普遍建立起来,成为基层社会的正式组织体系。

随着我国城镇化进程的发展，农民的土地和房屋不断被占，围绕着征地拆迁、宅基地纠纷、债务纠纷、拖欠工资等方面的利益冲突不断增多，对农村基层社会稳定构成了严重的威胁。由于受传统治理模式的影响，农村自治组织已演变为政权组织的下级组织，行政化倾向逐渐加剧，很难发挥对农村多元基层社会的治理作用。

（三）农民需求多元化迫切要求创新社会治理方式

中国改革开放 30 多年以来，传统农村社会的同构性得以打破，农村社会的生产方式、从业结构与收入结构的变化直接引发了农村居民生活方式的变迁，农民需求呈现出多元化，但农民日益增长的物质文化生活需求与基本公共服务、市场化服务和各类要素资源供应短缺之间的矛盾日益凸显，农民的多元化需求难以得到有效满足。在城乡融合中，由于农民与市民存在明显的谈判能力差异，农民在很多领域中没有话语权，造成了城乡之间的公平博弈无法实现，从而导致社会沟通缺失并使城乡矛盾随着城乡融合的推进而加深。由于农村教育、卫生、文化、体育设施建设滞后，社会保障水平低覆盖面窄，公共服务严重匮乏，缺乏必要的利益表达与诉求机制，这都要求转变农村社会治理方式，强化公共服务的职能，推动农村社会管理由管制型向服务型转变，逐步满足农民的生产生活需求。

三　对边疆民族地区新型城镇化进程中社会治理体系的构建思考

（一）强化发挥党的基层组织在社会治理结构中的领导核心作用，加快边疆民族地区经济社会的发展

农村社会治理主体是国家政权组织，主要有乡镇党委和政府，以及村党支部和村委会。乡镇党委组织在农村治理中发挥领导核心作用。在具体的制度实践中，这种领导核心作用集中体现为乡镇党委对农村事务具有全面的发言权。[1]

---

[1] 蔺雪春、季丽新：《改革开放以来农村治理模式创新的基本逻辑与展望》，《当代世界与社会主义》2010 年第 6 期。

大庄乡、老寨乡把发展现代农业、培养新型农民、带领群众致富、维护农村稳定贯穿于农村基层党组织活动的始终，结合村两委换届工作，按照产业相近、地域相连、规模适度、分类治理的原则，进一步优化组织设置，深入开展"我是党员我承诺"的主题实践活动，积极推进基层党组织"五好"示范点建设，充分发挥党组织在建设社会主义新农村中的领导核心作用。

明确乡镇政府、职能部门必须独立承担的行政治理职责，加快建设服务政府，充分实现政府职能的收放结合，并将政府职能向公共服务与社会治理领域集中，使公共服务职能成为政府的核心职能，实现乡镇干部由原来的"领导者"、"治理者"向"服务者"转变。

政府搭建多种工作平台，抓好各项社会建设。如大庄乡在边疆民族地区的城镇化建设中特色较为鲜明。目前，开远市城乡医疗实行"同比例报销"，且报销额度向农村倾斜，市民最高每人可报10万元，而农民每人最高可报15万元；全面普及农村学前教育，安排专项资金资助农村家庭贫困的幼儿、小学生、中学生和大中专学生，并建立从幼儿到博士生的就读奖励机制；对农村70岁以上无固定收入的老年人实施生活补助；实施农民工基本医疗保险制度，制定和出台了失地农民养老保险办法。

在乡（镇）和撤乡并镇后的原乡政府所在地建立农民服务站，在村委会和人口集中的自然村建立农民服务点，建好活动阵地。至2010年年底，民族乡实现村级组织活动场所全覆盖，村级建成远程教育站点，实现了远程教育网络全覆盖，进一步推进基础设施完备化、站点治理规范化、教育培训经常化、教学载体多样化及学用效果显现化；依托活动场所、远程教育、各级党校、创业基地等培训阵地，广泛开展形式多样的教育培训活动。

（二）完善和创新村民自治机制，充分发挥其他社会组织的积极功能

农村社会治理是农村社会中多种元素共同作用的过程，社会组织是政府的重要助手，公共服务的重要补充，多样化社会组织的培育，是城乡一体化进程中社会管理创新的时代课题。党的十八大提出："要健全基层党组织领导的充满活力的基层群众自治机制，以扩大有序参与、推进信息公开、加强议事协商、强化权力监督为重点，拓宽范围和途径，丰富内容和形式，保障人民享有更多更切实的民主权利。"①

正确处理乡级政权和村民自治的关系。要根据边疆农村社会的，统筹协调，努力使乡镇政权、村民委员会及村党组织各尽其责。一是充分发挥村民自治的作用。村民自治是我国发展民主的重要环节，而农村、特别是边疆民族地区农村，由于经济社会发展水平较低，人们关心公共问题的意识和承担公共责任的能力都比较弱，在自我教育、服务和管理问题上肯定都会长期存在问题。因此，要积极创造公共条件，使广大村民逐渐学会依法定或约定的程序，进行自我纠错，从而使参与积极性的增长与制度化水平的提高程度相匹配。二是注重发挥社会组织的协同参与作用。培育和治理社会组织，是深化边疆民族地区农村社会治理体制改革的重要内容。对于农民自发建立的合作组织，要通过制度确立它们的性质、地位，并给予必要的扶持和保护。政府有关部门可以制定税收、财务、人事、工资、福利和劳动用工等方面的优惠政策，如对于民间社会服务组织从事社区服务活动，在区别认定后给予免税、减税等优惠政策，以鼓励他们投身农村社区公益性、低偿性服务。三是民族乡还应发挥宗教在农村社会治理的积极作用。宗教信仰是通过特有的宗教伦理来发生作用的，它通过信仰机制控制人的心灵，进而影响人的行为；通过宗教戒律机制控制人的行为。宗教信仰渗透到村民的日常生活，必将在宗教生活、世俗生活以及村庄的公共生活等不同领域产生相应的秩序要求。宗教规约与克勤克俭、严于律己、宽以待人、助人为乐、邻里和睦等农村社会公德具有一致性，具有多重的社会效果，有助于村民对宗教规约的认同。对于巩固现存的社会制度、规范村民行为、维持秩序稳定都具有积极意义。

（三）建立和完善矛盾纠纷滚动排查和预警机制

一是强化法治的功能，由于高山阻隔、交通不便；教育滞后、人口素质低；经济落后、发展能力低等原因，边疆民族地区的共识可能会相对较少，所以，树立法制的权威，把法律变成各民族最大的共识，是实现长治久安的核心环节。各级政府要针对所在地区农村社会治理中的

---

① 胡锦涛：《坚定不移沿着中国特色社会主义道路前进　为全面建成小康社会而奋斗》（在中国共产党第十八次全国代表大会上的讲话）。

多发性民间纠纷,群众关心的热点、重点和难点问题,进行经常性的分析排查,建立矛盾纠纷滚动排查机制;加强对重点地区、重点工程、特殊群体、敏感时期的监控和排查,建立矛盾纠纷情报信息预警机制。二是强化调解机制。边疆民族地区的一些民间规则在较长的时间内仍会在农村发挥重要的调整作用,努力熟悉边疆民族地区的语言和民俗,增强说服力,从而通过"大调解"形成社会的治理合力,及时有效化解基层矛盾,实现案结、事了、人和,给各类调解主体树立榜样。

城镇化背景下云南德宏州傣汉双语教育发展研究

吴明露　董艳[①]

双语教育是民族教育的一个重要组成部分，双语教育的质量决定了民族教育的质量。随着商品经济的不断发展，我国各民族聚居及杂居地区的语言生活都发生了显著变化，少数民族语言的社会文化生态环境现状等都需要我们少数民族教育工作者对其进行全面准确地把握。在这种情况下，调查研究新时期傣族的语言文字使用情况及双语教育及其发展趋势成为一项十分迫切的任务。

一　德宏州傣族双语教育总体概况

云南省德宏傣族景颇族自治州居住着傣、景颇、傈僳、阿昌等多个少数民族。其中傣族是德宏州人口最多的少数民族。

德宏州傣族在学校中实施傣汉双语教育。1955 年，德宏州政府确定了"少数民族学生应当首先学好本民族语文，同时必须学好汉语文"的方针，并在部分农村傣族小学推行双语教育。1981 年德宏州教育局做出了在民族小学开设民族语文课的决定，制订了傣文教学大纲，编写了小学1—10 册傣文课本，并在傣族小学实施。1987 年，州教育局将傣文、景颇文教学大纲修订合并为《全州全日制小学民族语文教学大纲》，制订了小学第一年以学习本民族语言文字为主，第二年开始学习汉语统编五年制教

---

① 作者简介：吴明露，中央民族大学研究生。董艳，中央民族大学，博士生导师。

材的小学六年教学方案。1987年州教育局成立了民文教研编译室,负责全州民文教材编译、教材教法研究、教学评价及师资培训工作2006年,德宏州人民政府出台《关于进一步加强农村少数民族聚居区小学"双语双文"教学工作的意见》,进一步加强农村少数民族聚居区小学"双语双文"教学工作。文件中提出双语双文教学必须从当地实际出发,重点安排在没有汉语言基础的农村少数民族聚居区的学前班、小学段前三年进行,使农村少数民族学生在较短的时间内过"汉语关",为学好规定教材奠定必要的汉语基础,促进农村少数民族聚居区小学教育教学质量的提高。在教师培养方面,提出德宏高等师范专科学校要将"双语双文"作为德宏州生源的师范类专业学生的一门选修课,或举办专门的"双语双文"师资班。对选修"双语双文"课程的学生给予一定奖励。

2012年3月16—20日,德宏州教科所组织开展的《德宏州义务教育(含学前)少数民族双语课程标准》审定工作完成,努力提升德宏州双语双文课程标准的科学性、合理性和规范性,意在充分发挥课程标准在教材编写、课程设置、教育教学中的引领作用。《课程标准》中规定小学课时安排如下:

表1　　　　　　　　《课程标准》中规定的小学课时安排

周课时课程	年级	一	二	三	四	五	六
双语双文型	民语文	10	10	7	7	7	7
	民族文化活动课	1	1	1	1	1	1
双语型	民族文化活动课	1	1	1	1	1	1
民文型	民文			2	2	2	2
	民族文化活动课	1	1	1	1	1	1

其中,双语双文型是指一至六年级民语文课程按照国家课程标准的要求开设,使用省编双语文教材。双语型是指在汉语课堂教学中采用以汉语普通话为主、少数民族语言为辅的双语课堂教学模式。民文型是指为了传承少数民族文化,在少数民族聚居区小学中、高年级开设民文课程,使少数民族学生更好地学习本民族的文化知识。

双语幼儿园的小班、中班要解决民族幼儿的语言障碍问题,加强幼儿民汉口语交际能力,要开设民汉会话课。双语幼儿园的大班或学前班双语双文型要开设民数学课和民汉会话课,使用德宏州教科所编写、并经云南省中小学教材审定委员会审定的学前教材。双语型必须开足双语口语训练课的课时。

学前教育课时安排为:

表2　　　　　　　　　　　学前教育课时安排

课程	年级周课时	小班	中班	大班或学前班
双语双文型	民语文			8
	民数学			2
	民汉会话	5	5	2
双语型	双语口语训练课	5	5	5

在七至九年级,在同一民族相对集中的学校建议开设民文选修课或课外民族文化活动课,以提高学生的汉语交际、民汉互译、书面表达、艺术鉴赏等方面的能力。

2013年3月,云南省通过了《云南省少数民族语言文字工作条例》,要求加强少数民族语言文字工作,保障各少数民族使用和发展本民族语言文字的权利,并要保护和抢救少数民族传统文化,促进民族团结进步和少数民族文化繁荣发展。师资培养方面,提出民族高等院校和其他有条件的高等院校应当设置少数民族语言文学专业。按照语种与高考招生同步单列录取。报考师范类专业的考生,熟练掌握一种少数民族语言并经少数民族语言测试合格的,应当优先录取。

德宏州傣汉双语教师的培养主要分为人才培养和在职培训。人才的培养主要通过省内的高校,如德宏师范高等专科学校开设傣语班,为傣汉双语教学培养双语人才。"据了解,1985—2004,原德宏州师范曾办过傣语、景颇语民语班各五届,学制为三年。后来由于生源问题,停招了纯民语的班级,改招为以傣族、景颇族学生为主,其他民族为辅的民族普师班。在随后长达8年的时间里,民语课仅仅只能作为选修课,虽然深受州内外大学生喜爱，但也严重制约了民语在德宏州高校的发展，也成为我州民语人才培养的瓶颈。"① 2011 年，德宏师专的五年制初等教育（傣语、景颇语方向）两个专业班开始招生。

德宏州每年在进行双语教学的学校中选择部分已经任教的双语教师参加双语培训，培训内容包括双语课及其重要性，复习傣族山歌、民歌，还有观摩课等。在教师引进方面，针对少数民族采取了一些优惠政策。如《德宏州教育局 2013 年招聘 287 名教师简章》中规定"德宏州户籍、德宏州生源地五种世居少数民族（傣族、景颇族、傈僳族、阿昌族、德昂族）加照顾分 5 分，计入总分"。

在德宏州的首府芒市目前只有芒市镇、风平镇、轩岗乡、遮放镇和西山乡开展了双语双文教学，江东乡、三台山、五岔路和遮放镇的东山等少数民族聚居区的小学，在学前班或 1—3 年级运用双语教学。全市有农村小学教师 1625 人，其中傣族教师 346 人，傣族教师中懂民文的 227 人，占 65.6%，现任双语双文教师 37 人、双语教师 275 人。全市农村小学学生 25656 人，其中傣族 5385 人，占 21%。全市现开设"双语双文型"教学的学校有 41 个，其中汉、傣语 38 个。接受"双语双文型"教学的学生有 2208 人，其中傣族学生 1821 人。"双语型"的学校有 86 个，其中汉、傣 75 个。接受"双语"教学的学生 7181 人，其中傣族学生 5166 人。

民文课基本统一在小学二年级开设，让学生学习傣族文字，课时按民语教学大纲规定来编排，每周 2 课时。民文教材一律按州教科所要求使用的经云南省教材审定委员会审定通过的教材。双语教学是由双语教师在学科教学的过程中用民族语来辅助学科的学习，主要是用汉语讲课，遇到不懂的地方就可以用民族语来翻译、解释。农村小学的傣汉双语教学总体情况比城镇学校的情况好。

本研究调查的德宏州某 M 小学二年级共有 53 人，其中汉族 17 人、傣族 36 人。汉族和傣族在一个班上课。"上傣文课的时候，全班分为四组，其中傣族三组，汉族一组。汉族学生有的也愿意听，觉得新鲜。毕业以后有的汉族会说傣语。但是期末考试汉族不参加傣语考试。"

---

① 《德宏师专民语大专班就业形势看好》，2012 年 6 月 28 日（http://www.yn.xinhuanet.com/nets/2012-06/28/c_131681530.htm）。

二 德宏州傣族语言文字的使用情况

目前，德宏州少数民族聚居区少数民族使用民族语言的情况大致有三种类型。一是母语型。以本民族语言作为主要交际工具，多聚居于坝区傣族和山区景颇德昂等。二是兼语型。既使用本民族语言，也使用汉语或其他民族语言，居住在民族杂居区和集镇或交通要道附近。三是汉语型。本民族语言已经丧失，现完全转用汉语，多居住于汉语占绝对优势的杂居区。

在实地调查中，把语言掌握程度分为"熟练"、"较熟练"、"一般"、"略懂"和"不会"五个等级。"熟练"、"较熟练"、"一般"是指具备傣语或汉语语言文字能力，"略懂"表示只具备部分傣语或汉语能力，"不会"则表示完全不具备傣语或汉语语言文字能力。下面将以本研究调查的德宏州 M 小学和 N 小学为例，介绍德宏州傣族的语言文字使用情况。

（一）当地民众的语言文字使用情况

1. 学生的语言文字使用情况

在学校学生之间用民族语交流，和老师讲话会用普通话。在家里和村寨，学生和家长之间主要使用傣语，和傣族小伙伴们之间用傣语，和其他民族用汉语交流。民语老师上课的时候可以进行双语教学，帮助学生理解所学知识。在城镇中有些学生上学以前就学会了普通话，傣族聚居区本来都是用傣语的，现在也逐渐与城市接轨，学习用普通话。

傣族学生掌握傣语言文字和汉语言文字的情况如下表所示，可以看到学生掌握傣语的情况比掌握傣文字的情况要好一些，大多数学生的傣语比较熟练，但是傣文相对来说就差一些。汉语言文字方面，大多数学生的汉语和汉字掌握情况都是比较熟练的。

表 3　　　　　　傣族学生掌握傣语言文字的情况（%）

	能听懂傣语	能说傣语	能读新傣文	能写新傣文
熟练	68.6	59.3	7.4	9.3
较熟练	21.1	23	15.2	12.3
一般	9.8	14.7	33.3	28.4
略懂	0.5	2.9	22.5	24
不会	0	0	21.6	26

表 4　　　　　　傣族学生掌握汉语言文字的情况（%）

	能听懂汉语	能说汉语	能读汉文字	能写汉文
熟练	68.6	58.8	51.5	58.8
较熟练	21.1	27	31.4	22.1
一般	6.9	10.3	10.8	13.2
略懂	1	2.9	4.4	2.5
不会	2.5	1	2	3.4

大部分的傣族学生都是从小就跟着父母学习傣语，有一些学生是从小学才学习傣语，极少的学生是从幼儿园开始学的。大部分学生是在学校的幼儿园或者是小学阶段开始学习汉语的，有少部分傣族的家长从小就教孩子学习汉语，这部分学生占总体的12%。

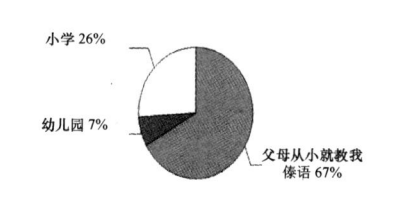

图 1　开始学习傣语的时间　　　图 2　开始学习汉语的时间

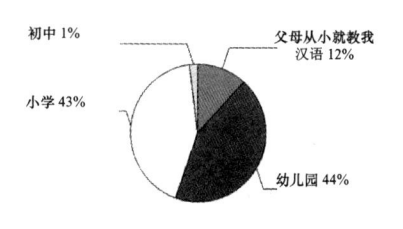

2. 家长的语言文字使用情况

在被试家长中，有4位为汉族，其余的为傣族。傣族家长掌握傣语言文字和汉语言文字的情况如下表所示，我们可以看出，傣族家长的傣语普遍都很熟练，没有不会的，但是存在对傣文不熟练的情况，有18.9%的傣族家长不会读新傣文，23.4%的傣族家长不会写新傣文。汉语言文字方面，大部分的家长能够在日常交际中运用汉语言文字，只有很少一部分的家长选择了"略懂"、"不会"。

表5　　　　　　傣族家长掌握傣语言文字的情况（%）

	能听懂傣语	能说傣语	能读新傣文	能写新傣文
熟练	91.9	84.7	27.9	30.6
较熟练	5.4	13.5	22.5	16.2
一般	1.8	0.9	22.5	22.5
略懂	0.9	0.9	8.1	7.2
不会	0	0	18.9	23.4

表6　　　　　　傣族家长掌握汉语言文字的情况（%）

	能听懂汉语	能说汉语	能读汉文字	能写汉文字
熟练	33.3	28.8	20.7	21.6
较熟练	30.6	24.3	14.4	12.6
一般	30.6	43.2	45.9	42.3
略懂	3.6	0.9	11.7	18.9
不会	1.8	2.7	7.2	4.5

（二）当地民众对语言文字的态度

1. 学生对语言文字的态度

被试傣族学生对于傣语的态度，如下图所示，大部分傣族学生喜欢傣语。37%的傣族学生认为学习傣语的难度适中，也有23%的学生认为比较难，20%的学生认为"非常简单"。

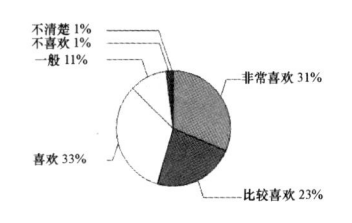

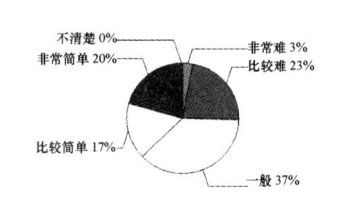

图3　对傣语的态度　　　　图4　学习傣语的难易程度

2. 家长对语言文字的态度

傣族人们对于自己的民族语言非常重视，对于傣语也有着深厚的感情，认为在现时代学习和使用傣语言文字是很重要的。在选择喜欢看的电视广播节目时，有约一半选择了都喜欢，也有16%的傣族家长选择了喜欢汉语节目。

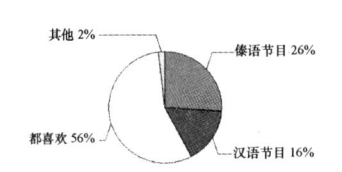

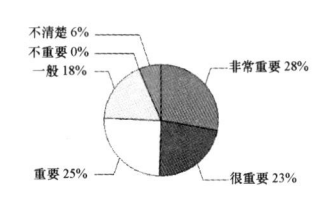

图5　喜欢的电视或广播节目　　　　图6　您对学习和使用傣语的看法

由此可以看出，傣族学生和群众对傣语感情深厚，热爱自己的民族语言，并且大部分汉语水平较好，可以满足日常的交际需要。

三　城镇化背景下的傣族双语教育困境

城镇化是一个国家现代化程度的标志。一般表现为农村人口向城镇转移，向第二、第三产业转移。德宏州城镇化过程中虽然还存在着很多问题，但是城市和农村都在稳步向前发展，城镇化水平也在不断提高。

根据德宏州2012年国民经济和社会发展统计公报，2012年年末德宏州全州从业人员76.27万人，全年城镇新增从业人员7061人。年末城镇登记失业率为4%，与上年持平。全州外出农民工6.54万人。

表7　　　　　德宏州2012年国民经济和社会发展统计公报

指标	单位	绝对数	比上年增长（%）
全州年末总人口	万人	122.94	0.73
年末人口中：城镇人口	万人	46.14	6.8
城镇化率	%	37.53	较上年上升2.1个百分点
少数民族合计	人	591135	0.8
其中：五种少数民族合计	人	567688	0.5
傣族	人	354472	0.6
景颇族	人	135964	0.4
阿昌族	人	30844	0.7
傈僳族	人	31821	0.3
德昂族	人	14587	0.4

德宏州城镇化主要有两个方面的表现：一是人口流动性增强，外出打工的人增多。随着生产技术的不断发展，剩余劳动力增多，越来越多的年轻人开始脱离土地，选择外出打工，剩余劳动力向第二、第三产业转移。一位居民介绍说："汉族搬迁过来，傣族进城务工，或者到外省。汉族人租田地种蔬菜，去城里卖。"外出从业人员收入也稳步增长。2012年德宏州推动经济转型、产业结构调整，加大对剩余劳动力转移力度，促使更多的富余人员到经济发达的地方从事非农工作，获得更多的劳动报酬。调查数据显示，德宏州农村居民外出从业收入人均达114.0元，增加了42.6元，增长59.7%。[1] 二是农村居民收入增加，生活水平提高。随着农村居民收入渠道的增多，收入持续增长，在市场物价保持温和通胀的状况下，生活水平质量进一步提升，消费能力进一步提高，有效增强了市场需求。[2] 据德宏州全州农村住户抽样调查结果显示，2012年全州农村居民人

---

[1] 《2012年德宏州农民人均纯收入实现两位数增长》，德宏州人民政府门户网站（http://www.dh.gov.cn/dhzrmzfgzxxw/3973033589922070528/20130408/349972.html），2013年4月8日。

[2] 《上半年德宏州农村居民人均现金收入增幅呈现两位数增长》，德宏州人民政府门户网站（http://www.dh.gov.cn/dhzrmzfgzxxw/3973033589922070528/20130809/357219.html），2013年8月9日。

均纯收入实现两位数增长,较好地完成年初预定目标,人均纯收入达4763元,比上年增加667元,增长16.3%。

少数民族地区的城镇化是社会发展的必然趋势,而这些社会经济变化必然会对人们的语言文字产生影响。"语言文字的使用与社会的变革、经济的发展有着密切的关系。历史的经验告诉我们:每当社会发生重大改革、经济有着重大发展时,语言文字的使用就会出现新的特点。"① 改革开放以后,随着全国经济的发展,少数民族地区的经济也在不断取得新的成就,先后开始了城镇化进程。少数民族地区的人们在政治、经济、文化以及民族关系上发生了重大变化,这对人们的语言文字使用产生了很大影响。

(一)语言文字使用变化

城镇化背景下,德宏州傣族人民的生活发生了很大变化,思想和观念尤其是语言观也有所改变,这些变化也相应地体现在语言的使用上。

1. 汉语言文字的使用范围扩大

首先,在少数民族地区,汉语作为国家通用语的重要地位渐渐被重视。汉族是我国的通用语,我国的大多数出版物及媒体都是用汉语作为媒介语言。随着城镇化的进程,更多少数民族群众认识到如果想要走出少数民族地区,就必须要学好汉语。学会了汉语,不仅可以与其他民族进行交流,而且可以通过阅读汉语书籍来了解国内其他地区及国外的最新信息,学习先进的生产技术,在就业时也能有更多更好的就业机会。因此很多少数民族家长希望自己的下一代学好汉语。

其次,少数民族人口流动性的提高加强了民族交往。过去德宏州少数民族大多以农耕为生,世代生活在自己民族的聚居区,安土重迁,民族之间交往较少。随着城镇化的发展,交通也变得更加便利,德宏州很多少数民族的年轻人走出家乡,到外地去打工挣钱,开阔了自己的眼界。而少数民族聚居区内的汉族商人、游客等也越来越多,民族之间的交流与互动日益增多,随着民族间的交流与接触日益频繁,有些汉族人处在少数民族语言环境中会学习部分少数民族语言,少数民族群众的汉语水平也提高了,

---

① 戴庆厦:《我国南方少数民族教育研究的现状及任务》,《民族教育研究》1996年第2期。

另外，由于民族杂居的特点，少数民族与汉族间通婚的情况也越来越多。在傣汉族际婚姻家庭中，儿童、青少年就会有机会学习两种语言，同样情况下提高了学会汉语的概率。

最后，现代媒体的普及促进汉语能力的提高。随着科技的不断发展和人们生活水平的逐步提高，现代化的电视、媒体更多地走进了少数民族地区的家家户户。而这些电视、电影节目和报纸等大多数使用的媒介语言都是汉语，因此少数民族群众尤其是青少年更容易接受这些新式的信息传播方式，受到汉族文化的影响也更大。在接受这些信息的同时，包含着学习汉语的过程。人们在看电视、听广播的过程中就能不自觉地学习汉语，提高了汉语水平。

2. 民族语言文字使用范围缩小

随着汉语越来越受重视，民族语言文字相对就有弱化的趋势。在德宏州，傣语的使用范围正在逐渐缩小。

城镇的学生在学校里接受正规教育，都要使用普通话，学习汉文字，减少了使用傣族语言文字的空间。M小学的老师介绍说："傣族学生在家里和村寨、与家长之间用傣语，和傣族小伙伴们用傣语，与其他民族交流用汉语"，"民族小学也没开傣语课"。

城镇化的发展和汉语使用范围扩大对于民语语言文字有一定的冲击。有的家长认识到学习汉语的重要性，又认为学习民族语会影响到汉语的学习，民族语没有汉语使用范围广，有些会选择让孩子从小学习汉语，"家庭条件好点的，会把孩子送到市里的私立、公办的学校，从小就学汉语"。

（二）双语教学变化

城镇化的进程对德宏州双语教学也产生了影响，双语教学面临严峻考验。1988年，全州有民族小学730所，约占全州小学总数1446所的50%，其中应开展双语双文教学的学校有665所，已开展双语双文教学的学校有387所，占应开展双语双文教学学校的58.5%。1991年，全州有民族小学632所，已开设民族语文的有398所，另外有使用民族语言辅助教学的民族小学234所。双语教学得到有效的开展。1992年，国家九年义务教育课程教材整体试验开始实施。全州九年义务教育学制除个别乡镇作"五四"制试点外，其余均改为"六二"学制。学制和教材的改变，对使用五年制教材的德宏双语双文教学产生了极大的冲击,致使双语教学难以开展。1995年,全州有140所半寄宿制高小开展双语双文教学,大部分学生学会用自己本民族的语言文字,学习汉文上也有长足的进步。2003年,全州只有212所少数民族小学开设双语双文课程,比1992年前减少了159所,下降42.86%。2005—2008年,全州只有108所小学开展双语双文课程,比2003年又减少了将近一半。[①]

在德宏州城镇尤其是城市,汉族人增多,学校里汉族学生也增多,一些开设双语教学的学校已经不开设傣语课了。M小学的老师介绍说:"芒市民族小学,以前叫芒市二小。之前有傣语班,在城区附近,后来外来务工人员增多,当地也有汉族,学生多数就是汉族了。"

在农村少数民族聚居区的小学开设民文课的学校、班数和人数在逐步减少。就德宏州芒市傣文教材的发行量而言,2004年的总发行量为3763册,2005年的总发行量为2922册,2006年的总发行量为1883册,2007年的总发行量为1763册,双语双文教学走向低谷。

目前德宏州双语教育最大的两个问题:一是双语教学仍存在很多不足之处,不能起到应有的作用,帮助傣族学生学好汉语课程,达到民汉兼通;另一个问题是傣族语言文字和文化的传承面临考验,这是伴随着城镇化的进程而逐渐凸显出来的。而这两个问题又具体表现为:第一,小学尤其是城市里的小学双语教学弱化,民族小学傣族学生很少,不开设傣语课。第二,学校双语教学没有达到使学生民汉兼同的目的。因为两种语言的思维方式不同,有些学生在由傣语向汉语转化的过程中困难较多。在少数民族聚居区尤其是山区小学使用双语教学,一部分学生学习汉语的主动性不够,造成学生汉语口语表达能力较弱。由于上课听不懂影响学习成绩,造成自信心不强,对学习没有兴趣,进一步影响学习成绩,形成恶性循环。这样,他们就成为学校的"弱势群体"。第三,在城镇化的大背景下,民族之间杂居的趋势日益明显,汉语作为国家通用语的作用日益重要,傣语使用范围缩小,其作为交际语言的功能也被限制在一定的空间内。因此在这样的大环境下,很多年轻人转用汉语。而曾在学校中学习的傣语和傣文因没有使用的环境渐渐被遗忘了。家长的语言观和教育观也影响着孩子的语言使用。很多家长希望孩子从小学好汉语。傣语的传承形势

---

① 德宏州教育局:《德宏教育志(1978—2008年)》,德宏民族出版社2010年版。

堪忧。而傣文在实际生活中已经渐渐失去了原有的用途。村民介绍说："现在老人在奘房中阅读的经书，写红字礼簿单会用傣文，在大街上看到的路牌等尤其是商店招牌上几乎都使用汉语书写，少见有用傣文书写或傣汉双文书写的。"第四，傣族文化受到一定冲击，电视及新媒体的普及使家家户户能接触到汉语主流文化，汉语的一些现代文化、观念等也更多地被傣族人民所接受。加上越来越多的年轻人外出打工和汉族人移居傣族聚居区，加强了民族文化的交流，也使傣族人们尤其是年轻人增长了见识，接受了更多的现代思想和信息。学生接受的媒体都是汉族的主流媒体。电视频道除了一两个民族特色频道外，其他的都是汉语频道。在儿童节等节日举行的晚会上，保留了民族歌舞的节目，也会表演很多新近流行的音乐舞蹈节目。

四 德宏州傣族双语教育困境分析

双语教育是少数民族学生利用本民族语言学好汉语达到民汉兼通的重要途径。城镇化背景下出现的新形势，使傣族双语教育面临更加严峻的挑战。傣汉双语教育目前还存在以下问题：

第一，对双语教育认识不足，政策执行难度大。双语教育的目标认识不统一，民族语传承与教学质量之间存在矛盾。德宏州有一系列双语双文教学政策，但在执行的过程中困难较多，有些促进双语教学的政策也没有得到真正落实。双语教学状况受政策影响较大，政策支持较好的时候双语教学的情况也会好转。近些年来，德宏州双语教学政策存在一些波动的状况，

少数乡镇学校对双语双文教学认识不够、重视不够，对开设民文课不是积极的态度，只是随便开设两个班，以应付上级的检查。此外，管理机构不健全，双语教学没有切实纳入教育教学管理范畴，大家认为双语教学不属于考试范围，可有可无。还有，一些学校和群众对双语教学的认识也不完全统一。主要表现在，他们认为时代在进步，科技在发展，少数民族和民族地区在经济文化等方面落后，原因就是受少数民族语言的制约，认为应当让少数民族儿童从幼儿期即开始接触汉族语言，尽快尽早学好汉语，从而推动本民族发展、繁荣、进步。

绝大部分傣族学生家长认为有必要开展傣汉双语教学。在问卷调查中

对"在学校进行傣汉双语教学的态度"这一问题上，42.3%的家长选择了"非常有必要"，16.2%的家长选择了"很有必要"，27%的家长选择了"有必要"，可见绝大多数傣族学生家长认为应该在学校开展双语教学，辅助学生学习。

学校教师大多认为有必要开展傣汉双语教学，但真正实施起来难度很大。双语教学对教师的要求较高，教师不仅要掌握汉语言知识，还要掌握民族语。双语教学的目标不是很明确，学前班或低年级的学生在学习傣文时容易和汉语拼音产生混淆。

开展双语教学的学校少，课时也少，学生在学习傣文后不能及时巩固和复习学习过的内容。山区小学的教学质量堪忧。德宏州实施九年义务教育政策后，学生的辍学率得到了控制，但是也让一些学生抱着不管学成怎样都可以升初中的思想，缺少努力学习的动力。

第二，缺乏稳定和有效的双语教学模式。双语课堂没有形成稳定的教学模式，老师们的教学方法不同，在民族语与汉语使用的平衡上意见也各不相同。双语教学过程中，如果使用傣语过少，就不能有效地帮助少数民族学生学习汉语课程，起到很好的辅助作用，如果使用过多，又会影响学生向汉语思维的转化，也会由于语言上的障碍，使学生产生畏惧的心理，害怕学习，厌倦学习。

德宏州大多数是在学前班的时候教授汉语拼音，让学生接触汉语，培养汉语思维。为了保存民族的语言文字，统一在二年级开设傣文课。这对民族语言文字的传承与保存有重要的意义，让傣族学生从小学习民族文字。但是这样的设置也存在一些不足，"在这种情况下，学习民语不是以辅助汉语学习为主要目的，主要是针对本民族文化的保存与发展。实践表明，学生汉语基础不好的话，则这种方式对于实现民语向汉语的过渡基本上是没多大益处的，而且，学生的负担也比较重"[①]。

第三，评价方式单一。在双语双文教学中存在评价方式过于单一的情况。教师方面，在德宏州地区，大多数双语教师是兼职教师，在教授一门专业课学科的情况下，又要教授民族语言文字。但是计算教师的绩效工资时并不包括民族语文课的课时，而是和学生的学习成绩挂钩的。另一方

---

① 徐忠祥、陶天麟、郭云龙：《双语教学是克服云南少数民族聚居区学生语言障碍的有效途径》，《民族教育研究》2003年第2期。

面，傣语文程度高低也不作为教师能力的依据。这样不仅加重了教师教学的负担，而且教师得不到应有的待遇，工作积极性不高，在工作中容易轻视民族语文教学，只重视国家统一科目。

学生方面，学生学习傣语傣文的好坏不作为升学考试的依据，因此学生学习傣语文的积极性和主动性不高。对傣语文的评价制度不健全，一般只是作为一个考查，并不算入总的成绩。一些学生会认为学习傣语傣文占用了学习其他科目的时间。以前德宏州制定过相关的政策，将民族语文作为毕业考试的一个科目，在招聘中也要加试民族语文的政策，但是后来都不再实行了。

第四，双语师资缺乏。德宏州双语教师尤其是双语双文教师匮乏，一定程度上影响了双语教学的正常进行。如今能真正承担双语双文的教师已逐渐减少，根本不能满足农村少数民族聚居区的民族教育的需要。学校里傣族老师较少，还有一些不会说傣语。汉族老师不懂民族语，有的双语老师没有经过系统的民族语言文化知识学习。大部分学校的双语双文教师是兼职教师，有些是由掌握两种语言的教授专业课程的老师来教授。据德宏州芒市调研统计显示，芒市傣族教师346人，其中任教双语双文的仅37人，占10.7%。

师资匮乏的原因，一方面是懂少数民族语言文字的专职双语教师非常紧缺。教师中熟悉少数民族语言的，大多数汉语水平不高，汉语水平高的，又不懂少数民族语言。既懂汉语又懂少数民族语言、既有丰富的教学经验又有良好的语言修养的承担双语教学任务的教师比较匮乏。双语双文教师大多没有经过正规师范培训，缺乏教学理论和经验，教学方法单一，专业文化素质不高。另一方面是双语教师没有配套的优惠政策。在山区或村寨里的小学教学点分散，有些校点条件比较艰苦，任务繁重，但是双语教师也没有特殊待遇，在评职称、评先进、晋升方面没有优惠政策。双语教师的编制难以落实。教师变动较大，师资队伍不够稳定。山区和城镇的师资不平衡也影响了双语教学的顺利进行。

教师培养方面，双语人才培养供需错位。一位老师介绍道："原来的德宏州民族师范学校，初中毕业以后进入民语班，全是傣族，学傣语。设立的目的是为了培养少数民族教师，教小学的双语课、傣语课。希望培养双语人才毕业后去教傣文。但是实际上毕业之后大部分分配在汉族学校，明显达不到按专业分配。"F老师2004年音乐班毕业，参加工作以后教授的是数学课。原来的德宏州教育学院，是专科，招高中毕业生，毕业后分配教中学，2001年和德宏州师范合并为德宏师专（大专），实行五年学制。德宏民族师范学校和德宏州教育学院合并为德宏师专后，由于学生的就业问题，民语班（傣语和景颇语）停办，也造成了双语人才的断层，现在的双语双文老师一般都是当时的老教师了，因此师资培养也成为一个双语教学中的一个重要问题。

教师的引进方面，一般是通过考试统一招聘的形式。和汉族相比，傣族老师相对竞争力不强，虽然有的招聘会给少数民族教师加分，但是在招聘方面对于会民族语的老师没有相关优惠政策，造成傣族毕业生进入教师队伍相对汉族更难。

德宏州和芒市虽然每年都有双语教学教师培训，也会举办双语教师讲课比赛，但是只有部分教师有机会接受这样的培训。而对于这些在职培训，有的老师有这样的感慨："在培训的时候，大家都是双语教师，聚在一起，保护民族语言文化的热情就特别高涨，但是回到学校后，回到现实，依然是困难重重。"教师们参加双语教师培训后确实能够提高自身的教学素质，但是真正能用到教学当中的较少。

第五，家庭教育缺失。在 N 小学，很多学生都是由老人带，因为很多家长没时间管孩子，往往早出晚归，和孩子见面少、沟通少，对孩子的学习情况和身心发展不关心，老人又管不了，孩子就处在没人管教的状态。经济条件提高后，学生接触到更加丰富多彩的社会，容易被各种各样的诱惑迷惑，加上学习的内容都是课本上的，在实际生活中用不到，就更觉得学习枯燥无味。"孩子之间只比经济不比学习，有的学生想上学就上，不想上就不上，对学习没有兴趣，作业不愿做，稍难一点的就不做了"。还有一些学生觉得"反正是义务教育，考不好也能进初中"，很难让他们认真学习。

五 城镇化背景下德宏傣汉双语教育的发展趋势及建议

（一）城镇化背景下德宏傣汉双语教育的发展趋势

城镇化是一个国家和地区经济和社会发展的重要标志。德宏州的城镇化表明少数民族地区经济发展了，人们的生活水平也提高了。它也必然带了社会各个方面的重要变化，包括人们的思想、观念、语言文化等。

城镇化促进了汉语的传播和使用。随着经济的发展，德宏州傣族人民的生活融入整个社会的发展，生活的各个方面都越来越多地受到经济较发达地区的影响。城镇化促进了民族之间的交融。在工作和生活中，傣族与其他民族尤其是汉族的接触越来越多，在交往的过程中汉语水平迅速提高。同时，不可避免地，城镇化也给民族语言及文化传承造成一定的冲击。在汉语水平提高的同时，民族语使用范围缩小，比例下降，傣语水平有所下降。双语使用类型向第二语言汉语大幅度倾斜的现象是少数民族地区经济发展变化促使语言使用嬗变的产物。德宏傣族人对傣语有着深厚的感情。傣语作为傣族人民之间交流的语言工具这一点在短期内不会改变。双语兼用现象更加普遍已成为一种趋势。

（二）城镇化背景下傣族双语教育的对策与建议

第一，统一认识，保证双语教学政策的一贯性，营造重视民族语、双语教学的大环境。

加强对民族语的宣传，路牌、店牌要使用傣汉两种语言。鼓励民族语出版物的出版，增加傣文报纸、杂志、教学参考书、课外读物等的出版，让人们能够感受到民族语的重要作用。现在有一些宣传傣语言文化的网站，如傣语网、孔雀之乡网民族语频道等，要继续加强傣语言文化网站建设，让更多的傣族人和其他民族的人了解傣语和傣文化。

第二，保障双语教育资金的投入。设立双语教学专项资金，保证专款专用，为德宏州傣族双语教学提供经济支持。加强双语教材的建设，改善教学设施和教学环境。另外也可以寻求新的集资方式，集资方式多样化，加强社会集资，呼吁民间或企业投资，为德宏州双语教学提供资金保障。

第三，加强教师队伍建设，提高教师双语教学综合素质。利用民族大学、傣族地区师范学校、民族中专、民族干部学校等培养双语教学人才，要继续坚持每年的双语教师教学培训，并要扩大规模，保证大部分教师参加培训，为教师提供更多的互相交流学习的机会。在引进教师时，要对傣族教师采取优惠政策。双语教师要进行专门招聘，要有专门的民族语考试。教师待遇方面要考虑到农村小学条件较艰苦等特点，适当放宽农村少数民族聚居区小学的教师编制，提高少数民族教师待遇。

第四，积极探寻适合本民族地区的双语教学模式。少数民族学生从小学习自己的民族语，思维方式也比较习惯用民族语思维。在进行双语教学的过程中，要考虑到学生民族语和汉语之间思维的转换。要加强双语教学理论及实践研究，鼓励教师将教学和研究相结合。教师是双语教学实践的实施者，对于双语教学模式具有最大发言权。充分利用老师们的教学实践经验和教学智慧，在提高教学质量与民族语言文字传承之间努力寻找平衡，探寻实施合理稳定的特色双语教学模式，将各学段的阶段目标细化，体现双语课程的整体性和阶段性，促进双语教学的规范化。加强试点工作，对科学的适合德宏州傣族双语教学的模式予以推广，并注意因地制宜。

遵循学生的身心发展规律和民族语言学习规律，选择教学策略。学生生理、心理以及语言能力的发展具有阶段性特征，不同内容的教学也有各自的规律，应该根据不同学段学生的特点和不同的教学内容，采取合适的教学策略，促进学生双语素养的整体提高。

第五，建立合理的评价标准。德宏傣族不同地域之间语言环境和汉语学习条件不同，要考虑到不同地区经济和教育发展的不均衡性，遵循语言学习规律和不同年龄段学生生理、心理发展的需求和特点，建立促进学生全面发展的评价体系，不仅要关注学生的学业成绩，更要发现和发展学生多方面的潜能。

运用多种方式全面评价少数民族双语学习。突出评价的整体性和综合性。要根据各学段的目标达成的要求，抓住关键，突出重点，进行全面、综合评价。考试只是评价的方式之一，要突出课程评价的整体性和综合性。促进评价主体的多元化。实施评价，应注意教师的评价，加强少数民族学生的自我评价和相互评价，还应该让学生家长积极参与评价活动。评价时要尊重少数民族学生的个体差异，促进每个学生的健康发展。

第六，编写特色教材，加强校本课程、地方课程建设。双语课程教材应突出民族特色，体现时代特征和现代意识，教材的编写要符合民族学生的身心发展特点，遵循民族学生的认知规律、思维习惯、适应民族学生的年龄特征和认知水平，教材要尽可能选取真实、典型和本土的民族语言素材。也要注意教材内容来源于生活，注意开发丰富多彩的社会双语课程资源，可以将本民族的风俗习惯、歌曲舞蹈等因素加入到校本课程和地方课程中，编写具有民族特色的"接地气"的民族语教材、民族语言的课外阅读书籍，促进民族文化的传承。

第七，促进家长增强传承民族文化责任心，自觉学习和使用民族语言。家庭教育对孩子的发展至关重要，要注意加强家庭教育。增加与孩子共处的时间，多关心他们的生活和学习。把民族的语言文化传承给下一代，让孩子可以学习民族语，同时加强汉语的学习。把对傣语言文化失传的担忧和对傣语的喜爱转化为自身传承民族语言文化的动力，在生活当中从自己做起，保护民族文化。

在城镇化的大背景下，德宏州傣族与汉族等其他民族接触和交流增多，汉语水平明显提高。这种形势给傣族双语教育带来了机遇也带来了挑战，我们要坚持走双语兼通、双语相互促进的原则，坚持在民族学校大力开展双语教育，因地制宜，不搞一刀切，保存少数民族语言文字和少数民族文化，为促进边疆地区稳定和文化安全发挥教育领域的独特作用。

边境贸易与边疆民族地区城镇化建设协同机制研究

——以内蒙古自治区为例

李天华 黄 晴[①]

引 言

城镇化程度，是衡量一个国家或地区现代化水平的重要标志，也是未来经济社会发展的重要动力之一。2014年中共中央、国务院印发了《国家新型城镇化规划（2014—2020年）》，标志着我国的城镇化建设即将迈入新的历史发展阶段，《规划》当中着重强调：城镇化是现代化的必由之路，是解决农业农村农民问题的重要途径，是推动区域协调发展的有力支撑，是扩大内需和促进产业升级的重要抓手。努力走出一条以人为本、四化同步、优化布局、生态文明、文化传承的中国特色新型城镇化道路，对全面建成小康社会、加快推进社会主义现代化具有重大的现实意义和深远的历史意义。

然而长期以来，边疆民族地区由于经济发展落后，城镇化率一直处于较低水平。但近年来在西部大开发战略的带动下，城镇化率呈逐年上升趋势。如图1所示，"十一五"期间以来，我国边疆民族地区人口城镇化率从2006年的35.32%上升至2012年42.73%，"十一五"期间以来年递增率达4.83%，高于同期全国城镇化率的年平均增长率3.08%。虽然增长

[①] 作者简介：李天华，中南民族大学。黄晴，中南民族大学。本文是教育部哲学社会科学重大课题攻关项目"民族地区特殊类型贫困与反贫困研究"（13JZD026）、国家社会科学基金一般项目"民族地区旅游资源开发与城镇化建设的协同机制研究"（GSY11008）阶段性成果。

幅度高于全国水平，但我们可以发现，其城镇化率还是低于全国平均水平约 10 个百分点，所以边疆民族地区的城镇化发展依然任重道远。此外，边疆民族地区内部的城镇化发展较不平衡，内蒙古、广西发展较好，新疆、西藏则比较落后。尤其是内蒙古自治区，2012 年其城镇化率为 57.74%，不仅远远高于其他边疆地区，也高于当年的全国平均水平 52.57% 约 5 个百分点，这对于一个民族地区来说是一个了不起的成就。

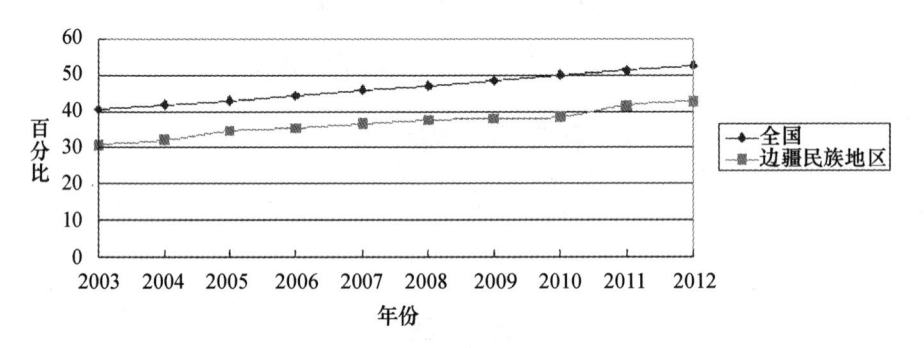

图 1　2003—2012 年边疆民族地区城镇化率和全国平均水平对比

然而，究竟是什么原因使得近年内蒙古的城镇化发展如此迅速，远远超出其他边疆民族地区。我们对此进行深入了解，发现内蒙古自治区的经济发展有一个鲜明的特点，那就是边境贸易十分繁荣，海关进出口贸易量大。因为拥有 4221 公里的边境线和独特的地理位置，使得内蒙古自治区在我国向北开放战略中处于十分重要的地位。全区现有对外开放的口岸 19 个，分布在边境 14 个旗（市）以及呼和浩特市和呼伦贝尔市。其中对俄罗斯开放的有 6 个口岸，对蒙古国开放的有 10 个口岸，此外还有 3 个国际航空口岸。其中满洲里口岸、二连浩特口岸分别是全国第一和第四大陆路口岸。尤其是满洲里口岸，位于中俄蒙三角地带，北接俄罗斯，西邻蒙古国，是第一欧亚大陆桥的交通要冲，是中国通往俄罗斯等独联体国家和欧洲各国重要的国际大通道，其口岸货运量一直雄居全国同类口岸之首，对内蒙古乃至我国北方的边境贸易都有着举足轻重的影响。口岸繁荣的边境贸易使内蒙古边境地区的地方财政收入连年大幅增加，许多边境城镇发生了翻天覆地的变化，成为本市、本地区经济发展的龙头，贸易与经济发展的辐射效应涉及整个区域。

综上所述，可知边境贸易在内蒙古自治区的经济发展中处于十分重要的地位。而实践也证明,发展边境贸易确实是振兴边疆民族地区经济的有效途径。在我国实行全方位对外开放的战略抉择中,边疆民族地区利用区位的优势,积极向周边国家开放,发展同周边国家的边境贸易,已经成为我国对外开放的重要组成部分。20 世纪 80 年代以来,在一些口岸城市边境贸易带动了相关产业的发展,在优化资源配置,促进经济结构调整,完善基础设施建设及出口加工业的兴起和快速发展等方面发挥着重要的作用,为边境地区经济持续、稳定发展创造了条件。而边境贸易若要繁荣发展,需要有大量的边境口岸作为载体。这样就形成了边境贸易促进边境口岸的发展,而边境口岸又带动当地及周边地区的城镇化发展,最后导致整个内蒙古自治区的城镇化发展。那究竟原因是否这样,本文运用 VAR 模型,构建了 1984—2012 年内蒙古海关进出口总额及其城镇化率的动态关系系统,希望通过实证分析为上述问题寻求解答。

一 基于 VAR 模型的实证分析

(一) VAR 模型简介

VAR 模型于 20 世纪 80 年代由 C. A. 西姆斯引入,并应用于经济学领域。它在经济系统动态分析中应用广泛。VAR 模型常用于分析和预测相互联系的时间序列及随机扰动对变量的动态冲击,以解释各种冲击对经济变量的影响。其公式为:

$$Y_t = A_1 y_{t-1} + \cdots + A_N y_{t-N} + B x_t + \varepsilon_t$$

其中,y_t 为内生变量的列向量,x_t 为外生变量列向量,A_N,B 为待估系数矩阵,ε_t 为误差向量。

(二) 变量和数据的选择

考虑到数据的操作可能性和数据的可得性,本文选择城镇化率作为衡量城镇化发展水平的指标,记为 CR;选择海关进出口总额作为衡量边境贸易水平的指标,记为 TB。为了消除异方差的影响和数据的波动,分别对各变量取对数处理,记为 LnCR,LnTB。另外本文实证分析所用的计量工具为 Eviews 6.0。数据来源为中宏数据库,数据年份为 1984—2012 年。

(三) 实证分析

实证分析的基本步骤是：先对变量序列做单位根检验，看是否平稳，若非平稳，进行差分，当进行到第 i 次差分时序列平稳，则说明原变量序列服从 i 阶单整。当所有检验序列均服从同阶单整，可进行 Granger 因果检验，然后构造 VAR 模型；在建立 VAR 模型基础上，进行脉冲响应和方差分解分析。

1. 简单的统计描述

从图 2 可以得知，内蒙古自治区的海关进出口总额自 1984 年以来一直呈缓慢上升趋势，进入 21 世纪之后其增长速度逐渐加快，虽然 2008 年全球金融危机后出现短暂下降，但近几年又恢复到上升趋势。至于其城镇化率，从图 3 可以看出，1984 年以来曾有过短暂上升，但 80 年代末期急剧下跌，之后一直呈逐渐递增的趋势。

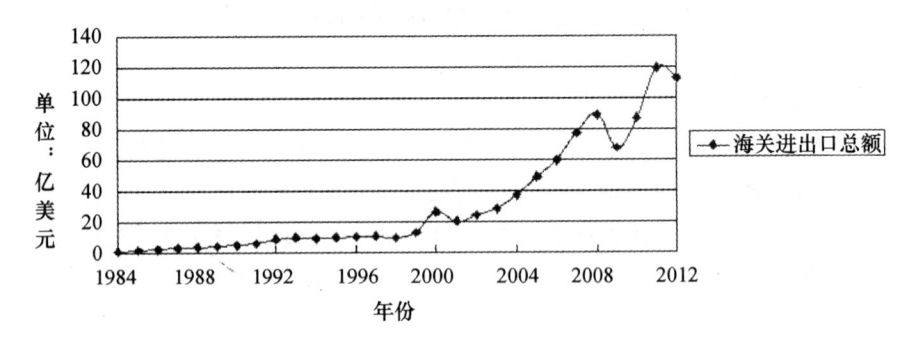

图 2　1984—2012 年内蒙古海关进出口总额趋势图

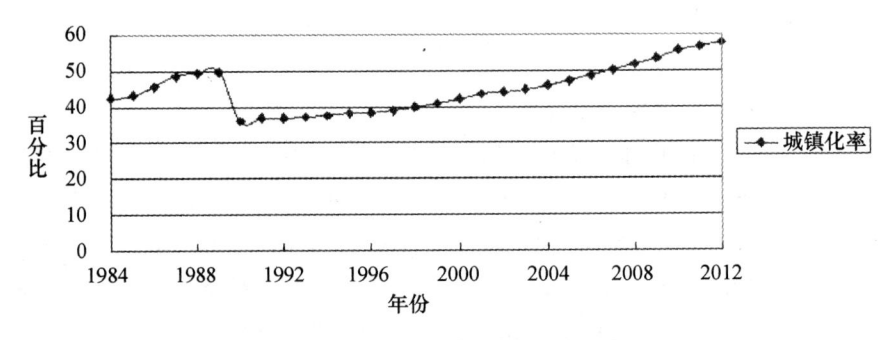

图 3　1984—2012 年内蒙古城镇化率趋势图

2. 单位根检验

为了判断变量的平稳性,以避免最小二乘估计产生的伪回归现象,因此,需要对序列进行单位根检验,本文采用 ADF 检验方法。检验结果如下:

表1　　　　　　　　　　ADF 检验结果

检验序列	检验类型	ADF 统计量	1%显著水平临界值	5%显著水平临界值	10%显著水平临界值	P 值
LnCR	(C, N, 3)	-0.541432	-3.689194	-2.971853	-2.625121	0.8683
DLnCR	(N, N, 3)	-4.843093***	-2.653401	-1.953858	-1.609571	0.0000
LnTB	(C, N, 3)	-1.539358	-3.689194	-2.971853	-2.625121	0.4994
DLnTB	(C, N, 3)	-4.939709***	-3.711457	-2.981038	-2.629906	0.0005

注:***表示在1%水平下显著,**表示在5%水平下显著;*表示在10%水平下显著。检验类型中的第1个参数表示有无常数项;第2个参数表示有无时间趋势;第3个参数表示滞后阶数,依据 AIC 准则进行选择。

从表1的检验结果可以看出,序列 LnCR、LnTB 均存在单位根,但其一阶差分序列在1%的显著水平下均是平稳的,所以它们同为一阶单整。因此,在以下的实证分析中,均使用 LnCR、LnTB 变量的差分序列进行研究,并在这些变量名前加一个"D"表示一阶差分。

3. 格兰杰因果检验

接着对 LnCR 和 LnTB 序列进行 Granger 因果关系检验,由于 Granger 因果检验需要平稳序列,所以我们分别取上述两个变量的一阶差分序列进行检验,结果如下:

表2　　　　　　　　　　格兰杰因果检验结果

原假设	观测个数	F 统计量	P 值	滞后阶数	检验结果
DLnCR does not Granger Cause DLnTB	26	0.02315	0.9771	2	接受
DLnTB does not Granger Cause DLnCR		0.63449	0.5401		接受

根据表2显示的检验结果,可知在1%的显著水平下,DLnCR 和 DLnTB 之间并不存在 Granger 因果关系,也就是说本次检验的结果不理

想。但是格兰杰因果关系检验的结论只是一种预测，是统计意义上的"格兰杰"因果性，而不是真正意义上的因果关系，不能简单地作为肯定或否定边境贸易和城镇化之间因果关系的根据。所以本次检验结果并不妨碍接下来的实证分析。

4. VAR 模型的估算

为了进一步分析边境贸易与城镇化之间的动态关系，本文构建二维向量自回归模型（VAR 模型）。为了确定 VAR 模型的滞后阶数，通过多种定阶方法进行筛选。结果显示，四项评价指标（FPE 准则、AIC 准则、SC 准则、似然比检验法）都认为最佳的滞后期为 2，所以建立 VAR（2）模型，其具体表达式如下：

DLnCR = 0.2101380670719 * DLnCR（-1）+ 0.1433476864165 * DLnCR（-2）+ 0.5459473383165 * DLnTB（-1）- 0.1546142925641 * DLnTB（-2）+ 0.0069279086931 （1）

DLnTB = 0.754583328672 * DLnCR（-1）+ 0.072601692904 * DLnCR（-2）+ 0.142240460526 * DLnTB（-1）+ 0.258590434449 * DLnTB（-2）+ 0.220720609279 （2）

从方程（1）可以看出，DLnCR 的滞后一期、二期的相关系数均为正，表明城镇化对其自身有着正向加强的作用；DLnTB 的滞后一期相关系数为正，滞后二期相关系数为负，但滞后一期的系数明显大于滞后二期，它们的代数和为正数，所以总体上来说边境贸易对城镇化是有着正向的促进作用。

从方程（2）可以看出，DLnCR 的滞后一期、二期的相关系数均为正，表明城镇化对边境贸易有着正向的推动作用。DLnTB 的滞后一期、二期的相关系数也均为正数，说明边境贸易对其自身也有正向的推动作用。

5. 模型平稳性检验

接着通过计算模型的 AR 特征多项式，发现特征多项式的根的倒数全部位于单位圆内（如图 4 所示），这表明所建立的 VAR（2）模型是稳定的。也就是说，当模型中某个变量发生变化时（即生成一个冲击），会使其他变量发生变化，但随着时间的推移，这种影响会逐渐地消失。因此，我们可以得出一个这样的结论：虽然海关进出口总额和城镇化率的变动趋势不一致，但整体上来看，这两个变量所构成的动态关系系统是稳定的。

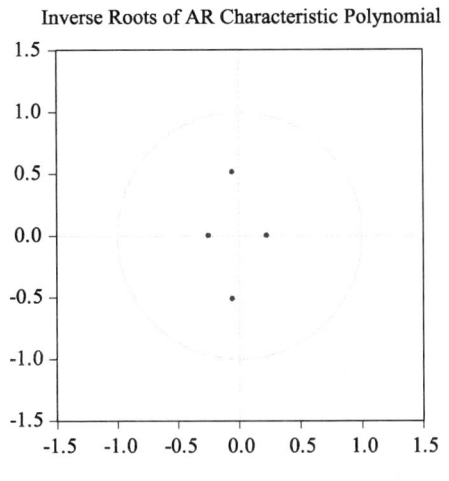

图 4　VAR（2）的 AR 特征多项式逆根图

6. 脉冲响应

上面通过 VAR（2）模型分析了边境贸易跟城镇化之间的相互影响趋势。为了进一步探究二者之间的关系，下面采用脉冲响应函数和方差分解进行分析。根据所建立的 VAR（2）模型，可以得到二者的脉冲响应函数图，如下：

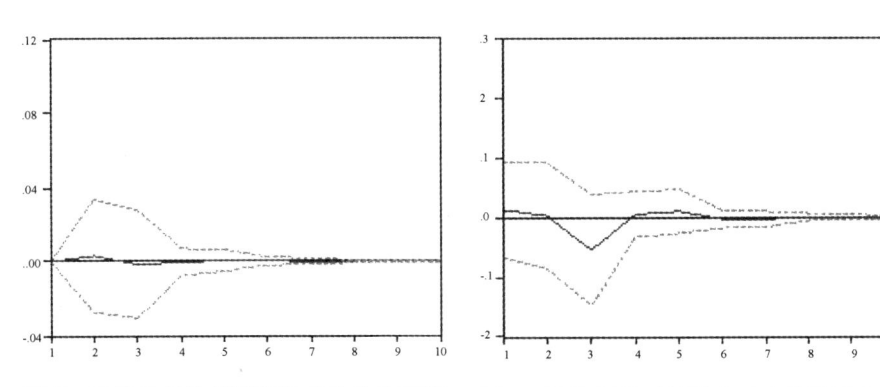

图 5　城镇化对边境贸易冲击的脉冲响应　　图 6　边境贸易对城镇化冲击的脉冲响应

从图 5 可以看出，边境贸易一个单位标准差的正向冲击，首先会引起城镇化率缓慢上升，然后缓慢减少，再增加，从第 4 期开始，城镇化率会稳定在零增长率这一均衡水平，也就是说，边境贸易对城镇化的影响逐渐消失了。从图 6 可以看出，城镇化率一个单位标准差的正向冲击，首先会引起边境贸易下降，降低到第三期之后又逐渐上升。从第 6 期开始，边境贸易会稳定在零增长率这一均衡水平，也就是说，此时城镇化对边境贸易的影响逐渐消失。

7. 方差分解

为了确定边境贸易和城镇化之间相互作用的大小，可以进行方差分解分析。基于所建立的 VAR（2）模型，可以得到这两个变量的方差分解结果。表 3 给出了边境贸易和城镇化的方差分解结果，表中的数字为百分比贡献率。

表 3　　　　　　　　城镇化率和边境贸易的方差分结果

	城镇化		边境贸易	
	城镇化	边境贸易	城镇化	边境贸易
1	100.0000	0.000000	0.449109	99.55089
2	99.83812	0.161883	0.470974	99.52903
3	99.79884	0.201157	6.430041	93.56996
4	99.79518	0.204821	6.474381	93.52562
5	99.79270	0.207301	6.683327	93.31667
6	99.79254	0.207456	6.693052	93.30695
7	99.79232	0.207683	6.706898	93.29310
8	99.79231	0.207686	6.708430	93.29157
9	99.79230	0.207703	6.709141	93.29086
10	99.79230	0.207703	6.709314	93.29069

从方差分解的结果来看，城镇化对其自身的偶然因素冲击感应很明显，从第一期的 100% 一直缓慢下降，但基本变化不大；城镇化对边境贸易的偶然因素冲击感应则很微弱，从第一期的 0 缓慢增长到第十期的 0.2%。边境贸易对城镇化的偶然因素冲击前两期感应很弱，但是从第三

期开始逐渐加强,直到第十期稳定在6.7%的水平;而边境贸易对其自身的偶然因素冲击感应则很明显,虽然从第一期到第十期呈缓慢下降趋势,但基本上稳定在93.2%左右的水平。

二 结果分析及政策建议

通过上述实证分析,我们可以得出这样一个结论,即内蒙古自治区的海关进出口总额跟其城镇化率确实存在相互影响的关系。也就是说边境贸易的发展确实会促进城镇化率的提高,而城镇化的发展又反过来促进边境贸易额的增长。事实上,边境贸易的发展不仅有力地促进了边境地区的城镇化发展,还使以"少(少数民族聚居地区)、边(边疆地区)、穷(欠发达地区)、弱(生态环境脆弱)、富(自然资源富集)、多(民族文化多样)"为特征的这一区域摆脱了贫困,让国民经济进入了快速增长的轨道,带动了边境地区的经济和社会的发展。反过来城镇化的发展形成了大片的口岸城市群,为边境贸易发展提供载体,而日渐繁荣的边境贸易促使大量农业人口落户城镇,从事边境贸易活动,这样就形成了一个良性的循环系统。

虽然目前随着城镇化和边境贸易的发展,边疆民族地区的经济迅猛发展。但是,在这些迅猛增长的数据背后,其城镇化发展还是与经济发展有不协调、不同步的地方,边境贸易和城镇化之间也不是完全协同发展。为了能够更好的促进边境贸易和城镇化协同发展,我们依据本文的实证分析结果,再结合新型城镇化发展理论,提出以下几点政策建议:

1. 准确定位城镇发展,科学规划城镇建设

按照《国家新型城镇化规划(2014—2020年)》的总体要求,根据边疆民族地区的自然环境、交通条件、资源状况、人口分布、经济社会发展水平、产业布局、城镇现有基础等,确立城镇发展战略。按照合理布局、均衡布点、控制规模、差异发展、突出体色、生态环保、城乡统筹、方便民众的原则,科学合理规划区域内的城镇发展战略。建议在《国家新型城镇化规划(2014—2020年)》的总规划下,编制《边疆民族地区城镇发展规划》,每个城市、建制镇、乡镇、特色村落都要编制相应的发展规划。规划时,要特别注重差异性和特色,使每个市镇、村落在充分继承传统、利用资源的基础上彰显自身的特色,使所有城镇的规划建设

都能与当地的自然环境、自然禀赋、产业发展、人民的生活需求相协调。

2. 统筹城乡发展，构建城乡一体的城镇化体系

城乡差别是影响中国经济发展的主要问题之一。这种人为的二元体制，不仅有碍于人民群众正常身份的转化，而且严重阻隔了人流、物流向城镇的聚集。边疆民族地区也不例外，而且有些地区的二元经济结构情况还十分严重。如此大的城乡差别，不仅不利于社会稳定，也将严重制约边疆民族地区城镇化的发展。因此，为了防止在推进城镇化过程中脱离实际，盲目扩大城市建设规模，忽略小城镇建设，边疆民族地区的城镇化建设必须统筹城乡规划，构建城乡一体化。具体措施如下：第一，抓住国家推行城乡配套改革的契机，逐步打破城乡壁垒，建立城乡一体化的体制机制，使城乡民众真正享受均等的政策和公共服务，为推进城市化进程营造良好的政策环境；第二，按照优化城乡生产力和人口布局的要求，以规划为龙头，把城乡居民点、基础设施和生态环境作为整体进行规划建设，力促形成区域中心城市—县城—中心镇（一般建制镇）—中心村一体化的四级城镇体系；第三，大力推动城镇基础设施向农村延伸，努力形成城乡一体化的公共交通、供水供电、通讯邮电、污染治理、卫生教育、环境保护等公共服务体系，让城乡人民共同享受改革开发成果；第四，全面统筹各区域的发展，既要抓好中心城市的建设，又要抓好中小城镇的发展，"两手抓，两手都要硬"，只有这样才能改善和弱化二元经济结构，实现城乡同步发展。

3. 促进边贸产业发展，增强城镇发展后劲

产业是城镇化的基础，是人口聚集的前提。边疆民族地区城镇化水平低下，一个很重要原因就在于第二、第三产业尤其是第三产业不发达，产业聚集度低，吸纳农民转化为市民的能力差。大量农民向城镇集中后，由于没有相关产业做支撑，只能继续"候鸟"式的外出务工；部分留在本地的农民，大多也只能从事"粮猪型"、[①]"小商小贩型"的粗放农业以及缺乏精深加工、附加值偏低的基础原料加工业。如此城镇化只能带来农村剩余劳动力的"流动"、城市空间面积上的扩张，难以形成经济发展质和量的提高。因此，边疆民族地区城镇化发展的关键在于产业支撑。鉴于

---

① "粮猪型"指只知种粮食、养猪的传统乡村生计方式。

边境贸易在边疆民族地区经济发展的重要作用,大力发展边贸相关产业,增强城镇发展后劲,因地制宜,多措并举,努力构建以城镇为重点,以特色为主导、多元为支撑的边贸相关产业格局,才能真正促进城镇化的快速发展。

4. 注重自然协调,体现民族特色

边疆民族地区大都生态环境脆弱,加强生态环境保护,是该区域实现经济社会可持续发展的一个重要前提,也是城镇化进程中必须重视的问题。城镇发展必须突破过去以牺牲环境为代价、没有特色的发展模式。在城镇化进程中,既要保持和改善自然环境对人的适宜性,又要满足人与自然环境的协调性,要切实保护城镇已有的河流、山体、森林免遭破坏。同时,还要特别重视文化生态的维系。边疆民族地区历史悠久,是多民族聚居地,是我国重要的文化沉积带和文化多样性保留最完好的地区。边疆民族地区的城镇化,要把保护自然生态和人文生态有机地结合起来,尤其是对历史悠久、文化底蕴丰富的古城镇和古村落加以重点保护。要以保护文化资源为基础,充分挖掘文化资源的产业优势,通过开发利用文化资源,发展文化产业和旅游业促进城镇的发展,加快城镇化步伐。同时,在城镇街道、建筑规划设计中,尽量体现地方特色和民族特色。

边疆民族地区农业现代化与新型城镇化协调发展研究
——基于数据包络分析（DEA）

梁世夫　张勇民　郭超然[①]

引　言

我国五个民族自治区和云南这个多民族省份，与外国接壤，是典型的边疆民族地区。研究范围广大的边疆民族地区农业现代化与新型城镇化协调发展程度并据此探寻二者协调发展的路径，对促进老少边穷地区社会经济发展和全国社会经济发展进程具有重要的现实意义和深远的历史意义。

一　边疆民族地区农业现代化与新型城镇化的发展现状

（一）边疆民族地区农业现代化发展现状

农业现代化起源于第二次世界大战后西方世界兴起的现代化研究热潮。其含义是指传统社会向现代化社会或农业社会向工业社会的转变。农业现代化是以现代化理论为基础结合农业特点所形成的范畴[②]。结合舒尔茨、梅勒和韦茨等人农业发展阶段理论，农业现代化就是把传统农业改造

---

① 作者简介：梁世夫，中南民族大学。张勇民，华中农业大学。郭超然，华中农业大学。
② 黄国桢：《"农业现代化"再界定》，《农业现代化研究》2001年第1期。

为现代农业的过程①。根据刘易斯"二元结构"理论，农业现代化主要表现为生产手段和生产结果的现代化。生产手段包括生产中各种物质技术投入、生产组织形式变化和制度变迁等内容；生产结果包括农业产出、农民收入、农村社会经济生活等内容。由于手段是为结果服务的，所以，农业现代化水平最终要通过农业生产结果显示。通过上述相关指标进行民族地区与全国的平均水平纵横比较可以判断出民族地区农业现代化发展状况（表1）。

表1　　　　　　　　　2006—2012年农业现代化发展状况

年份	边疆民族地区			全国		
	第一产业产值比重	农村恩格尔系数	农民人均纯收入	第一产业产值比重	农村恩格尔系数	农民人均纯收入
2006	18.89	45.18	2579.79	11.10	43.00	3587.04
十一五	17.12	44.84	3431.12	10.60	42.38	4712.05
2011	14.71	42.21	5138.16	10.00	40.40	6977.29
2012	12.72	41.16	5930.77	10.10	39.30	7916.6

资料来源：依《中国统计年鉴》数据整理。

第一，边疆民族地区与全国平均水平的差距在逐步缩小。

农业现代化发展的国际经验显示，农业现代化水平高低与第一产业产值比重呈反方向变化关系。"十一五"以来边疆民族地区与全国的第一产业比重差距在2006年为7.8个百分点，"十一五"期间为6.5个百分点，2011年和2012年分别为4.7和2.6个百分点。如果以2006年、"十一五"、2011年和2012年进行四个时间节点的纵向比较，民族地区与全国之间农业现代化水平差距变化率从16%分别提高到了28%和45%。这种差距变化率提高的趋势表明，我国边疆民族地区农业现代水平提高速度明显地高于全国平均水平，二者的差距逐步缩小。

第二，边疆民族地区农民生活水平在提高，但改善幅度在相对下降。

随着农业现代化水平的提高，农民的生活水平也在逐步提高，农民生活水平与农业现代化水平呈同方向变化关系。农民生活水平通常用农村居

---

① 张维达：《政治经济学（第二版）》，高等教育出版社2004年版，第340页。

民恩格尔系数和农民人均纯收入判断。农业现代化水平提高的程度与农村居民恩格尔系数和农民人均纯收入水平具有同方向变化关系。

首先,"十一五"以来边疆民族地区农村居民恩格尔系数从2006年0.45到2012年的0.41是逐年下降的。就下降速度而言,从2006年1个百分点,到"十一五"期间0.8个百分点和2011年0.3个百分点,下降速度是递减的。如果就下降速度进行横向比较,"十一五"期间边疆民族地区低于全国2个百分点,2011年与"十一五"期间的差距则是2.6个百分点,2012年才出现1个百分点逆转。恩格尔系数变化趋势表明,边疆民族地区农业现代化进程促进了农民生活水平的不断提高,但提高程度低于全国平均水平,提高速度也在递减。

其次,"十一五"以来边疆民族地区农民人均纯收入从2006年的2579.79元起逐年提高,"十一五"期间平均增长率为16.71%,2011年为18.06%,2012年为15.32%,也高于同时期全国农民人均纯收入15.93%、17.88%和13.46%的增长率。虽然边疆民族地区农民人均纯收入呈总体递增趋势,增长率也高于全国的平均水平,但边疆民族地区与全国的农民人均纯收入绝对差距则从2006年的1007.2元起逐年地扩大到2012年的1985.8元。农民人均纯收入的变化表明,虽然民族地区农业现代化提高农民收入的效果高于全国的平均水平,但相对差距则在扩大。

可见,我国边疆民族地区农民生活水平随着农业现代化水平的提高在同步改善,但改善的相对幅度在下降,改善的能力在相对下降。

(二) 边疆民族地区新型城镇化发展现状

城镇化是衡量一个国家工业化和现代化程度的重要标志。作为空间概念的城镇化是指农村人口、第二和第三产业不断向城镇集聚从而城市的规模和数量不断扩展的历史进程。我国城镇化过程中出现了城市规模粗放型增长、城镇空间布局紊乱、城镇发展中资源过度消耗、环境恶化以及其带动能力弱等一系列问题。城镇化中出现的诸多问题绝不是城镇化本身所必然带来的,解决其中的问题也不是逆城镇化,而是走新型城镇化道路。不同学者对新型城镇化见解有异,如果从社会经济发展视角看,新型城镇化的实质就是在工业化和城镇化进程中提高城镇化对农业现代化的拉动作用从而实现城乡一体化发展。城镇化拉动作用主要表现为城市工业对乡村的农业要素供给和城市居民对农产品需求体现出来。所以,新型城镇化发展水平可以通过第二、第三产业产值比重、城镇居民人均可支配收入等指标衡量。通过民族地区与全国的第二、第三产业产值比重、城镇居民人均可支配收入等的比较就可以判断出边疆民族地区新型城镇化发展状况（表2）。

表2　　　　　　　　2006—2012年新型城镇化发展状况

年份	边疆民族地区			全国		
	第二、第三产业比重	城镇化率	城镇居民人均可支配收入	第二、第三产业比重	城镇化率	城镇居民人均可支配收入
2006	84.03	35.3	9429.15	88.89	44.3	11759.50
十一五	85.24	37.0	12518.44	89.39	44.3	15522.03
2011	87.16	41.6	17402.96	90.00	51.3	21809.78
2012	87.28	42.7	19689.35	89.90	52.7	24564.70

资料来源：依《中国统计年鉴》数据整理。

第一，边疆民族地区人口城镇市化落后于全国平均水平的差距在扩大。

城镇化发展的国际经验显示，城镇化发展水平与人口城镇化之间呈同方向关系，即人口城镇化比率越高，城镇化水平也越高。"十一五"以来，我国边疆民族地区人口城镇化率从2006年的35.32%到2012的年42.73%，呈逐年提高趋势。提高幅度2006年为6.4%，"十一五"期间为3.79%，2011年为7.89%，2012年为2.81%，"十一五"以来年递增4.83%。与全国人口城镇化率水平比较，除"十一五"期间略低以外，其他年份均高于全国平均水平，"十一五"以来年增长率3.08%。可见，边疆民族地区人口城镇化以高于全国平均水平的增长率在提高。从横向比较看，"十一五"以来边疆民族地区人口城镇化率均低于全国平均水平，而且期间的差距也从2006年的9个百分点扩大到了2011年的9.7个百分点和2012年的10个百分点。人口城镇化率横向差距的纵向变化表明，我国边疆民族地区人口城镇化落后于全国平均水平的差距在扩大。

第二，边疆民族地区经济城镇化中工业化推动效果优于需求拉动效果。

经济城镇化主要体现在第二、第三产业比重和城镇居民可支配收入等方面。经济城镇化水平高低与第二、第三产业比重和城镇居民可支配收入水平呈同方向关系。"十一五"以来边疆民族地区第二、第三产业产值比重从"十一五"期间的84.03%起逐年增加2012年的87.28%，平均每年递增0.69%。

民族地区与我国的第二、第三产业产值的比重差距从"十一五"期间的4.15个百分点到2011年的2.84个百分点和2012年的1.72个百分点。由此可见，边疆民族地区工业化以超过全国平均水平在发展，二者的差距在逐步缩小。

边疆民族地区城镇居民可支配收入从"十一五"期间12518元增加到2012年19689.35元，每年递增13.9%，居民可支配收入增加表明了民族地区新型城镇化发展处于持续的上升态势。但从横向比较看，边疆民族地区与全国的居民可支配收入差距则从"十一五"期间3003元增加到2011年4406.82元、2012年4875.35元。"十一五"期间全国居民可支配收入年均增长率14.24%，高于民族地区0.34个百分点。这种城镇收入差距变化表明，民族地区新型城镇化的需求拉动作用在逐步提高，但弱于全国平均水平的现象并没有实质性地缩小。

综上所述，虽然我国边疆民族地区的农业现代化和新型城镇化发展整体水平依然落后于全国平均水平，但与全国平均水平的差距在逐步缩小，农民生活水平与农业现代化进程具有高度同步性。人口城镇化和工业化的速度明显，但需求拉动作用在相对下降。

二 指标体系及研究方法的选择

（一）指标体系的选择

农业现代化涉及农业生产条件现代化、农村现代化和农民现代化等内容，在评价农业现代化水平中自然要从农业生产的投入、产出、农村经济发展等方面选择相关指标进行观察。由于对这三个方面认知的差异，不同学者选择的指标也不同。农业现代化就是农业、农村和农民三个方面的现代化。为克服传统城镇化问题所形成的新型城镇化其实质就是城镇化的过程和结果两个方面都要体现城镇化对农业现代化的带动作用，其带动能力决定于城镇人口数量和经济活动城镇化的程度。

根据对农业现代化和新型城镇化的上述理解以及数据可得性和计算问

题，在本文构建的指标体系为：农业现代化指标体系为第一产业就业人员比重、粮食单产水平、农村恩格尔系数和农民人均纯收入等；新型城镇化指标体系为第二、第三产业产值比重，城镇化率和城镇居民人均可支配收入等指标（表3）。

表3　　　农业现代化和新型城镇化程度判识指标体系

新型城镇化和农业现代化指标体系	新型城镇化	城镇居民人均可支配收入	元
		第二、第三产业比重	%
		城镇化率	%
		每万人拥有公共交通车辆	辆
	农业现代化	第一产业就业人员比重	%
		粮食单产水平	千斤/公顷
		农村恩格尔系数	%
		农民人均纯收入	元

（二）研究方法选择

21世纪理论界掀起了农业现代化与城镇化协调发展研究热潮。在研究农业现代化与城镇化协调发展程度方法中以VAR分析和协整分析最为广泛。

VAR分析和协整分析，多选择单一指标度量农业现代化和城镇化水平。农业现代化涉及农业生产条件现代化、农村现代化和农民现代化等内容，无论是采用哪个单一指标都难以全面反映农业现代化。人口和经济活动城镇化的确可以表现城镇化水平，但难以衡量新型城镇化。作为传统的参数估计方法，VAR分析和协整分析中的指标选取需要运用回归分析来进行参数估计和各种稳定性、统计检验，若选取多指标，无疑增加了模型的复杂程度，使其难以得到最优解。因此，VAR分析和协整分析往往局限于选取单一指标、无法运用复合指标分析农业现代化与城镇化协调发展程度，这也就日益形成指标选择的不同研究结论的差异。另外，传统的参数方法需要事先假定投入产出函数的具体形式，然后利用计量方法估计未知参数，从而得到最终确定的函数形式，并以此来对经济现象进行解释。其最大的缺陷在于需要事先假设函数的形式和残差的概率分布。

事实上，无论是选择怎样技术方法对农业现代化与新型城镇化协调发展程度进行评价,模型构造必须是非参数方法而不是参数方法;指标选择必须为复合指标而不是单一指标。

DEA 方法也被用于评价农业现代化与新型城镇化协调发展程度,首先是农业现代化与新型城镇化之间相互依存、互相促进的关系符合 DEA 方法的基本原理。其次是数据包络分析(DEA)利用复合指标评价农业现代化和新型城镇化的协调程度可以比较全面地反映农业现代化和新型城镇化的内容。再次是作为非参数估计的数据包络分析方法通过利用观察到的数据及其所描述的经济特征,构造生产可能集,并研究生产可能集的有效前沿面,进而利用有效前沿面进行经济分析。这就避开了直接构造生产函数然后进行参数估计的这种僵化做法,由此降低了参数估计所带来的不稳定性。

在运用 DEA 方法进行实证分析的过程中,如果运用局部省份截面数据而不是时间序列数据进行分析,难以把握农业现代化与新型城镇化协调发展的历史趋势。因此,本文运用 DEA 方法,以时间序列数据分析结论为基础,通过民族地区与全国的比较以及民族地区内部比较,判断民族地区农业现代化与新型城镇化协调发展程度的差距及其内部差距并演绎出促进民族地区农业现代化与新型城镇化协调发展的相关对策。

(三) DEA 模型的建立

数据包络分析,是由美国运筹学家 Chames 和 Coper 共同提出的一种多投入—产出系统分析法。通过数学规划方法,对决策单元(DMU)进行有效性评价,在对输入输出指标进行综合分析的过程中,求出每个 DMU 的综合效率,据此确定最优的 DMU。农业现代化与新型城镇化之间相互依存、互相促进的关系可以视为一种输入输出的投入产出关系。因此,令 j 个决策单元 DMU_j 的输入、输出向量为:

$X = (x_{1j}, x_{2j} \cdots x_{nj})^T$

$Y = (y_{1j}, y_{2j} \cdots y_{nj})^T$

而输入输出权重为:

$V = (V_1, V_2 \cdots V_N)^T$

$U = (U_1, U_2 \cdots U_N)^T$

利用上述的向量和权重,构建 DEA 模型:

$$\max c_n (a/b) = \frac{U^T Y_b}{V^T X_a}$$
$$s.t.\ \frac{U^T Y_{bj}}{V^T X_{aj}} \le 1$$

将其转化为线性的形式为：
$$\min[c_n (a/b) - \varepsilon] = V_D$$
$$s.t.\ \sum \lambda_{a/bj} y_j - S^+ = y_0$$
$$\sum \lambda_{a/bj} X_j - S^- = c_n (a/b) X_0$$
$$\rho \sum \lambda_{a/bj} = \rho,\ (\rho = 0\ 或\ 1)$$
$$\lambda_{a/sj} \ge 0$$
$$S^+ \ge 0,\ S^- \ge 0$$

令 $\rho = 0$，则该模型为 CCR 模型，它表示规模收益不变，即在生产可能集 T = (X, Y) 内，如果保持产出 Y 不变，将投入 X 按照同一比例 $c_n (a/b)$ 尽量减少，若投入不能减少即最小值 $c_n (a/b) = 1$，那么可以认定评价单元 DMU 是有效的，否则是无效的。

由于新型城镇化和农业现代化之间互为因果关系：农业现代化推动新型城镇化发展，新型城镇化促进农业现代化发展，所以，在研究中，构建以下三个模型：

（1）农业现代化对新型城镇化的协调程度（θ_1），描述农业现代化发展对新型城镇化的推动作用。令 $\theta_1 = c_n (a/b) = \frac{U^T Y_b}{V^T X_a}$，$\theta_1$ 必须满足小于等于 1 的约束条件。它表示，当 θ_1 等于 1 时，农业现代化发展对新型城镇化的推动作用达到最优水平，若小于 1，则是次优水平，协调性仍有待提高。

（2）新型城镇化对农业现代化的协调程度（θ_2），描述新型城镇化对农业现代化发展的拉动作用。令 $\theta_2 = c_n (b/a) = \frac{U^T Y_b}{V^T X_a}$。同理，$\theta_2$ 必须满足小于等于 1 的约束条件。

（3）新型城镇化和农业现代化相互协调发展的程度（θ_0），描述二者协调发展的程度。

令 $\theta_0 = \frac{min[c_n (a/b),\ c_n (b/a)]}{min[c_n (a/b),\ c_n (b/a)\ c_n (a/b),\ c_n (b/a)]}$。$\theta_0$ 满足约束

条件 $\theta_0 \leq 1$，即当 $\theta_0 = 1$ 时，新型城镇化和农业现代化相互协调发展的综合协调程度为最优水平，否则为次优水平，仍有改进的余地。

三　边疆民族地区农业现代化与新型城镇化协调发展程度的实证分析

（一）样本和数据来源

本文以广西、新疆、西藏、宁夏、内蒙古五个自治区和云南这个少数民族比较集中的省份共六个省份作为民族地区，并根据2003—2011年《中国统计年鉴》中反映农业现代化和新型城镇化的指标数据对民族地区农业现代化和新型城镇化协调发展程度进行实证分析。

（二）研究结论

（1）边疆民族地区农业现代化与新型城镇化协调发展程度总体特征

以国内边疆民族地区为决策单元，根据农业现代化和新型城镇化的上述七个指标数据进行算术平均后再运用 DEA 模型进行计算形成民族地区农业现代化与新型城镇化协调发展程度的结果（见表4）。据此可发现民族地区与农业现代化和新型城镇化及其协调发展程度的特征为：

表4　边疆民族地区与全国的农业现代化和新型城镇化协调发展程度

年份	边疆民族地区 θ_1	边疆民族地区 θ_2	边疆民族地区 θ_0	全国 θ_1	全国 θ_2	全国 θ_0
2003	1	1	1	1	1	1
2004	1	1	1	1	1	1
2005	0.989	1	0.989	0.999	0.996	0.997
2006	1	1	1	1	1	1
2007	1	1	1	1	0.978	0.978
2008	1	1	1	1	1	1
2009	1	0.993	0.993	1	1	1
2010	1	0.997	0.997	1	1	1
2011	1	1	1	1	1	1

第一,农业现代化推动新型城镇化的作用强于新型城镇化拉动农业现代化的作用。在观察年份中,农业现代化推动新型城镇化发展的程度 θ_1 只有 1 年处于次优水平,即 2005 年 0.989,其他年份均处于最优水平;新型城镇化拉动农业现代化发展的程度 θ_2 则有 2 年处于次优水平,即 2009 年 0.993 和 2010 年 0.997,其他年份均处于最优水平。根据 θ 值大小含义可见,民族地区农业现代化促进新型城镇化的作用要强于新型城镇化拉动农业现代化的作用。

第二,农业现代化与新型城镇化相互协调发展程度较低。在观察年份中,农业现代化与新型城镇化相互协调发展的程度 θ_0,有 3 年处于次优水平,即 2005 年 0.989、2009 年 0.993 和 2010 年 0.997,比较与 θ_1 只有 1 年处于次优水平和 θ_2 有 2 年处于次优水平而言,因此农业现代化与新型城镇化相互协调发展的程度处于最弱水平。

第三,综合协调发展程度落后于全国平均水平。与全国的比较而言,虽然 θ_1 年份特征相同,即 2005 年处于次优水平,但这一年边疆民族地区的 θ_1 为 0.989,低于全国平均水平 0.999,表明边疆民族地区农业现代化推动新型城镇化发展程度落后于全国平均水平;虽然 θ_2 年份特征相同,即 2 年次优,但从 θ_2 数据的比较看,民族地区从 2009 年 0.993 上升到 2010 年的 0.997 则表明边疆民族地区新型城镇化拉动农业现代化发展程度仍落后于全国平均水平;θ_0 年份特征上,民族地区有 3 年处于次优状态,而全国平均水平则只有 2 年处于次优状态,这表明了边疆民族农业现代化与新型城镇化的综合协调发展程度明显落后于全国水平。

(2)民族地区农业现代化与新型城镇化协调发展的差异特征

将国内 6 个民族地区分别为决策单元,把农业现代化和新型城镇化的上述 7 个指标数据运用 DEA 模型进行计算,最终形成 8 个民族地区内部农业现代化与新型城镇化协调发展的差异程度(表 5)。

表 5　国内边疆民族地区农业现代化与新型城镇化协调发展程度

地区/年份	2003	2004	2005	2006	2007	2008	2009	2010	2011
广西									
θ_1	1	1	1	1	1	0.991	1	1	1
θ_2	1	1	0.99	1	1	1	1	1	1
θ_0	1	1	0.99	1	1	0.991	1	1	1
内蒙古									
θ_1	1	1	0.996	1	1	1	1	1	1
θ_2	1	1	1	1	1	1	0.978	0.984	1
θ_0	1	1	0.996	1	1	1	0.978	0.984	1
宁夏									
θ_1	1	0.993	1	1	1	1	1	1	1
θ_2	1	1	1	0.986	0.968	1	1	1	1
θ_0	1	0.993	1	0.986	0.968	1	1	1	1
西藏									
θ_1	1	1	0.987	1	1	1	1	1	1
θ_2	1	1	0.967	0.954	0.992	0.872	0.965	0.98	1
θ_0	1	1	0.979	0.954	0.992	0.872	0.965	0.98	1
新疆									
θ_1	1	1	1	1	1	1	1	0.991	1
θ_2	1	1	1	1	1	0.979	1	1	1
θ_0	1	1	1	1	1	0.979	1	0.991	1
云南									
θ_1	1	1	1	0.99	1	0.972	1	1	1
θ_2	1	1	1	0.981	0.985	0.984	1	0.981	1
θ_0	1	1	1	0.99	0.985	0.98	1	0.981	1

根据表5中 θ_0、θ_1 和 θ_2 的数值变化看，2007—2009年几乎所有地区都处于次优发展水平，从2010年起多数省份已经处于最优的发展水平。由此可见，我国边疆民族地区正在逐渐走向农业现代化与新型城镇化协调发展的道路。但如果分项观察，则可发现民族地区内部农业现代化与新型城镇化协调发展具有如下特征：

第一，我国民族地区农业现代化推动新型城镇化发展的整体效果良好，内部差异不大。在 θ_1 中，广西、内蒙古、宁夏、新疆和西藏五个自治区有1年处于次优，云南有2年处于次优。有7个年份处于次优水平，次优水平年份比例在1—2次。这说明了85%以上的年份达到了最优水平。所以，我国边疆民族地区农业现代化促进新型城镇化的发展的整体效果良好，内部差异并不大。

第二，我国边疆民族地区的新型城镇化拉动农业现代化发展的整体效果明显弱于农业现代化促进新型城镇化发展程度，且内部差异较大。在 θ_2 中，广西壮族自治区有1年处于次优水平，内蒙古、宁夏有2年处于次优水平，云南有4年、西藏有6年处于次优水平。有15个年份处于次优水平，次优水平年份比例在1—6次之间。可见，民族地区新型城镇化拉动农业现代化发展的整体效果明显弱于农业现代化推动新型城镇化发展程度，其内部差异也较大。

第三，农业现代化与新型城镇化的综合协调程度效果差。在 θ_0 中，广西和新疆有2年、内蒙古和宁夏有3年、云南有4年、西藏有6年处于次优水平；有20个年份处于次优水平，次优水平年份比例在2—6次之间。可见，民族地区农业现代化与新型城镇化协调发展程度最低，其内部差异也较大。

第四，农业现代化与新型城镇化的综合协调程度的内部差异较大。如果将各民族地区历年的 θ_0，θ_1，θ_2 进行算术平均后由高到低进行排序，可以发现民族地区农业现代化与新型城镇化协调程度的内部差异也较大。从空间分布看：在农业现代化推动新型城镇化作用上，内蒙古、宁夏最好，广西、新疆次之，西藏、云南发展较差（图1）；在新型城镇化拉动农业现代化作用上，广西、新疆和内蒙古发展最好，宁夏次之，云南发展较差，西藏发展最差（图2）。在综合协调程度上，广西、新疆、内蒙古协调发展程度最好，宁夏次之，云南较为落后，西藏发展最差（图3）。

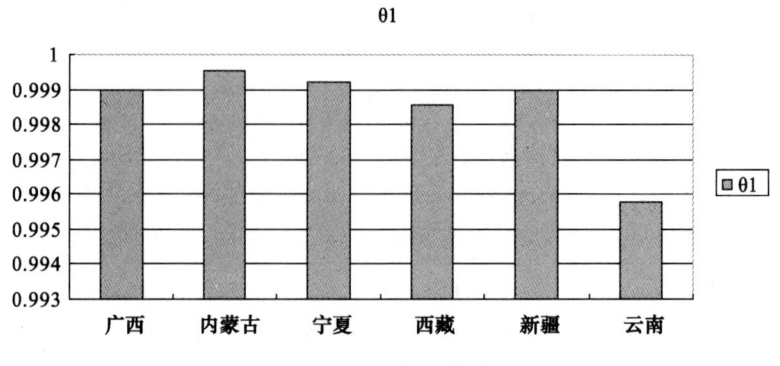

图 1　各省份 θ_1 排序

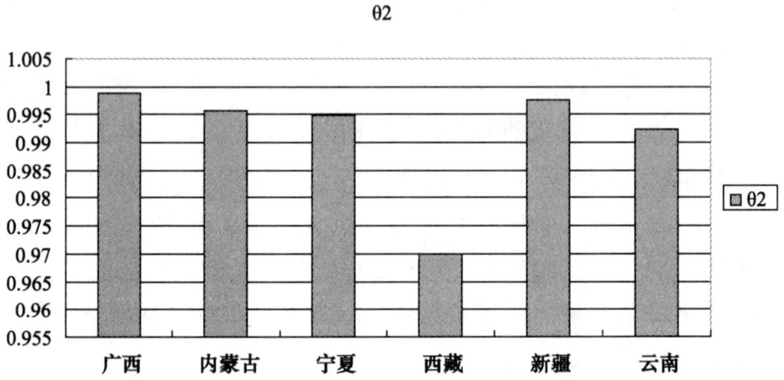

图 2　各省份 θ_2 排序

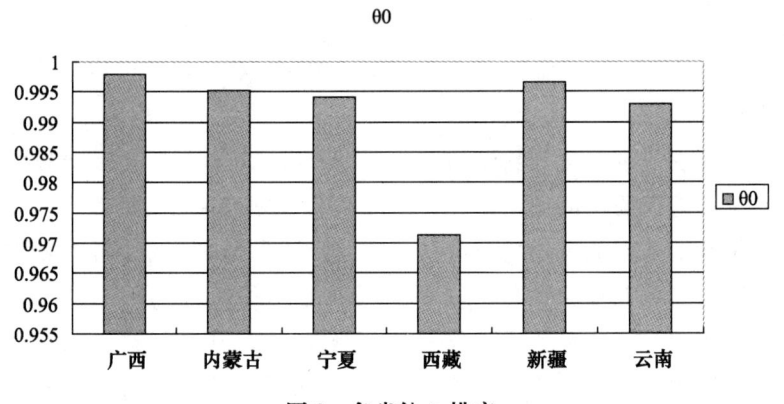

图 3　各省份 θ_0 排序

(三) 对策建议

我国民族地区已逐渐走向农业现代化与新型城镇化协调发展道路，虽然农业现代化推进城镇化效果也较好，但城镇化拉动作用的差距还比较突出。民族地区农业现代化与新型城镇化协调发展还处于低水平的协调发展阶段。根据农业现代化与新型城镇化发展的实际状况及其存在的问题，基于农业现代化与新型城镇化之间的逻辑关系以及城镇化发展的一般规律，本文认为民族地区实现农业现代化与新型城镇化协调发展面临的任务还很艰巨，提高农业现代化水平和发挥城镇化拉动作用是实现二者协调发展的关键。

(1) 强化国家对民族地区农业基础设施建设投入。现代农业是高投入高产出型农业。基础设施建设水平是决定农业高产出程度的基础性因素。民族地区经济发展落后，自我发展能力有限，农业基础设施建设对国家财政投入依赖性强于其他地区。为此，国家对民族地区基础设施建设投入中，不仅要关注现代农业投入，更要革除"地方财政配套"政策，为民族地区农业现代化建设创造坚实的基础。

(2) 深化土地制度改革，促进民族地区特色农业生产的集约化和专业化。在保护农民合法的土地权益基础上，促进农地经营权交易，发展规模经营，形成优势突出的特色农业产业集聚区，建设现代农业示范区。

(3) 完善民族地区发展特色农业政策。农业资源禀赋决定了民族地区发展特色农业的必然性。从20世纪末起中央和地方政府均实行了支持民族地区发展特色农业的相关政策。在这些政策的支持下，民族地区特色农业已经走上了规模报酬递增道路，但还没有走上规模经济道路，所以，民族地区特色农业现代化既需强化已有支持政策，更需要完善可提高特色农业效益的相关政策支持。

(4) 实施特定的扶持政策。我国边疆民族地区中除内蒙古和新疆外多处于山区和半山区。这里的农业生产基础条件落后，应该借鉴欧盟和日本的山区半山区特定支持政策，通过发展高收益型农业推动农业结构调整，促进该地区农业现代化进程。

(5) 大力发展特色农产品加工业。发展农产品加工业能够吸收农业剩余劳动力就业从而促进农业劳动生产率提高，也可以提高农业生产组织现代化程度和经济活动城镇化程度。虽然有些民族地区轻工业发展比较好,但农产品加工业却相当落后。如新疆纺织和农副产品加工业产值之和占规模以上工业产值比例为3%,2011年中国农产品加工业产值占工业总产值17.6%。因此,大力发展民族地区特色农产品加工业不仅是提高民族地区农业现代化和城镇化水平的重要内容,也直接影响着民族地区农业现代化与新型城镇化协调发展的程度。

(6)提高边疆民族地区城镇化水平。新型城镇化的实质就在于提高城镇对农业现代化的带动作用。城镇化对农业现代化的带动作用除体现为城镇的就业需求外还有城镇居民的农产品需求。城镇居民的收入水平和数量决定着农产品需求的规模和结构。2012年我国民族地区城镇居民人均可支配收入超过2万元的只有内蒙古、云南和广西三个省份,其余省份均不同程度地低于2万元,与全国平均水平差距近1/3。城镇化水平除内蒙古外均低于全国52.6%的水平,其中云南和西藏最低,还不到40%。城镇居民收入水平低加之人口总量少,城镇化拉动农业发展的作用有限。因此,提高城镇居民收入和民族地区城镇化水平不仅能够提高民族地区农业现代化水平,也直接决定着边疆民族地区农业现代化与新型城镇化协调发展的程度。

西南边疆少数民族新农村建设需求现状研究

——以滇南哈尼族聚居地区为例

曹贵雄　安学斌[①]

长期以来的城乡二元经济社会结构和剪刀差式的"取多给少"的城乡发展政策，导致了农村发展的严重滞后，城乡收入差距进一步拉大。建设社会主义新农村，是贯彻落实科学发展观、构建和谐社会、实现中华民族伟大复兴"中国梦"的必然选择。当前，我国已经初步具备了建设新农村的条件。一方面，经过改革开放以来的快速发展，综合国力显著增强，有了支持农村的条件、加快农村基础设施建设投入的经济基础。另一方面，近年来，各部门为改善农村生产、生活条件出台了一系列政策和措施，取得了显著的成效，为新农村建设积累了有益的经验。建设社会主义新农村，努力实现城乡协调发展，缩小贫富差距，已经成为我国现阶段经济社会发展的客观要求和迫切任务。

哈尼族是一个跨境而居的山地民族，主要分布在中国西南和越南、泰国、老挝、缅甸等国家边境一线，中国境内哈尼族为163万人（2010年第六次人口普查），主要聚居在云南省哈尼族彝族自治州、普洱市、西双版纳傣族自治州、玉溪市等区域。2013年7—9月，我们选取了云南省哈尼族彝族自治州金平苗族瑶族傣族自治县（简称金平县）、普洱市墨江哈尼族自治县（简称墨江县）、西双版纳傣族自治州勐腊、玉溪市元江哈尼

---

① 作者简介：曹贵雄，红河学院政国学院讲师。安学斌，红河学院副校长，教授，博士生导师。

族彝族傣族自治县（简称元江县）四个县域作为调查点，了解哈尼族对新农村建设"生产发展、生活宽裕、乡风文明、村容整洁、管理民主"五个方面的需求现状和需求的优先序。希望通过这一调查研究能够真正把握哈尼族对新农村建设的理解和实际需求，使哈尼族的真实意愿得到表达和重视。

表1　　　　　　　　调查区域哈尼族的基本情况①

	中国云南省			
	哈尼族彝族自治州	普洱市	西双版纳傣族自治州	玉溪市
调查点	金平县	墨江县	勐腊县	元江县
哈尼族人口数（人）	93330	222174	68373	89510
占该县总人口比例	26.2%	61.63%	24.27%	41.17%

一　哈尼族民众对社会主义新农村的认识与理解

本调查设计了一道关于什么是社会主义新农村的开放题，来了解不同县市哈尼族民众对新农村的理解与认识。在被调查村民中，84%的村民表达出了自己对新农村的理解，没有回答上来的村民一般为年龄较大或不识字的妇女，这部分村民之前大多没有听说过新农村建设，由于文化程度和年龄的影响，她们很难对此题做答。

哈尼族民众对新农村的认识大多都是简单的一两句话的描述，通过对村民的回答进行整理和分析发现，当前哈尼族对新农村的认识主要集中在房屋规划和改造、村民生活条件的改善、村庄环境的改造等方面。总体来看，哈尼族民众对新农村的认识极少涉及"乡风文明"、"公平公正"、"民主自治"等内容。

（一）金平县哈尼族民众对"新农村"的认识与理解

金平县位于云南省红河州南部，与越南老街省坝洒县和莱州省的封土、清河、孟德四县接壤。全县面积3677平方公里，辖13个乡镇97个村委会1126个村民小组，总人口36.2万。世居着苗、瑶、傣、哈尼、

---

① 数据来源于2010年第六次全国人口普查。

彝、汉、壮、拉祜族、布朗族（莽人）九个民族，少数民族人口占全县总人口的86%。[①]

金平哈尼族村民对新农村的理解具有自己的特点，由于金平哈尼族大部分生活在半山腰或山顶上，自然条件恶劣，生活水平相对落后，因此，除了对住房的改善之外，经济条件的改善也是金平哈尼族对新农村的一个主要认识，他们认为，新农村应该是"人们生活好了，娱乐活动丰富，在农村做活计有地位、有固定收入"；"经济条件改善，村民在自家门口有活干、有钱挣，仅守几亩地也不是出路"；"农民有钱花，经济相对宽裕"；"有钱看病，有钱买种子，有钱交学费"等。

（二）墨江县哈尼族民众对"新农村"的认识与理解

墨江县位于云南省南部，距省会昆明市350公里，总面积5312平方公里，有18个乡（镇），世居着哈尼、汉、彝傣、拉祜、布朗、瑶、回、普米、白、壮等少数民族。总人口36万，少数民族人口占总人口的73%，其中哈尼族人口21.24万，占总人口的59%，被誉为"哈尼之乡"[②]。

墨江县大部分哈尼族以种植业为生，因此墨江县对新农村的关注很多也与农业有关，例如，许多哈尼族被调查者认为"新农村就是应当种植机械化"，"芒果很值钱"，"农业生产专业化"等。由于居住地气候干燥少雨，水资源匮乏，道路和农田水利设施差的问题也就相应凸显出来，也成为村民盼望解决的主要问题。多数村民对新农村的认识主要体现在道路、水渠等基础设施的改善上，在被调查的120位村民中，有43位（占到了35.8%）村民提到了修路和改善农田水利、自来水等方面。这些村民认为新农村就是"马路是水泥路，要通到家门口，水渠使所有的种植地都能灌溉到"；"公路设施、水利设施、渠道修好"；"修公路和卫生路，方便村民出行，水利设施也要好"等。另外，因农民看病和子女教育负担较重，因此很多村民也把看病和子女教育条件的改善，作为新农村的一个方面。

---

① 金平县人民政府网（http://www.jp.hh.gov.cn/）。
② 云南墨江（http://www.mojian.gov.cn/mjxmn/defauct.aspx）。

(三) 勐腊县哈尼族民众对"新农村"的认识与理解

勐腊县地处云南省最南端,东部和南部与老挝接壤,西边与缅甸隔江相望,总面积7056平方公里。辖5镇8乡70个行政村544个自然村。主要少数民族有傣、哈尼、瑶、彝,克木人等,全县总人口20余万,少数民族人口占全县总人口的72%。①

近年来,西双版纳大力发展旅游业,基础设施投入较大,交通相对方便,勐腊大部分哈尼族都生活在公路边,接触的新事物较多。调查发现,很多村民认为新农村就是"农村跟城市一样,马路有路灯,街道整齐";"居住楼层房,农村城镇化";"村庄规划好,美化绿化做好";"像城里人一样,每个人都有工作,孩子妥善地安排(指应该拥有幼儿园、学校),公共娱乐设施完善,种类多";"农民不往城里跑,卫生好,洗澡方便";"到处都是花花绿绿,像城里一样干净,老百姓好过了,吃得也好,家具什么都有了,生活条件改善"等。由此看来,勐腊县很多村民对新农村的理解就是拥有和城市一样的公共设施,期待和城里人一样的生活方式。

(四) 元江县哈尼族民众对"新农村"的认识与理解

元江县位于云南省中南部,距省会昆明市216公里,辖6乡4镇3农场,全县总面积2858平方公里,世居着哈尼族、彝族、傣族、白族、苗族、拉祜族等,总人口20余万。②

元江哈尼族村民对新农村的理解主要是房屋改造。在被调查的120名哈尼族中,有66位提到了"新房"、"别墅"等关键词,占总数的55%。在村民心中,新农村建设就是进行新房化,"集中村民住房",建"成排的楼房"、"农民居住区"等,其中"有规划的村庄"是被调查者提到比较多的词,很多人也把新农村等同于建设"有规划的村庄"。另外,还有11名村民提到了希望村里有企业、加工厂,所占比重为9.8%。元江哈尼族外出务工者较多,且务工地点分散在全国各地。调查中发现,很多村民认为新农村就应该"有新房子,统一规划","有一排排的房子,有大片的土地耕种,收谷时有机器收割"等。被调查的村民对新农村的理解还

---

① 勐腊县人民政府公众信息网 (http:www.ynml.gov.cn/)。
② 元江县 (http:/www.yjx.gov.cn/)。

受到了政府、媒体的宣传与当前政府新农村建设做法的影响。当地政府正在进行房屋规划和建设（主要是建新房），因此，不少村民对新农村的理解也主要体现在村庄居住环境的改善上。

二 哈尼族地区"新农村"建设的需求现状

（一）生产发展方面的需求

调查发现，缺少资金投入、道路等基础设施差、缺少技术、农产品销售难等是四个调查点的哈尼族村民在农业生产中普遍面临的困难。下图显示，有66.5%的村民在农业生产中缺少资金投入，42.5%的村民缺少技术投入，51.8%的村民在农业生产中受到了道路等基础设施差的影响，有21.1%的村民在农产品销售方面存在困难，有18.7%的村民感觉劳动力不够，另外6.7%的村民在农业生产中还遇到了其他方面的障碍。

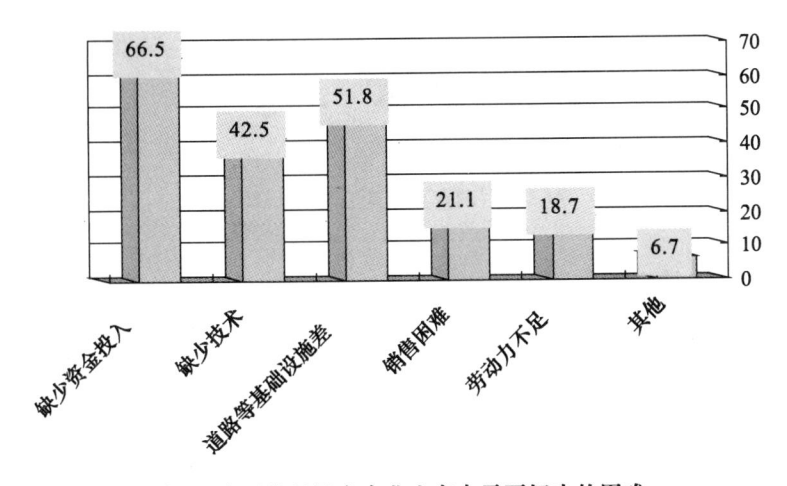

图1 哈尼族村民在农业生产中需要解决的困难

（二）生活宽裕方面的需求

村民对于新农村生活宽裕的理解，不仅包括家庭经济条件的改善和提高，还有村庄的基础设施和公共事业等。村民所关心的内容被提到的频率由高到低依次是：村民收入的增加、教育条件的改善、就医条件的改善、居住环境的改善、村中困难群体的帮扶、外出务工途径和待遇、信息渠道的拓宽及购物条件的改善,如图 2 所示,按村民对这些内容的最关心程度进行排序的调查结果显示,将村民收入的增加排在第一位的村民,占到总数的 83.5%,其次是教育条件的改善,占到 66.5%,就医条件的改善占 57.5%,居住条件的改善占 54.4%,外出务工途径和待遇占 32.8%。没有村民将购物条件的改善排在第一位。

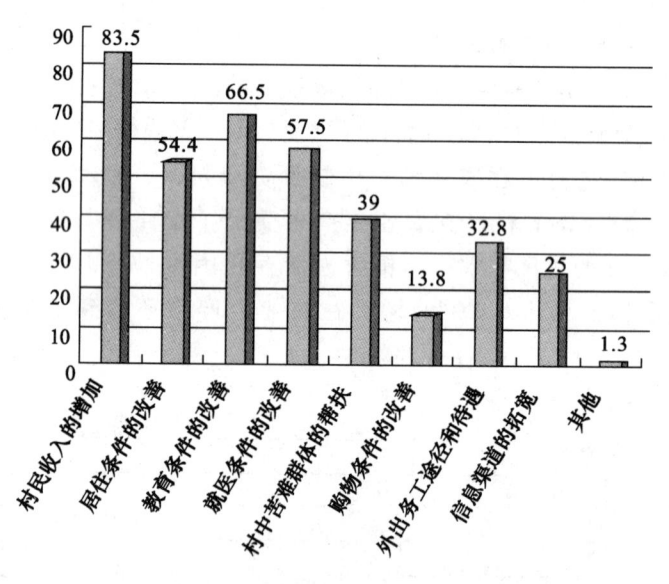

图 2　占调查总数的百分比(%)

(三) 乡风文明方面的需求

调查显示(见表 2),哈尼族村民最希望村里举行的文化活动依次是看表演(28.9%)、借阅图书(21.1%)、其他文艺活动(17.6%)、看电影(14.5%)、打篮球(10.4%)。由此可见,目前农村最常见的牌棋类活动其实并不是村民最希望举办的活动,而看演出、借阅养殖种植业图书是村民最优先选择的文化活动。

表2　　　　　哈尼族村民最希望村里举行的文化活动　　　　单位:%

		看电影	看表演	借阅图书	打牌下棋	打篮球	其他	都没有
总体		14.5	28.9	21.1	6.9	10.4	17.6	0.6
性别	男	12.7	26.9	23.9	9.0	17.9	19.3	0.9
	女	15.6	30.2	19.3	3.7	5.7	14.9	0.0
年龄	<30	13.6	38.6	31.3	6.8	11.4	13.6	0.0
	30-45	14.0	31.0	30.0	8.8	8.8	22.2	0.0
	45-60	14.6	23.6	15.9	3.4	12.4	15.7	0.0
	>=60	16.7	21.4	15.2	7.1	11.9	7.1	4.8
文化程度	文盲	4.2	12.5	45.8	0.0	16.7	12.5	8.3
	小学	12.1	20.6	26.2	6.5	16.8	17.8	0.0
	初中	18.6	31.7	16.8	8.1	8.1	16.8	0.0
	高中及以上	11.1	44.4	13.0	7.4	1.9	22.2	0.0

从表2中还可看出，村民对文化活动的需求存在显著的性别差异，女性更希望举行表演、电影的文化活动，而男性更希望借阅图书和打篮球。年龄越大的村民越希望举行表演活动，而越年轻的村民越希望借阅图书，这种趋势非常明显。另外一个较明显的趋势是，文化程度越低的村民越希望举行表演、放电影等活动，相反，文化程度越高的村民越希望借阅图书。

（四）村容整洁方面的需求

通过对哈尼族村民的态度分析得知，村民对当前的村容村貌满意度不高。这表明，农村环境确实在一定程度上影响到了村民的生活。村民认为村容村貌改善最急需采取的措施是治理垃圾污染，其次是对房屋进行规划，再次是改善街道条件。调查显示，村民选择垃圾乱扔乱倒、房屋规划凌乱和道路状况差三个方面作为最急需改进的比例依次是36.6%、26.1%和20.7%。(见表3)

表3　　　　　　　　　　村容村貌中急需改进的方面　　　　　　　　单位:%

		垃圾乱扔乱倒	房屋规划凌乱	道路状况差	厕所卫生条件差	森林破坏严重	村庄绿化美化差	其他
总体		36.6	26.1	20.7	5.2	5.9	4.3	1.1
调查点	金平	39.0	29.7	16.1	3.4	0.8	10.2	0.8
	墨江	50.0	4.5	15.3	3.6	21.6	2.7	1.8
	勐腊	29.1	21.4	40.2	4.3	0.9	2.6	1.7
	元江	26.6	53.2	8.5	4.6	0.0	1.1	0.0
性别	男	33.2	31.4	19.7	5.8	3.3	5.5	1.1
	女	42.2	17.5	22.3	4.2	10.2	2.4	1.2

从表3可以看出，不同地区的哈尼族对村容整洁的关注程度存在明显差异，元江哈尼族被调查村民关心村容整洁的比例高于其他地区，原因在于元江调查村的环境由于修高速公路、筑河坝修电站等遭到了破坏。此外女性比男性更关注村容整洁，女性中最关注村容整洁的占8.5%，而男性的比例只有3.4%。从事非农业及兼业的村民比单纯从事农业的少数民族更加关注村容整洁，这与这部分村民群体有较高的经济收入有关系。

（五）管理民主方面的需求

从调查中得知，哈尼族村民把管理民主理解为"村干部和老百姓商量着办事情，不能强迫人"，"选举大家都参与，重大活动村民都参与，并且很公开"，"上面的事村民知道，村里的事情村民参与"，"村民的意见能及时反映到村委会，村委会及时向村民宣传政策"，"村里事务都应该公开，尤其收费时要让大家明白钱是做什么用的、怎么花的"，"大事村民通过，小事村民代表通过，财务公开、透明"，"村里搞什么活动都要公平，选举要自己投票，村干部和村民双向沟通"，等等。还有一些村民认为民主就是村委会尽心尽力，办事负责任。例如，"希望村干部对村民更关心，处处为村民着想"，"村干部不吃私"等。有部分村民在回答中对目前的管理现状表示满意，但有些村民的回答则是对当前村委会管理的抱怨，例如，有的村民认为"村干部一点儿不民主，独断专横"，"农村没有啥民主，谁当官谁说了算，一年开不了一次会"，等等。还有少数村民甚至否定了农村对民主的需求，认为"民主在农村不适用，只要村委会做的决定有益于村民即可"①。

三 哈尼族地区"新农村"建设的对策与建议

(一) 促进生产发展,实现民众增收

哈尼族民众认为新农村建设中生产发展、农民增收是最重要的一个方面。如果农村的生产力不发展,农民的温饱都难以解决,口袋里无钱,新农村建设就是一句空话。所以,应把提高农村生产力、增加农民收入,作为社会主义新农村建设的首要任务。发展农村经济,关键是要遵循市场规律,发挥自身优势,培植"人无我有,人有我优"的优势产业,形成"一县一品、一乡一品、一村一品"的特色产业,为农民增收提供保障。红河州金平县的草果、香蕉,玉溪市元江县的芒果,普洱市墨江县的紫米,勐腊县的七子饼茶、橡胶等,具有地方的特色。元江县城郊的哈尼族,依托区位优势,发展大棚蔬菜,开办农家乐,调查得知,有些农户仅大棚蔬菜一项年均收入超万元。事实证明,发展农村经济,增加农民收入,关键是要因地制宜,选准发展项目,开发自身的优势产业。相关部门,应紧紧抓住生产发展这个牛鼻子,加强引导,抓好典型,抓好示范,加大资金、技术支持力度,提供信贷资金和种粮补贴,改善增收环境,努力拓宽增收渠道。

(二) 加强基础设施建设,改善公共设施条件

农村公共产品建设滞后,是制约农村经济社会发展的主要"瓶颈",加强农村公共产品建设、改善农民的生产生活条件,是社会主义新农村建设的基础。增强农村发展的后劲,打牢农村文明的基础,要以水、电、路等基础设施为重点,切实加强农村的公共产品的供给。为此,首先要继续加大农田水利基础设施的建设,改造中低产田,抓好沟渠的配套,搞好山水林田路综合治理,改善生产条件,保证农民旱涝保收;其次要加大村级道路建设、饮水工程建设、农村电网工程建设,切实解决农民出行难、饮水难、用电难、用电贵、看电视难的问题;最后要建立健全农村新型合作医疗制度、困难学生救助制度、农村最低生活保障制度、农村养老保险制

---

① 叶敬忠:《农民视角的新农村建设》,社会科学文献出版社 2006 年版。

度，从根本上解决农村哈尼族地区孩子上学难、看病难问题，让广大村民共享改革开发的成果。所有这些，资金是关键，如何筹资及资金的多少直接影响着新农村建设的深度和广度。[①] 新农村建设所需资金不能完全依靠国家和政府的投资，但由于哈尼族地区农村的财政收入十分有限，哈尼族的经济条件又差，所以必须依靠全社会的共同力量，形成多元投资局面。

（三）加强精神文明建设，活跃乡村文化生活

哈尼族地区自实行包产到户以来，生产经营以家庭为主，村民之间相互沟通大大减少，有的甚至"鸡犬之声相闻，老死不相往来"。生产之余，村民无所事事，有些地方赌博成风，偷鸡摸狗的事时有发生，甚至因琐事酿成悲剧，严重影响着地方社会治安。加强农村文化活动中心建设，对于教育引导村民，增强农村凝聚力，培育有文化、懂技术、会经营的新型农民，推进乡风文明建设，平安、和谐乡村建设具有重要的作用。各地应高度重视，给予积极的扶持，充分发挥文化活动中心的教育、引导功能。依托党支部、共青团、妇联、民兵、老年协会等基层组织丰富村民的文化生活。开展各种活动，恢复与弘扬部分乡土文化活动，如传统节日习俗、民族舞等。组织哈尼族民众参与公共文化活动，如农活比赛、球类比赛、民歌比赛等。安排大学生村官、志愿者等进村普及各种知识。对于赌博、迷信等农村社区现存的不良社会风气，一定要加大力度予以禁止；对于乱扔垃圾、不讲卫生、破坏公物等不良习惯，要进行说服教育，帮助改掉陋习。

（四）强化基础设施配套，提升村容卫生水平

由于经济发展的差异，很多农村基础设施不配套，脏乱差现象突出。有不少哈尼族民众还居住在危房、土掌房、茅草房中，有的长期人畜混住，有的地方柴草畜粪乱堆乱放，一遇雨天，粪水横流，影响着群众的身心健康。要加强引导，搞好规划，重点关注垃圾治理、道路硬化、房屋和街道布局与规划等方面。同时要特别注意，不同哈尼族地区影响农村环境的因素各不同，新农村建设中，在村容整洁方面尤其不能一刀切、一个模式，需要因地制宜，尊重村民的意愿和需求。另外需要注意的是，大多数

---

① 叶敬忠：《农民视角的新农村建设》，社会科学文献出版社 2006 年版。

村民对村容整洁的出资意愿并不高，基层政府在新农村建设过程中不能为了追求政绩过程，强迫村民集资，增加农民负担。

（五）加强民主管理，强化民主权利

完善农村民主管理制度，切实保障农民的知情权、参与权、决策权、管理权、监督权。实现村务管理民主化，是社会主义新农村建设的重要内容，又是调动农民积极性、促进新农村建设顺利进行的重要保障。随着农村经济的发展和村民自我意识的增强，要保护好、引导好、运用好村民的政治热情，不断推进农村的管理民主建设。首先，完善村委会的民主选举机制，保障村民的选举权和监督权。目前一些地区的村委会民主选举在执行上存在不少问题，甚至相邻两个村的执行状况也存在很大的差别。村委会选举是村级管理民主的基础，必须完善这一机制，选出村民真正满意的带头人。其次，加强对村民的政策宣传及引导，目前，对很多政策的宣传往往止于村干部，村民很少知道国家有哪些政策，更不知道这些政策在当地应该如何实施。如果村民的"知情权"不能保证，那么就谈不上村民在新农村建设中的参与及村民主体地位的实现。最后，健全村务公开制度，保障村民对村级事务的知情权，调动村民参与新农村建设的积极性。在村务公开中，要注重扩大村务公开的内容，与村民利益息息相关的，村民所关注的热点、难点事务均应纳入公开的范围。要规范村务公开的形式，做到方便、实用、明晰、群众认可。此外，要设立村务公开监督小组，及时听取和处理群众意见。

总之，建设社会主义新农村，要坚持以人为本，认真分析村民急需什么、最盼什么，突出重点，紧抓关键，注重实效，分步扎实推进，切忌形式主义、做表面文章，使新农村建设真正成为民心工程、德政工程，让广大老百姓真正得到实惠。

空间转移与文化再造:美丽家园建设实现路径的经济学思考

高 文[①]

一 引论

美丽家园是美丽中国建设的重要组成部分,其目的就是要让人民分享改革开放以来国家发展的红利和成果。通过国家的财政支持、各级党委的科学领导,发挥人民的首创精神,做到经济发展、生态保护与人民生活水平提高相结合。但在具体实施过程中既要深化对这一活动主旨意义的贯彻和理解,又要注意分析地方的经济文化特点,使得美丽家园具有地方性、民族性、文化性、科学性的特征。理论联系实际、密切联系群众、批评和自我批评,是共产党人工作过程中的三大作风,弘扬党的优良作风,是我们党取得革命、建设和改革事业不断胜利的根本保证,是加强和改进党的建设的重要内容。借助于优良的作风这一宝贵资源,我们党才把自己植根于人民中间,从人民的信赖、支持中获取不断前进的力量。[②] 毛泽东深刻指出:"我们共产党人区别于其他任何政党的又一个显著的标志,就是和最广大的人民群众取得最密切的联系。"目前三农问题依然是我党的工作重心,美丽家园建设就是解决三农问题的重要步骤和措施,是一项惠民和利民工程,是实践群众路线的践行。美丽家园建设就是要从农村的基础设施投入,居住环境改造、村落布局规划、产业发展引导、文化遗产保护上

[①] 作者简介:高文,红河学院历史系讲师,民族学博士,研究领域为人类学与彝族历史文化,任红河学院国际彝学研究中心常务副主任。

[②] 杨龙海:《全面启动美丽家园行动计划》,《红河日报》2013年5月6日。

着眼。在发展生产的基础上迅速提高人民的物质生活水平,也通过现代建筑科学与传统的民族文化的结合,使得农村有文化传统、有现代舒适、有地域特点、有民族风情。①

二 美丽家园建设过程中人的素质提升是首要问题

人是社会发展的主导性因素,换句话说是发展依靠人、发展是为了人。美丽家园不仅仅指山川秀丽,人居环境美丽、村寨美丽、家庭家具等物质方面,也不仅限于劳动人民的休闲娱乐的文化方式得到发展,还不只是农村现代化水平的提高。这个美更指农民综合素养的提高,这个综合素养包括劳动技能、乡土民俗知识、网络商贸知识,指农民的法制意识和道德水平的提高。应该注重乡土生活的文化品位和乡土秩序,人们的独立、尊重、互助、团结的乡风道德。因此美丽家园建设只有把追求农民的全面提升作为重点,才不会陷入单一追求刷白墙、把眼光盯在一时的物质发展之上,大拆大建割断乡土发展的文化记忆的荒唐之举。没有发挥群众主导性优势,使得老百姓只等着国家批地基、盖房子、发生活费。因此要坚持党的领导,发挥老百姓的独立自主精神,让群众明白美丽家园不是住在别墅里面讨饭,更不是住进高档的房舍里面等救济款。是需要自理、自立、自尊、自强,克服困难创造生活。因此就要注重农民素质的提升,以此来承担、推动乡土社会发展的重担,我们广大领导干部要认清,农民的路必须要他们来走,农民的日子需要他们来过。② 这个过程需要根据地方的经济文化环境和农民意识来择其速度和方式。换句话说就是乡土社会发展的动力来自于农民的自觉与自醒,推力来自于各级领导干部,来自于整个国内国际社会。因此干部只能引导、解释、扶持、推动,在整个过程中始终只是促成美丽家园建设的外部力量,替代不了农民群众,这是动力问题,是角色问题。③

要改造提高农民的素质,这个素质结构包括农民的生产知识与技能、

---

① 房国坤、王咏、姚士谋:《快速城市化时期城市形态及其动力机制研究》,《人文地理》2009 年第 2 期。

② 熊国平、杨东峰、于建勋:《20 世纪 90 年代以来中国城市形态演变的基本总结》,《华中建筑》2010 年第 4 期。

③ 陆大道:《我国的城镇化进程与空间扩张》,《城市规划学刊》2007 年第 4 期。

农民生活方式与文化、农民的法制意识及现代伦理道德。因此需要对农民的生产知识和技能加强引导，较为难掌握的科技知识，需要提供较为正式的教学环境，如学校、培训机构，政府也可以把他们送出去，到经济发展较好的地方考察体验，农业技术推广中心也可以安排大量的科技人员上门辅导，还可以通过互联网的视频教程进行学习，购买大量的光碟及科普书籍。通过培育农民的生产知识及技能，合理调整和优化本地的农业结构及产业发展优势，走高附加值的农业产业化之路，产业支撑是解决农村问题的根本出路和方法。而生活的知识和方式，有传统的也有现代的，很多人认为既然是现代的人就用现代的方式，传统成为历史应该抛弃。① 但文化是指在人类社会的发展过程中人们所获得的知识技能与信仰，文化是人类克服自然限制获得生存的有效工具，即便是传统文化，很多还是积极和优秀的，乡土文化是乡土社会发展的民族记忆，大量的民俗文化及其传统的手工业是乡土社会发展的重要资源，也是民众的情感和纽带。现代化发展并不是要割断历史，走畸形发展。另外农民的法制意识对于构建公平正义的社会环境有重要的作用，农民维权意识的提高，也有助于提高农民社会地位。②

　　道德是一种社会意识形态，是人们共同生活及其行为的准则与规范，道德有着重要的功能。认识功能，引导人们追求至善；调节功能，指导和纠正人们的行为，使人与人之间、个人与社会之间的关系臻于完善、和谐；教育功能，培养人们良好的意识、品质和行为，树立正确的义务、荣誉、正义和幸福等观念；评价功能，形成巨大的社会力量和人们内在的意志力量；平衡功能，道德不仅调节人与人之间的关系，而且平衡人与自然之间的关系。中华民族在长达数千年的历史发展中，形成了源远流长的优良道德传统。这些优良道德传统内涵丰富、博大精深，是中华民族生命机体中不可分割的组成部分，是人类文明发展的重要精神财富，是我们建设社会主义道德的丰富源泉。职业道德的提升使得农民不会见义忘利生产不合格的农产品，社会公德使得农民在村寨生活与生产过程中减少抢夺生存资源的争斗，公共道德使得农民在使用公共产品的时候能井然有序，使得

---

① 成日：《城市"摊大饼"式空间扩张的经济学动力机制》，《城市规划》2005年第4期。
② 陈波翀、郝寿义、杨兴宪：《中国城市化快速发展的动力机制》，《地理学报》2004年第6期。

公共设备的使用效率大大提高，家庭美德有利于调节夫妻、父母子女、兄弟姐妹、长辈与晚辈、邻里之间的关系，构成家庭与国家、社会、集体之间相处的准则，也是评价人们在日常交往中行为的是非、善恶的标准。①

三 产业支撑是美丽家园建设的中心问题

村寨美不美的首要问题是农民有没有饭吃，只有农民吃饱穿暖才会有其他的文化社会活动。农民吃饭问题的解决就是要根据现有的设施、硬件与软件、自身优缺点，根据目前的市场确定村寨的产业发展走向。目前边疆地民族区一些城镇面临产业断层化、产业衰退化、产业非均衡化、产业低量化、产业低质化等问题。主导产业因资源枯竭而衰退；原有产业由于内部原因和外部环境的变动不能够适应市场需求的变化，逐渐丧失市场竞争力而陷入停滞甚至是萎缩的状态；产业维持和发展对地区外部乃至国外消费存在很大的依赖，忽视内源性需求；产业不能提供足够的就业岗位，导致地区内劳动力大量外流；产业存在高污染、高耗能特征，不符合低碳、环保、绿色和可持续发展的原则。因此要注重产业更替、产业挖掘、产业优化、产业培育和产业升级，需要熟悉国家的产业政策、优先发展基础产业、大力扶持主导产业、适当保护弱质产业、积极调整衰退产业。还有很多地方没有任何的产业，依靠半自给自足粮食种植与农民工劳务输出为主，因此发展效率低下，发展速度缓慢。

民族地区的美丽家园建设产业发展有三种模式，即发展现代农业、发展现代工业、发展第三产业。在交通条件好、农民科技素养好、农田设施好的地方可以搞现代农业，有效提升城镇生态质量。现代文明、农耕文明，形成都市中的田园和田园中的都市格局，共生共荣，共同发展。而在工业基础好、交通好、城镇化水平高的地方可以走新型工业化的道路，借鉴国内外经验教训，把资源节约、环境友好、效率显著、持续稳定增长作为衡量取舍标准。发挥市场机制在资源配置中的决定性作用，加大教育、科技对工业的支持力度，将信息产业摆在优先发展地位，以信息化引领工业发展。注重高新技术与农村资源结合，发展农村新型能源，利用人畜粪

---

① 胡平生：《我国农业劳动力转移的动力分析及对策》，《江西社会科学》1990 年第 1 期。

便发展沼气发电，在有条件的农村利用风能、地热、水能、太阳能发电。以不牺牲环境、不浪费资源、不遍地开花，尽量向园区集中。抓好观光旅游、康乐旅游、体验旅游，统筹规划，管建并举，分步实施。吸引人们到村镇去看山、看水、看人、看家、看猪、看羊、看果、看花；到村镇走土路健腿，吃土菜健胃，呼吸清新空气洗肺，体验农业耕作的艰辛，体验农业丰收的喜悦，品味布衣暖、菜根香，诗书滋味长。把农村生产、加工的农副产品卖出去，卖出好价钱，卖出好品牌。把外面好的工业品买回来，让当地人民群众用起来。推进手机农村成人全覆盖，有线电视农户全覆盖，宽带上网农户全覆盖，发展农村信息产业，让农民建网站、开网店、用网购。在交通闭塞、土地贫瘠、基础设施差、人均耕地少的地方要积极探寻劳动力输出模式。对劳动力进行培训使之掌握一定的技能，当地政府一定要及时掌握市场的用工信息，敦促用工方签订劳动合同保护劳动者的利益，通过制度建设保护好劳动者和用工方双方的利益。①

四 美丽家园建设要注意传统文明的传承

文化是人类社会获得不断发展的动力。文化包括器物（物质文化）、制度（制度文化）和观念（精神文化）三个方面。文化对社会发展有导向、规范、调控、驱动作用。文化是一个地方的特色，是一个地方的魅力、潜力与发展动力，因此在美丽家园建设的过程中一定要注意文化的作用，一定要注意文化的保护和传承。中华文化的根在农村，农村文明是城市文明和工业文明的源头，不能让工业化、城镇化毁了农耕文化，要抓紧发现、抢救、整理、完善、保护农耕文化。红河州是一个边疆少数民族地州，境内有哈尼族、彝族、苗族、傣族、壮族、瑶族、回族、拉祜族、布依族、布朗族、汉族11个世居民族，集生物多样、文化多元、资源丰富为一体。少数民族人口两百多万，约占总人口的57%，因此民族文化保存状况非常好。彝族人口为108万之多，哈尼族人口为80万左右，各族人民在历史上创造了辉煌的文化与文明，他们是中华文化的重要组成部分。因此美丽家园建设中要凸显民族元素和地域特色，不能搞千篇一律的

---

① 胡兆量：《新世纪我国社会发展的战略问题——〈农业剩余劳动力转移区域研究〉评价》，《人文地理》2000年第2期。

钢筋混凝土建筑。从建筑文化来说红河两岸的各民族都有自己的传统建筑方格,彝族土掌房、哈尼族蘑菇房、傣族竹楼、苗族鼓楼、壮族干栏房、瑶族半边楼、回族阿式建筑、拉祜族茅草楼、布依族石头楼。[①]

大多数民族建筑与自然环境非常契合,是人们实践千年的建筑艺术,是民族文化承载的物质空间,因此深得各族人民的喜欢,建筑成为民族认同的重要部分。建设中就地取材依山而建,成本低廉。因此美丽家园要接地气,体现民族特点和地域风格。民居功能也要满足人们的生产与生活习惯。方便人们祭祀、会客、贮存谷物、烹饪、休息。在村寨内部注意公共道路、广场、会堂等聚会和休闲的公共设施的建立,注意传统宅心、宅神树、土地庙在人们精神生活中的作用。要注意保护传统的年节,民族节日可以分为新年节日、生产节日、青年节日、纪念节日、习俗节日和宗教节日六个方面。这些与传统习俗、宗教信仰等有密切关系的节日,是民族历史的活化石,是民族生活方式的集中体现,也是民族传统文化的生动展示。因此我们在进行美丽家园建设时一定要注意精神层面文化的保护与传承,少数民族文化是一个民族共同遵从的价值观的集中体现,是民族社会运行的基础和行为规范,是民族团结的心理基础。少数民族文化是支撑民族地区经济发展的优势资源,是促进民族地区社会进步的强大动力。因此通过美丽家园建设,从文化的物质层面向制度层面及精神层面延伸。最终为了文化内涵和社会发展的最终目的来进行。[②]

五 结论

城镇化建设当然要建新城,但绝不能用建新城来取代城镇化。如果兴建起一座又一座的城市、城镇,可农民群体却仍然难以在其中找到安身立命之所,那么这样的城镇化极有可能导致社会阶层进一步分化。因此,新时期的城镇化不能以简单思维、传统思维对之,而必须以人为核心。一言以蔽之,新型城镇化的核心价值就是"以人为本"的、追求人的自由全面发展的城市化。从低城镇化率到高城镇化率,从传统城镇化到新型城镇

---

① 刘子忠:《农村地区间的劳动力转移——印度绿色革命中一种值得注意的现象》,《中国劳动》2001 年第 8 期。

② 蒙世军:《城镇化与民族经济繁荣》,中央民族大学出版社 1998 年版。

化，中国经济面临着前所未有的机会，中国社会也面临前所未有的变革。这场变革是立体式、渐进式的，需要多项配套改革同时推进，也需要所有人改变理念。经济学家斯蒂格利茨曾预言：中国的城镇化与美国的高科技发展将是深刻影响 21 世纪人类发展的两大课题。能否答好这道题，考验我们的智慧。红河州美丽家园建设，就是从边疆地区的具体情况出发，具有边疆特征的城镇化进程。美丽家园建设是美丽中国建设的重要组成部分，美丽家园建设是一个整体过程，也是一个从小到大、从边疆到内地的过程。因为发展的阶段性、发展的不平衡性，因此美丽家园没有唯一的模式和标准。在美丽家园建设的过程中要注意农民素质的提升，要注意发展产业支撑，要注意地方的文化传承，认清历史与现实，科学把握现代一词的内涵，才不会出现拆旧换新的功利行为，才会出现山美、水美、人美、中国美的大好结果。

边疆民族地区城镇化论坛综述

安学斌　李金发

为适应国家城镇化战略需要，更好地破解边疆民族地区城镇化建设发展这个重大命题，2014年4月25—27日，由中国西南民族研究学会和红河学院主办、云南省民族研究所协办的边疆民族地区城镇化论坛在红河学院举行。来自全国15个省区市50多个单位的近百名专家学者参加了论坛，提交70余篇论文。红河学院校长甘雪春教授，国家民委巡视员、民族问题研究中心副主任黄忠彩在论坛开幕式上致辞；会议由红河学院副校长安学斌教授主持；中国西南民族研究学会会长何耀华研究员对研讨会作了总结。

关注边疆民族地区城镇化建设发展并为之发挥作用，是学术界应有的责任。和少英教授指出，城镇化是国家现阶段的重大战略部署，是人类现代化进程中不可回避的重大问题，本次论坛确定边疆民族地区城镇化建设为主题，显示了学界和学者的关切与责任。陈庆德教授指出，民族地区城镇化研究应当不为定势思维和话语霸权所左右，需以社会价值和人文关怀为重。张继焦研究员指出，当前边疆民族地区面临市场化、工业化、城市化、全球化、网络化"新五化"的冲击和挑战。城镇化研究中应将"自下而上"的学术话语和官方"自上而下"的权力话语有效对接与结合。杨洪林副教授指出：新中国成立初期民族地区的"民主改革"、搬迁下山、合并居住等方式是第一次城镇化，由国家强力主导；当前的第二次城镇化，需要国家、学者两个层面进行引导。

边疆民族地区城镇化建设应规避风险、避免弯路，是学者关注的热点问题。白兰研究员以自身鄂伦春族为研究个案，指出新中国成立后鄂伦春族搬到山下集中居住的过程是一次不成功的城镇化，鄂伦春族被动适应，成为城镇中的失败群体，多数人依靠低保生活，应以为戒。董建辉教授以闽东南福安畲族为例，指出所谓"东部"、"沿海发达地区"并非一个整体，也并非同一种发展模式，东部也早已涉及少数民族地区城镇化问题，民族文化产业与地方城镇化属于相辅相成的辩证关系。陈立明教授详细分析了西藏城镇化过程中出现的城镇数量少、水平低、规模小、经济水平弱、基础设施落后等问题，指出西藏因特殊地理、生态和人文环境原因，旅游事业只能走高端旅游和精品旅游开发路线，需要限制进藏旅游人数，避免人满为患、物价飞涨、资源紧张等一系列问题，进而影响族群关系和谐。石开忠教授指出，城镇化不是"大一统"或"一体化"过程，否则将变成又一次"改土归流"，那必将使当地民族的主体性和文化多样性遭受严重挫伤。李晓明教授指出，城镇化过程中不同族群存在资源竞争及文化冲突，若不处理好，会上升为政治冲突。中国台湾"清华大学"教授马腾岳以中国台湾经验为借鉴，指出GDP不等于幸福、不等于幸福感，因此城镇化建设中不能盲目崇拜器物和追求GDP。为此，《民族研究》常务副主编刘世哲编审指出，边疆民族地区城镇化建设，应当少谈公式化"模式"，少提"跨越式发展"，要循序渐进，不要追求空间、规模等形式上的扩张，应当注重有民族文化内涵的建设。石硕教授指出，民族地区城镇化建设需反对"跨越"，应适当"慢"一点。边疆民族地区城镇化应协调处理好如下问题，即兼顾"传统"与"现代"、"经济一体化"与"文化多样性"；对人的幸福而言，"经济"与"文化"孰轻孰重。黄柏权教授指出，民族地区城镇化存在多种类型和实施路径，不能一刀切。

边疆民族地区城镇化建设发展的战略选择与路径问题，是论坛研探的重点问题。杨正权博士指出，边疆民族地区城镇化须重视民族特色不断消失、历史文脉不断割裂、地域特色不断削弱、生态环境不断恶化、精神家园不断丢失、市民的乡愁无处存放、外来文化不断冲击、历史记忆不断丧失这八大问题；坚持文化立史、特色建城，增加科技、文化、艺术含量，多留遗产，回归自然等理念。徐黎丽教授提出，中国西北陆疆民族地区城乡发展的具体途径是：公路铁路口岸所在乡镇和乡村牧场一体化发展与戍边相协调；所有边境县辖区乡镇与乡村牧场互补发展；避免县城、地州、省区城市过度城市化，走小城与大村并重的发展之路。冯雪红教授指出，西北民族地区新型城镇化要顺利实施，首先要构建一个和谐稳定的社会环境。李平凡研究员指出，民族地区城镇化须重视"软实力"和"硬实力"的建设。吴正彪教授指出，中国和东盟各国的交往最好采用民间文化互动的方式，边境地区城镇化建设是一个工作重点。梁世夫教授、李天华副教授、李宁博士等指出，少数民族地区城镇化建设需要考虑民族地区独特的地理环境、区位空间、人口素质、边境贸易及农业现代化。郎维伟教授指出，农牧民向非农产业转移是缩小城乡差距的有效路径，西藏的城镇化应形成"一个中心、两个沿线、一个流域"的建设布局。

边疆民族地区的城镇化建设是一个社会系统工程，需要平衡发展，营造和谐的生态环境和人居环境。罗康隆教授指出，我国台湾社区营造对大陆具有一定参考价值，新型城镇化要注重社区营造，需实现"自下而上"的民间力量与"自上而下"的政府力量的对接和合力。杨六金教授指出，边疆民族地区城镇化，需统筹城乡发展和打破城乡二元分割体制。袁晓文研究员指出，实现藏族牧区的城镇化将为牧民提供更好的生产、生活及社会服务环境，牧民定居工程是提升藏族牧区公共服务能力、改善牧民生产生活条件、促进牧区经济社会协调发展的必由之路。

在城镇化建设中，搞好生态文明建设、保护好文化多样性，是广大学者较为关切的问题。李锦教授、耿静研究员指出，需对藏彝走廊人口较少民族的文化进行整体性综合保护。普丽春教授、娜仁其木格副研究员等指出民族地区城镇化需与民族文化遗产保护相结合。董艳教授、常永才教授等指出，城镇中少数民族移民后代丢失本民族语言文化的现象较为严重，需采取制度性措施来保护他们的语言文化。

在边疆民族地区城镇化进程中提供法制保障也是一个不容忽视的问题。巴且日火研究员指出，当前凉山彝族传统习惯法的复兴，民族区域自治法在法律实践方面贯彻不到位是其中一个原因。陈铭聪博士指出，生态文明建设的理论基础是环境权，须维护当地原住民的环境权，并建立解决族群间环境权纠纷的法律平台和机制。启戈指出，城镇化过程中应该建立针对少数民族流动人口的协调管理机构。

综上所述，本次论坛有较强的现实意义，提交的论文内涵丰富，涵盖边疆民族地区城镇化中的理论、经验和个案，涉及国家政治、族群关系、生态文明、文化保护、旅游、双语教育、经济发展等领域，充分体现了"人"的城镇化的主旨思想,具有难能可贵的换位思考、自下而上的视角和反思精神,关注少数、弱势和边缘族群社会,凸显人文主义关怀。

(本文已发表于中国社会科学院民族研究所主办的《民族研究》杂志,2014年第3期,第121—122页。)

后　　记

　　推进新型城镇化建设,是全面建设小康社会、实现中华民族伟大复兴"中国梦"的历史必然和重大战略选择。为顺应国家推进城镇化建设大势需要,更好地破解边疆民族地区城镇化建设发展这个重大命题,2014年4月25—27日,由中国西南民族研究学会和红河学院主办、云南省民族研究所协办的"边疆民族地区城镇化论坛"在美丽的红河学院隆重举行。《求是》杂志原总编、云南省委原副书记、西南民族研究学会名誉会长王天玺,国家民委巡视员、国家民委民族问题研究中心副主任黄忠彩和来自京、蒙、疆、藏、甘、陕、苏、闽、湘、鄂、滇、川、黔、桂、台湾15个省区市的中国社会科学院、《民族研究》编辑部、中央民族大学、南京大学、四川大学、厦门大学、兰州大学、西南大学、台湾"清华大学"、云南大学、四川社科院、内蒙古社科院、云南社科院等50多个单位的近百名专家学者参加了论坛,对边疆民族地区城镇化问题进行了实地调查和深入研究,对科学推进边疆民族地区城镇化的背景动力、原则要求、理念思路、方法路径等诸方面进行了深度交流与探索。

　　参会学者提交了72篇内涵丰富、研究深入的论文,涵盖了边疆民族地区城镇化中的理论、经验与个案,涉及国家政治、民族关系、生态文明、文化保护、旅游发展、双语教育、经济建设等领域,充分体现了"人"的城镇化的主旨思想,具有难能可贵的换位思考、自下而上的视角和反思精神,关注少数、弱势和边缘族群社会,凸显人文主义关怀。基于现实发展的需要、成果本身的价值和专家学者的建议,论坛主办方精选了其中29篇论文成集形成了本书,以期对更多研究者、相关人员及党和政府相关职能部门的深入研究和科学决策起到些许的作用。

　　衷心感谢红河学院党委书记陈永明、校长甘雪春教授对论坛及论集的高度重视和全力支持，衷心感谢中国西南民族学会会长、云南省社科院原院长何耀华先生对论坛、论集的安排和无微不至的支持与指导，衷心感谢刘世哲先生和《民族研究》对论坛的支持，衷心感谢参会专家学者高水平的研究成果、精彩的报告和积极的参与，衷心感谢为论坛组织服务和论集整理出版做出努力的所有人员，因为你们的关爱和支持，论坛和论集才有顺利与精彩。

　　鉴于我们水平和时间的原因，论集难免存在着疏漏之处，恳请各位专家学者海涵和不吝指正。

编者

2014 年 10 月